2

ABC der Tiere

Arbeitsblätter

zur individuellen Förderung und Differenzierung

Herausgegeben von

Klaus Kuhn

Erarbeitet von

Kerstin Mrowka-Nienstedt

Illustriert von

Heike Treiber

Mildenberger

Zum Lehrgang gehören

	Bestell-Nr.
Materialien für Schülerinnen und Schüler	
Lesebuch, 194 S., vierf., FeEbd	2405-90
Arbeitsheft zum Lesebuch, 80 S., vierf., Gh	2405-92
Spracharbeitsheft, Teil A und B (je 96 S.), Teil C (24 S.), vierf., Gh, Lösungsheft (8 S., vierf., Gh)	2405-91
Sprachbuch, 160 S., vierf., Br, Schutzumschlag, 1 Beilage, Lösungsheft (8 S., vierf., Gh)	2405-93
Arbeitsheft zum Sprachbuch, 80 S., vierf., Gh, inkl. CD-ROM ABC der Tiere 2	2405-99
CD-ROM zum Lehrgang, Homeversion, Einzellizenz	2405-94
Wortkarten, 320 DIN-A8-Karten, vierf., in 5-Fächer-Lernbox	2405-96
Schreiblehrgang LA, 64 S., vierf., inkl. Sammelmappe und Beilage „Schreibtabelle“, gl, gel.	1405-82
Schreiblehrgang VA, 64 S., vierf., inkl. Sammelmappe und Beilage „Schreibtabelle“, gl, gel.	1405-83
Schreiblehrgang SAS, 64 S., vierf., inkl. Sammelmappe und Beilage „Schreibtabelle“, gl, gel.	1405-84
Schreiblehrgang LA in Heftform, 56 S., vierf., inkl. Beilage „Schreibtabelle“, Gh	1402-88
Schreiblehrgang VA in Heftform, 56 S., vierf., inkl. Beilage „Schreibtabelle“, Gh	1402-33
Schreiblehrgang SAS in Heftform, 56 S., vierf., inkl. Beilage „Schreibtabelle“, Gh	1402-36
Materialien für Lehrerinnen und Lehrer	
Handbuch zum Lesebuch, 336 S., 136 KVs, Lösungen, Ringb.	2405-70
Handbuch zum Sprachbuch und Spracharbeitsheft, 776 S., 234 KVs, Lösungen, Ringb.	2405-71
Austausch-Set Sprachbuch, 350 S. (gratis für Besteller von 2405-71)	2405-715
Lernkontrollen als Word- und PDF-Datei, für Klasse 1 und 2, CD-ROM in DVD-Box, Einzellizenz	1405-88
Lernkontrollen als Word- und PDF-Datei, für Klasse 1 und 2, CD-ROM in DVD-Box, Schullizenz	1405-89
Folien zum Lesebuch, Sprachbuch, Spracharbeitsheft, inkl. CD-ROM mit den Folien als PDF, Ringb.	2405-75
Arbeitsblätter zur individuellen Förderung, Kopiervorlagen, DS, 538 S., Ringb.	2405-77
22 Lieder, 8 Kontrastpaare, gesungen und als Play-back, 2 Audio-CDs	2405-78

Bezugsmöglichkeiten

Alle Titel des Mildenberger Verlags erhalten Sie unter: www.mildenberger-verlag.de oder im Buchhandel. Jede Buchhandlung kann alle Titel direkt über den Mildenberger Verlag beziehen. Ausnahmen kann es bei Titeln mit Lösungen geben: Hinweise hierzu finden Sie in unserem aktuellen Gesamtprogramm.

Impressum

Bestell-Nr. 2405-77 ISBN 978-3-619-24577-2
erarbeitet von Kerstin Mrowka-Nienstedt
nach der Ausgabe von ABC der Tiere 2 – Arbeitsblätter zur individuellen Förderung (2402-77)
von Irene Fink, Rosmarie Handt, Katrin Herter, Klaus Kuhn, Kerstin Mrowka-Nienstedt, Edmund Wetter
Auflage 5 4 3 2
Jahr 2023 2022 2021 2020

www.mildenberger-verlag.de
E-Mail: info@mildenberger-verlag.de

Illustrationen: Heike Treiber, 79199 Kirchzarten; Ingrid Hecht, 30136 Hannover; Achim Schulte, 44263 Dortmund
Redaktion: Tobias Pfaff
Grafik: Mildenberger Verlag GmbH
Druck: Scharer-Druck & Medien, 76456 Kuppenheim
Gedruckt auf umweltfreundlichen Papieren

Inhalt

Vorwort

Die „Arbeitsblätter zur individuellen Förderung und Differenzierung Klasse 2" enthalten zusätzliches Material zur Vertiefung, zur Förderung und zur Forderung. Das Material eignet sich sowohl für die Differenzierung im Unterricht als auch für die häusliche Betreuung durch die Eltern.

individuelle Förderung

Mit den Übungsangeboten können die zentralen Kompetenzen trainiert, Defizite aufgearbeitet und angemessene Herausforderungen gemeistert werden. Schwache Kinder sollen befähigt werden, möglichst rasch den Anschluss an die Klasse wiederzuerlangen und auf dem normalen Lernniveau mitzuarbeiten. Starke Kinder sollen mit sinnvollen Angeboten und motivierenden Erfolgserlebnissen gefördert werden. Alle Texte sind mit dem farbigen Silbentrenner ausgestattet. Damit fügen sich die Arbeitsblätter nahtlos in das Materialangebot des Lehrgangs „ABC der Tiere" ein.

lehrgangs-begleitend

lehrgangs-unabhängig

Die angebotenen Übungen sind aber auch völlig unabhängig vom Lehrgang einsetzbar. Sie ermöglichen allen Kindern, die in Klasse 2 Schwierigkeiten beim Lesen und Schreiben haben, erfolgreich die notwendigen Grundlagen zu legen. Mit den „Arbeitsblättern zur individuellen Förderung und Differenzierung" können alle Kinder flüssige Leser und sichere Schreiber werden.

Wie alle statistischen Erhebungen zeigen, erreicht etwa ein Viertel der Grundschüler in Deutschland keine ausreichenden Fertigkeiten im Lesen und Schreiben. Worin liegen die Ursachen?

qualifizierte Förderung

Oft folgt einer aufwendigen Überprüfung der Kinder durch besonders qualifizierte Lehrer keine ausreichende und erfolgreiche Betreuung in den Fördermaßnahmen. Die Erfahrung in der Praxis zeigt immer wieder: Eine einmalige wöchentliche Förderung führt nicht zu dem gewünschten Erfolg. Doch Lehrer, Eltern, Therapeuten erklären die ausbleibenden Erfolge mit dem Vorhandensein verschiedener Störungen – und verknüpfen das mit dem Ziel, die Rechtschreibleistung bei der Notengebung nicht oder nur eingeschränkt zu berücksichtigen: Statt der Ursache wird das Symptom behandelt.
Die Legasthenieforschung ist nach einhelliger Meinung ergebnislos geblieben. Das sollte nicht nur zu einem Verzicht auf den klinischen Begriff – man spricht heute allgemein nur noch von LRS-Störungen –, sondern auch zu einem Neuansatz im Erstunterricht und bei Fördermaßnahmen führen.

Aus diesen Überlegungen heraus stellen sich folgende Fragen:
- Sind die neuen Arbeitsformen der Grundschule für viele der Kinder erfolgshemmend?
- Braucht ein Teil der Kinder eher stark angeleitete Übungsformen?

Förderung durch Struktur

Dafür gibt es aus vielen Ländern sowie unserer eigenen Erfahrung schon lange eine eindeutige Antwort: Für diese Gruppe der Kinder ist erfolgreiches Lernen an eine strukturierte Erarbeitung der Lerninhalte gebunden.
Die Reformen der vergangenen 20 Jahre fanden jedoch vor allem in dem Bereich ansprechender und motivationsfördernder Methoden statt – der tatsächliche Unterrichtserfolg aller Kinder wurde vernachlässigt.

Die Silbenmethode ermöglicht allen Kindern, das Lesen und Schreiben zu erlernen. Deshalb wird auch im zweiten Schuljahr mit der Silbenmethode unterrichtet, vor allem bei schwächeren Leistungen im Lesen und Schreiben.
Diese Förderung im zweiten Schuljahr bietet eine neue Chance.

Vorwort

Lehrer, Eltern, Lernpaten Von ausschlaggebender Bedeutung ist jetzt eine konsequente Betreuung durch Lehrer, Eltern oder Lernpatenschaften. Nur nachhaltiges Üben mit Material nach der Silbenmethode kann eine Trendwende herbeiführen. Das wird von den allermeisten Lehrern mit Erfahrung in erfolgreicher Förderarbeit bestätigt.

Der Prozess ist mit dem Erlernen eines Musikinstrumentes vergleichbar: Tägliches Üben (ca. 20 Minuten) führt bei entsprechender Motivation in einem überschaubaren Zeitraum zu ersten Erfolgen.

je früher, desto besser Ein Kind mit deutlichen Lese-Rechtschreibstörungen kann nach unserer Erfahrung mit einem zweitäglichen Pensum von ca. 15 Minuten seine Fertigkeiten in einem halben bis ganzen Jahr in beiden Bereichen deutlich verbessern. Je früher eine Maßnahme erfolgt, umso leichter führt sie das Kind zum Erfolg.

Die Gliederung der Übungsaufgaben wird im Folgenden dargestellt:

II. Differenzierte Arbeitsblätter

Förderung Forderung Alle Arbeitsblätter liegen in den Niveaustufen A, B und C vor. Die Arbeitsblätter Niveau B sind identisch mit den Arbeitsblättern im Handbuch Spracharbeitsheft/Sprachbuch (Bestell-Nr. 2405-71). Sie trainieren die Themen zur Rechtschreibung und Grammatik in Klasse 2.

Förderort Die Arbeitsblätter eignen sich für die Freiarbeit und für Hausaufgaben.

Lösungen Die Lösungen zu den Arbeitsblättern sind zur Kontrolle oder Selbstkontrolle in Kapitel VII enthalten.

···> Kapitel II Nähere Hinweise finden Sie in der Einleitung zum Kapitel II. Differenzierte Arbeitsblätter, ab Seite 5.

III. Silben-Training zur Förderung der Rechtschreibung

Förderthema Ist ein Text in Silben farbig gegliedert, fällt es leichter, sinnerfassend zu lesen – die Strukturierung eines Wortes muss nicht mühsam (und fehleranfällig) selbst analysiert werden. Dem Kind wird diese Aufgabe durch den farbigen Silbentrenner abgenommen. Motivierende Lese-Erfolge stellen sich schneller ein.

Durch eine bewusste Segmentierung eines Wortes in Silben gelingt aber auch eine signifikante Verbesserung der Rechtschreibleistung. Kann ein Kind Wörter in Silben gegliedert sprechen, kann es die Wörter zweifarbig – in Silben – schreiben und damit die Rechtschreibung besser kontrollieren.
Das Silben-Training ermöglicht eine intensive Beschäftigung mit der Silbe.

Förderort Das Silben-Training eignet sich für Kleingruppen zur individuellen Förderung in Förderstunden. Es ist aber in besonderer Weise für das Üben zu Hause mit den Eltern geeignet.

Lösungen Die Lösungen zu den Arbeitsblättern sind zur Kontrolle oder Selbstkontrolle auf den Aufgabenblättern enthalten.

···> Kapitel III Nähere Hinweise dazu und einen ausführlichen Elternbrief, der alle Übungen erklärt, finden Sie in der Einleitung zum Kapitel III. Silben-Training, ab Seite 227.

IV. Kontrastpaare zur rhythmischen Sprecherziehung

Förderthema Das Kapitel „Kontrastpaare“ greift die effiziente und plastische Übungsmethode der Häuschenschreibung wieder auf: Beim Silben-Training (zweites Kapitel, Seite 227) kommt die Häuschenschreibung als eine Aufgabe unter mehreren vor und muss dementsprechend kurz gehalten werden. Hier besteht die Möglichkeit, sich intensiver mit der Übungsform zu beschäftigen und durch die häufigere Wiederholung den Kindern den Lerneffekt bis in das Langzeitgedächtnis zu erleichtern.

Förderort Die Kontrastpaare können zusätzlich im Unterricht verwendet werden. Sie eignen sich aber auch für Kleingruppen zur individuellen Förderung in Förderstunden.

Die Lösungen zu den Arbeitsblättern sind zur Kontrolle oder Selbstkontrolle enthalten.

···› Kapitel IV Nähere Hinweise finden Sie im Kapitel IV. Kontrastpaare, S. 343.

V. Nomen-Kärtchen zur Übung des bestimmten und unbestimmten Artikels (Genus) und der Umlautbildung

Förderthema Kinder mit verzögertem Spracherwerb und Kinder mit Deutsch als zweite Sprache verzichten häufig auf Artikel oder gebrauchen sie fehlerhaft. Mit den Wort-Bild-Karten lernen die Kinder spielerisch den richtigen Gebrauch des Artikels und der Umlautungen.

Förderort Die Nomen-Kärtchen eignen sich für Kleingruppen zur individuellen Förderung in Förderstunden. Die Kärtchen können von Still-, über Partner-, bis Gruppenarbeit eingesetzt werden, für intensives Lernen oder für Übungen mit eher spielerischem Charakter. Die Arbeit mit Kärtchen ist in besonderer Weise für das Üben zu Hause mit den Eltern geeignet.

···› Kapitel V Nähere Hinweise finden Sie im Kapitel V. Nomenkärtchen, S. 367.

VI. Buchstaben-Karten für spielerische Übungen zum Abc

Förderthema Die Buchstaben-Karten sind ein einfaches, aber effizientes Mittel, um sich mit Kindern näher mit dem Alphabet zu beschäftigen. Es sind viele verschiedene Übungsformen denkbar, die sich auf spielerische Weise nicht nur mit der sicheren Navigation innerhalb des Alphabets beschäftigen, sondern auch mit der Rechtschreibung und der Fantasie. Nähere Informationen zu den Übungsvorschlägen und Verwendungsmöglichkeiten finden Sie in der Einleitung zum Kapitel „Buchstaben-Karten“.

Förderort Die Buchstaben-Karten können zusätzlich im Unterricht verwendet werden. Sie eignen sich aber auch für Kleingruppen zur individuellen Förderung in Förderstunden.

···› Kapitel VI Nähere Hinweise finden Sie im Kapitel VI. Buchstaben-Karten, S. 401.

II. Differenzierte Arbeitsblätter

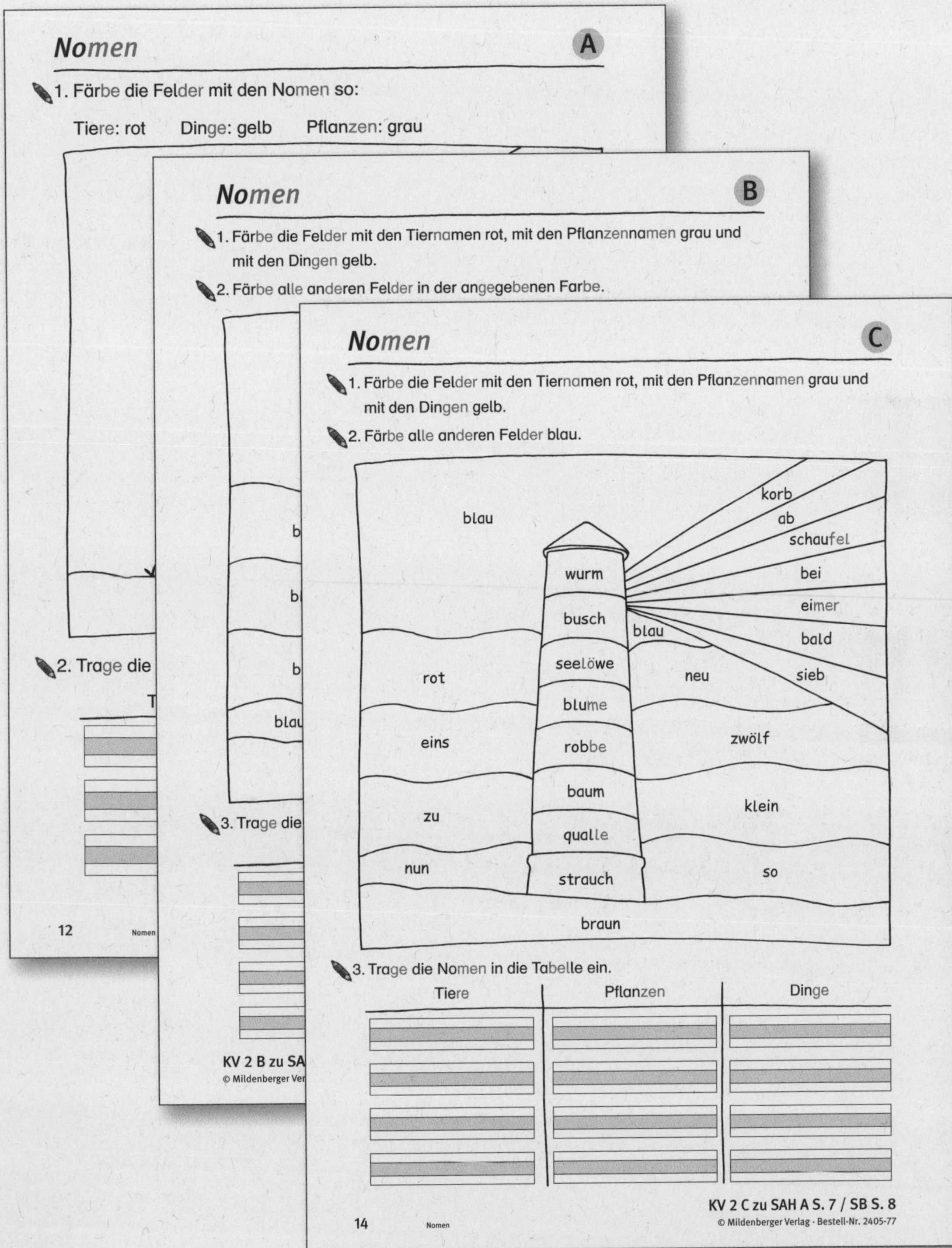

Inhalt

Inhalt

Zum Einsatz der Arbeitsblätter

Ausreichende Kompetenzen im Lesen und Schreiben sind die wichtigsten Grundlagen für eine gelingende Schulkarriere. Um dem breit gefächerten Leistungsniveau der Schüler gerecht zu werden, ist innere Differenzierung im Unterricht unverzichtbar. Kinder mit schneller Auffassung wollen durch anspruchsvolle Aufgabenstellungen gefordert werden, Kinder am unteren Ende des Leistungsspektrums werden durch einen angemessenen Erreichbarkeitsgrad der Übungen ermutigt und gefördert. Jedes Kind soll im Anfangsunterricht sein persönliches Potenzial ausschöpfen und Lesen und Schreiben lernen.

Niveaustufen A, B, C

Die Niveaukonkretisierungen setzen die Anforderungen des Bildungsstandards um. Sie richten sich an die Lehrkräfte und definieren einen Leistungskorridor als Leitlinien für die Unterrichtsplanung und dienen zur Überprüfung des Unterrichtserfolges. Sie verdeutlichen also das erwartete Anspruchsniveau einzelner Kompetenzen und Inhalte.

Die Niveaustufen (A, B, C) zeigen jeweils das Anspruchsniveau auf, das der Jahrgangsstufe 2 angemessen ist. Die Niveaustufen können sich auf nur einen, zwei oder drei dieser Anforderungsbereiche beziehen.

Niveaustufe	Anforderungsbereich I	Anforderungsbereich II	Anforderungsbereich III
	Wiedergabe von Begriffen und Sachverhalten unter Verwendung von gelernten und geübten Verfahrensweisen	selbstständiges Bearbeiten bekannter Sachverhalte selbstständiges Übertragen von Kenntnissen auf neue Fragestellungen	selbstständiges Finden von Lösungen, Begründungen und Folgerungen
A			
B			
C			

Malte macht am Strand viele Entdeckungen.

Eimer	Fisch	Oma
Stein	Opa	Gras
Vogel	Baum	

1. Trage die Nomen in die Tabelle ein.

Menschen	Tiere	Pflanzen	Dinge

B

Malte macht am Strand viele Entdeckungen.

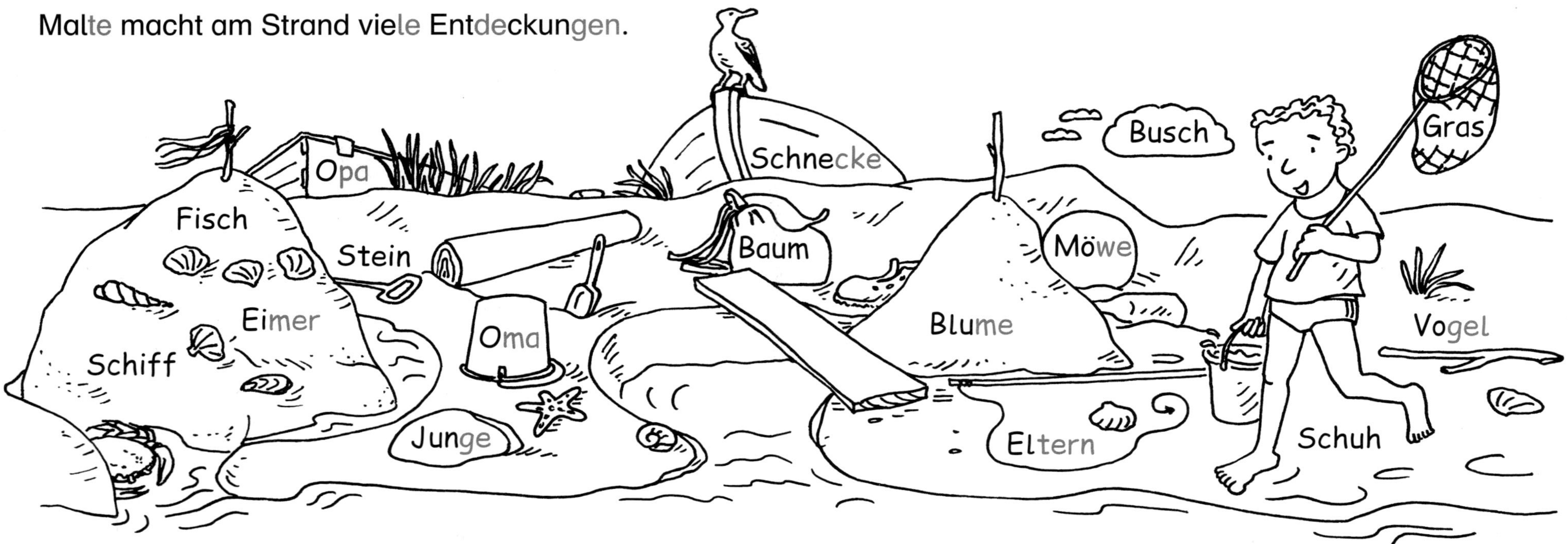

1. Trage die Nomen in die Tabelle ein.

Menschen	Tiere	Pflanzen	Dinge

Malte macht am Strand viele Entdeckungen.

1. Finde die 16 Nomen und kreise sie ein.

→ ↓

R	O	P	A	L	A	M	Ö	W	E	S	B
J	A	F	I	S	C	H	Z	S	O	T	G
U	L	B	A	U	M	S	A	C	M	E	R
N	N	L	W	X	V	C	R	H	T	I	A
G	T	U	S	N	O	H	S	N	W	N	S
E	I	M	E	R	G	I	K	E	I	Z	A
A	V	E	T	N	E	F	S	C	H	U	H
B	U	S	C	H	L	F	P	K	C	R	X
E	L	T	E	R	N	B	L	E	O	M	A

2. Trage die Nomen in die Tabelle ein.

Menschen	Tiere	Pflanzen	Dinge

Nomen

A

1. Male die Felder mit den Nomen so an:

Tiere: rot Dinge: gelb Pflanzen: grau

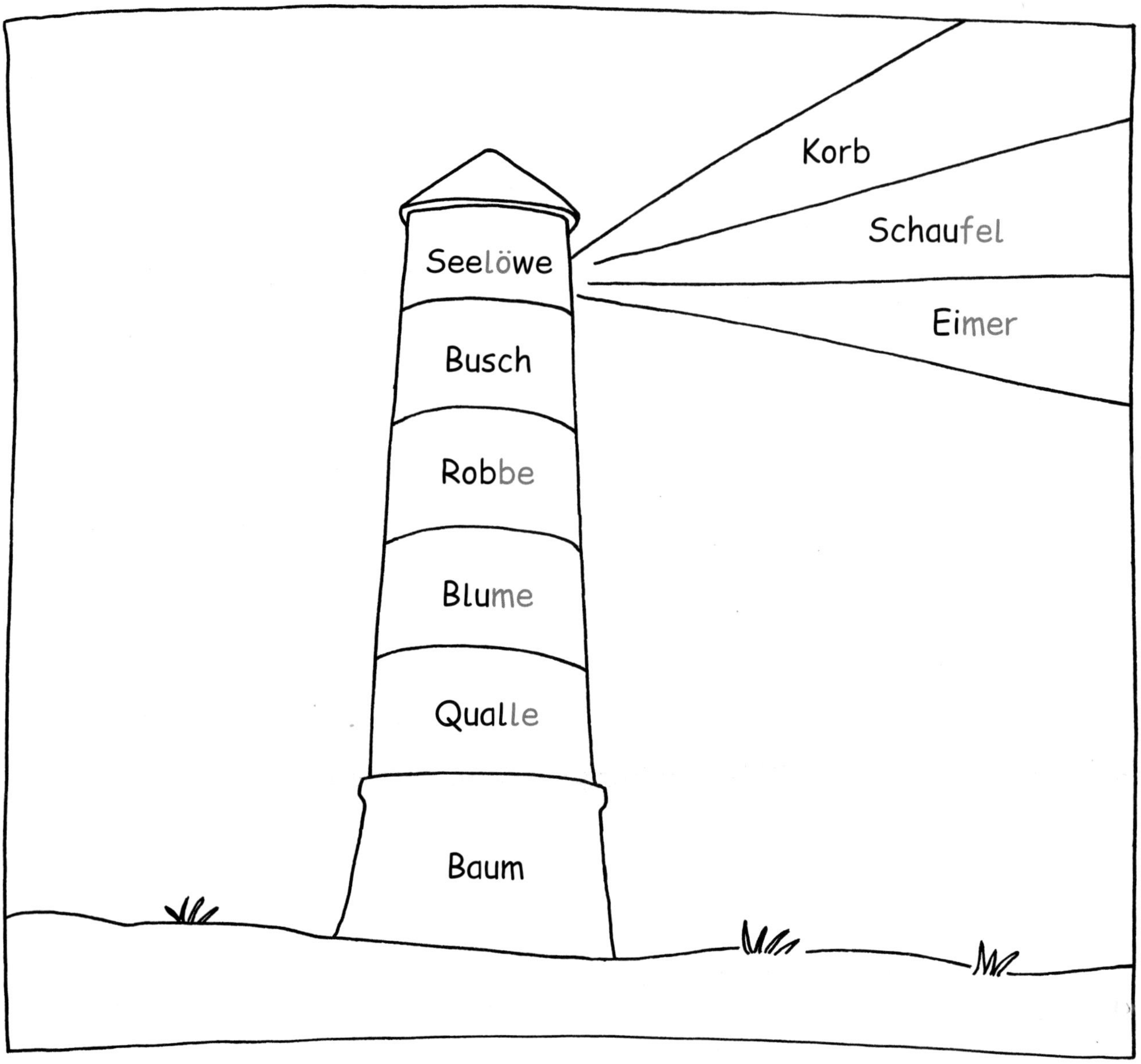

2. Trage die Nomen in die Tabelle ein.

Tiere	Pflanzen	Dinge

Nomen

B

1. Male die Felder mit den Tiernamen rot, mit den Pflanzennamen grau und mit den Dingen gelb an.
2. Male alle anderen Felder in der angegebenen Farbe an.

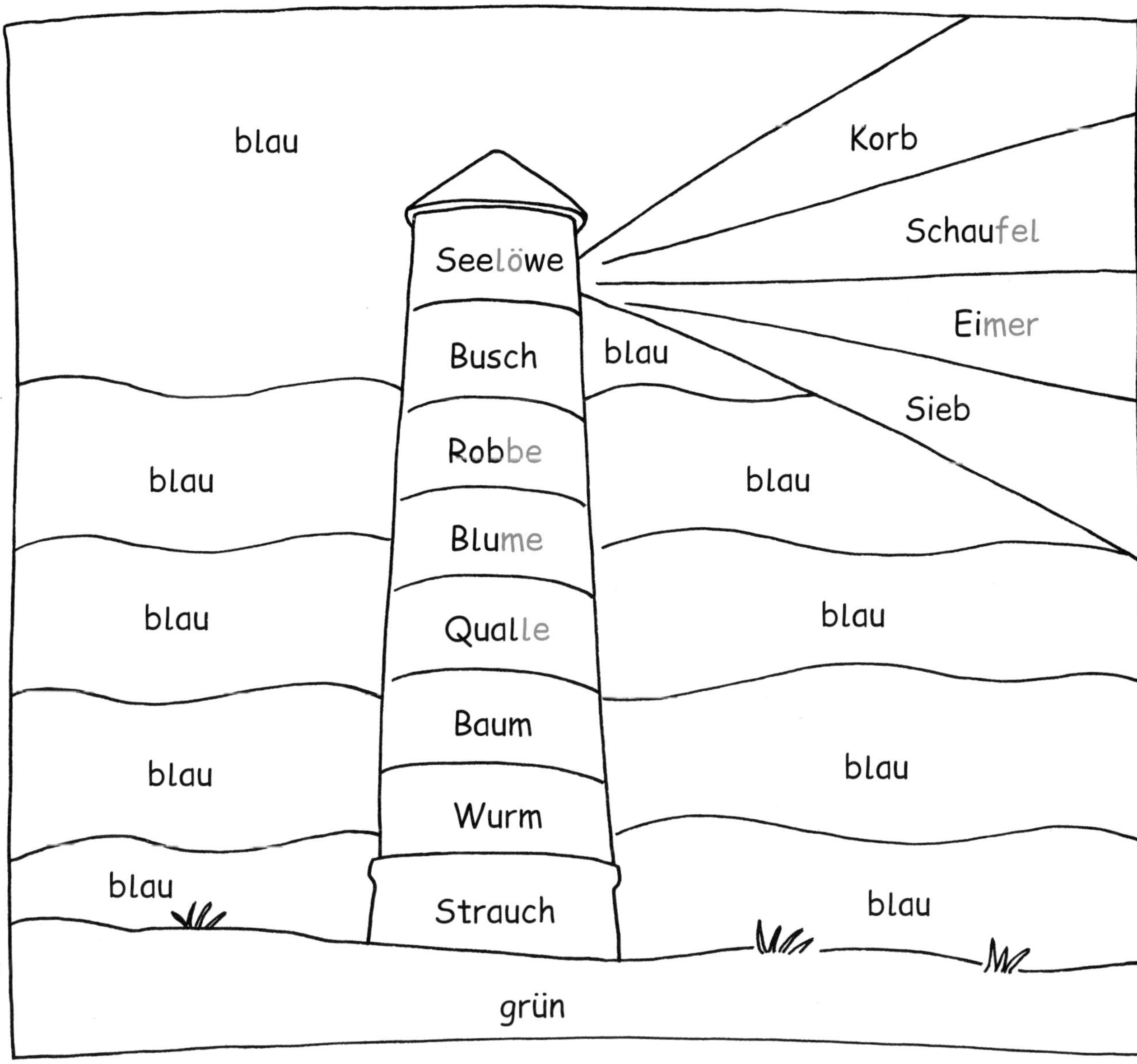

3. Trage die Nomen in die Tabelle ein.

Tiere	Pflanzen	Dinge

Nomen

C

1. Male die Felder mit den Tiernamen rot, mit den Pflanzennamen grau und mit den Dingen gelb an.
2. Male alle anderen Felder blau an.

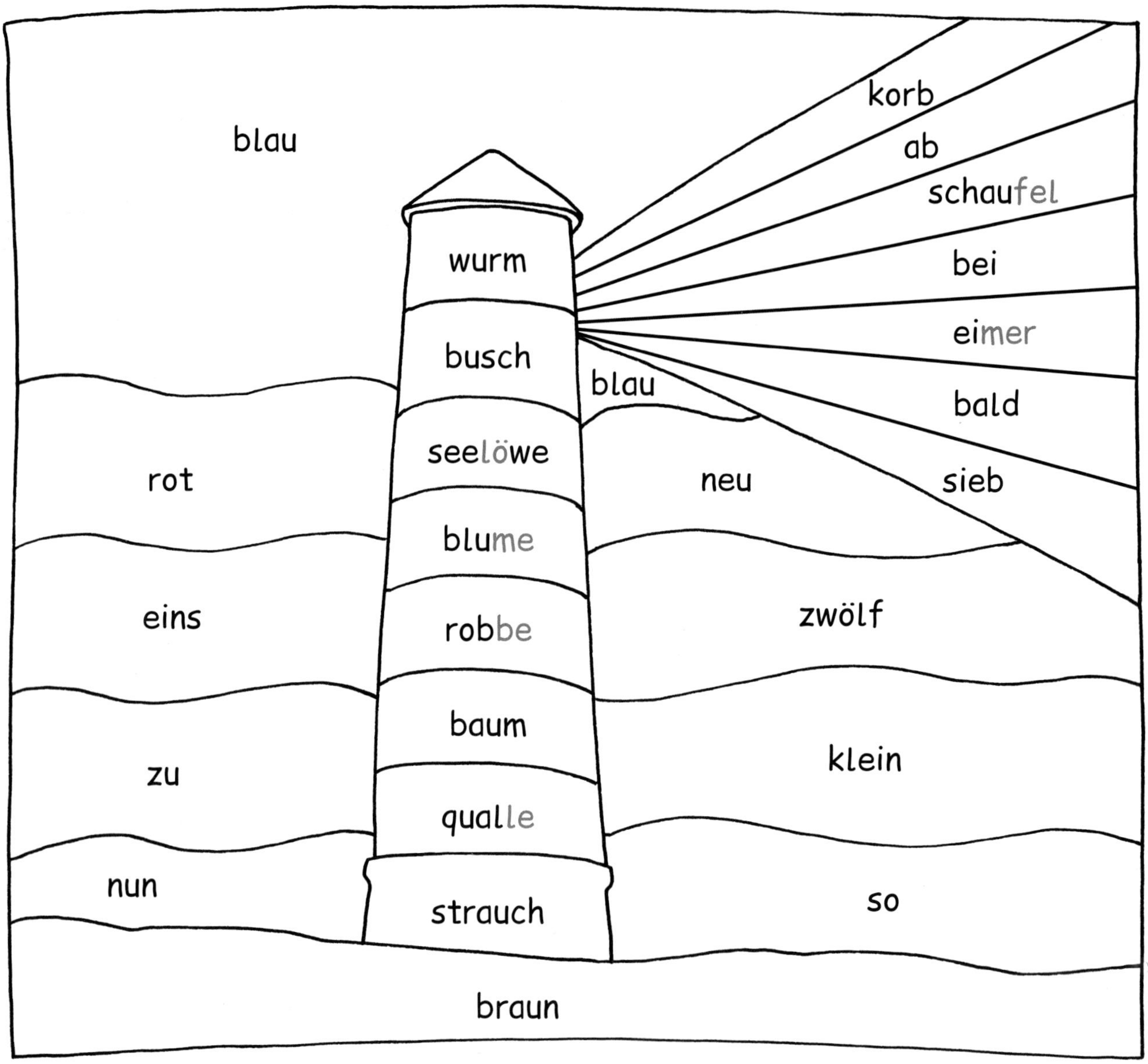

3. Trage die Nomen in die Tabelle ein.

Tiere	Pflanzen	Dinge

Silben – Häuschen A und B

A

1. Schreibe die Nomen mit zwei Farben in Häuschen A und B.

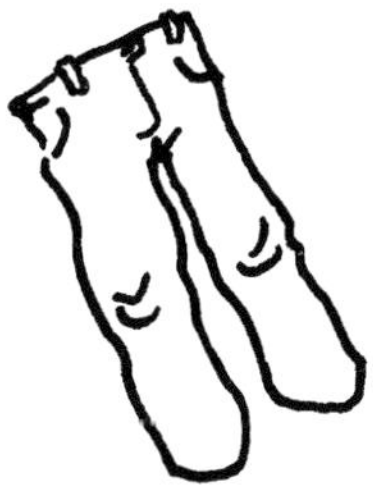

Hose

Mantel

Wolke

Vogel

Pfeife

Hunde

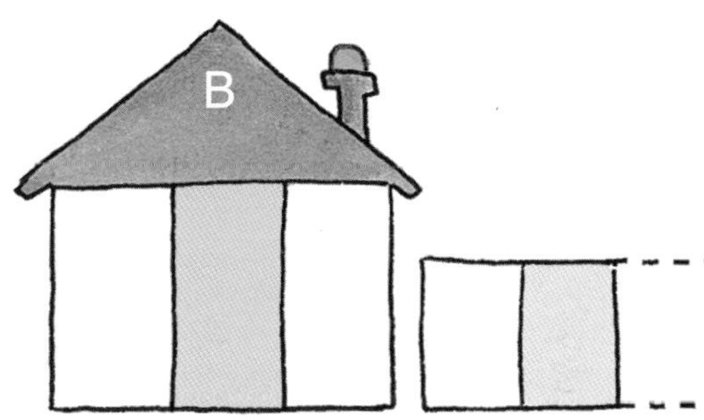

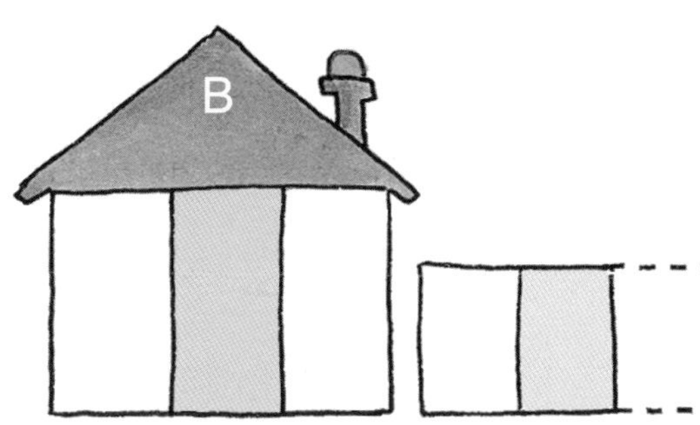

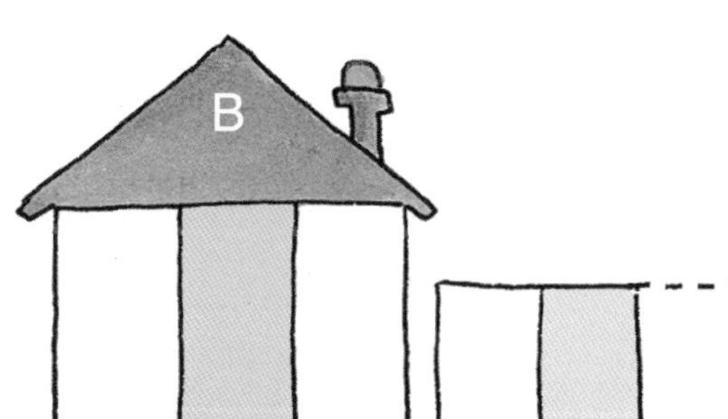

Silben – Häuschen A und B

B

1. Schreibe die Nomen mit zwei Farben in Häuschen A und B.

Hose	Mantel	Wolke	Ofen
Vogel	Pfeife	Schirme	Hunde

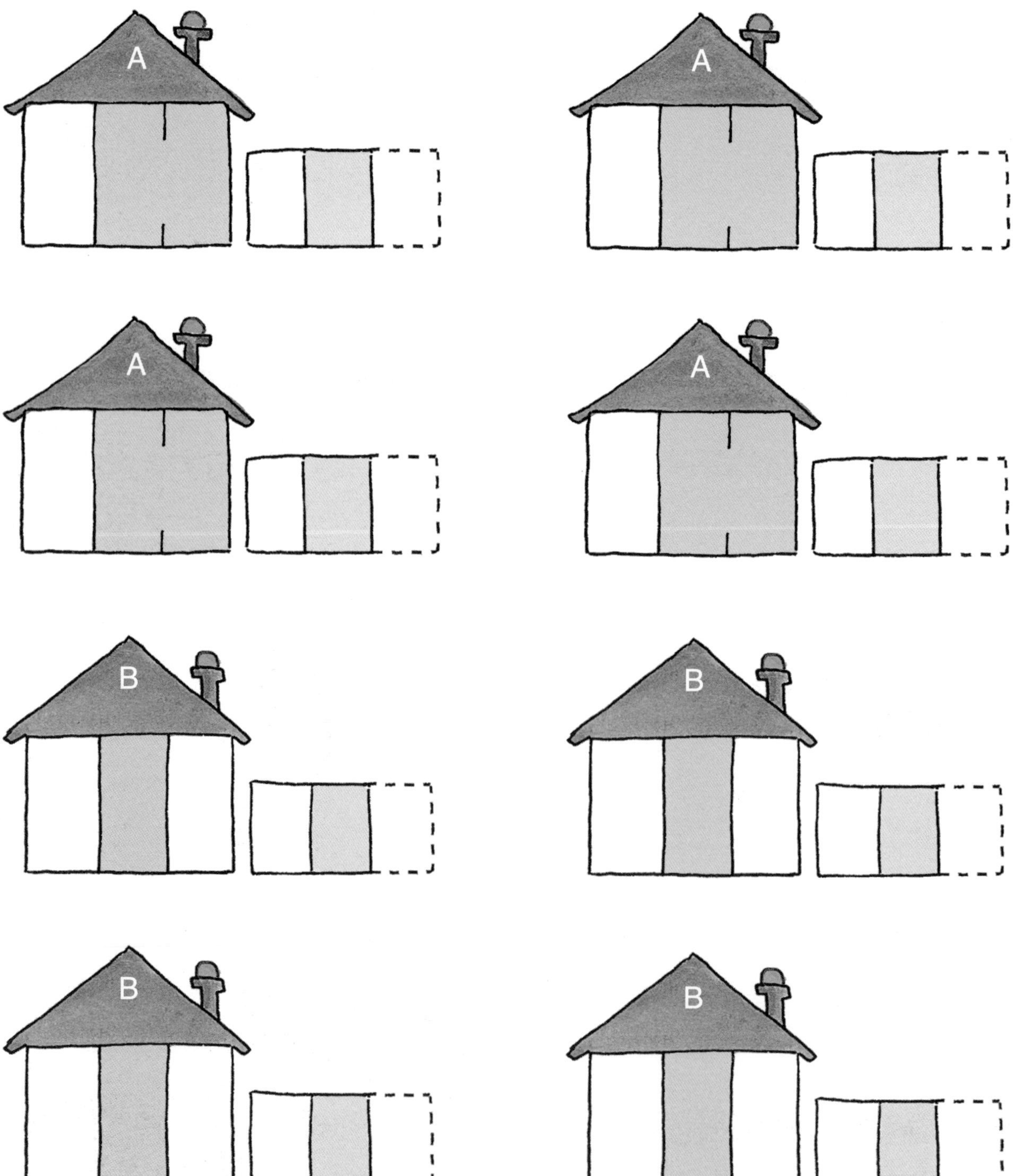

KV 3 B zu SAH A S. 10 / SB S. 10

Silben – Häuschen A und B

C

1. Schreibe die Nomen zu den Bildern mit zwei Farben in Häuschen A und B.

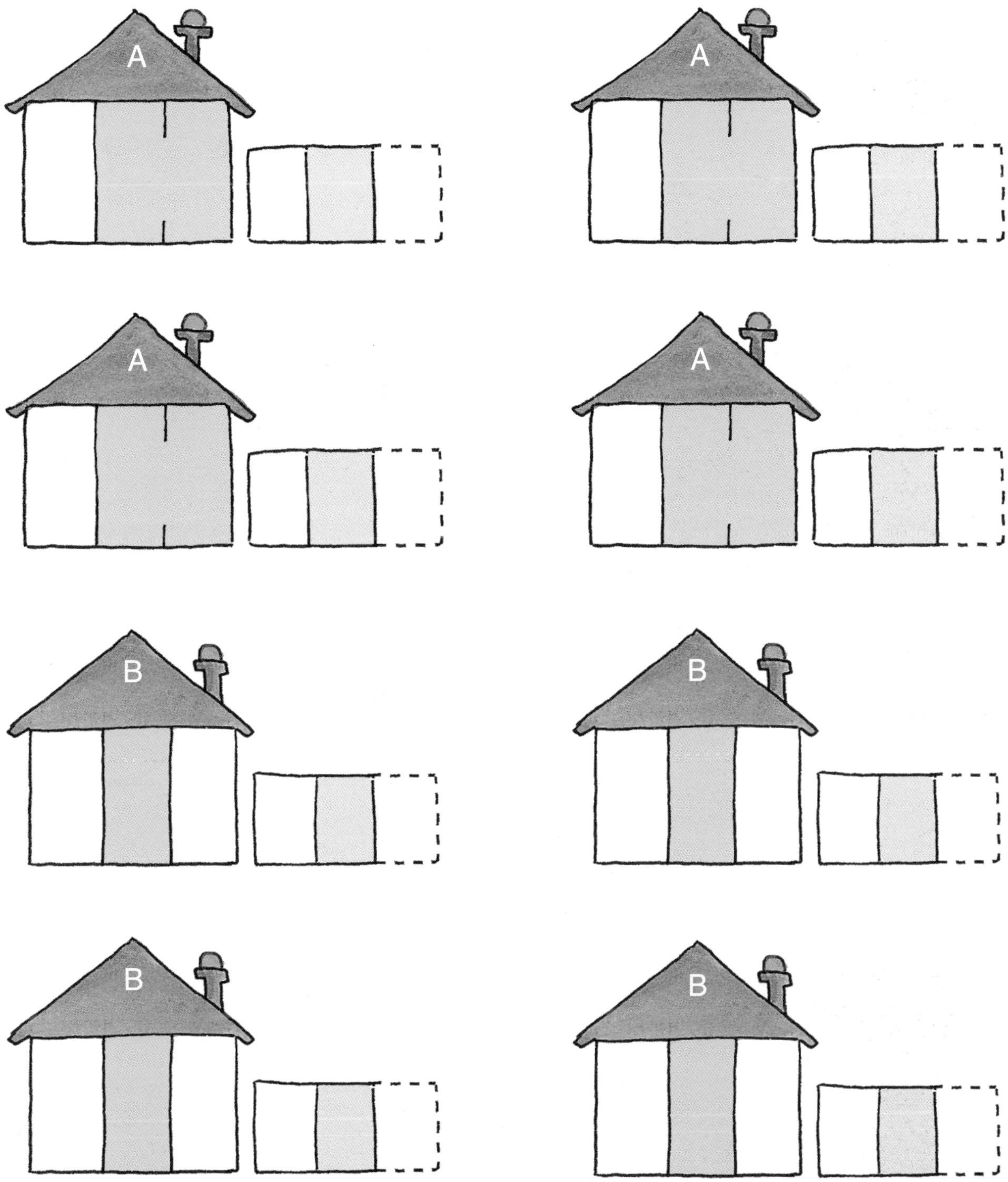

Bestimmter Artikel

A

der	Eimer	Karton	Bach	Dampfer
die	Schaufel	Kiste	Welle	Jacht
das	Sieb	Glas	Meer	Schiff

1. Schreibe die Nomen mit Artikel auf:

der Eimer

der

die

das

Bestimmter Artikel

B

1. Schreibe die Nomen einer Welle mit Artikel auf.

Bilde immer eine der-die-das-Reihe: der Seehund – die Robbe – das Walross

Seehund – Robbe – Walross

Bach – Welle – Meer

Eimer – Schaufel – Sieb

Seeigel – Schnecke – Seepferdchen

Dampfer – Jacht – Schiff

Karton – Kiste – Glas

Strandkorb – Luftmatratze – Schlauchboot

Bestimmter Artikel

C

1. Schreibe die Nomen einer Welle mit Artikel auf.

Bilde immer eine der-die-das-Reihe: der Seehund – die Robbe – das Walross

Seehund – Robbe – Walross

Bach – Meer – Welle

Sieb – Schaufel – Eimer

Seepferdchen – Seeigel – Schnecke

Jacht – Schiff – Dampfer

Kiste – Karton – Glas

Strandkorb – Luftmatratze – Schlauchboot

Unbestimmter Artikel

A

1. Schreibe **ein** oder **eine** in die Lücken.

Im Wasser schwimmt ____ Fisch.

Im Sand liegt ____ Muschel.

Malte findet ____ Flasche.

Vater sieht ____ Schiff.

ein ein eine eine

2. Schreibe die Nomen in den Steinen mit dem unbestimmten und dem bestimmten Artikel auf: ein Fisch – der Fisch

ein/eine		der/die/das
	–	
	–	
	–	
	–	

Unbestimmter Artikel

1. Schreibe **ein** oder **eine** in die Lücken.

Im Wasser schwimmt ______ Fisch.

Im Sand liegt ______ Muschel.

Malte findet ______ Flasche.

Am Strand sitzt ______ Möwe.

Im Sand krabbelt ______ Käfer.

Vater sieht ______ Schiff.

2. Schreibe die Nomen in den Steinen mit dem unbestimmten und dem bestimmten Artikel auf: ein Fisch – der Fisch

Unbestimmter Artikel

C

1. Ergänze die Sätze mit dem passenden Nomen und dem richtigen Artikel:

Im Wasser schwimmt **ein Fisch**.

Der Fisch ist klein.

Im Wasser schwimmt ______________.

______________ ist klein.

Im Sand liegt ______________.

______________ ist herzförmig.

Im Sand krabbelt ______________.

______________ ist schwarz.

Über das Meer fährt ______________.

______________ ist weiß.

Am Strand liegt ______________.

______________ ist leer.

Am Wasser läuft ______________.

______________ läuft schnell.

Muschel
Fisch
Schiff
Käfer
Jogger
Flasche

Nomen-Probe

A

1. Male die Felder mit den Nomen rot an. Wende die Nomen-Probe an.

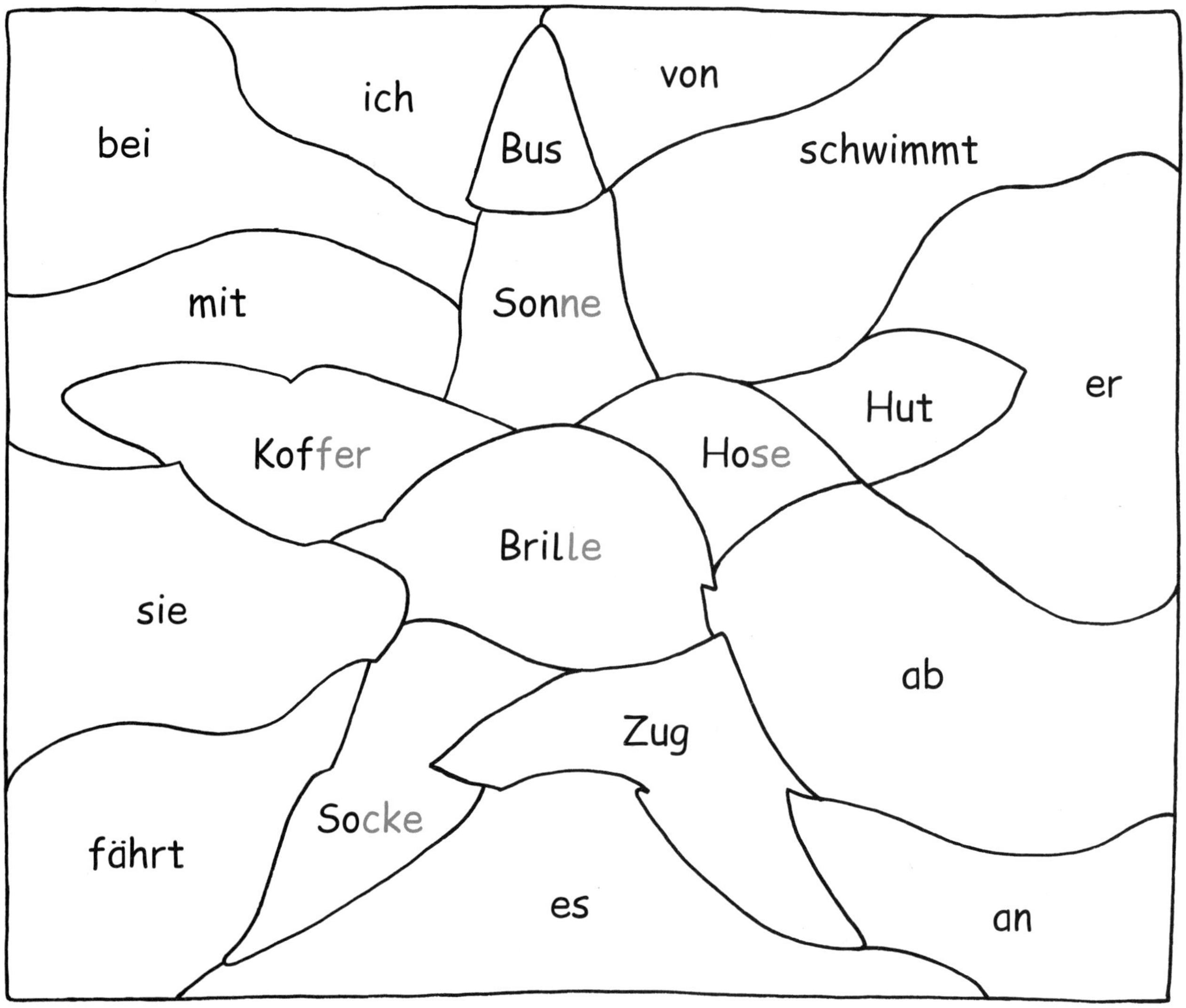

2. Schreibe alle Nomen mit dem Artikel der, die oder das auf: der Bus

Nomen-Probe

B

1. Hier sind alle Wörter kleingeschrieben, auch die Nomen.
   Male die Felder mit den Nomen rot an. Wende die Nomen-Probe an.

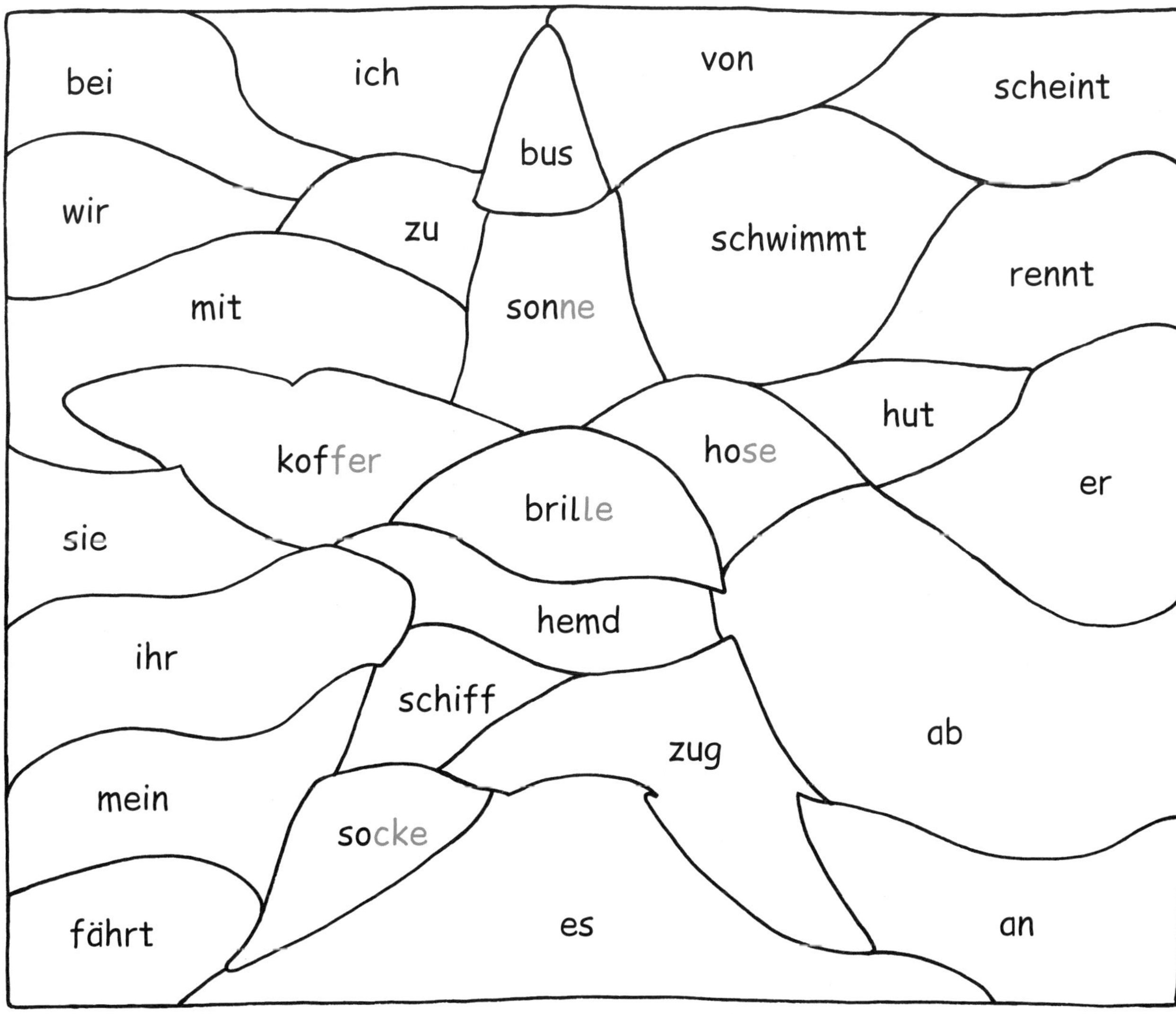

2. Schreibe alle Nomen mit dem Artikel der, die oder das auf: der Bus

Nomen-Probe

C

1. Hier sind alle Wörter kleingeschrieben, auch die Nomen.
   Male die Felder mit den Nomen rot an. Wende die Nomen-Probe an.

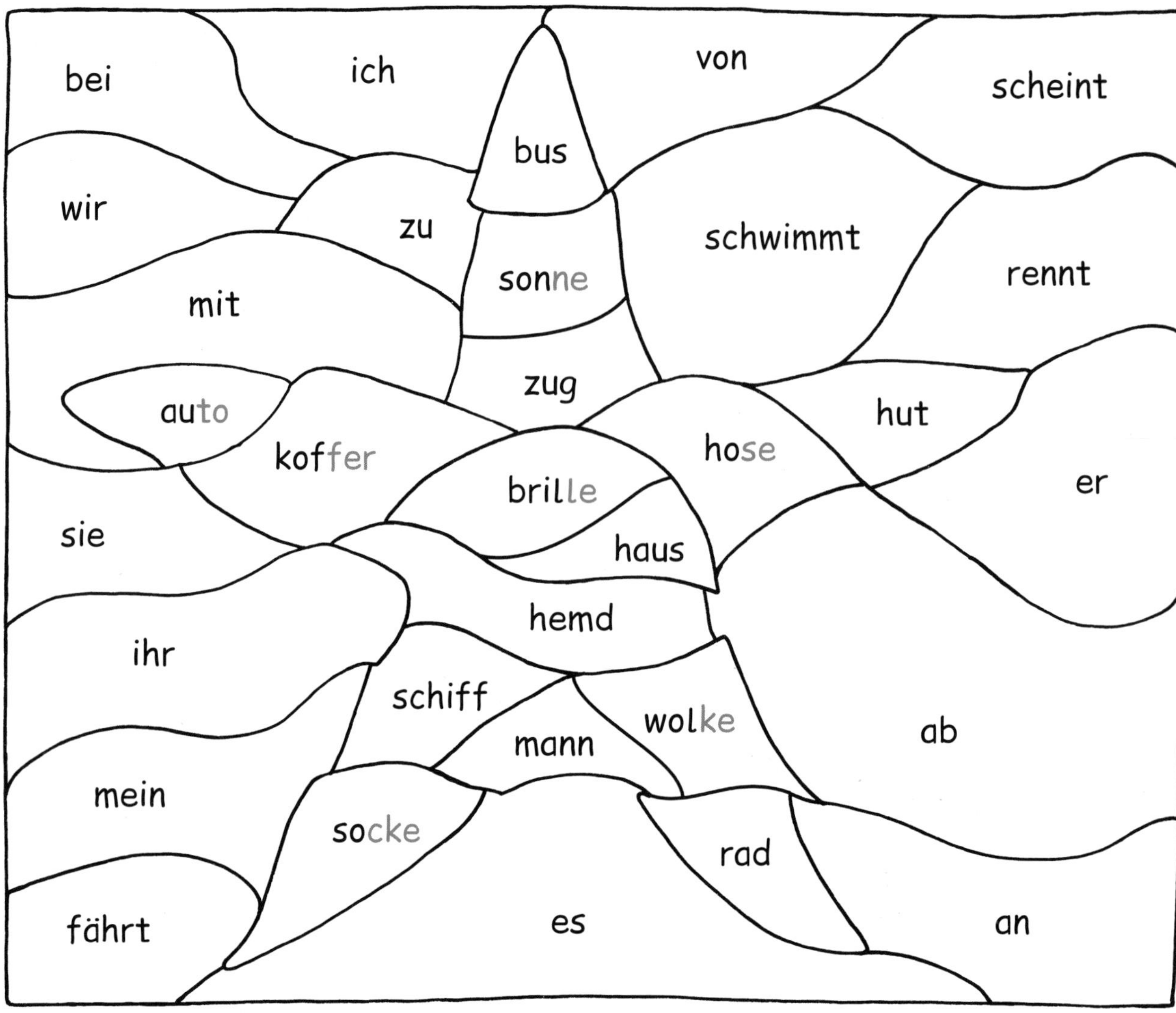

2. Schreibe alle Nomen in die richtige Spalte.

der	die	das

Einzahl – Mehrzahl

1. Verbinde die Nomen in der Einzahl mit dem passenden Nomen in der Mehrzahl.

Schule	Türme
Turm	Wälder
Wald	Straßen
Baum	Schulen
Straße	Bäume

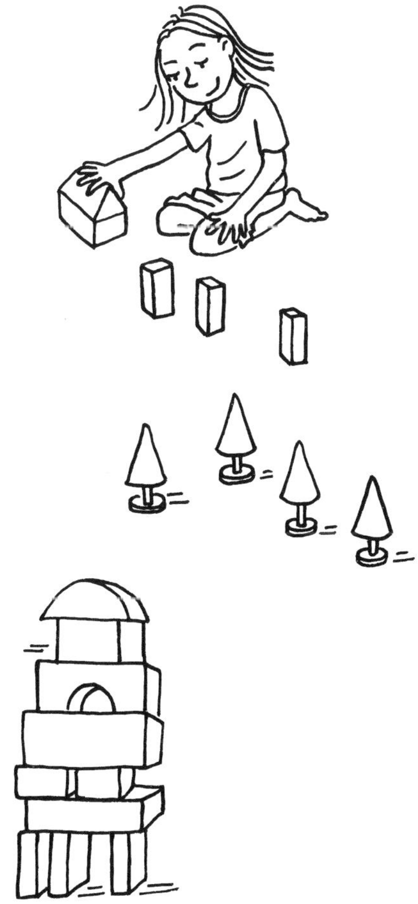

2. Schreibe die Nomen mit dem bestimmten Artikel auf:
die Schule – die Schulen

Einzahl		Mehrzahl
	–	
	–	
	–	
	–	
	–	

Einzahl – Mehrzahl

B

1. Verbinde die Nomen in der Einzahl mit dem passenden Nomen in der Mehrzahl.

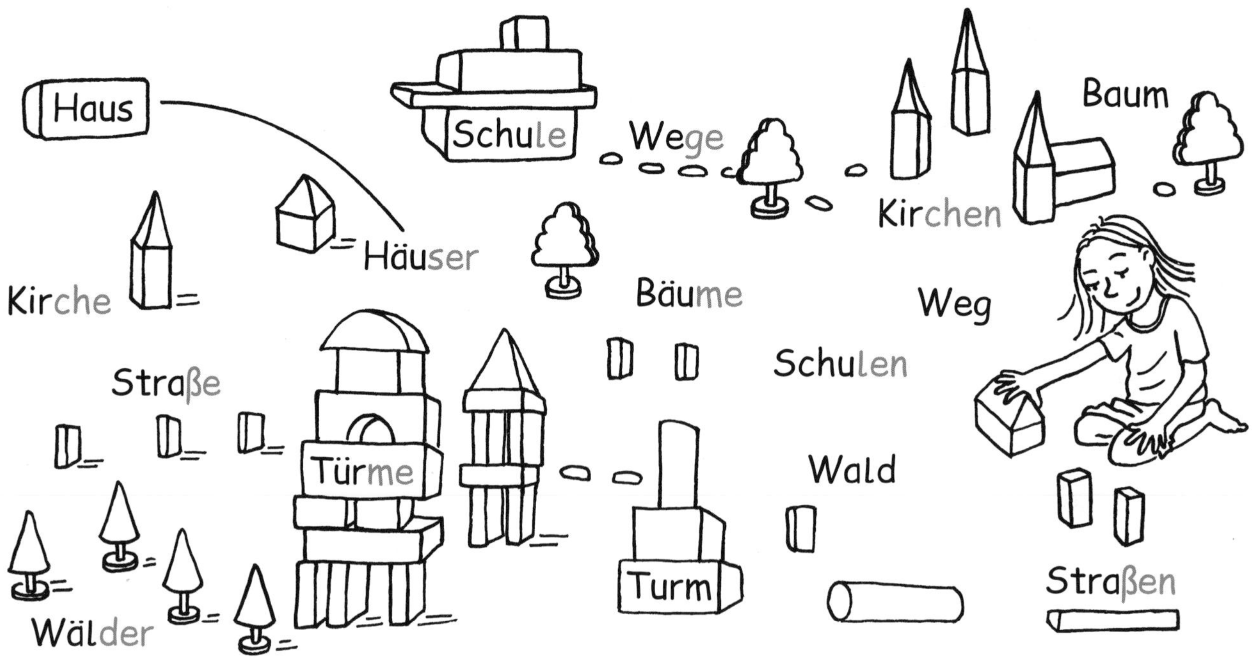

2. Schreibe die Nomen mit dem bestimmten Artikel auf:
die Schule – die Schulen

Einzahl		Mehrzahl
	–	
	–	
	–	
	–	
	–	
	–	
	–	
	–	

Einzahl – Mehrzahl

C

Finde zu jedem Nomen in der Einzahl das passende Nomen in der Mehrzahl.

1. Schreibe die Nomen mit dem bestimmten Artikel auf: der Wald – die Wälder

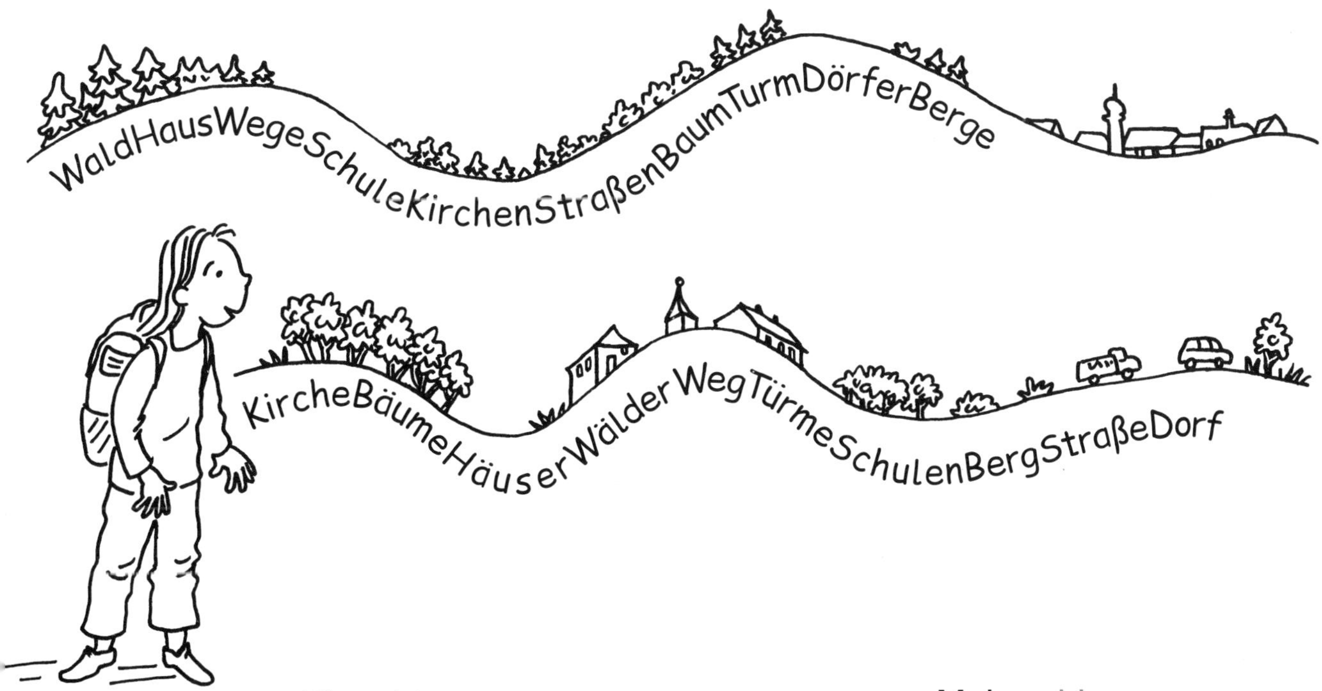

Einzahl		Mehrzahl
	–	
	–	
	–	
	–	
	–	
	–	
	–	
	–	
	–	
	–	

1. Zeige Hanna und Malte den Weg durch den Zoo zum Ausgang. Du findest den Weg, wenn du dem Abc folgst.

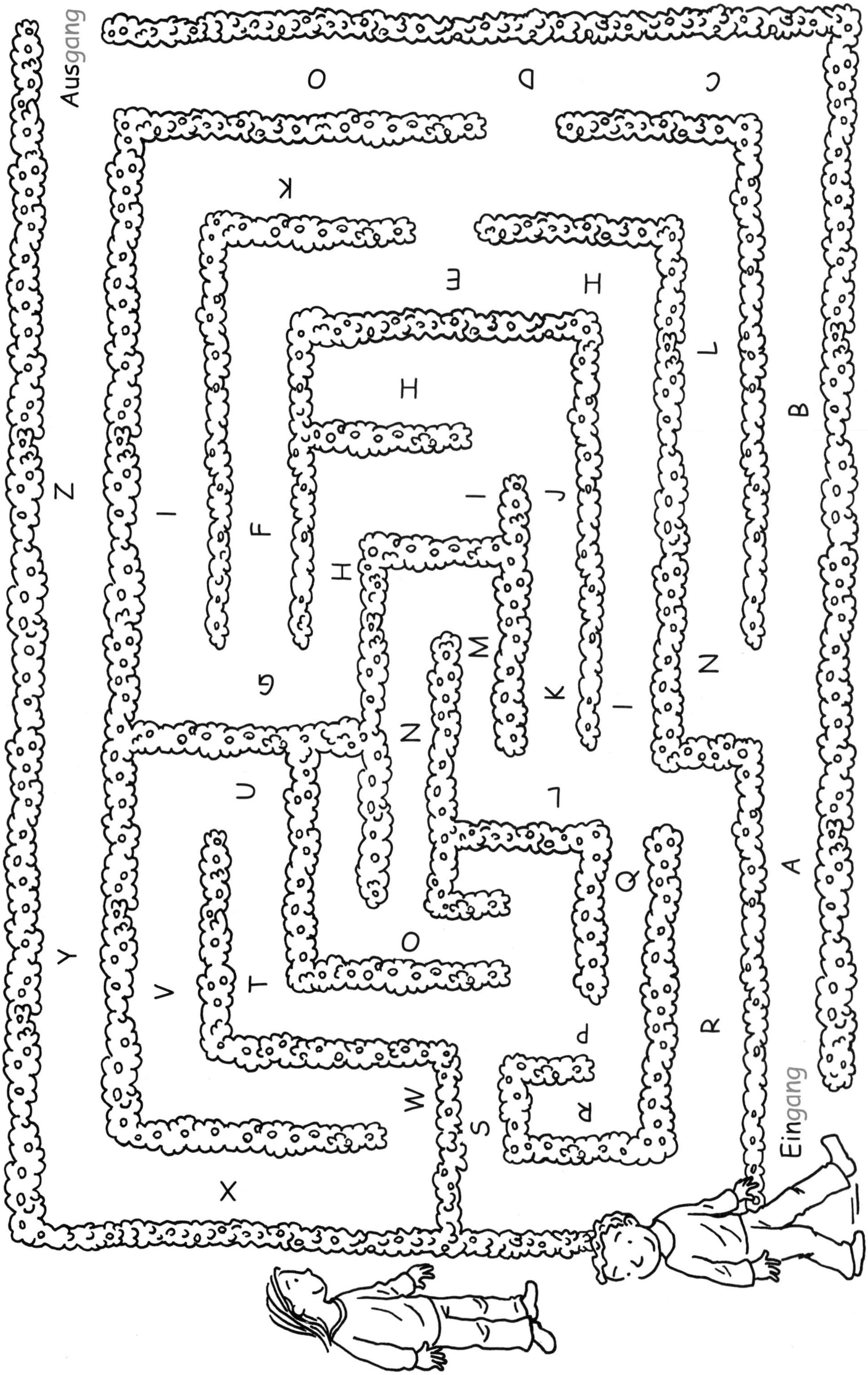

KV 8 A zu SAH A S. 18, 19 / SB S. 19

1. Zeige Hanna und Malte den Weg durch den Zoo zum Ausgang. Du findest den Weg, wenn du dem Abc folgst.

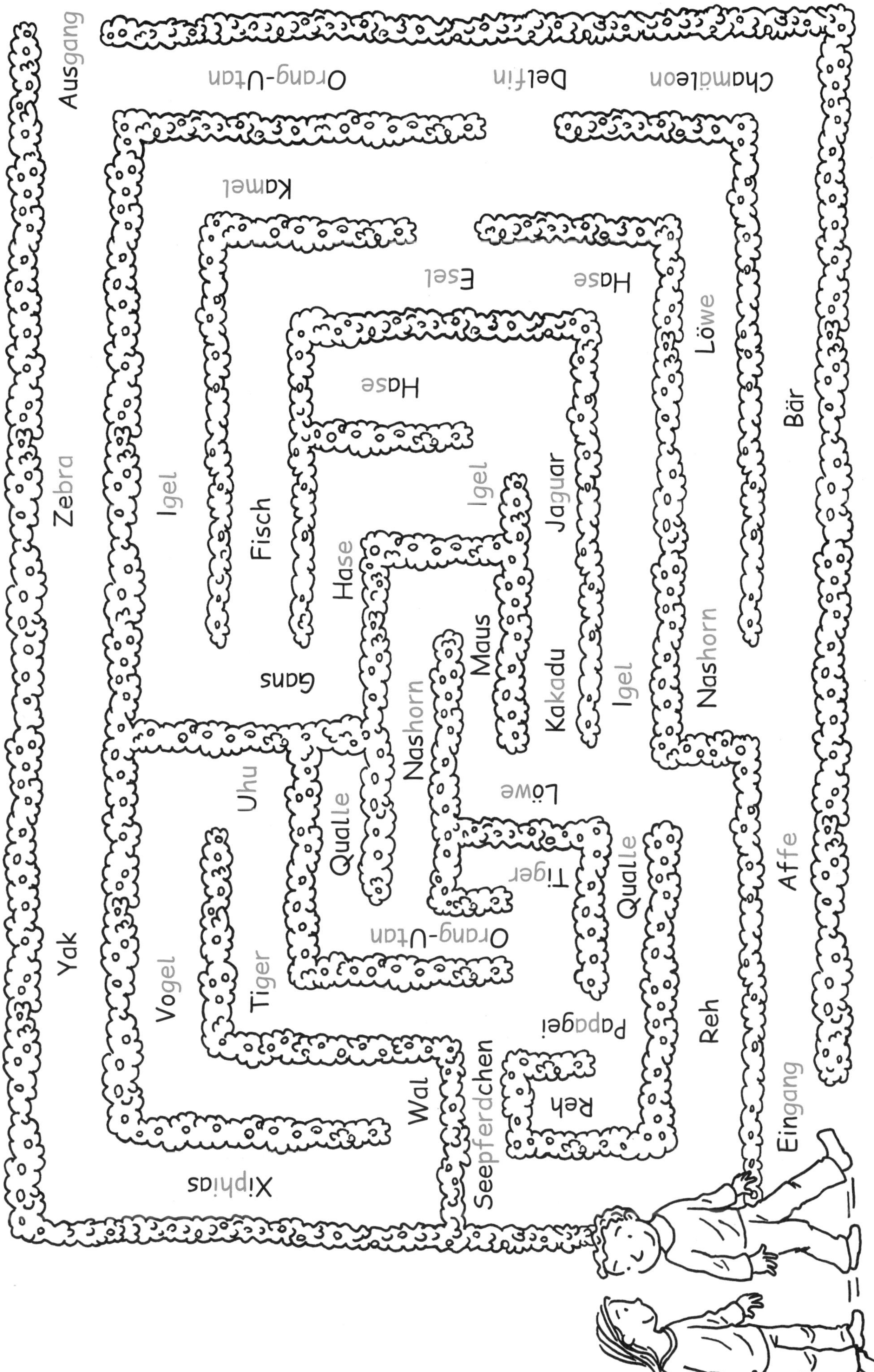

KV 8 B zu SAH A S. 18, 19 / SB S. 19

1. Zeige Hanna und Malte den Weg durch den Zoo zum Ausgang. Du findest den Weg, wenn du dem Abc folgst.

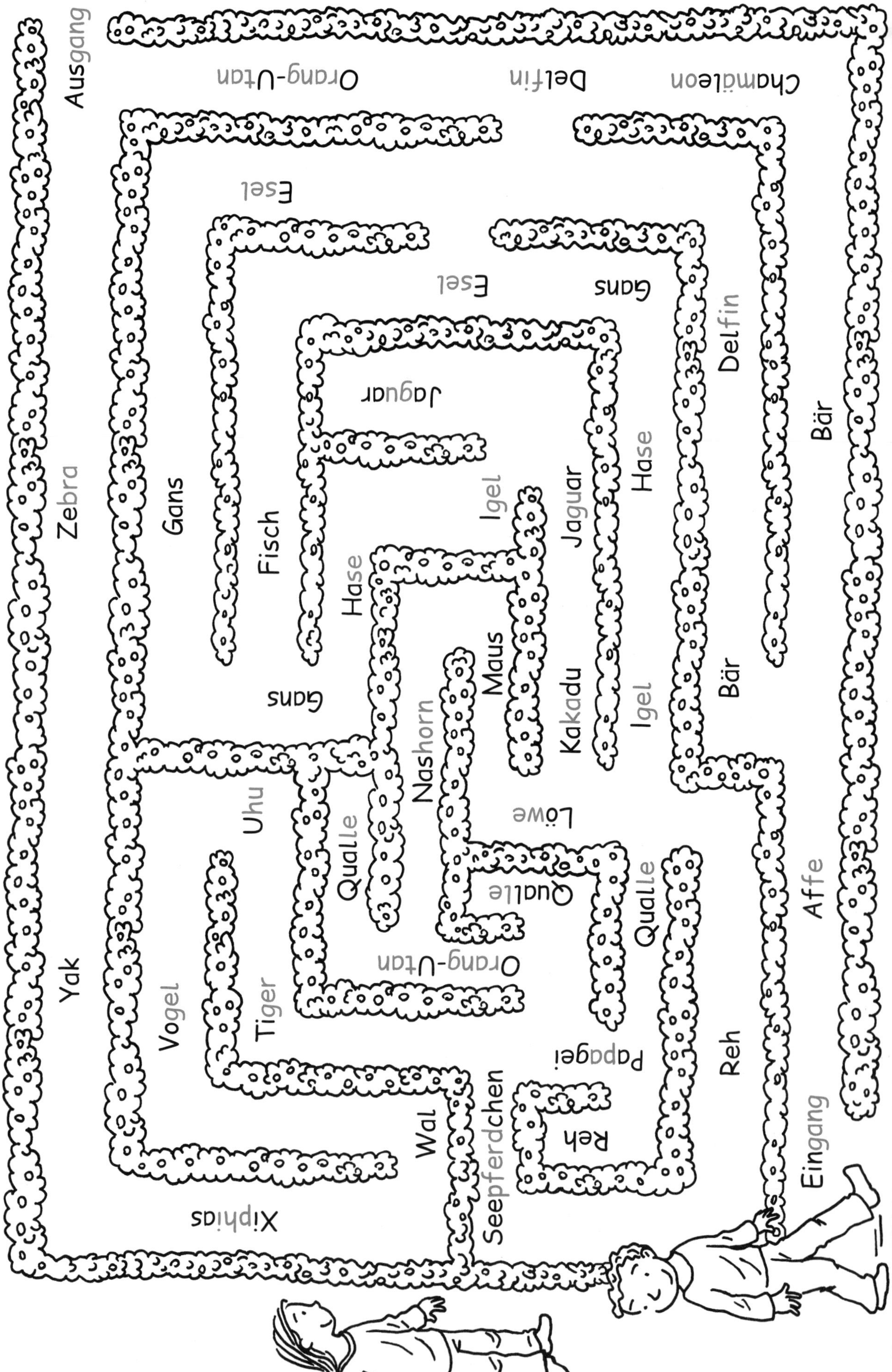

Nach dem Abc ordnen

A

1. Markiere die beiden ersten Buchstaben der Tiernamen.
2. Ordne die Tiernamen nach dem Abc.
   Beachte den zweiten Buchstaben.

Boxer

Biene

1) ______________________ 2) ______________________

Muli

Maus

1) ______________________ 2) ______________________

Affe

Ameise

1) ______________________ 2) ______________________

Nach dem Abc ordnen

B

1. Markiere die beiden ersten Buchstaben der Tiernamen.
2. Ordne die Tiernamen nach dem Abc. Beachte den zweiten Buchstaben.

Biene

Boxer

1)

2)

Muli

Maus

1)

2)

Ameise

Affe

1)

2)

Falter

Fisch

1)

2)

Seepferdchen

Schlange

1)

2)

KV 9 B zu SAH A S. 22 / SB S. 22

Nach dem Abc ordnen

C

1. Ordne die Tiernamen nach dem Abc.

1)

2)

3)

1)

2)

3)

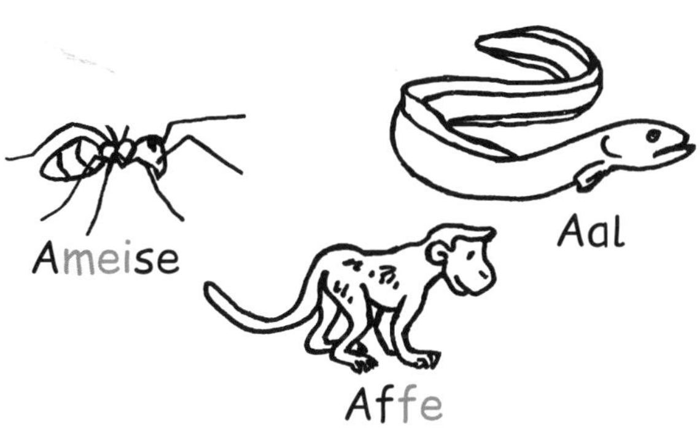

1)

2)

3)

1)

2)

3)

Nach dem Abc ordnen

A

1. Markiere die Anfangsbuchstaben der Kindernamen gelb.
2. Ordne die Namen der Kinder nach dem Abc.

1) ______________________ 2) ______________________

3) ______________________ 4) ______________________

5) ______________________

Nach dem Abc ordnen

B

1. Markiere die Anfangsbuchstaben der Kindernamen gelb.
2. Ordne die Namen der Kinder nach dem Abc.

1) ____________________ 2) ____________________

3) ____________________ 4) ____________________

5) ____________________ 6) ____________________

7) ____________________ 8) ____________________

Nach dem Abc ordnen

C

1. Markiere die Anfangsbuchstaben der Kindernamen gelb.
2. Ordne die Namen der Kinder nach dem Abc.

1)

2)

3)

4)

5)

6)

7)

8)

9)

10)

11)

12)

Im Wörterbuch nachschlagen

A

1. Schreibe die Zahlwörter und die Seitenzahlen des Wörterbuches auf.

		Seite			Seite
1			6		
3			10		

2. Wer hat sich unter dem Blätterhaufen versteckt?

Trage die Nomen ein und schreibe die Seitenzahlen auf.

Seite

☐☐☐☐☐☐ ☐

1

☐☐☐ ☐

2

☐☐☐☐ ☐

3

☐☐☐☐☐ ☐

4

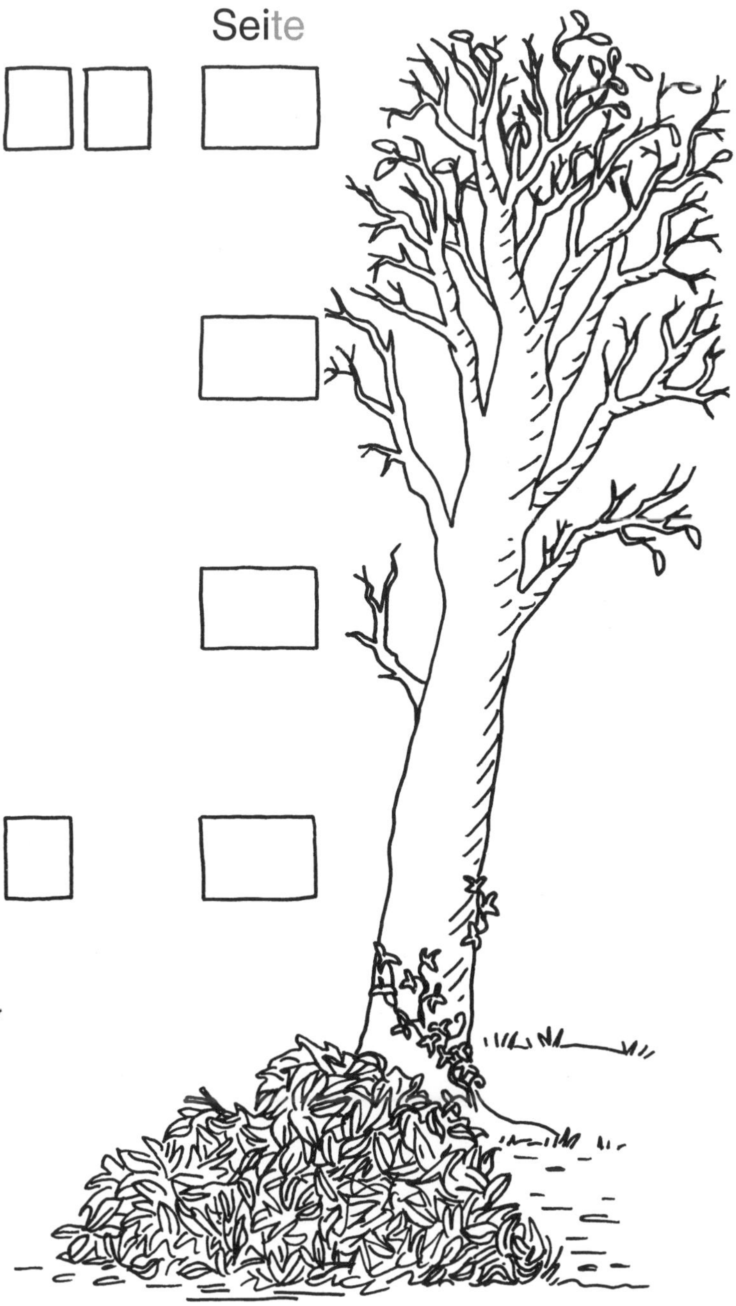

Bett Fliege Zug Kleid

Lösung: ☐☐☐☐

1 2 3 4

Im Wörterbuch nachschlagen

B

1. Schreibe die Zahlwörter und die Seitenzahlen des Wörterbuches auf.

		Seite			Seite
1			6		
3			8		
4			10		

2. Wer hat sich unter dem Blätterhaufen versteckt?

Schreibe die Nomen und die Seitenzahlen auf.

Seite

☐☐☐☐☐☐ ☐

1

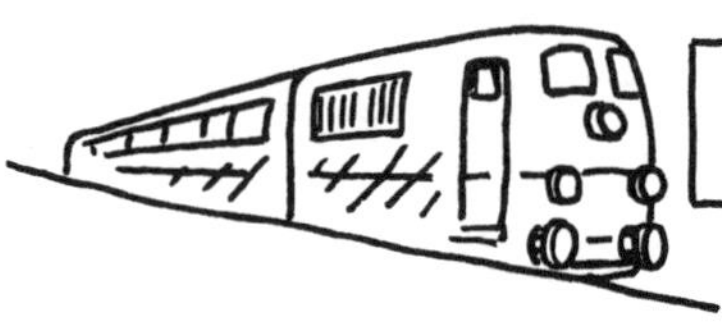

☐☐☐ ☐

2

☐☐☐☐ ☐

3

☐☐☐☐☐ ☐

4

Lösung: ☐☐☐☐

1 2 3 4

KV 11 B zu SAH A S. 23 / SB S. 23

Im Wörterbuch nachschlagen

C

1. Schreibe die Zahlwörter und die Seitenzahlen des Wörterbuches auf.

		Seite			Seite
1			6		
3			8		
4			10		

2. Wer hat sich unter dem Blätterhaufen versteckt?

Schreibe die Nomen und die Seitenzahlen auf. Die markierten Buchstaben ergeben geordnet das Lösungswort.

Seite

Lösung:

Nomen oder Verb?

A

1. Male die Felder mit den Nomen gelb und die Felder mit den Verben grün an.

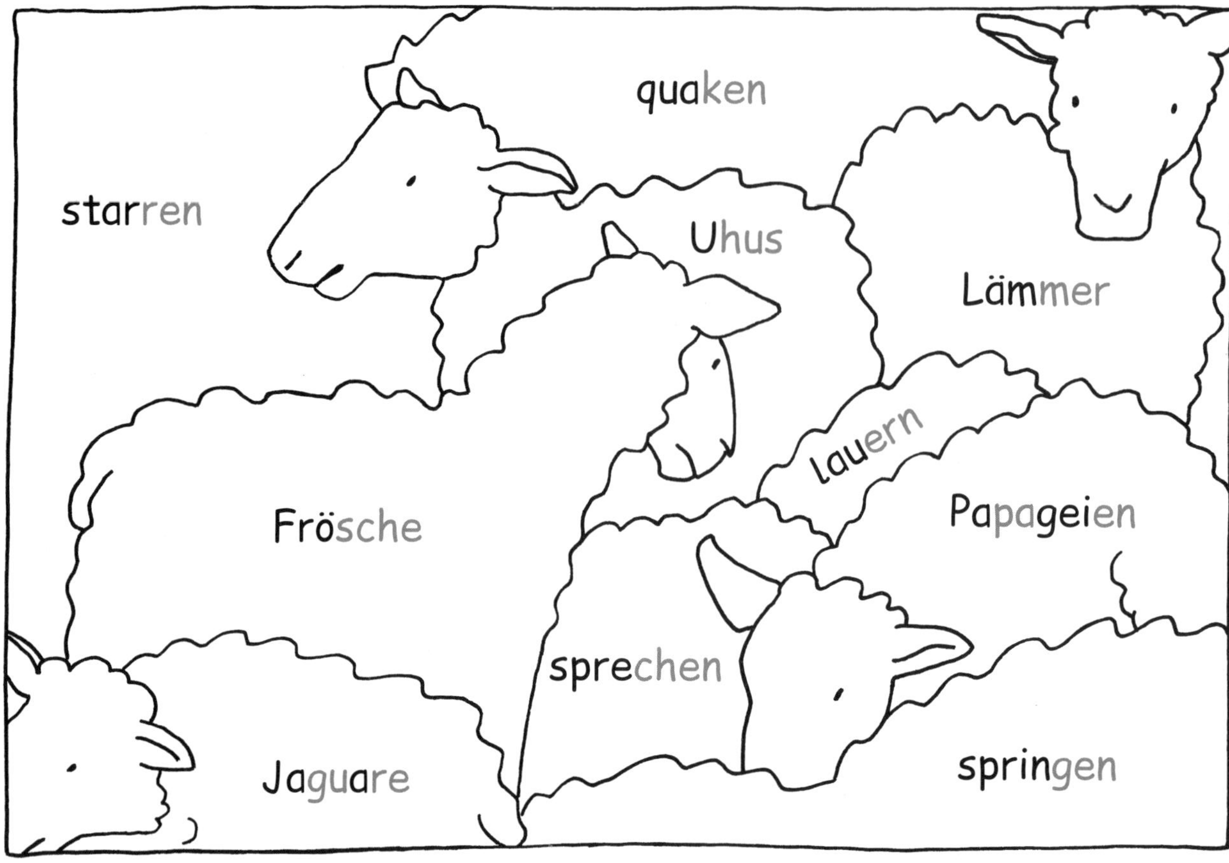

2. Trage die Wörter in die richtige Spalte ein.

Nomen	Verben

Nomen oder Verb?

B

1. Male die Felder mit den Nomen gelb und die Felder mit den Verben grün an.

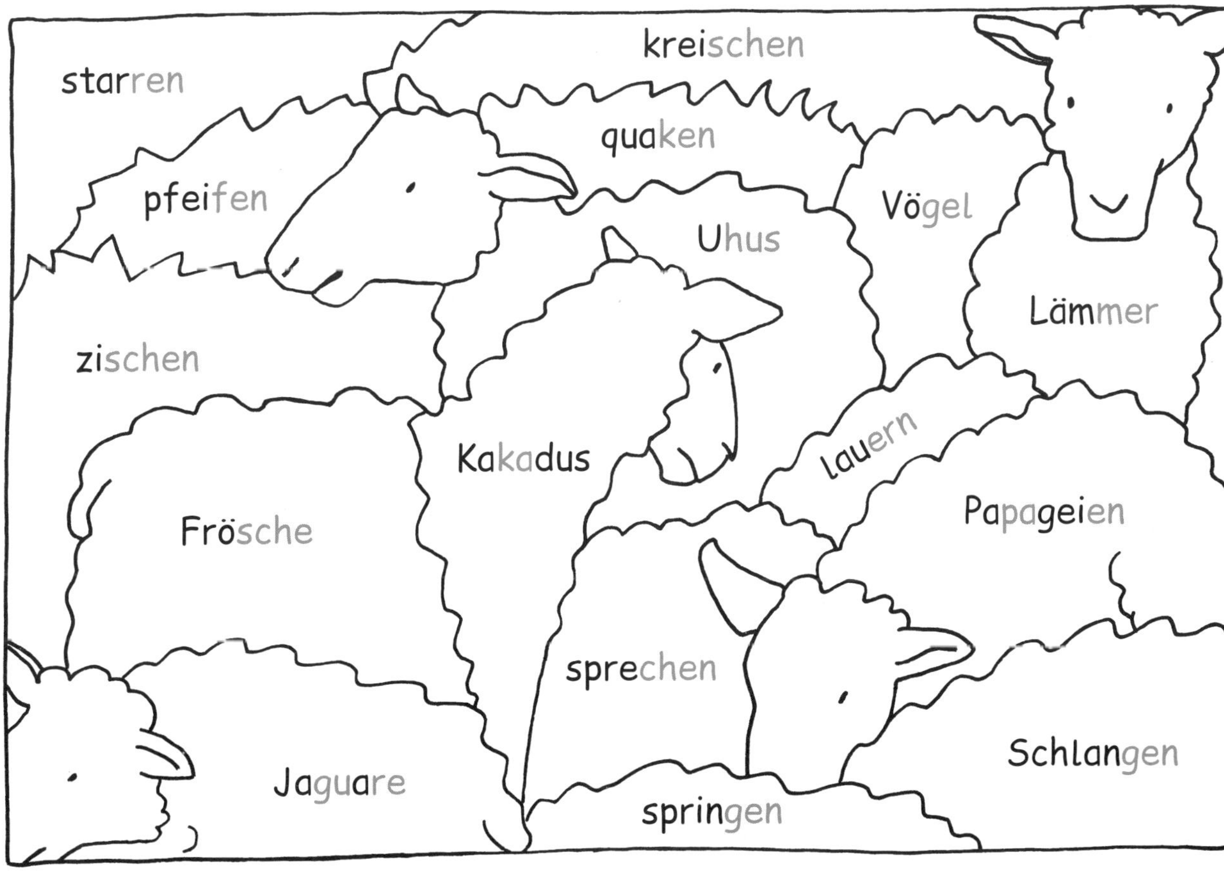

2. Trage die Wörter in die richtige Spalte ein.

Nomen	Verben

Nomen oder Verb?

C

1. Male die Felder mit den Nomen gelb und die Felder mit den Verben grün an.

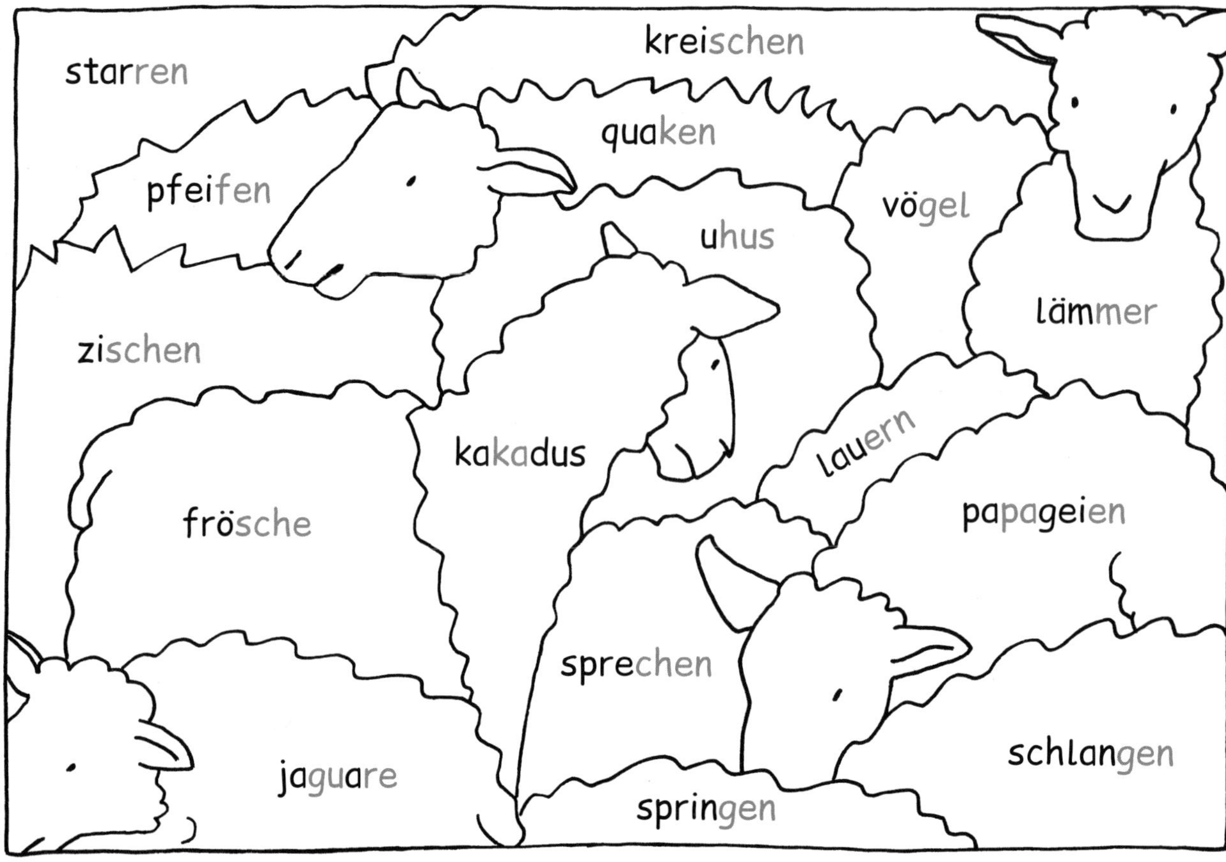

2. Trage die Wörter in die richtige Spalte ein.

Nomen	Verben

Nomen oder Verb?

Igel	Laubhaufen	Winter	Garten	Igel

1. Schreibe den Text ab und ersetze die Bildwörter durch die Nomen.

Nomen oder Verb?

B

Der kleine igel

Der kleine igel läuft in den garten.

Er findet einen laubhaufen.

Darin rollt er sich zusammen.

Das ist ein guter platz für den winter.

Nun hält er seinen winterschlaf.

In dieser Geschichte sind alle Nomen kleingeschrieben.

1. Unterstreiche die sechs weiteren Nomen und schreibe den großen Anfangsbuchstaben darüber.

2. Schreibe die Geschichte richtig auf.

KV 13 B zu SAH A S. 29 / SB S. 27

Nomen oder Verb?

C

1. Zeichne die Wortgrenzen ein.
2. Unterstreiche die sechs weiteren Nomen und schreibe den großen Anfangsbuchstaben darüber.
3. Schreibe die Geschichte richtig auf.

Aussagesatz

A

1. Ordne die Verben den Tiernamen zu.
Bilde Sätze: Die Delfine spielen.

Delfine

Elefanten

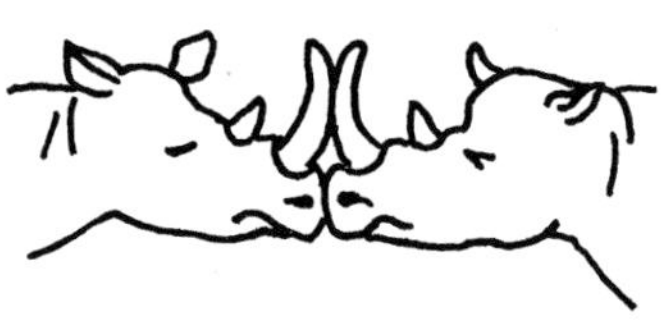

Nashörner

Mäuse

KV 14 A zu SAH A S. 32 / SB S. 30

Aussagesatz

1. Hier sind sechs Verben versteckt. Kreise sie ein.

a t s p r i t z e n t u b n a t r i n k e n s
g e n a g e n l o w b i g u r r e n s a l f
s t o ß e n t c h s s p i e l e n r i h k j g

2. Ordne die Verben den Tiernamen zu. Bilde Sätze: Die Delfine spielen.

Delfine

Elefanten

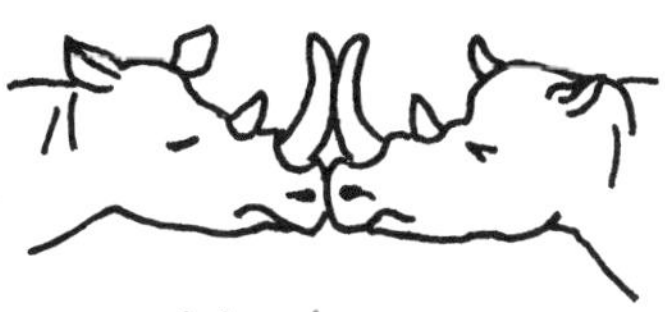
Nashörner

Mäuse

Kamele

Tauben

Aussagesatz

Hier sind neun Tiernamen und neun Verben versteckt.

1. Kreise die Nomen gelb und die Verben grün ein.

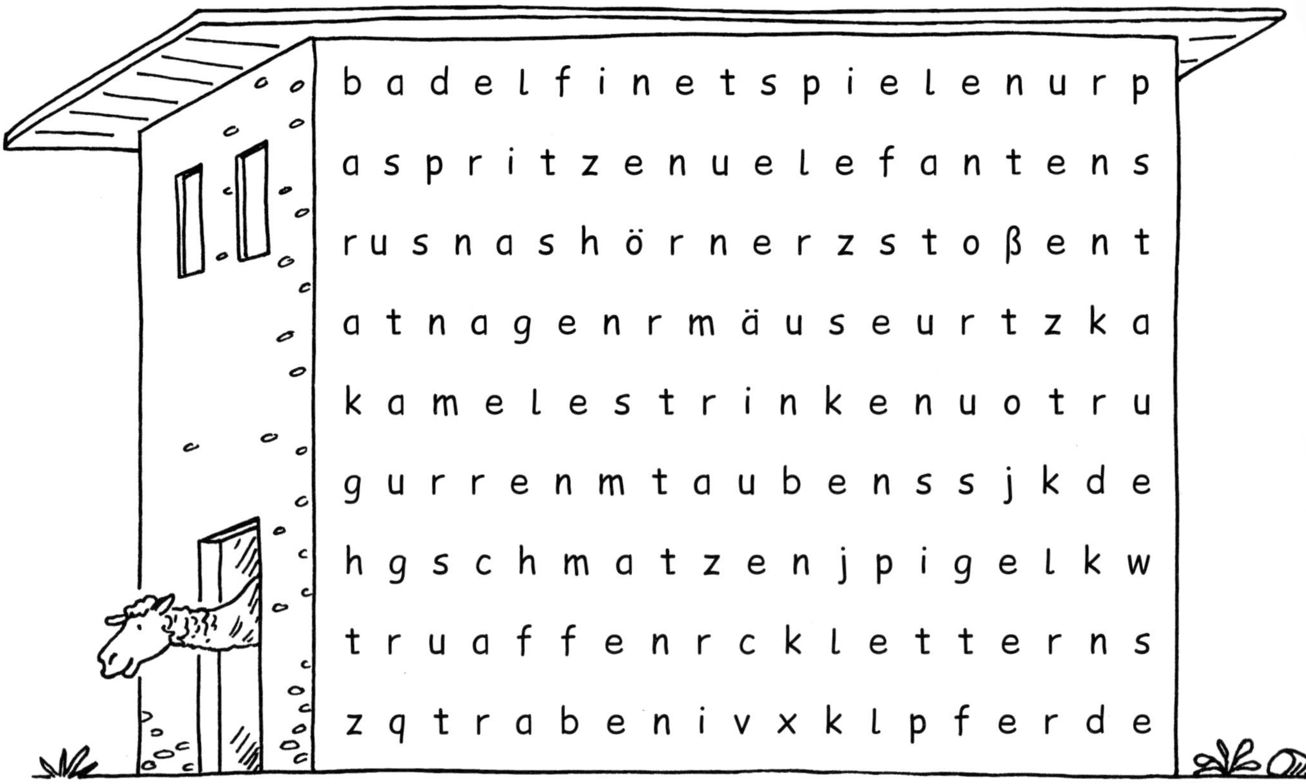

2. Bilde Sätze mit den markierten Nomen und Verben: Die Delfine spielen.

KV 14 C zu SAH A S. 32 / SB S. 30

Die er-Form

Zu jedem Wort in den Äpfeln passt ein Wort im Korb.

1. Verbinde die Wörter, die zusammengehören.

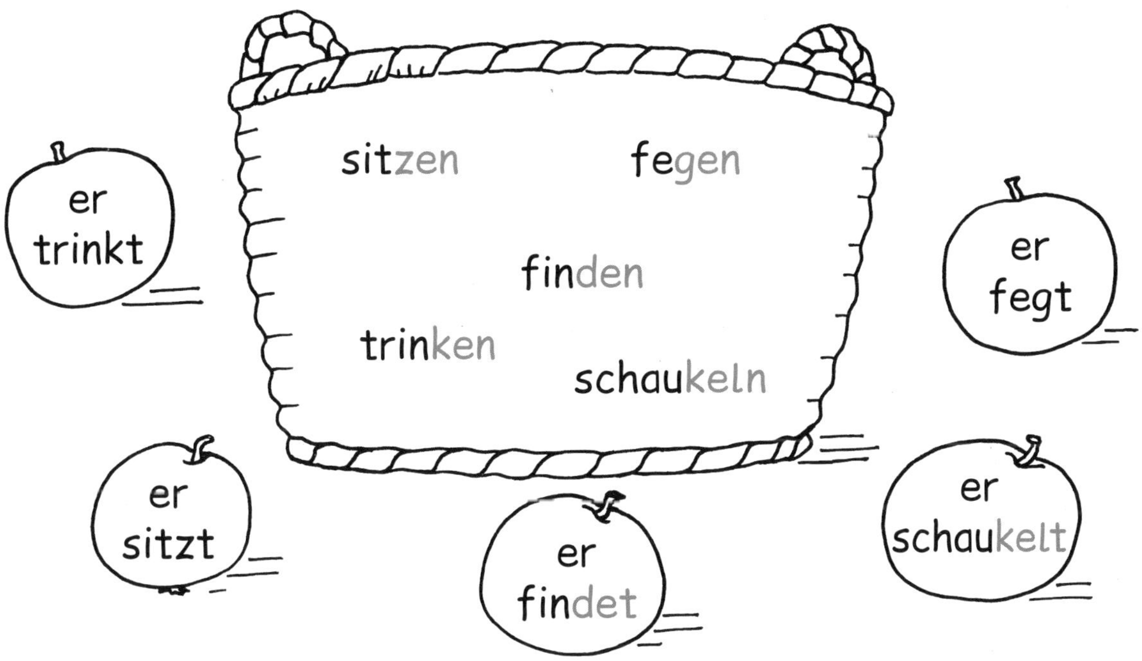

2. Schreibe die Verben in der er-Form und in der Grundform auf.

er-Form	Grundform

Die er-Form

B

Zu jedem Wort in den Äpfeln passt ein Wort im Korb.

1. Verbinde die Wörter, die zusammengehören.

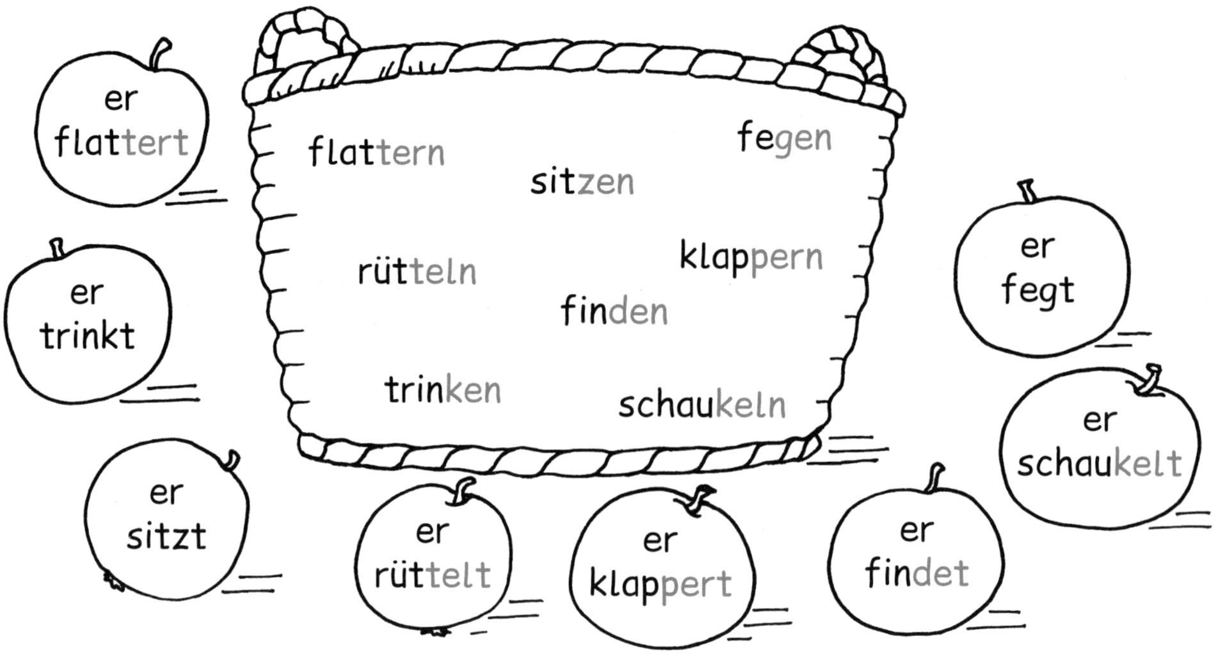

2. Schreibe die Verben in der er-Form und in der Grundform auf.

er-Form	Grundform

KV 15 B zu SAH A S. 37, 38 / SB S. 37

 Verben: Grundform, 3. Person Einzahl

Die er-Form

C

1. Schreibe zu jedem Verb in der Grundform die er-Form: er sitzt

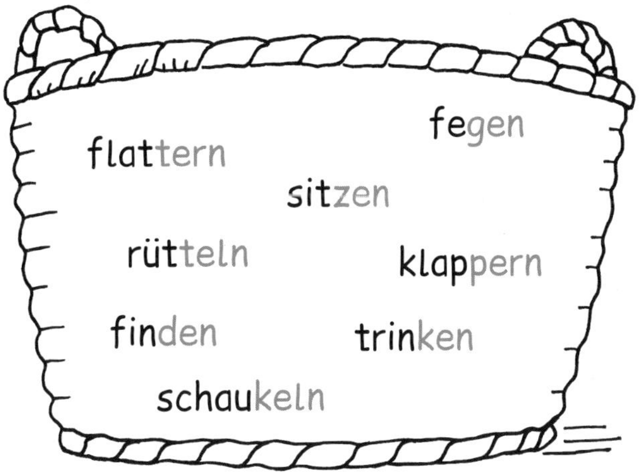

2. Bilde Sätze und schreibe sie auf.

Timo	im Wald	sammeln	viele Eicheln

Hanna	mit Kastanien	kleine Figuren	basteln

Lisa	im Park	zwei Eichhörnchen	beobachten

Die er-Form mit doppeltem Mitlaut

A

1. Sprich und klatsche. Welche Schreibweise ist richtig?
2. Setze ein und schreibe in der er-Form.

   Kreise jeweils den Wortstamm ein: bellen – er bellt

Grundform

er-Form

be ___ en

___

fa ___ en

___

bru ___ en

___

schnu ___ en

___

fre ___ en

___

ki ___ en

___

Die er-Form mit doppeltem Mitlaut

B

1. Sprich und klatsche. Welche Schreibweise ist richtig?
2. Setze ein und schreibe in der er-Form.
   Kreise jeweils den Wortstamm ein: bellen – er bellt

Grundform | er-Form

be ___ en

____

ro ___ en

____

fa ___ en

____

bru ___ en

____

schnu ___ en

____

kna ___ en

____

schna ___ en

____

ste ___ en

____

fre ___ en

____

ki ___ en

____

Die er-Form mit doppeltem Mitlaut

C

1. Sprich und klatsche. Welche Schreibweise ist richtig?

2. Setze ein und schreibe in der er-Form.

Kreise jeweils den Wortstamm ein: brummen – er brummt

Grundform | er-Form

bru ______ en

______

schnu ______ en

______

fre ______ en

______

ste ______ en

______

schna ______ en

______

ro ______ en

______

3. Ergänze die Sätze mit den Verben in der er-Form.

Der Hund ______ an der Tür.

Malte ______ viele Witze.

Hanna ______ schnell nach Hause.

Sara ______ über den See.

schwimmen
rennen
bellen
kennen

KV 16 C zu SAH A S. 39 / SB S. 38

Verben mit Doppelkonsonanten: Infinitiv, 3. Person Einzahl

Die er-Form mit doppeltem Mitlaut

A

1. Klatsche beide Schreibweisen. Welche ist richtig?
2. Streiche die falsche Schreibweise durch.
3. Bilde die er-Form: Er kommt.

Das machen die Kinder: Das macht Malte:

Die Kinder ~~komen.~~ / kommen.

Die Kinder rennen. / renen.

Die Kinder schwimen. / schwimmen.

Die Kinder summen. / sumen.

Die Kinder wipen. / wippen.

Die er-Form mit doppeltem Mitlaut

B

1. Klatsche beide Schreibweisen. Welche ist richtig?
2. Streiche die falsche Schreibweise durch.
3. Bilde die er-Form: Er kommt.

Das machen die Kinder:

Das macht Malte:

Die Kinder ~~komen.~~ / kommen.

Die Kinder rennen. / renen.

Die Kinder schwimen. / schwimmen.

Die Kinder brülen. / brüllen.

Die Kinder summen. / sumen.

Die Kinder gewinnen. / gewinen.

Die Kinder wipen. / wippen.

KV 17 B zu SAH A S. 39 / SB S. 38

Verben mit Doppelkonsonanten: 3. Person Einzahl

Die er-Form mit doppeltem Mitlaut

C

1. Klatsche beide Schreibweisen. Welche ist richtig?
2. Streiche die falsche Schreibweise durch.
3. Bilde die er-Form: Er kommt.

Das machen die Kinder:

Das macht Malte:

Die Kinder ~~komen~~. / kommen.

Die Kinder rennen. / renen.

Die Kinder schwimen. / schwimmen.

Die Kinder brülen. / brüllen.

4. Richtig oder falsch?
Streiche die falschen Verben durch und schreibe sie richtig auf.

Die Bienen sumen um die Blüten.

Sara und Mio gewinen das Spiel.

Max wipt auf und ab.

Der Löwe brült im Gehege.

Verbformen

1. Schreibe alle Verbformen.

turnen	singen
ich	ich
du	du
er	er
sie	sie
wir	wir
ihr	ihr
sie	sie

2. Ergänze die Verben in der richtigen Verbform.

schwimmen — Die Kinder ______ im See.

liegen — Malte ______ im Bett.

Verbformen

B

1. Schreibe alle Verbformen.

turnen	singen	lesen
ich ____	ich ____	ich ____
du ____	du ____	du ____
er ____	er ____	er ____
sie ____	sie ____	sie ____
wir ____	wir ____	wir ____
ihr ____	ihr ____	ihr ____
sie ____	sie ____	sie ____

2. Ergänze die Verben in der richtigen Verbform.

schwimmen	Die Kinder ____ im See.
liegen	Malte ____ im Bett.
essen	Ich ____ gerne Obstsalat.
klettern	Du ____ auf einen Baum.

Verbformen

C

1. Schreibe alle Verbformen.

turnen	singen	lesen
ich ______	ich ______	ich ______
du ______	du ______	du ______
er ______	er ______	er ______
sie ______	sie ______	sie ______
wir ______	wir ______	wir ______
ihr ______	ihr ______	ihr ______
sie ______	sie ______	sie ______

2. Ergänze die Sätze mit passenden Verben in der richtigen Form.

Die Kinder ______ im See.

Malte ______ im Bett.

Ich ______ gerne Obstsalat.

Du ______ auf einen Baum.

essen
liegen
klettern
schwimmen

Umlaut Ä/ä – Wir leiten ab

1. Verbinde die passenden Nomen
in der Einzahl und in der Mehrzahl.

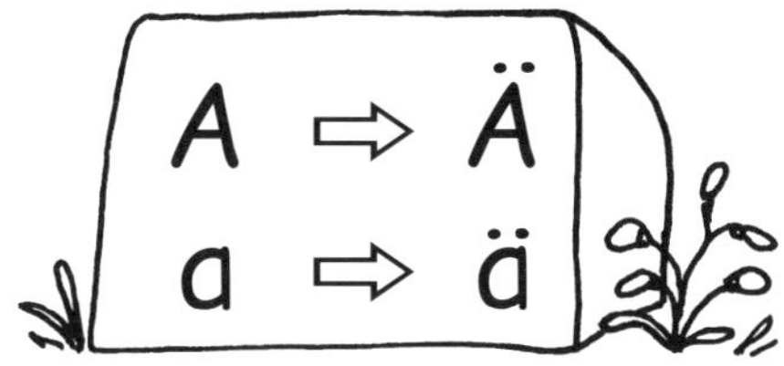

Glas	Äpfel
Blatt	Gläser
Apfel	Bälle
Ball	Äste
Ast	Blätter

2. Schreibe die Nomen in der Einzahl und in der Mehrzahl
zu den Bildern.

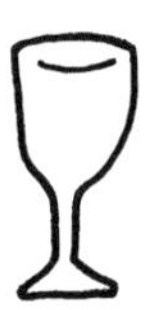

Umlaut Ä/ä – Wir leiten ab

B

1. Finde die acht Nomen.

2. Schreibe die Nomen in der Einzahl und in der Mehrzahl zu den Bildern.

Umlaut Ä/ä – Wir leiten ab

C

1. Finde die fünf Nomen.

2. Schreibe die Nomen in der Einzahl und in der Mehrzahl zu den Bildern.

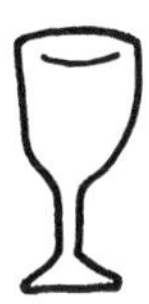

3. E/e oder Ä/ä? Ergänze die richtigen Buchstaben.

B__tten

St__mme

H__nde

Sch__ren

M__nner

__ste

Umlaut Äu/äu – Wir leiten ab

A

1. Verbinde die passenden Nomen in der Einzahl und in der Mehrzahl.

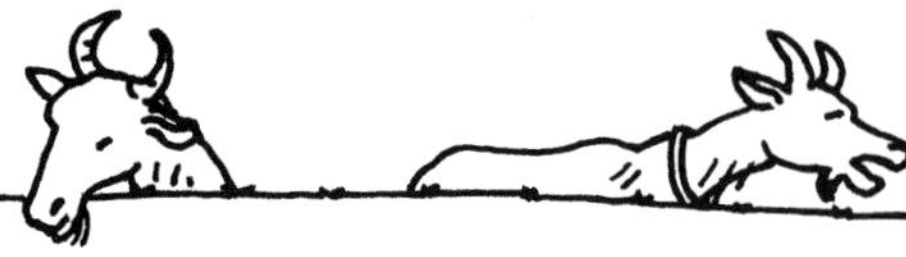

Schlauch	Bäume
Haus	Zäune
Baum	Schläuche
Maus	Mäuse
Zaun	Häuser

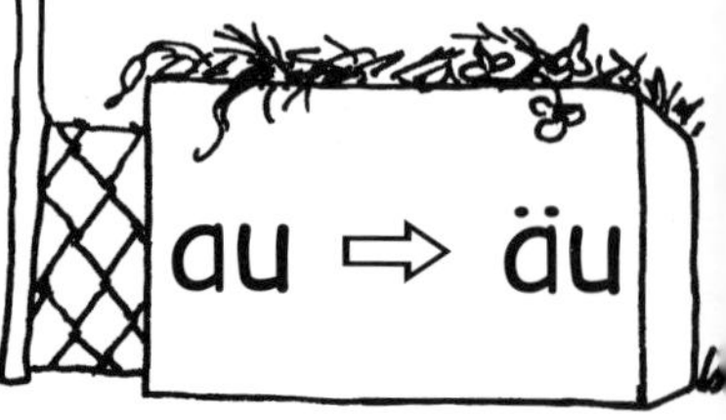

2. Schreibe die Nomen in der Einzahl und in der Mehrzahl zu den Bildern.

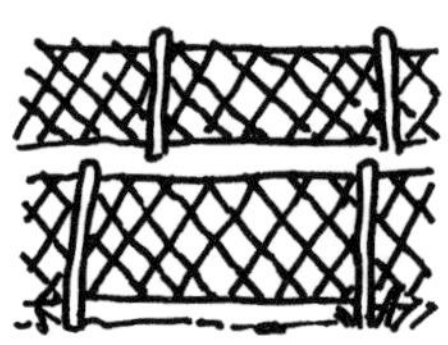

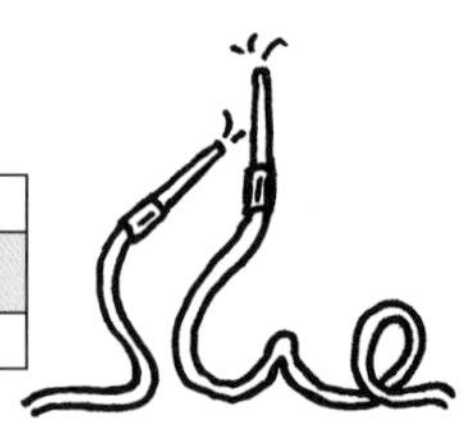

Umlaut Äu/äu – Wir leiten ab

B

1. Finde die acht Nomen.

2. Schreibe die Nomen in der Einzahl und in der Mehrzahl zu den Bildern.

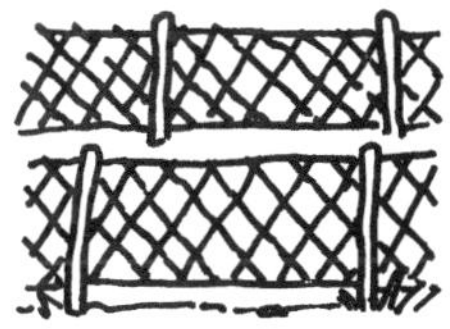

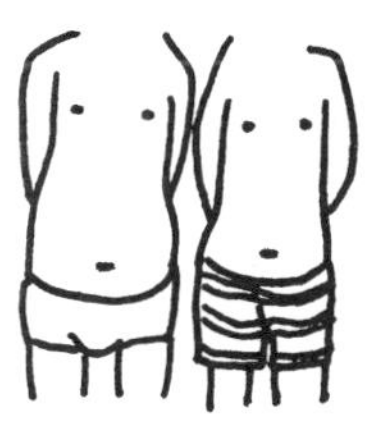

Umlaut Äu/äu – Wir leiten ab

C

1. Finde die fünf Nomen.

2. Schreibe die Nomen in der Einzahl und in der Mehrzahl zu den Bildern.

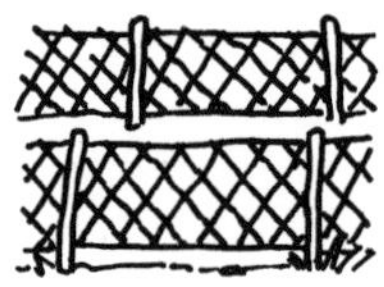

3. Eu/eu oder Äu/äu?

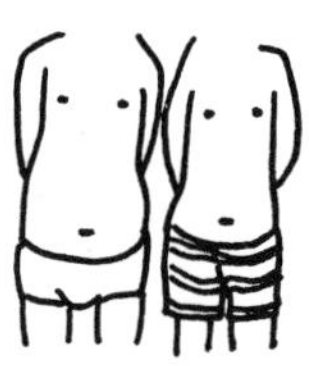
B__che

F__er

__len

Str__cher

Str__ße

L__te

Umlaut in der er-Form – Wir leiten ab

A

1. Hier sind fünf Verben versteckt. Kreise die Verben ein und färbe den Wortstamm gelb.

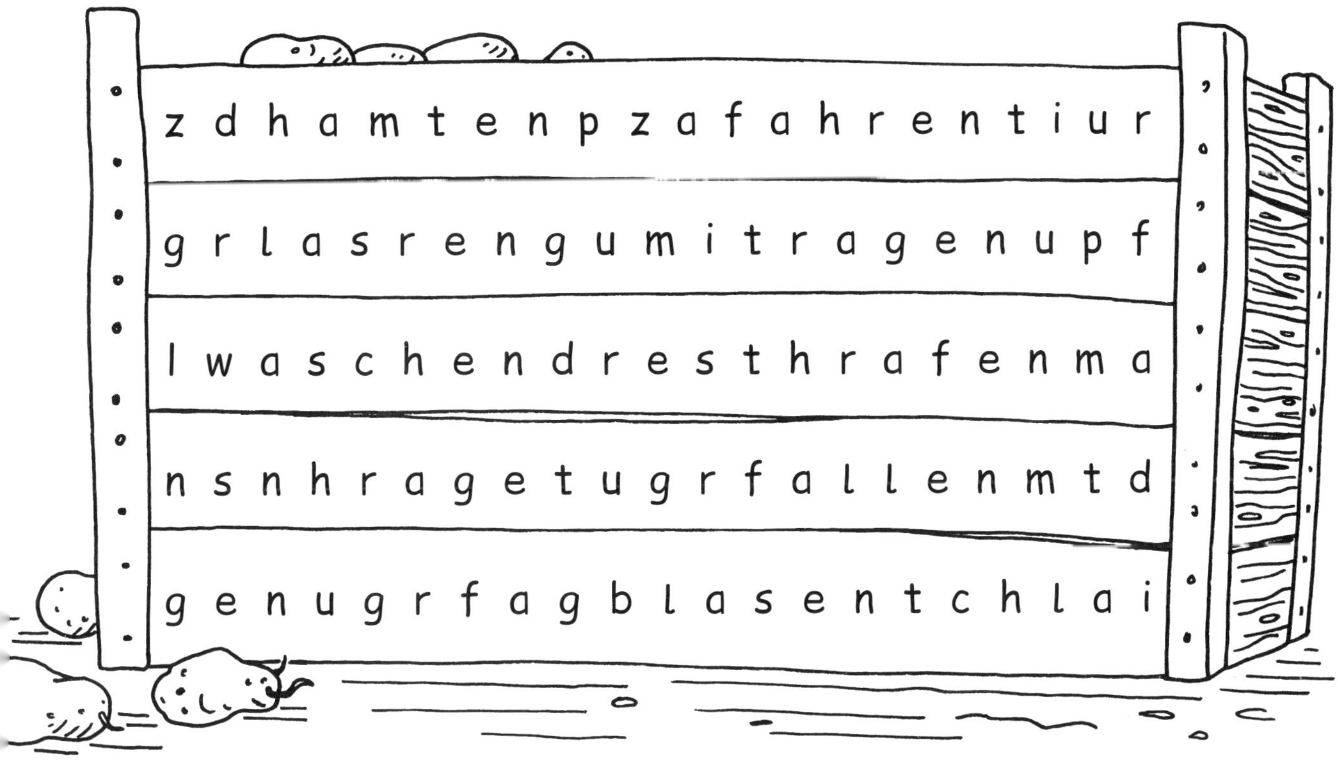

2. Schreibe die Verben in der Grundform und in der er-Form.

Grundform	er-Form

Wortstamm Verben:
3. Person Einzahl, Umlaut ä

Umlaut in der er-Form – Wir leiten ab

B

1. Hier sind acht Verben versteckt. Kreise die Verben ein und färbe den Wortstamm gelb.

2. Schreibe die Verben in der Grundform und in der er-Form.

Grundform	er-Form

Umlaut in der er-Form – Wir leiten ab C

1. Hier sind fünf Verben versteckt. Kreise die Verben ein und färbe den Wortstamm gelb.

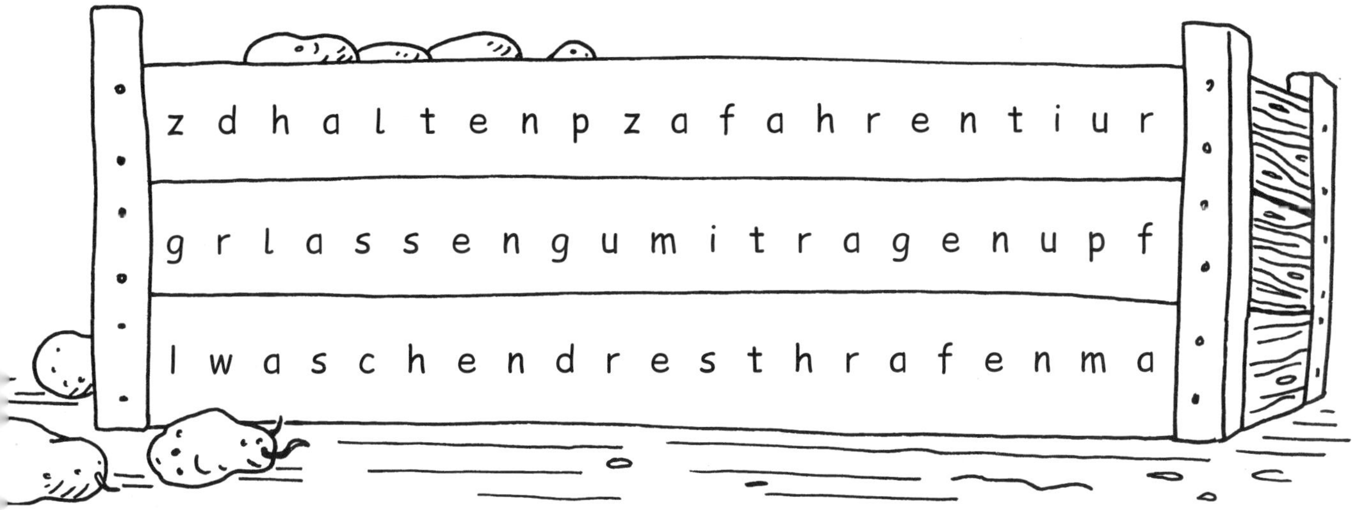

2. Schreibe die Verben in der Grundform und in der er-Form.

Grundform	er-Form

3. e oder ä? eu oder äu? Ergänze.

schl__gt	Mutter ________ einen Nagel in die Wand.
l__ft	Malte ________ schnell zur Bushaltestelle.
fr__t	Hanne ________ sich über das Geschenk.
bl__st	Timo ________ einen Luftballon auf.

Umlaute Ä/ä und Äu/äu

A

1. Verbinde die passenden Nomen in der Einzahl und in der Mehrzahl.

Maus	Wald	Gras	Blatt	Kraut
Wälder	Mäuse	Blätter	Kräuter	Gräser

2. Setze ä oder äu in die Blätter ein.

M___se

In den W___ldern leben viele M___se.
Sie laufen zwischen Gr___sern
und Bl___ttern umher.
M___se mögen auch zarte Kr___ter.

3. Schreibe die Geschichte auf.

Umlaute Ä/ä und Äu/äu

B

1. Setze Ä/ä oder äu in die Blätter ein.

Die kleine Maus

In unseren W___ldern leben viele M___se.

In den N___chten l___ft die kleine Maus zwischen B___men,

Gr___sern und Bl___ttern umher.

Manchmal schl___ft sie unter kleinen ___sten.

M___se mögen auch zarte Kr___ter.

2. Schreibe die Geschichte auf.

Umlaute Ä/ä und Äu/äu

C

1. Zeichne die Wortgrenzen ein.
2. Setze Ä/ä oder äu in die Blätter ein.

DiekleineMaus

InunserenW_ldernlebenvieleM_se.

IndenN_chtenl_ftdiekleineMauszwischenB_men,

Gr_sernundBl_ttternumher.

Manchmalschl_ftsieunterkleinen_sten.

M_semögenauchzarteKr_ter.

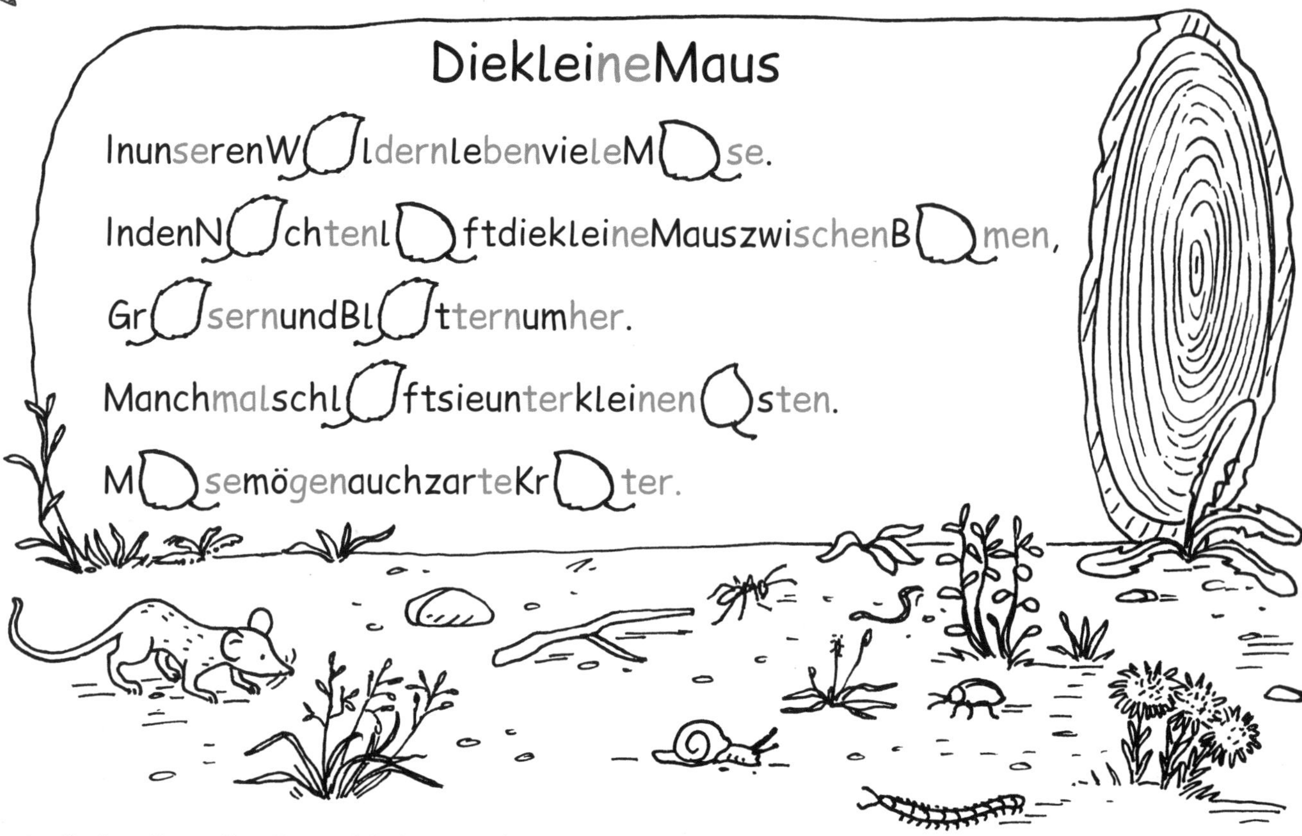

3. Schreibe die Geschichte auf.

Eine Bildergeschichte schreiben

C

1. Schau die Bilder genau an. Was geschieht?

4

2. Wie könnte die Geschichte weitergehen?
   Male ein Bild in das vierte Kästchen.

3. Finde eine Überschrift zu deiner Geschichte.

4. Schreibe nun deine Geschichte ins Heft.

Adjektive

A

1. In diesem Rätsel sind Adjektive versteckt.
   Kreise sechs weitere Adjektive ein.

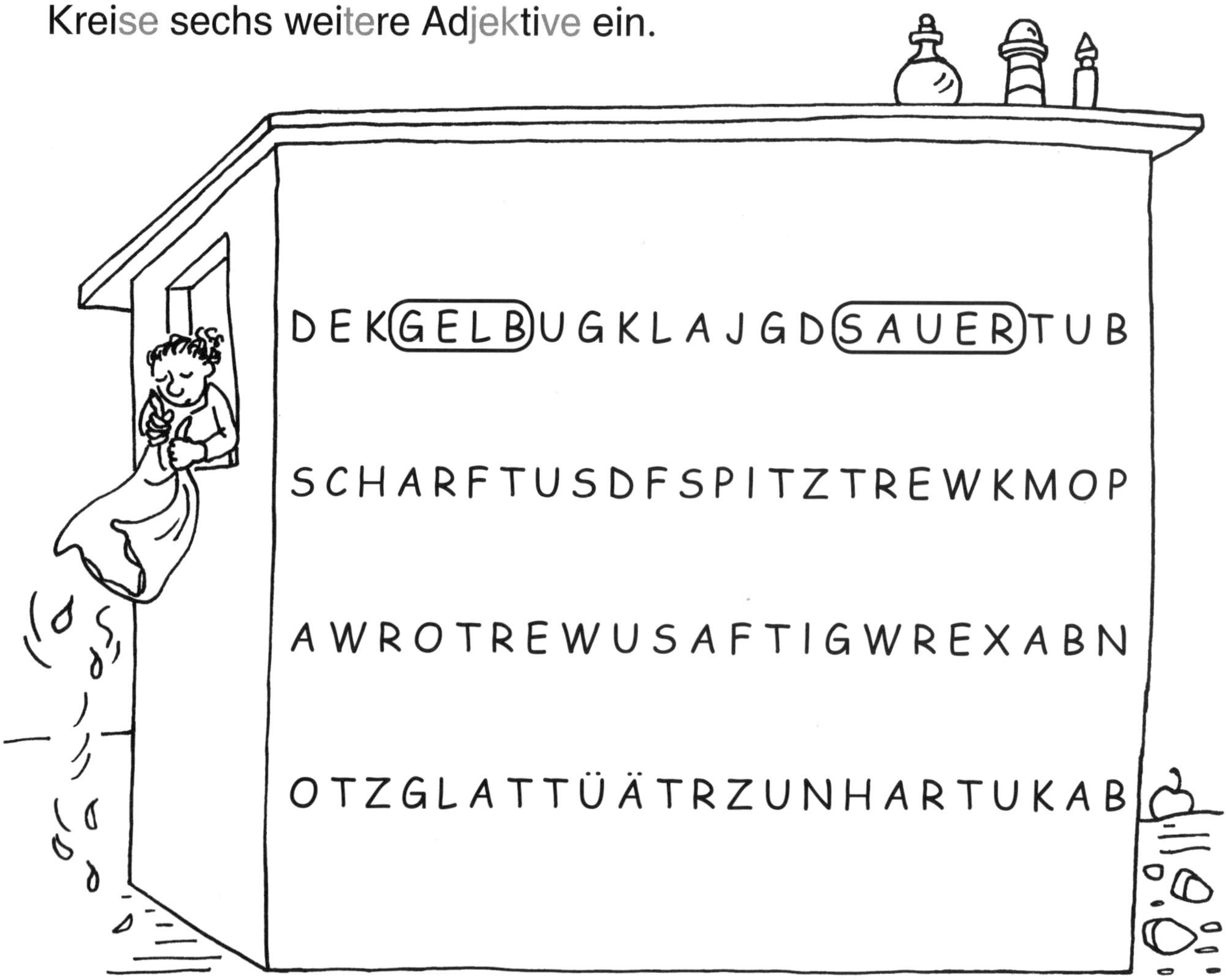

2. Ergänze die Sätze mit jeweils zwei passenden Adjektiven aus dem Rätsel: Die Zitrone ist *gelb* und *sauer*.

Die Zitrone ist ______ und ______.

Das Messer ist ______ und ______.

Der Apfel ist ______ und ______.

Der Stein ist ______ und ______.

Eine Bildergeschichte schreiben

A

1. Schau die Bilder genau an. Was geschieht?

2. Ordne jedem Bild den passenden Satz zu.
   Nummeriere die Sätze.

Malte und sein Luftballon

◯ Plötzlich gleitet Malte die Ballonschnur aus der Hand.

◯ Es ist Jahrmarkt. Vater kauft Malte einen Luftballon.

◯ Der Ballon fliegt hoch in die Luft.

3. Wie könnte die Geschichte weitergehen?
   Wähle aus und male das 4. Bild.

◯ Vater kauft Malte einen neuen Ballon.

◯ Traurig geht Malte mit Vater nach Hause.

4. Schreibe die Sätze in der richtigen Reihenfolge in dein Heft.

Eine Bildergeschichte schreiben

B

1. Schau die Bilder genau an. Was geschieht?

2. Ordne jedem Bild den passenden Satz zu.
   Nummeriere die Sätze.

Malte und sein Luftballon

◯ Plötzlich gleitet Malte die Ballonschnur aus der Hand.

◯ Es ist Jahrmarkt. Vater kauft Malte einen Luftballon.

◯ Der Ballon fliegt hoch in die Luft.

3. Wie könnte die Geschichte weitergehen?
   Male ein Bild in das vierte Kästchen.
4. Schreibe die Sätze in der richtigen Reihenfolge in dein Heft.
5. Schreibe die Geschichte zu Ende.

KV 23 B zu SAH B S. 46, 47 / SB S. 43

Adjektive

C

1. Beschreibe die Tiere: der braune Bär – Der Bär ist braun.
   Das Wörterbuch hilft dir.

braun

grau

stachlig

stark

scheu

klein

Adjektive

1. Schreibe so: der runde Tisch
   Der Tisch ist rund.

Tisch rund

Auto grau

Teppich weich

Adjektive – Gefühle

A

1. Male die Gegensatzpaare mit derselben Farbe an.

2. Bilde Sätze. Wie fühlst du dich?

   Wähle aus jedem Gegensatzpaar ein Adjektiv aus.

   Zum Beispiel: Ich bin fröhlich.

Adjektive – Gefühle

B

1. Male die Gegensatzpaare mit derselben Farbe an.

2. Bilde Sätze. Wie fühlst du dich?
Wähle aus jedem Gegensatzpaar ein Adjektiv aus.

Zum Beispiel: Ich bin fröhlich.

Adjektiv-Probe

B

1. Male die Adjektive an.

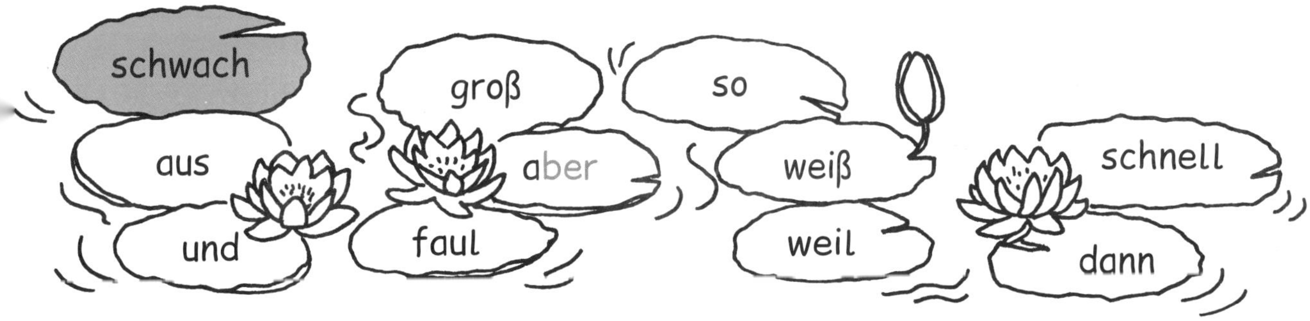

2. Beschreibe die Tiere mit dem passenden Adjektiv.
Wende die Adjektiv-Probe an.
Schreibe so: Der Elefant ist stark.
der starke Elefant   stark – schwach

Adjektiv-Probe

C

1. Male die Adjektive an.

2. Beschreibe die Tiere mit dem passenden Adjektiv.
Wende die Adjektiv-Probe an.
Schreibe so: Der Elefant ist stark.
der starke Elefant   stark – schwach

KV 28 C zu SAH A S. 53 / SB S. 50

Wörter mit ß

A

1. Setze ß ein.

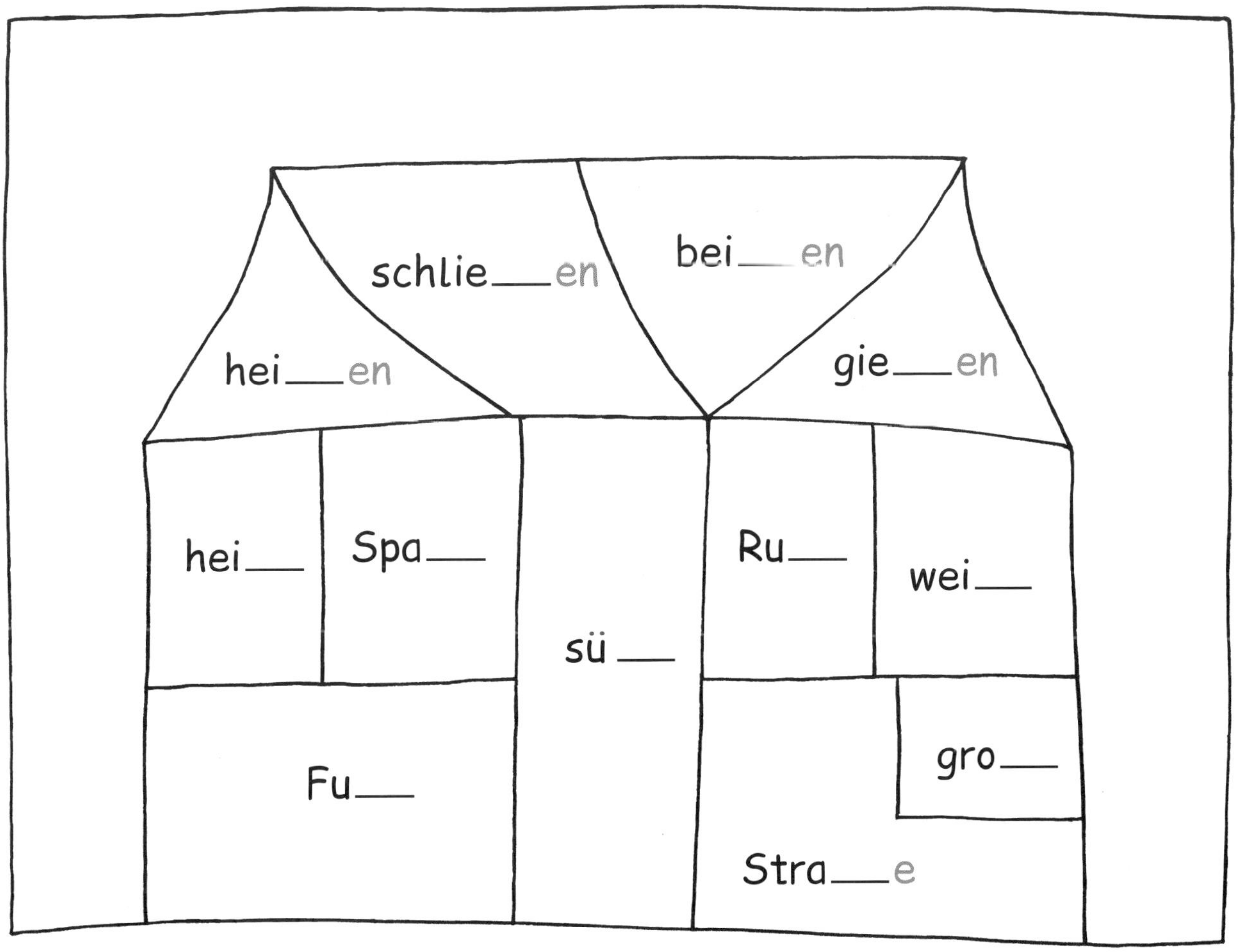

2. Male die Felder so an: Nomen mit ß: grün
Verben mit ß: rot
Adjektive mit ß: gelb

3. Trage die Wörter mit ß richtig ein.

Nomen	Verb	Adjektiv

Wörter mit ß

B

1. Setze s, ss oder ß ein.

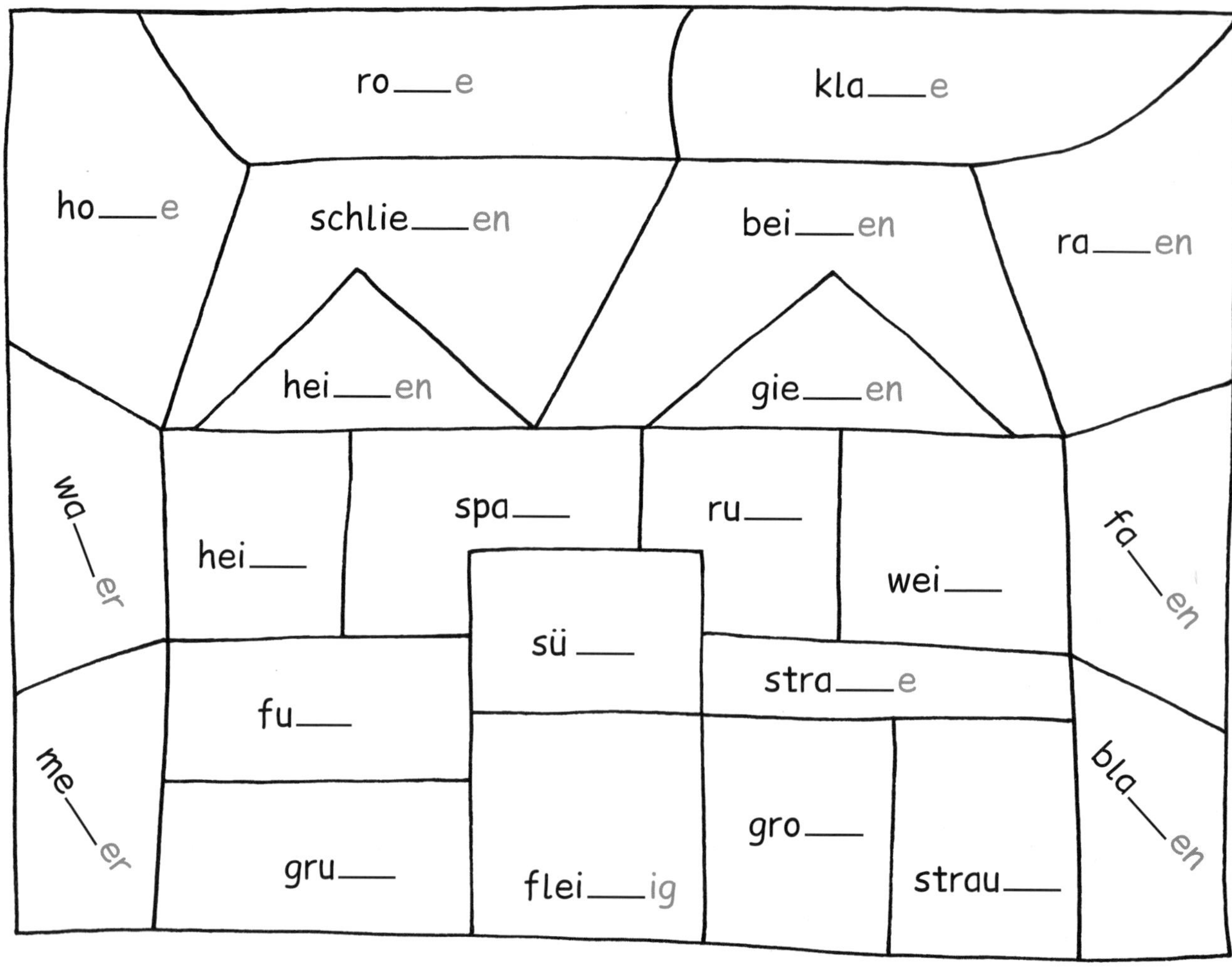

2. Male die Felder so an: Nomen mit ß: grün; Verben mit ß: rot; Adjektive mit ß: gelb; Wörter mit s oder ss: blau

3. Trage die Wörter mit ß richtig ein.

Nomen	Verb	Adjektiv

Wörter mit ß

C

1. Setze s, ss oder ß ein.

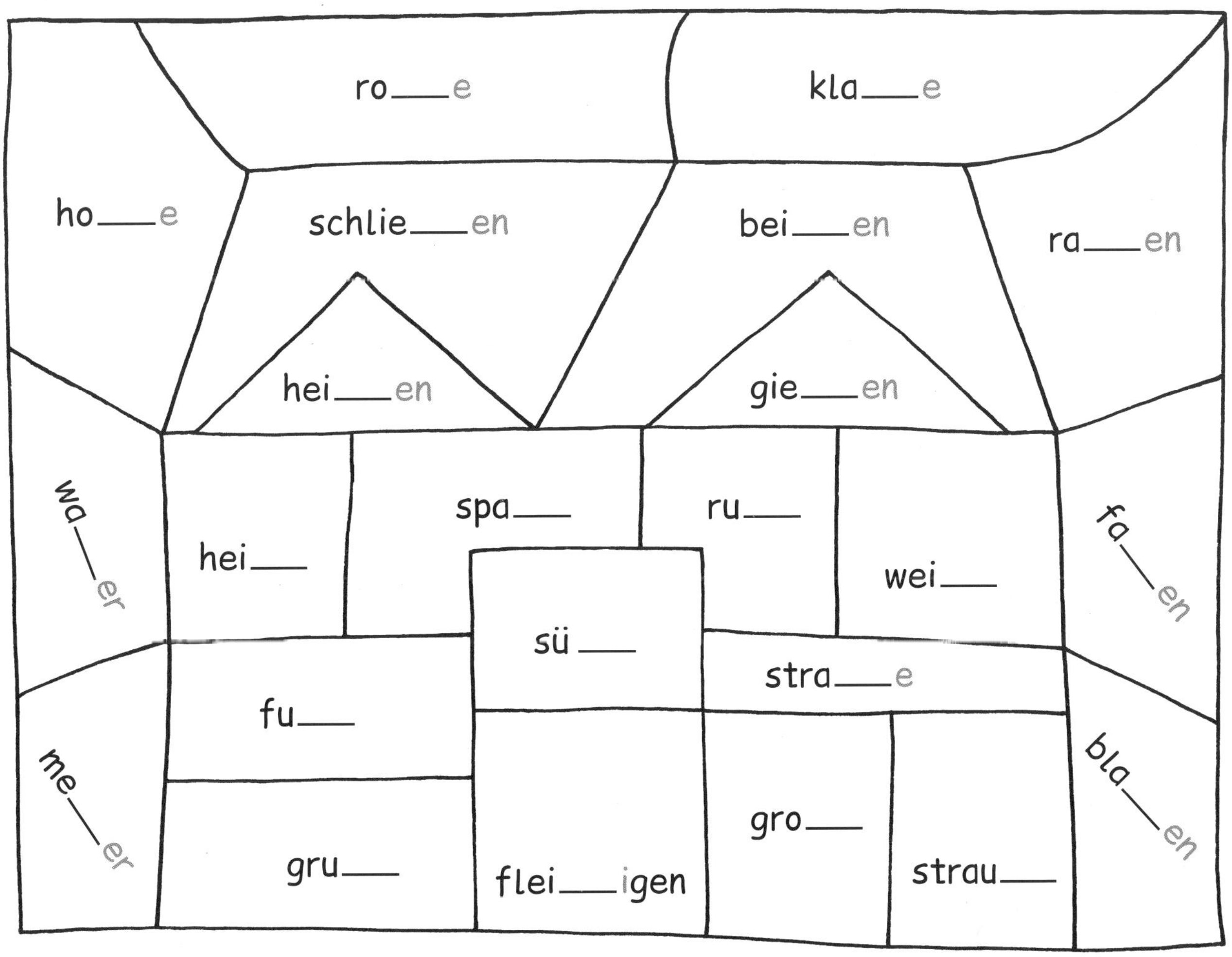

2. Male die Felder so an: Nomen mit ß: grün; Verben mit ß: rot; Adjektive mit ß: gelb; Wörter mit s oder ss: blau

3. Ergänze die Sätze mit passenden ß-Wörtern.

Malte hat sich beim Laufen den __________ verstaucht.

Mutter __________ die Pflanzen im Garten.

Der Pudding schmeckt sehr __________ .

Die __________ Bienen sammeln Nektar und Pollen.

Auf der __________ ist viel Verkehr.

4. Schreibe alle Nomen aus Aufgabe 1 mit dem Artikel in dein Heft.

Wörter mit ck

A

1. Male die Felder mit den Nomen braun und die Felder mit den Verben gelb an.

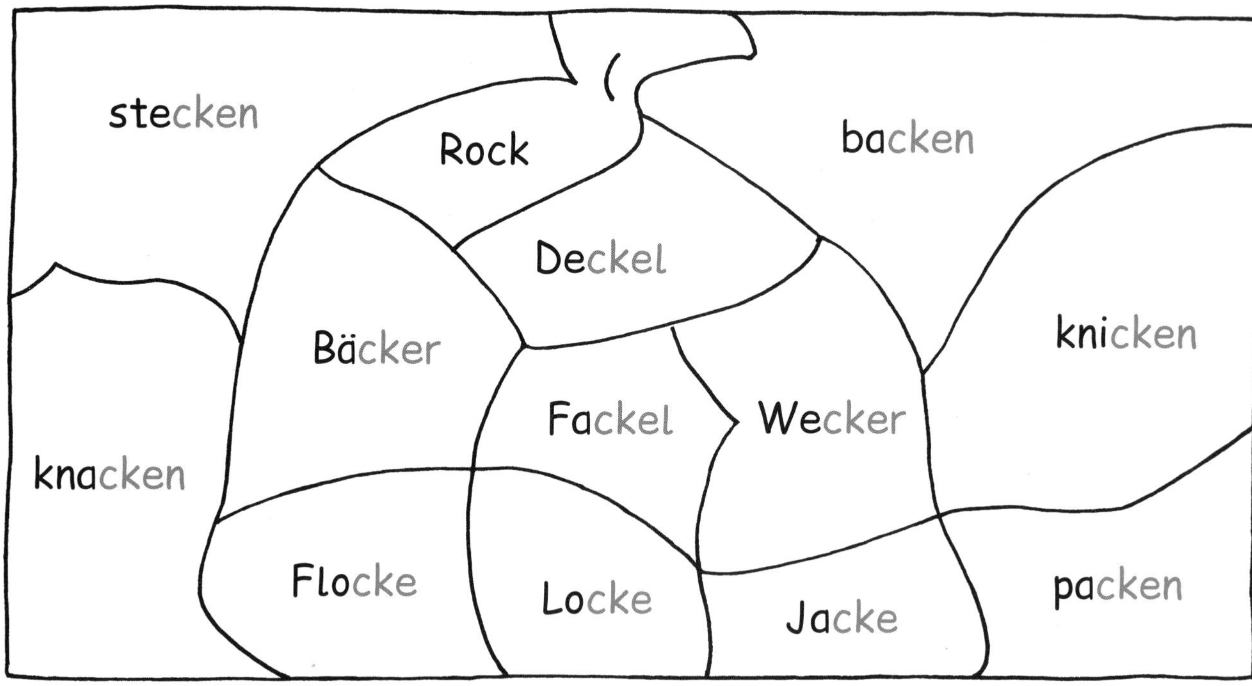

2. Trage die Verben in der Grundform und in der er-Form ein. Kreise den Wortstamm ein.

Grundform	er-Form

Wörter mit ck

B

1. Male die Felder mit den Nomen braun und die Felder mit den Verben gelb an.

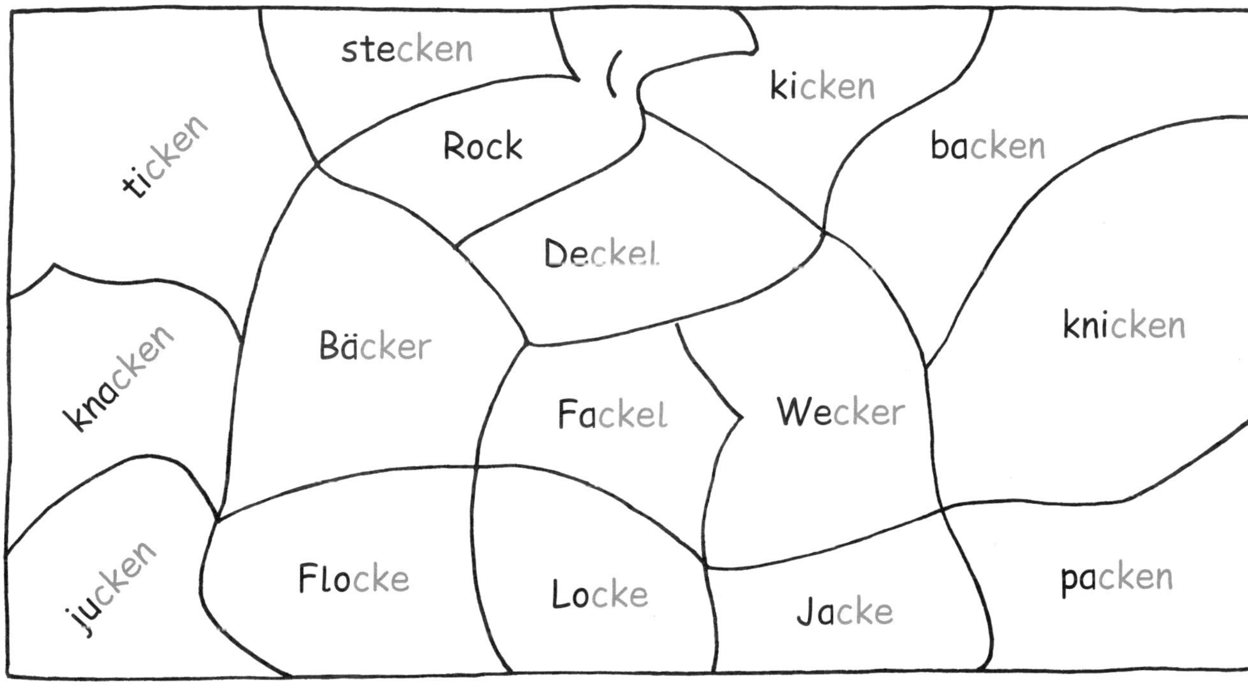

2. Trage die Verben in der Grundform und in der er-Form ein.
Kreise den Wortstamm ein.

Grundform	er-Form

Wörter mit ck

C

1. Male die Felder mit den Nomen braun und die Felder mit den Verben gelb an.

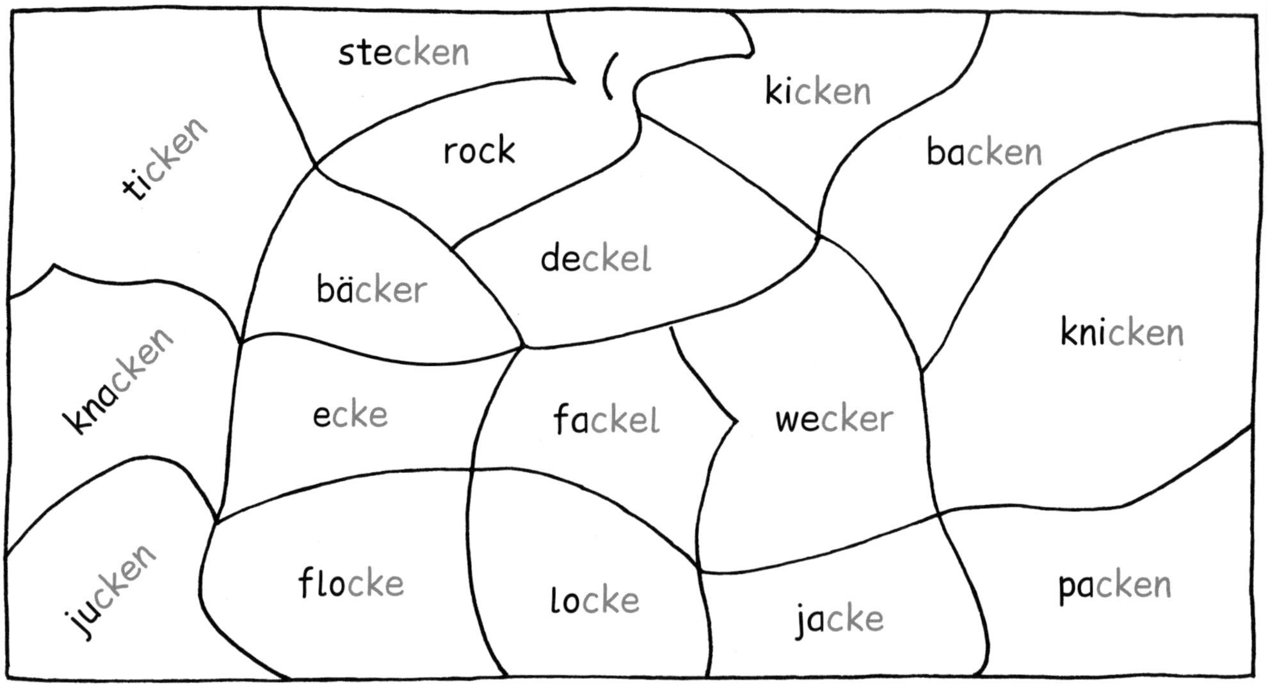

2. Schreibe die Nomen mit Artikel auf.

3. Ergänze die Sätze mit passenden Verben.

In der Adventszeit ____ Hanna Plätzchen.

Malte ____ den Ball gegen den Pfosten.

Mutter ____ die Geschenke ein.

Der Wecker ____ leise.

Vater ____ viele Nüsse.

nk oder ng – Höre den Unterschied

A

1. Lies die Sätze laut. Setze ng oder nk ein.

Die Kinder si◯en ein Lied.

Manche Schiffe si◯en auf den Meeresgrund.

Ein Fisch hä◯t an der A◯el.

Ein Schiff geht im Hafen vor A◯er.

2. Trage die Wörter richtig ein.

krank schenken Engel schlank danken Junge

Nomen	Verb	Adjektiv

nk oder ng – Höre den Unterschied

B

1. Lies die Sätze laut. Setze ng oder nk ein.

Die Kinder si◯en ein Lied.

Manche Schiffe si◯en auf den Meeresgrund.

Ein Fisch hä◯t an der A◯el.

Ein Schiff geht im Hafen vor A◯er.

Der Großvater liest dem E◯el vor.

Die Kinder basteln einen E◯el.

2. Zeichne die Wortgrenzen ein.

KRANKSCHENKENENGELSCHLANKDANKENJUNGE

3. Trage die Wörter richtig ein.

Nomen	Verb	Adjektiv

Unterscheidung: ng – nk;
Nomen, Verb, Adjektiv

nk oder ng – Höre den Unterschied

C

1. Schreibe die Sätze ab und ergänze ng oder nk.

Die Kinder si◯en ein Lied.

Manche Schiffe si◯en auf den Meeresgrund.

Ein Fisch hä◯t an der A◯el.

Ein Schiff geht im Hafen vor A◯er.

Der Großvater liest dem E◯el vor.

Die Kinder basteln einen E◯el.

2. Trage die Wörter richtig ein.

KRANKSCHENKENENGELSCHLANKDANKENJUNGE

Nomen	Verb	Adjektiv

Unterscheidung: ng – nk;
Nomen, Verb, Adjektiv

Im Wörterbuch nachschlagen

A

1. Wie heißen die Monate?
   Schreibe die Monatsnamen und die Seitenzahlen des Wörterbuches auf.

	Seite		Seite
Ja		Ok	
Fe		No	
Au		De	

2. Wie heißen die Wochentage?
   Schreibe die Namen der Wochentage und die Seitenzahlen des Wörterbuches auf.

	Seite		Seite
Mo		So	
Mi		Do	

Namen von Monaten und Wochentagen;
Nachschlagen im Wörterbuch

Im Wörterbuch nachschlagen

B

1. Schreibe die Monatsnamen und die Seitenzahlen des Wörterbuches auf.

		Seite			Seite
Ja			Ju		
Fe			Au		
Mä			Se		
Ap			Ok		
Ma			No		
Ju			De		

2. Schreibe die Namen der Wochentage und die Seitenzahlen des Wörterbuches auf.

		Seite			Seite
Mo			Do		
Di			Fr		
Mi			Sa		
So					

Im Wörterbuch nachschlagen

C

1. Schreibe die Monatsnamen in der richtigen Reihenfolge und die Seitenzahlen des Wörterbuches auf.

Mä Ju Ap Ma Ja Ju Fe Au De Se Ok No

Seite

Seite

2. Schreibe die Namen der Wochentage in der richtigen Reihenfolge und die Seitenzahlen des Wörterbuches auf.

Mi Di Fr Do So

Seite

Sa Mo

Seite

Wochentage

A

1. Ergänze in Kasimirs Wochenplan die Wochentage.

Am ______________ fängt die Woche an.

Am ______________ wird noch nichts getan.

Am ______________ mach ich Pause.

Am ______________ bleib ich zu Hause.

Am ______________ will ich nicht viel tun.

Am ______________ muss ich immer ausruhn.

Am ______________ denke ich daran: Am Montag …

Montag
Dienstag
Mittwoch
Donnerstag
Freitag
Samstag
Sonntag

2. Wie sieht dein Wochenplan aus? Ergänze und schreibe so:

Montag Ich …

Montag ______________

Dienstag ______________

Mittwoch ______________

Donnerstag ______________

Freitag ______________

Samstag ______________

Sonntag ______________

Wochentage

B

1. Ergänze in Kasimirs Wochenplan die Wochentage.

Am ____________ fängt die Woche an.

Am ____________ wird noch nichts getan.

Am ____________ mach ich Pause.

Am ____________ bleib ich zu Hause.

Am ____________ will ich nicht viel tun.

Am ____________ muss ich immer ruhn.

Am ____________ denke ich daran: Am Montag …

2. Wie sieht dein Wochenplan aus? Ergänze und schreibe so:

Montag	Ich …

Wochentage

C

1. Ergänze in Kasimirs Wochenplan die Wochentage.

Am ______ fängt die Woche an.

Am ______ wird noch nichts getan.

Am ______ mach ich Pause.

Am ______ bleib ich zu Hause.

Am ______ will ich nicht viel tun.

Am ______ muss ich immer ruhn.

Am ______ denke ich daran: Am Montag …

2. Wie sieht dein Wochenplan aus? Ergänze und schreibe so:

Montag　　　Ich …

Zusammengesetzte Nomen

A

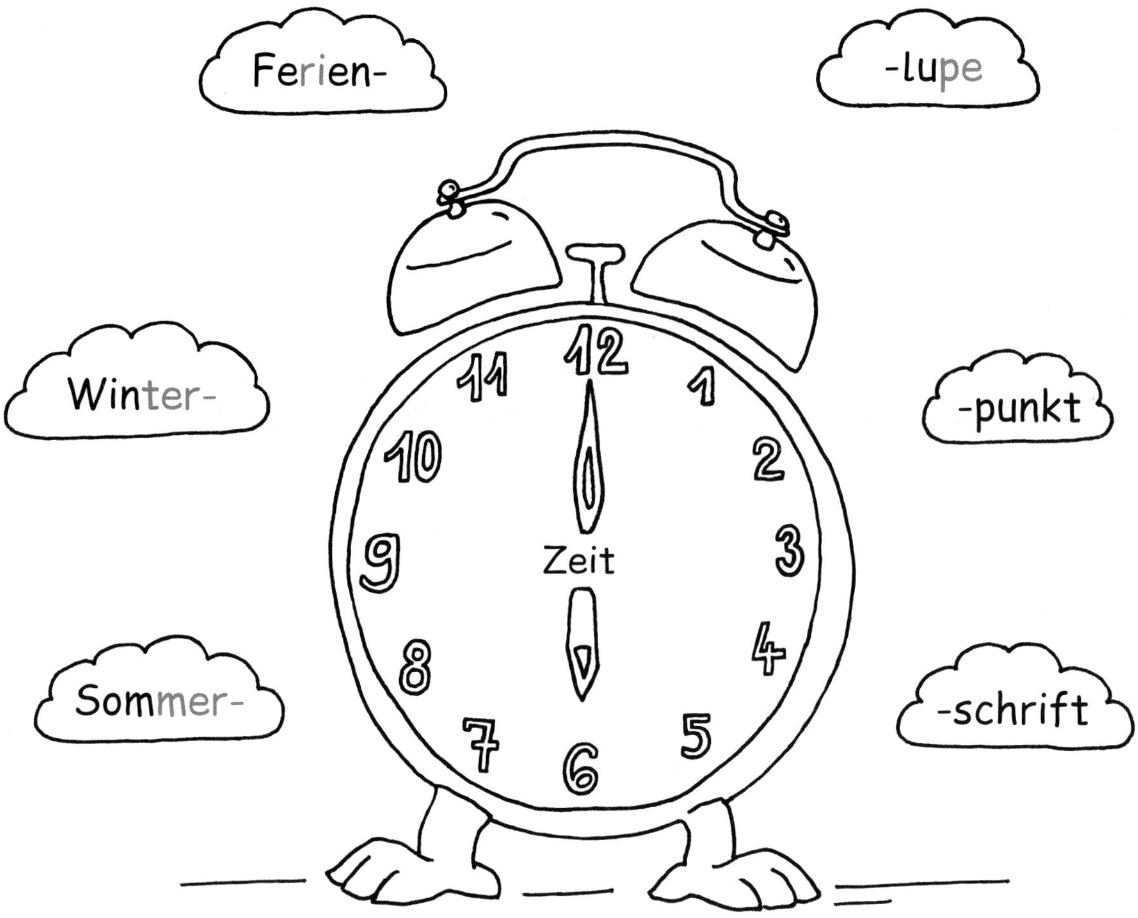

1. Bilde zusammengesetzte Nomen mit Zeit.

Schreibe so: Ferienzeit – Zeitlupe

-zeit	Zeit-

Zusammengesetzte Nomen

B

Schreibe so: Ferienzeit Zeitlupe

Zusammengesetzte Nomen

C

1. Bilde zusammengesetzte Nomen mit Zeit.

Schreibe so: Ferienzeit Zeitlupe

Eine Bildergeschichte schreiben

A

Mit dem Bus zum Freund

Ich gehe zur Haltestelle.

Der Bus kommt.

Ich steige ein.

Der Bus fährt los.

Ich steige aus.

Mein Freund begrüßt mich.

1. Schreibe die Sätze mit Überschrift auf.

Eine Bildergeschichte schreiben

B

1. Nummeriere die Sätze in der richtigen Reihenfolge.

Mit dem Bus zum Freund

○ Ich gehe zur Haltestelle.

○ Mein Freund begrüßt mich.

○ Der Bus kommt.

○ Ich steige ein.

○ Ich steige aus.

○ Der Bus fährt los.

2. Schreibe die Sätze mit Überschrift geordnet auf.

Eine Bildergeschichte schreiben

C

1. Betrachte die Bilder.

2. Schreibe eine Geschichte zu den Bildern. Finde die Überschrift.

Scherzfragen

A

Hier sind vier Fragen und vier Antworten versteckt.

1. Unterstreiche in den Fragesätzen die Fragewörter und setze Fragezeichen.
   Setze Punkte in den Antwortsätzen.
2. Verbinde die Frage mit der richtigen Antwort.

Welchen Schirm benutzt man nicht im Regen

Den Schwanz des Hasen nennt man Blume

Welche Schuhe trägst du nicht an den Füßen

Handschuhe tragen wir an den Händen

Welches Blatt fällt nicht vom Baum

Der Sonnenschirm schützt vor der Sonne

Welches Tier hat eine Blume

Das Kalenderblatt fällt nicht vom Baum

Scherzfragen

B

Hier sind sechs Fragen und sechs Antworten versteckt.

1. Unterstreiche in den Fragesätzen die Fragewörter und setze Fragezeichen. Setze Punkte in den Antwortsätzen.
2. Verbinde die Frage mit der richtigen Antwort.

Welchen Schirm benutzt man nicht im Regen

Den Schwanz des Hasen nennt man Blume

Welche Schuhe trägst du nicht an den Füßen

Welche Spinne hat keine acht Beine

Welches Blatt fällt nicht vom Baum

Das Seepferdchen ist ein Fisch

Welches Tier hat eine Blume

Handschuhe tragen wir an den Händen

Auf welchem Pferdchen kannst du nicht reiten

Der Sonnenschirm schützt vor der Sonne

Die Wäschespinne hat drei oder vier Arme

Das Kalenderblatt fällt nicht vom Baum

Scherzfragen

C

1. Unterstreiche in den Fragesätzen die Fragewörter und setze Fragezeichen.

2. Finde das passende Kärtchen zu den Scherzfragen und schreibe die Antwort.

Welche Spinne hat keine acht Beine

Welchen Schirm benützt man nicht im Regen

Welche Schuhe trägst du nicht an den Füßen

Welches Blatt fällt nicht vom Baum

Welches Tier hat eine Blume als Schwanz

Auf welchem Pferdchen kannst du nicht reiten

Hand-schuhe	Wäsche-spinne	Hase	See-pferdchen	Sonnen-schirm	Kalender-blatt

KV 36 C zu SAH A S. 84, 85 / SB S. 78

b – p, d – t, g – k: Wir verlängern

A

1. Schreibe die folgenden Wörter zuerst in der zweisilbigen Form, dann in der einsilbigen Form: Freunde – Freund

______ – ______

______ – ______

______ – ______

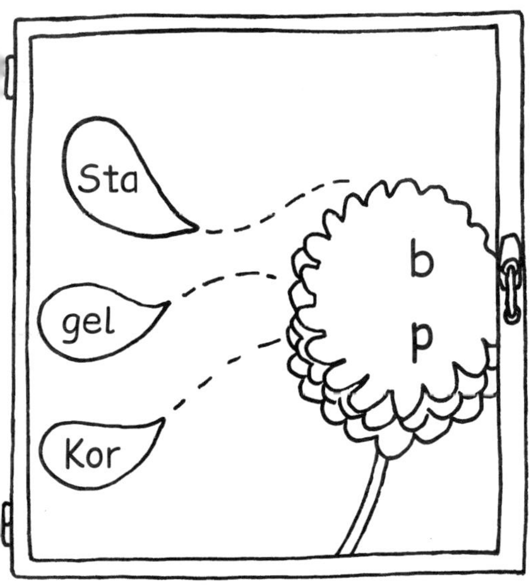

______ – ______

______ – ______

______ – ______

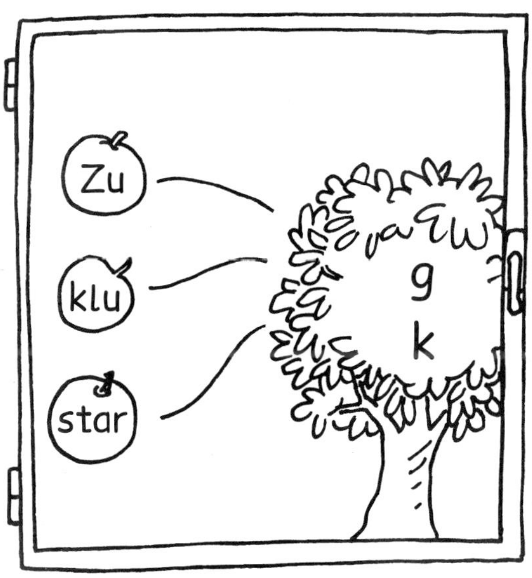

______ – ______

______ – ______

______ – ______

b – p, d – t, g – k: Wir verlängern

B

1. Schreibe die folgenden Wörter zuerst in der zweisilbigen Form, dann in der einsilbigen Form: Freunde – Freund

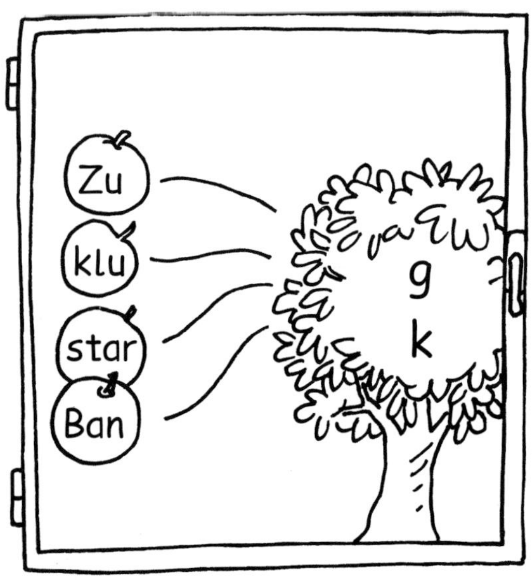

KV 37 B zu SAH A S. 86, 87 / SB S. 80

b – p, d – t, g – k: Wir verlängern

C

1. Sprich bei den folgenden Wörtern zuerst die zweisilbige Form.
   Schreibe dann die Wörter in der einsilbigen Form richtig auf.

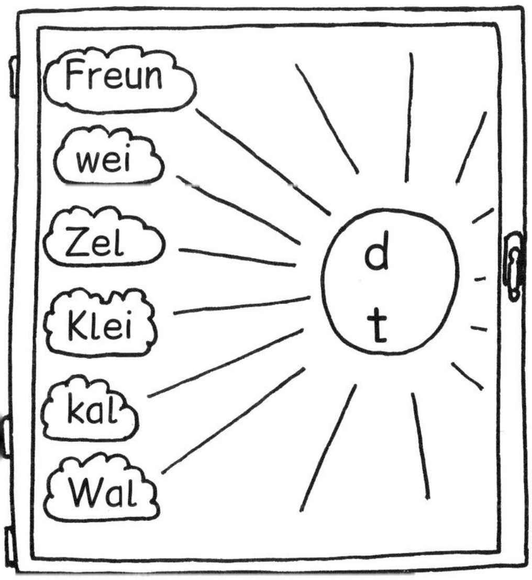

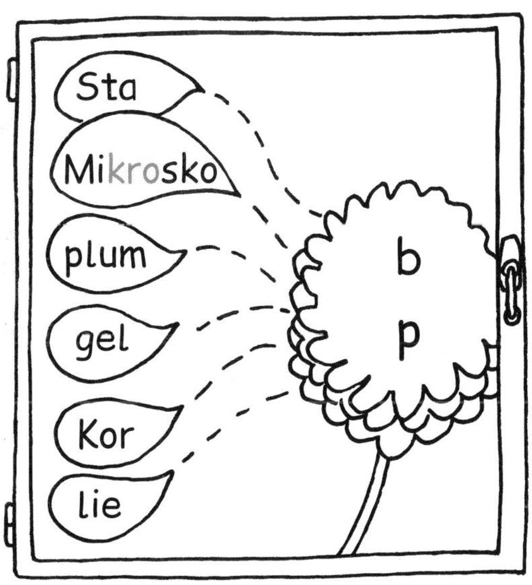

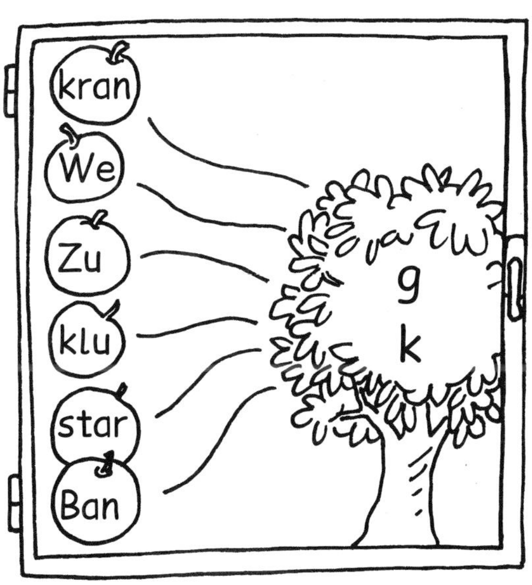

Eine Wintergeschichte

A

1. Schau die Bilder genau an. Was erleben Timo und Anna?
2. Finde eine passende Überschrift.

1

an einem Wintertag – wollen Schlitten fahren – Timo und Anna

2

sie – den Berg – sausen hinunter

3

hält nicht an – Timo – und – im Bach – landet

4

bremst – Anna – und – zieht heraus – Timo

5

Timo – tropfnass – ist

6

nach Hause – Timo und Anna – gehen

3. Schreibe die Geschichte ins Heft.

KV 38 A zu SAH A S. 88 – 94 / SB S. 82, 83

Eine Wintergeschichte

B

1. Schau die Bilder genau an. Was erleben Timo und Anna?
2. Überlege dir, wie die Geschichte weitergehen könnte.
   Male ein Bild in das letzte Kästchen.
3. Finde eine passende Überschrift.

1

Wintertag – Berg –
Schlitten – ziehen

2

Berg – hinuntersausen

3

Timo – nicht anhalten –
landen – im Bach

4

Anna bremsen – helfen –
Hand – herausziehen

5

Timo –
tropfnass sein

6

4. Schreibe die Geschichte ins Heft.

Eine Wintergeschichte

C

1. Schau die Bilder genau an. Was erleben Timo und Anna?
2. Überlege dir, wie die Geschichte weitergehen könnte.
3. Finde eine passende Überschrift.

4. Schreibe die Geschichte ins Heft.

Gegensatzpaare

A

1. Finde sechs Adjektive und kreise sie ein.

a	k	r	a	n	k	l	t	w
f	r	ö	h	l	i	c	h	a
t	l	m	d	i	c	k	n	o
w	h	u	n	g	r	i	g	t
b	a	j	u	n	g	x	w	z
r	m	ü	d	e	s	t	u	v

2. Schreibe zu jedem Adjektiv das gegensätzliche Adjektiv.

gesund –

traurig –

dünn –

satt –

alt –

wach –

Gegensatzpaare

B

Immer zwei Adjektive bilden ein Gegensatzpaar.

Ein Wort des Paares ist waagerecht → versteckt, das andere senkrecht ↓.

1. Finde fünf weitere Gegensatzpaare und kreise sie jeweils mit derselben Farbe ein.

l	g	e	s	u	n	d	b	t	f	g	w	a	t	m	n	o	h
s	b	c	f	r	ö	h	l	i	c	h	e	l	t	b	l	d	f
c	w	d	i	c	k	n	c	o	r	a	k	n	r	z	e	u	r
h	u	n	g	r	i	g	h	c	h	l	l	e	a	k	d	k	t
w	b	r	a	z	s	e	d	k	f	t	w	g	u	e	s	r	o
j	u	n	g	i	a	u	ü	e	h	u	a	b	r	s	e	a	i
r	a	g	t	t	t	i	n	n	c	h	c	b	i	x	y	n	m
m	ü	d	e	h	t	g	n	g	n	o	h	n	g	a	u	k	s

2. Schreibe die Gegensatzpaare auf: gesund – krank

KV 39 B zu SAH B S. 5 / SB S. 87

Gegensatzpaare

C

Immer zwei Adjektive bilden ein Gegensatzpaar.
Ein Wort des Paares ist waagerecht → versteckt, das andere senkrecht ↓.

1. Finde fünf weitere Gegensatzpaare und kreise sie jeweils mit derselben Farbe ein.

l	g	e	s	u	n	d	b	t	f	g	w	a	t	m	n	o	h
s	b	c	f	r	ö	h	l	i	c	h	e	l	t	b	l	d	f
c	w	d	i	c	k	n	c	o	r	a	k	n	r	z	e	u	r
h	u	n	g	r	i	g	h	c	h	l	l	e	a	k	d	k	t
w	b	r	a	z	s	e	d	k	f	t	w	g	u	e	s	r	o
j	u	n	g	i	a	u	ü	e	h	u	a	b	r	s	e	a	i
r	a	g	t	t	t	i	n	n	c	h	c	b	i	x	y	n	m
m	ü	d	e	h	t	g	n	g	n	o	h	n	g	a	u	k	s

2. Welches Adjektiv passt zu dir?
Verwende die Gegensatzpaare und schreibe so:
Ich bin nicht krank, sondern gesund.

A

1. Erweitere die Sätze in den Treppen mit passenden Adjektiven. Trage sie ein.

Goldmarie liegt auf der Wiese.

Goldmarie liegt auf der ______ Wiese.

Goldmarie liegt auf der ______ , ______ Wiese.

Goldmarie besucht eine Frau.

Goldmarie besucht eine ______ Frau.

Goldmarie besucht eine ______ , ______ Frau.

Goldmarie steht unter dem Tor.

Goldmarie steht unter dem ______ Tor.

Goldmarie steht unter dem ______ , ______ Tor.

Adjektive

B

1. Erweitere die Sätze in den Treppen mit passenden Adjektiven.
Trage sie ein.

Goldmarie liegt auf der Wiese.

Goldmarie liegt auf der ____________ Wiese.

Goldmarie liegt auf der ____________ , ____________ Wiese.

Goldmarie besucht eine Frau.

Goldmarie besucht eine ____________ Frau.

Goldmarie besucht eine ____________ , ____________ Frau.

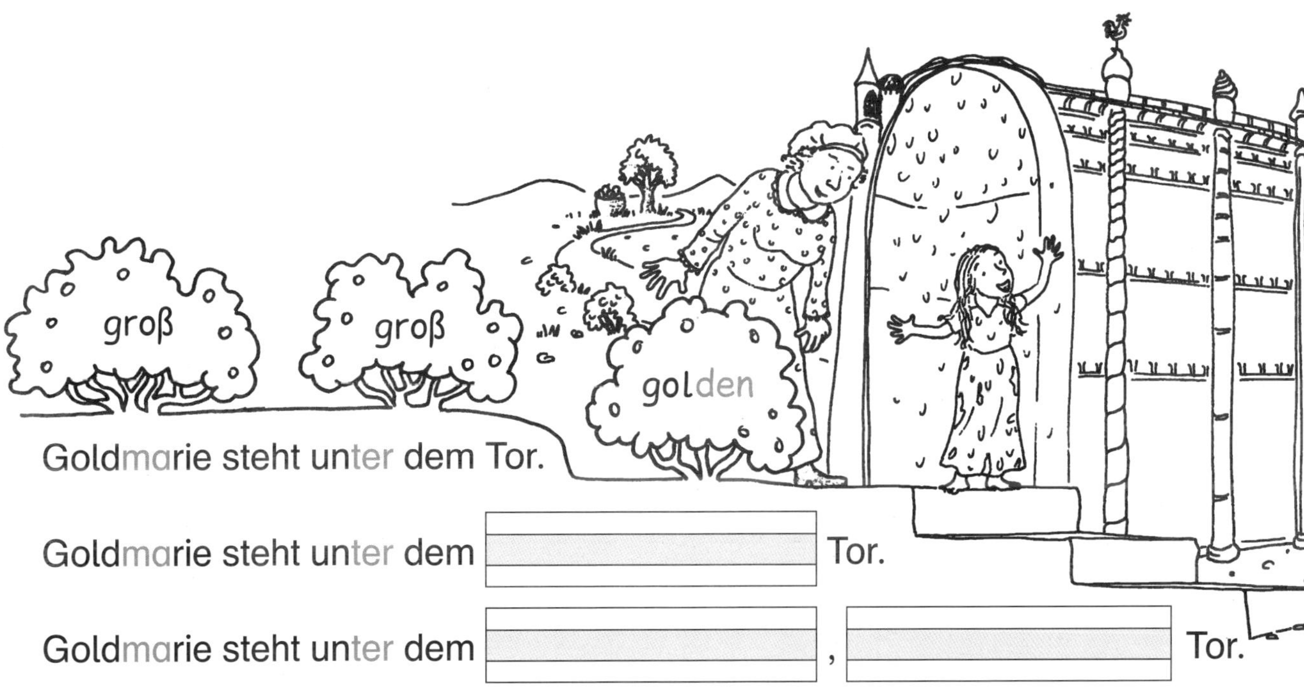

Goldmarie steht unter dem Tor.

Goldmarie steht unter dem ____________ Tor.

Goldmarie steht unter dem ____________ , ____________ Tor.

Adjektive

1. Erweitere die Sätze in den Treppen mit passenden Adjektiven aus der Wolke. Trage sie ein.

schön alt golden freundlich grün groß

Goldmarie erwacht auf der Wiese.

Goldmarie erwacht auf der ____ Wiese.

Goldmarie erwacht auf der ____, ____ Wiese.

Goldmarie kommt zu einer Frau.

Goldmarie kommt zu einer ____ Frau.

Goldmarie kommt zu einer ____, ____ Frau.

Goldmarie steht unter dem Tor.

Goldmarie steht unter dem ____ Tor.

Goldmarie steht unter dem ____, ____ Tor.

1. Erweitere die Sätze in den Treppen mit passenden Adjektiven.

Trage sie ein.

Der Müllerssohn hat einen Kater.

Der Müllerssohn hat einen ________ Kater.

Der Müllerssohn hat einen ________, ________ Kater.

Der Kater hat Ideen.

Der Kater hat ________ Ideen.

Der Kater hat ________, ________ Ideen.

Der Müllerssohn erhält ein Schloss.

Der Müllerssohn erhält ein ________ Schloss.

Der Müllerssohn erhält ein ________, ________ Schloss.

Adjektive B

1. Erweitere die Sätze in den Treppen mit passenden Adjektiven.
   Trage sie ein.

Der Müllerssohn hat einen Kater.

Der Müllerssohn hat einen __________ Kater.

Der Müllerssohn hat einen __________, __________ Kater.

Der Kater hat Ideen.

Der Kater hat __________ Ideen.

Der Kater hat __________, __________ Ideen.

Der Müllerssohn erhält ein Schloss.

Der Müllerssohn erhält ein __________ Schloss.

Der Müllerssohn erhält ein __________, __________ Schloss.

1. Erweitere die Sätze in den Treppen mit passenden Adjektiven aus der Wolke. Trage sie ein.

schlau   groß   listig   gut   gestiefelt   prächtig

Der Müllerssohn hat einen Kater.

Der Müllerssohn hat einen ____ Kater.

Der Müllerssohn hat einen ____, ____ Kater.

Der Kater hat Ideen.

Der Kater hat ____ Ideen.

Der Kater hat ____, ____ Ideen.

Der Müllerssohn erhält ein Schloss.

Der Müllerssohn erhält ein ____ Schloss.

Der Müllerssohn erhält ein ____, ____ Schloss.

Großschreibung und Schlusszeichen

A

der kater geht zum schloss
der zauberer führt dem kater seine zauberkunst vor
schließlich verwandelt er sich in eine maus
der kater frisst die maus auf

1. Schreibe den Text richtig ab.

   Setze Punkte.

   Schreibe die Satzanfänge und Nomen mit großem Anfangsbuchstaben.

Großschreibung und Schlusszeichen

B

der gestiefelte kater geht zum schloss des zauberers
dort führt der zauberer dem kater seine zauberkunst
vor zuerst verwandelt er sich in einen großen elefanten
danach wird er ein gefährlicher löwe und schließlich
eine winzige maus da macht der kater einen satz und
frisst die maus auf

1. Schreibe den Text richtig ab.
   Setze Punkte.
   Schreibe die Satzanfänge und Nomen mit großem Anfangsbuchstaben.

Großschreibung und Schlusszeichen

C

dergestiefeltekatergehtzumschlossdeszauberers
dortführtderzaubererdemkaterseinezauberkunstvor
zuerstverwandeltersichineinengroßenelefanten
danachwirdereingefährlicherlöweundschließlich
einewinzigemausdamachtderkatereinensatzund
frisstdiemausauf

1. Zeichne die Wortgrenzen ein.

2. Schreibe den Text richtig ab. Setze Punkte.
   Schreibe die Satzanfänge und Nomen mit großem Anfangsbuchstaben.

Nachsilbe -chen

A

Das Prinzchen trifft die Zwergchen. Sie tragen das gläserne Särgchen mit Schneewittchen. Da stolpern die Zwergchen über ein Würzelchen. Auf einmal schlägt Schneewittchen ihre Äugchen auf. Das Prinzchen steigt von seinem Pferdchen und gibt Schneewittchen ein Küsschen. Er nimmt es mit auf sein Schlösschen.

1. Unterstreiche alle Verkleinerungsformen außer Schneewittchen.
2. Nun sind alle Dinge wieder groß.
   Schreibe zu jeder Verkleinerungsform das entsprechende Nomen:
   das Prinzchen – der Prinz

–	
–	
–	
–	
–	
–	
–	
–	

Nachsilbe -chen

B

Das Prinzchen trifft die Zwergchen. Sie tragen das gläserne Särgchen mit Schneewittchen. Da stolpern die Zwergchen über ein Würzelchen. Auf einmal schlägt Schneewittchen ihre Äugchen auf. Das Prinzchen steigt von seinem Pferdchen und gibt Schneewittchen ein Küsschen. Er nimmt es mit auf sein Schlösschen.

Nun sind alle Dinge wieder groß.

1. Ersetze die Verkleinerungsformen durch die entsprechenden Nomen. Schreibe den Text auf: Der Prinz trifft die Zwerge.

Nachsilbe -chen

C

DasPrinzchentrifftdieZwergchen.SietragendasgläserneSärgchenmit

Schneewittchen.DastolperndieZwergchenübereinWürzelchen.

AufeinmalschlägtSchneewittchenihreÄugchenauf.

DasPrinzchensteigtvonseinemPferdchenundgibt

SchneewittcheneinKüsschen.Ernimmtes

mitaufseinSchlösschen.

1. Zeichne die Wortgrenzen ein.
2. Nun sind alle Dinge wieder groß.
   Ersetze die Verkleinerungsformen durch die entsprechenden Nomen.
   Schreibe den Text auf: Der Prinz trifft die Zwerge.

eu oder äu

A

1. Setze eu oder äu ein.

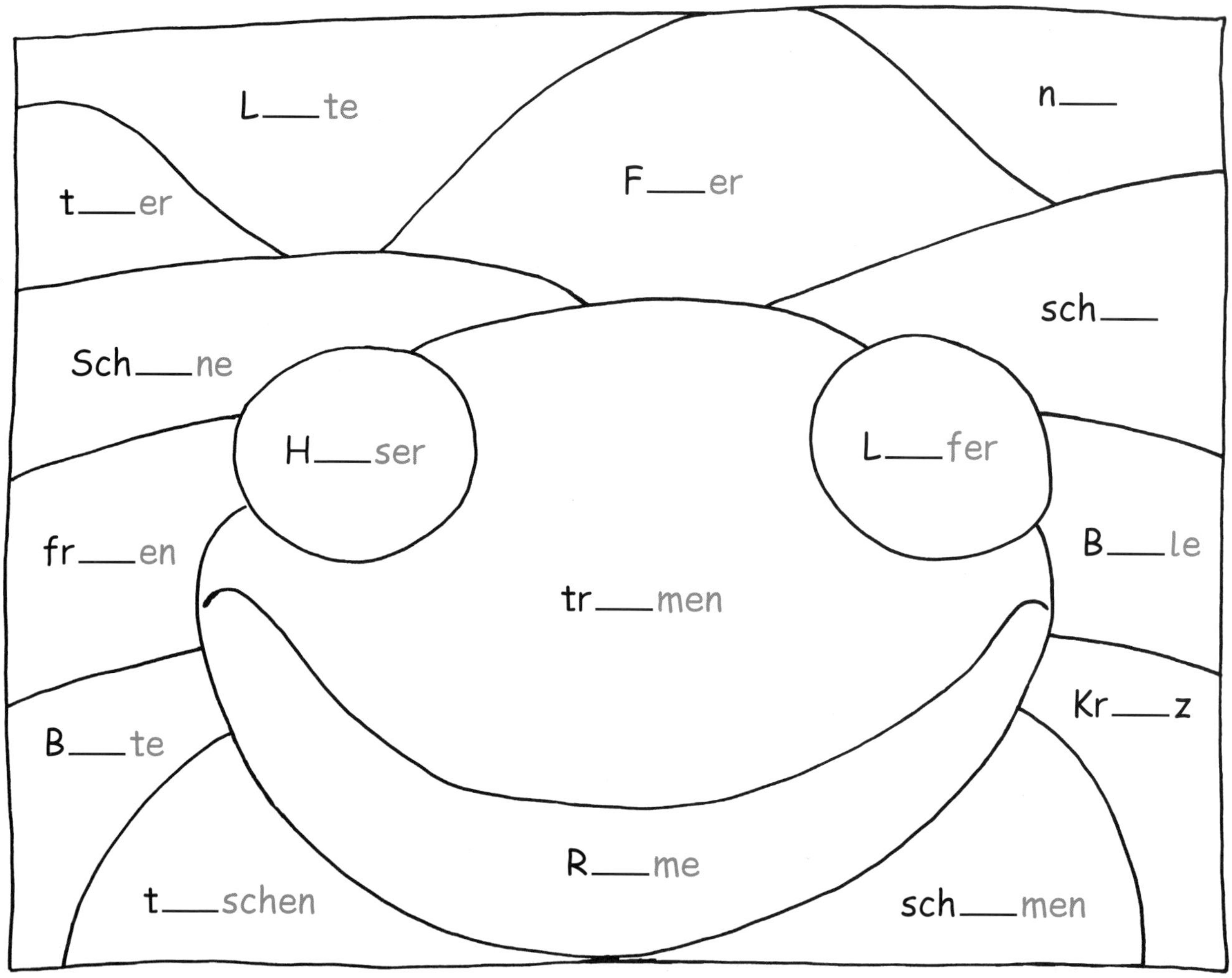

2. Male die Felder so an: Wörter mit äu: grün Wörter mit eu: blau

3. Trage die Wörter mit äu ein.
Schreibe zu jedem Wort mit au das verwandte Wort mit äu: Traum – träumen

Traum – ____________________

Haus – ____________________

Raum – ____________________

laufen – ____________________

Tausch – ____________________

Schaum – ____________________

eu oder äu

B

1. Setze eu oder äu ein.

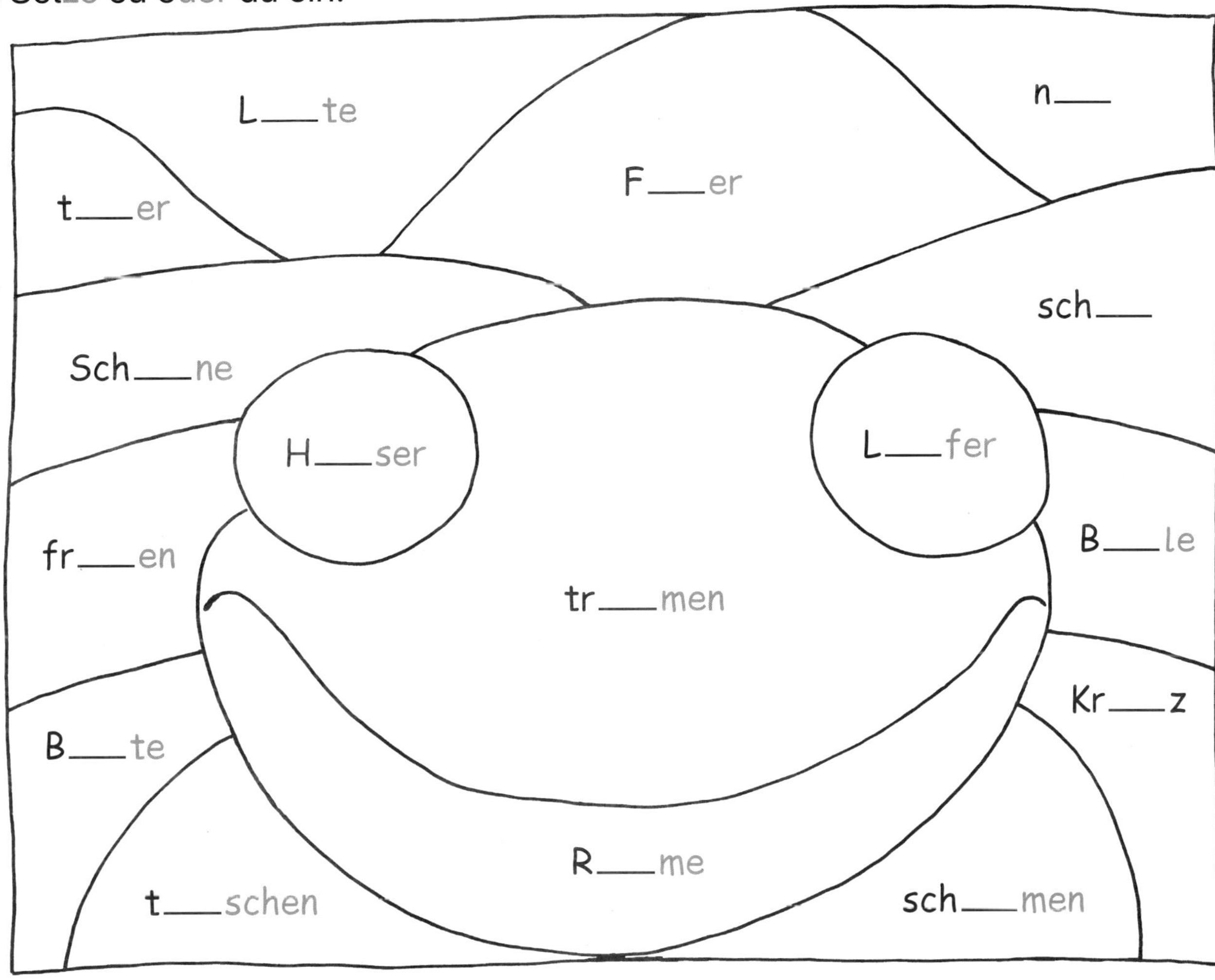

2. Male die Felder so an: Wörter mit äu: grün Wörter mit eu: blau

3. Trage die Wörter mit äu ein.
Schreibe zu jedem Wort ein verwandtes Wort mit au: träumen – Traum

–

–

–

–

–

–

eu oder äu

1. Setze eu oder äu ein.

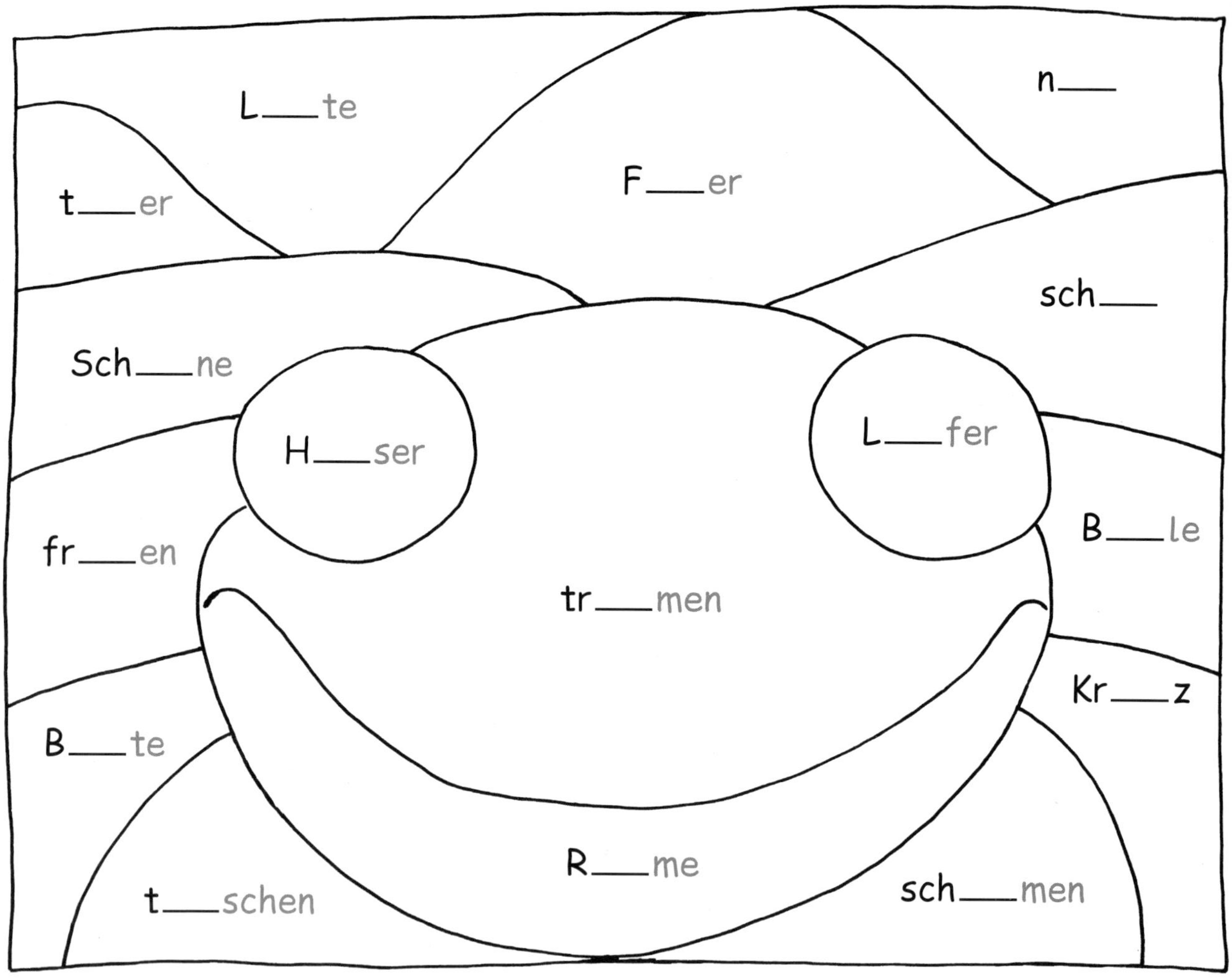

2. Male die Felder so an: Wörter mit äu: grün Wörter mit eu: blau

3. Ergänze die Sätze mit äu-Wörtern.

Lisa liegt im Bett und ______________ .

An der Straße stehen viele ______________ .

Am Wettkampf nehmen viele ______________ teil.

In einem Schloss sind viele ______________ .

Ein Magier ______________ die Zuschauer.

Seife ______________ mit Wasser stark.

Zusammengesetzte Nomen

A

Bilde zusammengesetzte Nomen.

Finde zu jedem Nomen im Kreis mindestens ein passendes Nomen aus den Kärtchen. Du kannst die Kärtchen mehrmals verwenden.

1. Schreibe so in dein Heft: die Schule – der Flur: der Schulflur

Häuschen | Flur | Buch | Vase

Bank

Weg | Tür | Schlüssel | Beet

Zusammengesetzte Nomen

B

Bilde zusammengesetzte Nomen.

Finde zu jedem Nomen im Kreis mindestens zwei passende Nomen aus den Kärtchen. Du kannst die Kärtchen mehrmals verwenden.

1. Schreibe so in dein Heft: die Schule – der Flur: der Schulflur

Häuschen | Flur | Weg | Buch | Bild | Vase

Dach | Schuhe | Wiese | Tür | Bank | Beet

Klingel | Wurzel | Fenster | Nest | Schlüssel | Tisch

KV 45 B zu SAH B S. 20 / SB S. 99

Wir basteln einen Hasen mit Eierbauch

B

1. Schau dir die Bilder genau an.
2. Schreibe die Bastelanleitung mit einer passenden Überschrift in dein Heft. Schreibe in der ich-Form und verwende die Wörter unter den Bildern. Denke an verschiedene Satzanfänge.

Material:
- brauner Karton mit aufgemaltem Hasen
- 1 ausgeblasenes buntes Ei
- Streichholz
- Nadel
- Faden
- Buntstifte

1
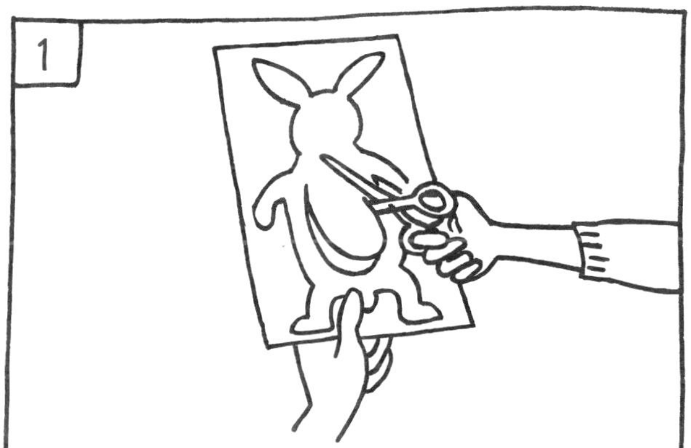
Hase und Bauch ausschneiden

2

Gesicht aufmalen

3

mit Nadel zwei Löcher oben und unten am Kopf bohren

4
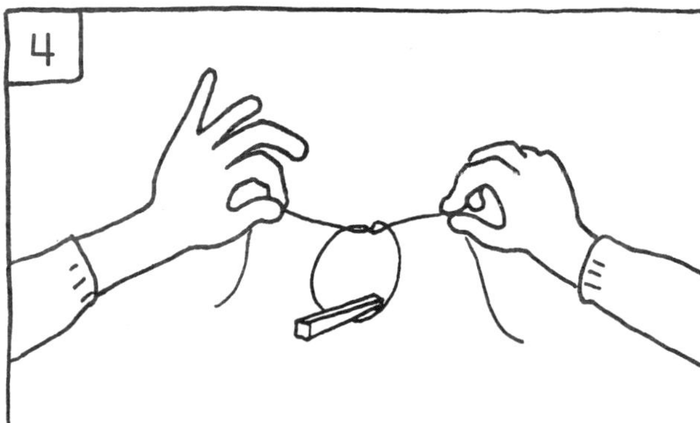
Faden um Streichholz binden

5
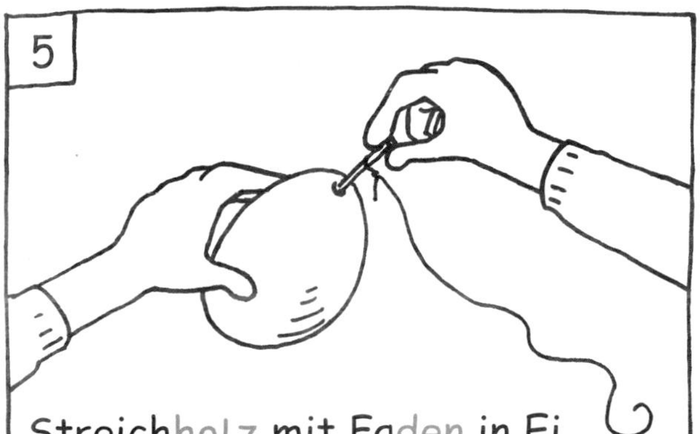
Streichholz mit Faden in Ei stecken

6

Faden durch Löcher ziehen und oben verknoten

Wir basteln einen Hasen mit Eierbauch

C

1. Schau dir die Bilder genau an.
2. Schreibe die Bastelanleitung mit einer passenden Überschrift in dein Heft. Schreibe in der ich-Form. Denke an verschiedene Satzanfänge.

1

2

3

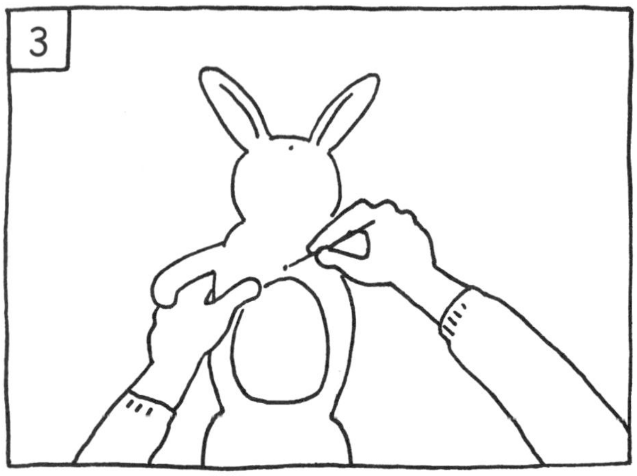

4

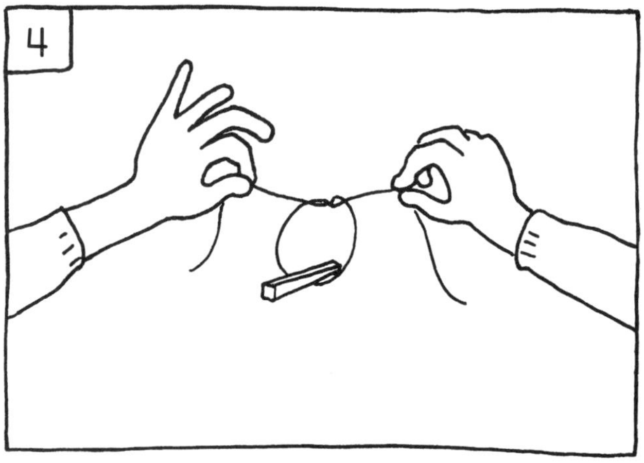

5

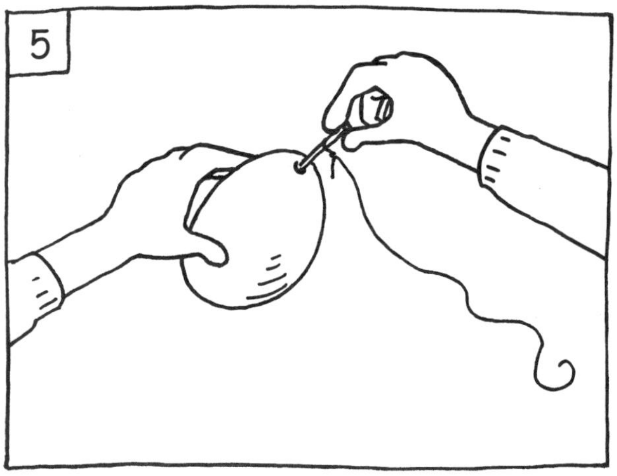

6

KV 46 C zu SAH B S. 22 – 25 / SB S. 100 – 103

Wir basteln einen Hasen mit Eierbauch – Vorlage

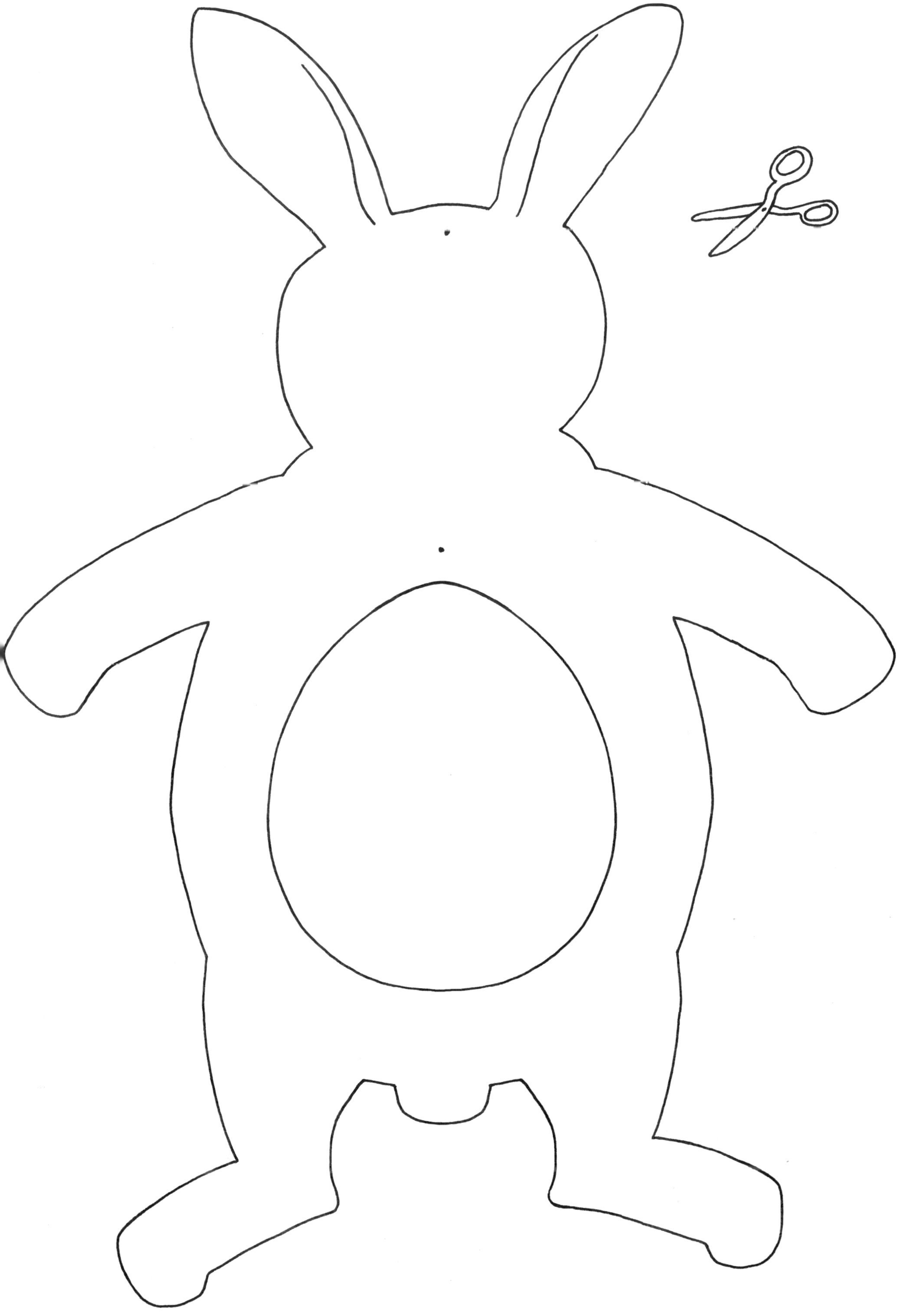

 Schreibanlass: Vorgangsbeschreibung

Einen Text überarbeiten: Satzanfänge

A

Hanna hat aufgeschrieben, wie sie bunte Eier für den Osterstrauß bastelt.

1. Lest Hannas Bastelanleitung laut. Was fällt euch auf?

Ich reiße das Seidenpapier in kleine Stücke.
Ich tauche die Stückchen in das Wasser.
Ich klebe die Seidenpapierstückchen an das ausgeblasene Ei.
Ich löse die Papierstückchen von dem Ei ab.
Ich binde einen Faden um ein Streichholz.
Ich stecke das Streichholz in das bunte Ei.

2. Schreibe die Bastelanleitung mit verschiedenen Satzanfängen:

Zuerst reiße ich das Seidenpapier in kleine Stücke.
Dann tauche ich ...

Zuerst ...	Dann ...	Jetzt ...	Später ...	Darauf ...	Zuletzt ...

Einen Text überarbeiten: Satzanfänge

B

Hanna hat aufgeschrieben, wie sie bunte Eier für den Osterstrauß bastelt.

1. Lest Hannas Bastelanleitung laut. Was fällt euch auf?

Ich reiße zuerst das Seidenpapier in kleine Stücke.
Ich tauche dann die Stückchen in das Wasser.
Ich klebe jetzt die Seidenpapierstückchen an das ausgeblasene Ei.
Ich löse später die Papierstückchen von dem Ei ab.
Ich binde darauf einen Faden um ein Streichholz.
Ich stecke zuletzt das Streichholz in das bunte Ei.

2. Stelle die Wörter so um, dass jeder Satz mit einem anderen Wort beginnt:

Zuerst reiße ich das Seidenpapier in kleine Stücke.
Dann tauche ich ...

Einen Text überarbeiten: Satzanfänge

C

Hanna hat aufgeschrieben, wie sie bunte Eier für den Osterstrauß bastelt.

1. Lest Hannas Bastelanleitung laut. Was fällt euch auf?

Ich reiße das Seidenpapier in kleine Stücke.
Ich tauche die Stückchen in das Wasser.
Ich klebe die Seidenpapierstückchen an das ausgeblasene Ei.
Ich löse die Papierstückchen von dem Ei ab.
Ich binde einen Faden um ein Streichholz.
Ich stecke das Streichholz in das bunte Ei.

2. Schreibe die Bastelanleitung mit verschiedenen Satzanfängen:

Zuerst reiße ich das Seidenpapier in kleine Stücke.
Dann tauche ich …

Satzschlusszeichen

1. Beim Mittagessen unterhalten sich Hanna und ihre Mutter.
   Lest das Gespräch mit verteilten Rollen.

2. Das Gespräch besteht aus zwei Fragen und drei Aussagesätzen.
   Unterstreiche die Fragewörter und ergänze die Fragezeichen.
   Setze Punkte am Ende der Aussagesätze.

2. Schreibe das Gespräch ab.
   Mutter: Was habt ihr ...
   Hanna: Wir ...

Mutter:

Hanna:

Mutter:

Hanna:

Mutter:

Satzschlusszeichen

1. Beim Mittagessen unterhalten sich Hanna und ihre Mutter.
Lest das Gespräch mit verteilten Rollen.

2. Schreibe das Gespräch ab und ergänze einen Punkt oder ein Fragezeichen.
Mutter: Habt ihr …
Hanna: Wir …

Satzschlusszeichen

C

Beim Mittagessen unterhalten sich Hanna und ihre Mutter.

1. Schreibe das Gespräch ab und ergänze einen Punkt oder ein Fragezeichen.

   Mutter: Habt ihr ...

   Hanna: Wir ...

2. Wie könnte das Gespräch weitergehen?

   Setze es mit einem Partner fort und schreibe auf.

Eine Bastelanleitung schreiben

A

1. Schau dir die Bilder genau an. Was wird gebastelt?

zuerst – ich – das Ei – blase – aus

dann – ich – das Gesicht – male – auf

nun – ich – die Ohren – schneide – aus

darauf – ich – die Ohren – an das Ei – klebe

jetzt – ich – das Stäbchen – in das Ei – stecke

zuletzt – ich – eine Schleife – um das Stäbchen – binde

2. Schreibe eine Bastelanleitung. → KV 50 A

Eine Bastelanleitung schreiben

1. Schau dir die Bilder genau an. Was wird gebastelt?

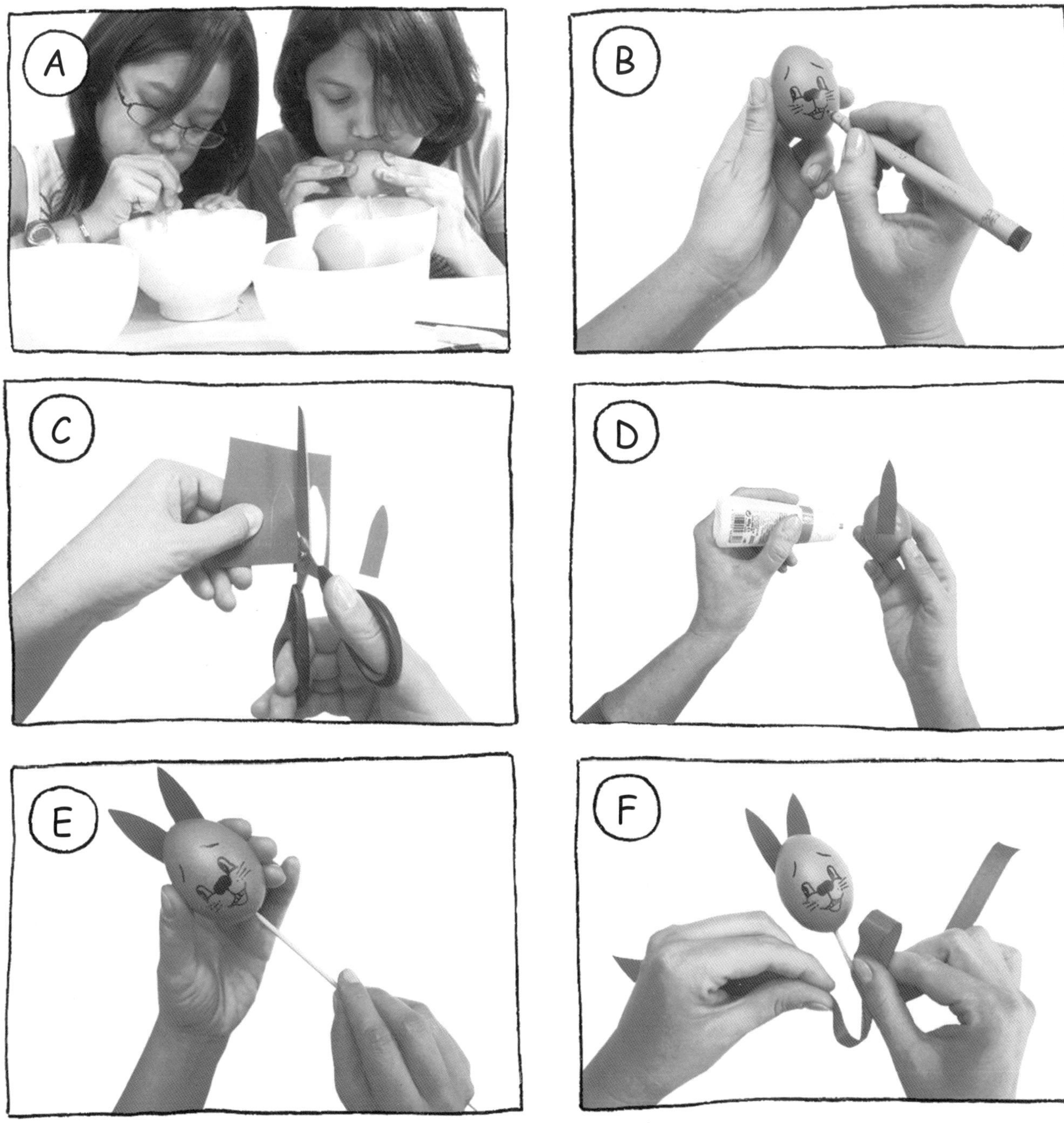

2. Schreibe auf, was du zum Basteln benötigst.

3. Schreibe eine Bastelanleitung. → KV 50 B

Eine Bastelanleitung schreiben

C

1. Schau dir die Bilder genau an. Was wird gebastelt?

2. Schreibe auf, was du zum Basteln benötigst.

3. Schreibe eine Bastelanleitung. ➔ KV 50 C

Eine Bastelanleitung schreiben

A

1. Schreibe eine passende Überschrift.

2. Beschreibe die einzelnen Schritte bis zu den fertigen Osterhasensteckern. Verwende die ich-Form.

Material:
- ausgeblasene Eier
- braunes Tonpapier
- Schaschlikstäbchen
- Schleifenband
- schwarzer Filzstift
- Kleber

Eine Bastelanleitung schreiben

B

1. Beschreibe die einzelnen Schritte bis zu den fertigen Osterhasensteckern. Verwende abwechslungsreiche Satzanfänge, damit der Text nicht langweilig wird. Verwende die ich-Form.

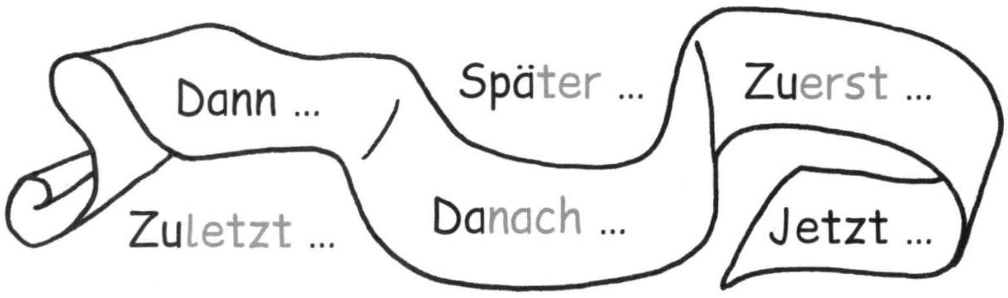

Eine Bastelanleitung schreiben

C

1. Beschreibe die einzelnen Schritte
bis zu den fertigen Osterhasensteckern.
Verwende abwechslungsreiche Satzanfänge,
damit der Text nicht langweilig wird.
Verwende die ich-Form.

Genau beschreiben

A

Wo würdest du die Ostereier verstecken?

1. Male fünf Eier in das Bild und färbe sie rot, blau, grün, gelb und lila. Wähle für jedes Ei eine andere Farbe.

2. Schreibe auf, wo du die Eier versteckt hast.

Folgende Wörter helfen dir: hinter | vor | neben | unter | auf

Das rote Ei liegt

Genau beschreiben

B

Wo würdest du die Ostereier verstecken?

1. Male sechs Eier in das Bild und färbe sie rot, blau, grün, gelb, orange und lila. Wähle für jedes Ei eine andere Farbe.

2. Schreibe auf, wo du die Eier versteckt hast: Das rote Ei liegt …

Genau beschreiben

C

Wo würdest du die Ostereier verstecken?

1. Male sieben Eier in das Bild und färbe sie rot, blau, grün, gelb, orange, braun und lila. Wähle für jedes Ei eine andere Farbe.

2. Schreibe auf, wo du die Eier versteckt hast.

Genau beschreiben

A

Lena und Malte haben im Park ein Amselnest entdeckt.

1. Schreibe Sätze:

Vier Amseljunge hocken im Nest.

vier Amseljunge die Amselmutter der Amselvater die Katze	hocken sitzt fliegt lauert	im Nest auf dem Nestrand zum Nest unter dem Baum

Genau beschreiben

Lena und Malte haben im Park ein Amselnest entdeckt.

1. Schreibe immer zwei Sätze:

Vier Amseljunge hocken im Nest. Im Nest hocken vier Amseljunge.

vier Amseljunge Amselmutter Amselvater Katze	hocken sitzen fliegen lauern	im Nest auf dem Nestrand zum Nest unter dem Baum

Genau beschreiben

C

Lena und Malte haben im Park ein Amselnest entdeckt.

1. Schreibe immer zwei Sätze und ergänze das fehlende Wort:

Vier Amseljunge hocken im Nest. Im Nest hocken vier Amseljunge.

vier Amseljunge Amselmutter Amselvater Katze	hocken sitzen fliegen lauern	? Nest ? dem Nestrand ? Nest ? dem Baum

Aufforderungssatz

A

Malte und seine Freunde wollen bei Oma und Opa im Garten ein Bohnenzelt wachsen lassen.
Oma hilft den Kindern.

1. Unterstreiche die Verben.

acht Bohnenstangen holen

die Stangen im Kreis in die Erde stecken

die Stangen oben mit einer Schnur zusammenbinden

bei jeder Stange fünf Bohnen in die Erde stecken

die Bohnen gießen

2. Bilde Aufforderungssätze. Schreibe so: Holt acht Bohnenstangen!

Aufforderungssatz

B

Malte und seine Freunde wollen bei Oma und Opa im Garten ein Bohnenzelt wachsen lassen.
Oma hilft den Kindern.

acht Bohnenstangen holen

die Stangen im Kreis in die Erde stecken

Stangen oben mit Schnur zusammenbinden

bei jeder Stange fünf Bohnen in die Erde stecken

Bohnen vorsichtig angießen

nun abwarten

1. Bilde Aufforderungssätze. Schreibe so: Holt acht Bohnenstangen!

Aufforderungssatz

C

Malte und seine Freunde wollen bei Oma und Opa im Garten ein Bohnenzelt wachsen lassen.
Oma hilft den Kindern.

◯ acht Bohnenstangen holen

◯ Bohnen vorsichtig angießen

◯ Stangen oben mit Schnur zusammenbinden

◯ nun abwarten

◯ Stangen im Kreis in Erde stecken

◯ bei jeder Stange fünf Bohnen in Erde stecken

1. Nummeriere die Streifen in der richtigen Reihenfolge.

2. Bilde Aufforderungssätze. Schreibe so: Holt acht Bohnenstangen!

Aufforderungssatz

A

1. Was sollen die Kinder tun?
   Schreibe Aufforderungssätze in der Einzahl und in der Mehrzahl:
   Male ein Bild! Malt ein Bild!

ein Bild malen

die Aufgabe rechnen

leise spielen

den Stift spitzen

Aufforderungssatz

B

1. Was sollen die Kinder tun?
   Schreibe Aufforderungssätze in der Einzahl und in der Mehrzahl:
   Male ein Bild! Malt ein Bild!

ein Bild malen

die Aufgabe rechnen

leise spielen

den Stift spitzen

ein Lied singen

einen Handstand machen

Aufforderungssatz

C

1. Was sollen die Kinder tun? Betrachte die Bilder.
   Schreibe passende Aufforderungssätze in der Einzahl und in der Mehrzahl:
   Male ein Bild! Malt ein Bild!

i oder ie? A

1. Beantworte die Rätselsätze mit i- oder ie-Wörtern.
   Trage die Buchstaben in die Kästchen ein.

   1) Auf ihr wachsen viele Blumen.
   2) Sie sammeln Nektar und Pollen.
   3) Ein Igel hat … Beine.
   4) Sie bauen Netze, um Beutetiere zu fangen.
   5) Sie meckern.
   6) Das macht man, wenn man Durst hat.

2. Ergänze den Satz mit dem Lösungswort aus Aufgabe 1.

   Gänseblümchen wachsen auf ______________________.

i oder ie? B

1. Beantworte die Rätselsätze mit i- oder ie-Wörtern.
   Trage die Buchstaben in die Kästchen ein.
2. Ergänze den Lösungssatz.

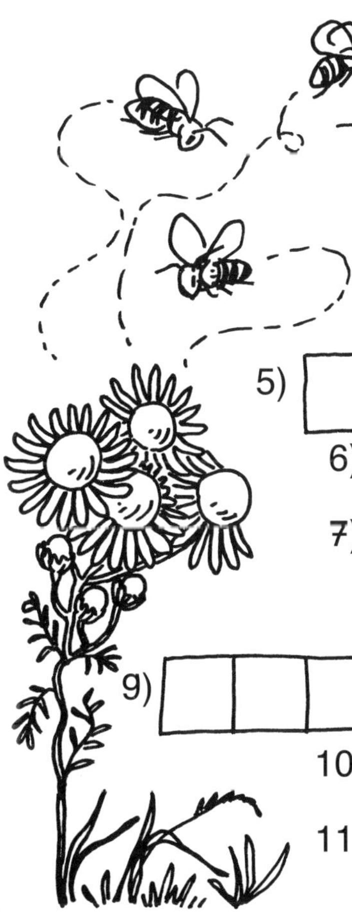

Das Gänseblümchen ist eine

__________________________________.

1) Auf ihr wachsen viele Blumen.
2) Sie sammeln Nektar und Pollen.
3) Ein Igel hat … Beine.
4) Sie bauen Netze, um Beutetiere zu fangen.
5) Sie meckern.
6) Das macht man, wenn man Durst hat.
7) Das Märchen von den … Geißlein.
8) Gegenteil von böse.
9) Darin hängen Glocken.
10) Wir schauen ihn im Kino an.
11) Darin kann man sich sehen.

i oder ie?

1. Beantworte die Rätselsätze mit i- oder ie-Wörtern.
   Trage die Buchstaben in die passenden Kästchen ein,
   damit sich das Lösungswort ergibt.

- Sie sammeln Nektar und Pollen.
- Auf ihr wachsen viele Blumen.
- Sie bauen Netze, um Beutetiere zu fangen.
- Das macht man, wenn man Durst hat.
- Ein Igel hat … Beine.
- Sie meckern.
- Darin kann man sich sehen.
- Wir schauen ihn im Kino an.
- Gegenteil von böse.
- Das Märchen von den … Geißlein.
- Darin hängen Glocken.

KV 55 C zu SAH B S. 32, 33 / SB S. 106, 107

i oder ie?

A

Hanna genießt ihre Freizeit und schreibt einen Brief an ihre Freundin Lisa.

1. Lies Hannas Brief. Schreibe i oder ie in die Blumen.

2. Schreibe die Wörter mit den Blumen in das passende Häuschen.

i oder ie?

B

Hanna genießt ihre Freizeit und schreibt einen Brief an ihre Freundin Lisa.

1. Schreibe i oder ie in die Blumen.

2. Schreibe den Brief auf.

i oder ie?

C

Hanna genießt ihre Freizeit und schreibt einen Brief an ihre Freundin Lisa.

1. Schreibe i oder ie in die Blumen.

2. Schreibe den Brief auf.

Wörter mit Besonderheiten – chs

A

1. Schreibe die sechs Tiernamen mit **chs** in das Se**chs**eck.

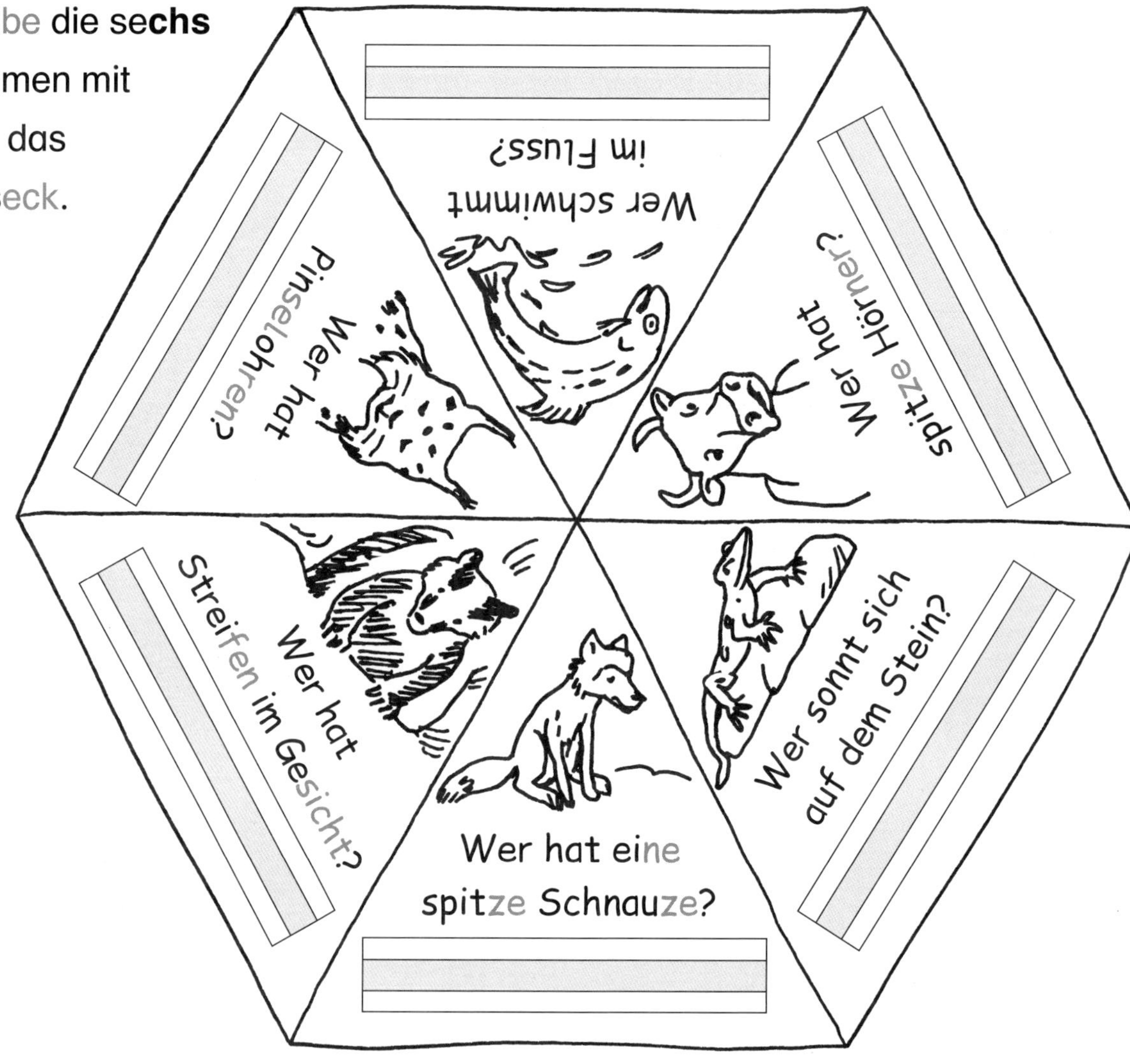

Eidechse | Ochse | Luchs | Lachs | Dachs | Fuchs

2. Ergänze die Sätze mit den Tiernamen.

Der ____________ schwimmt im Fluss.

Der ____________ hat eine spitze Schnauze.

Der ____________ hat Pinselohren.

Der ____________ hat spitze Hörner.

Die ____________ sonnt sich auf dem Stein.

Der ____________ hat Streifen im Gesicht.

KV 57 A zu SAH B S. 36 / SB S. 121

Wörter mit Besonderheiten – chs

B

1. Finde die **sechs** Tiernamen mit **chs** und schreibe sie in das Se**chs**eck.

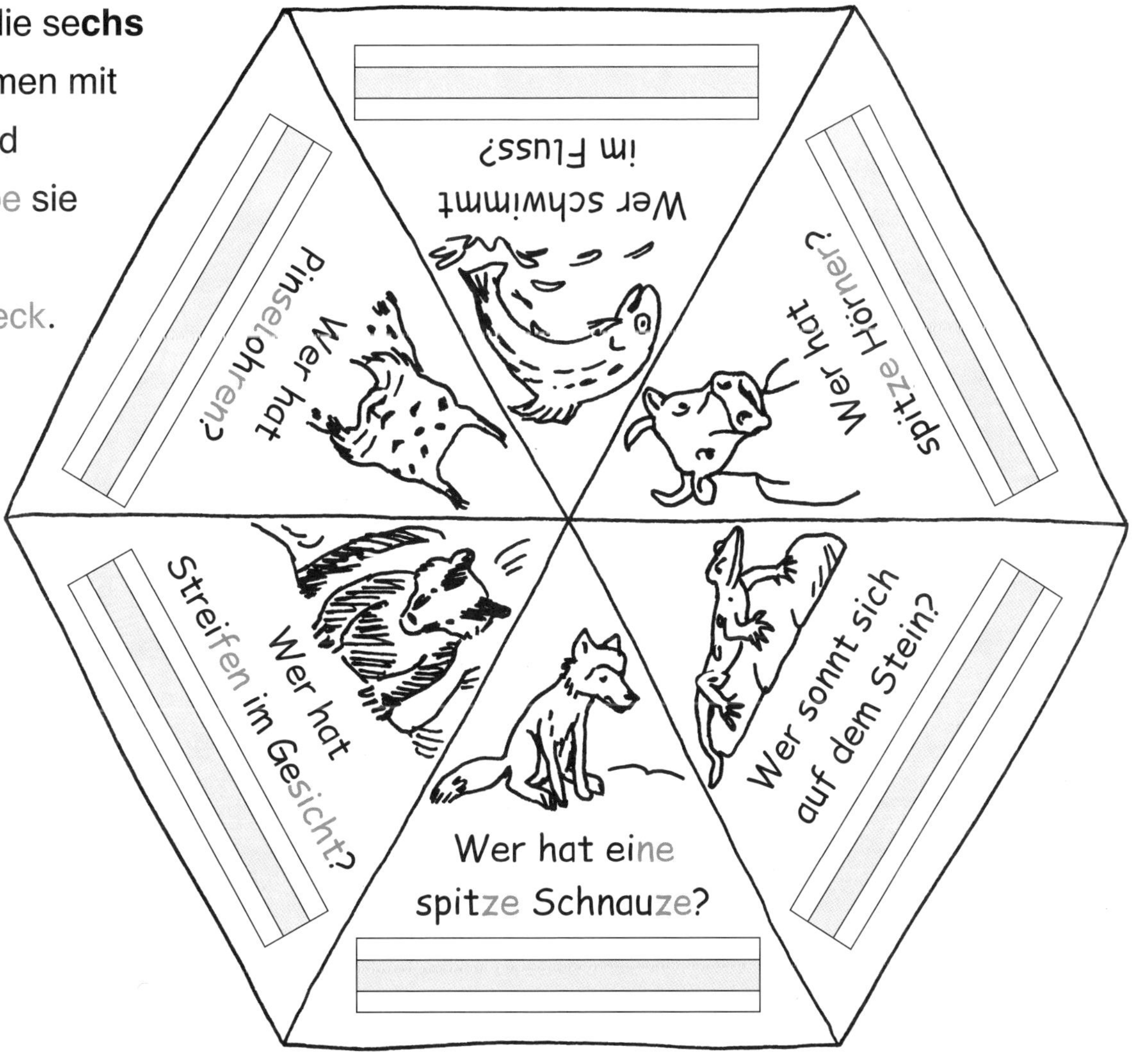

2. Schreibe die Antworten in Sätzen, zum Beispiel:

Der Lachs schwimmt im Fluss.

1. Finde die se**chs** Tiernamen mit **chs** und schreibe sie in das Se**chs**eck.

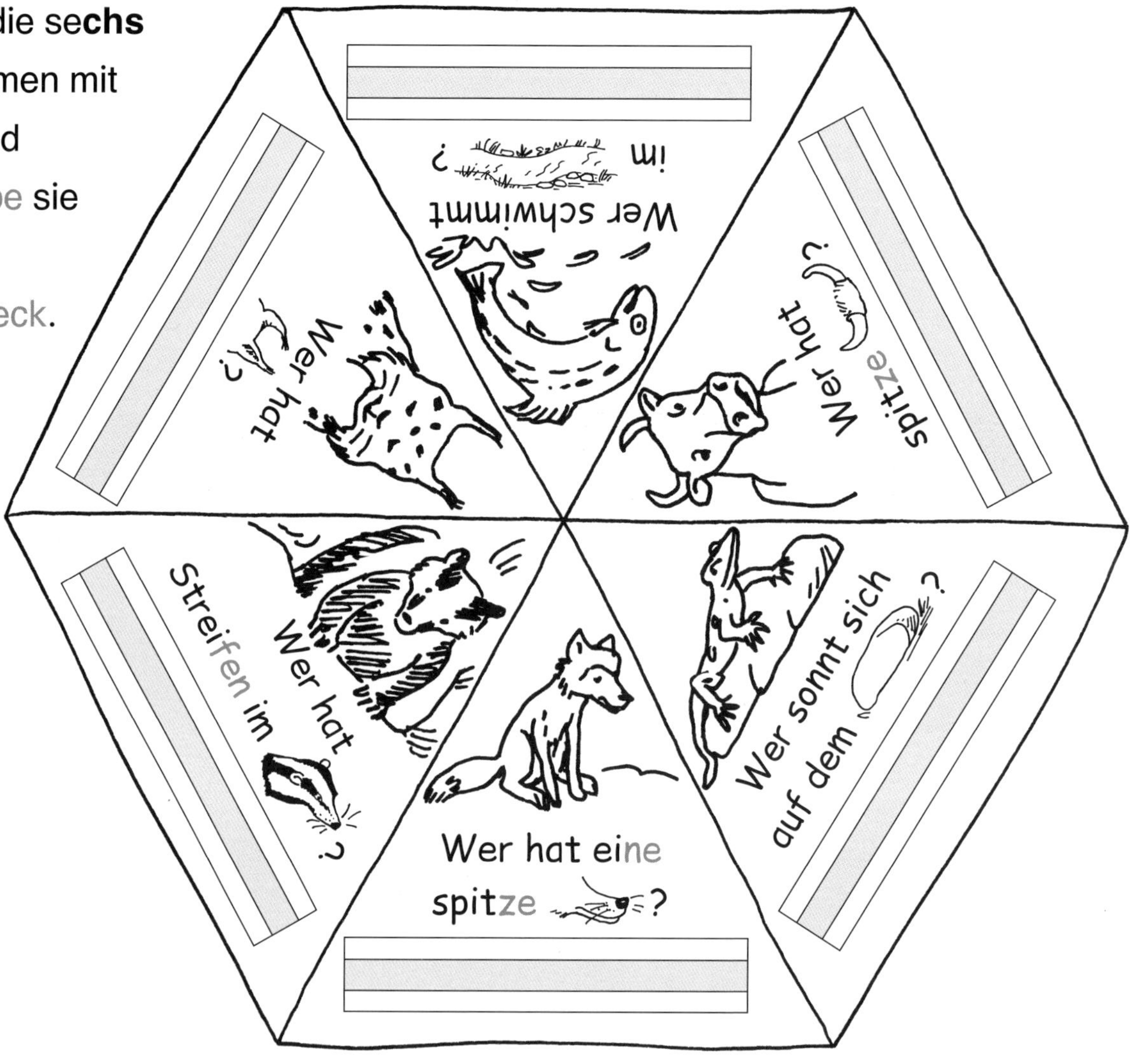

2. Ersetze die Bildwörter durch passende Nomen.
Schreibe die Antworten in Sätzen auf: Der Lachs schwimmt im Fluss.

Stein · Ohren · Streifen · Hörner · Fluss · Schnauze

V wie F oder W?

A

1. Sprich alle Wörter.
   Klingt V wie F, dann male die Felder grün an.
   Klingt V wie W, dann male die Felder grau an.

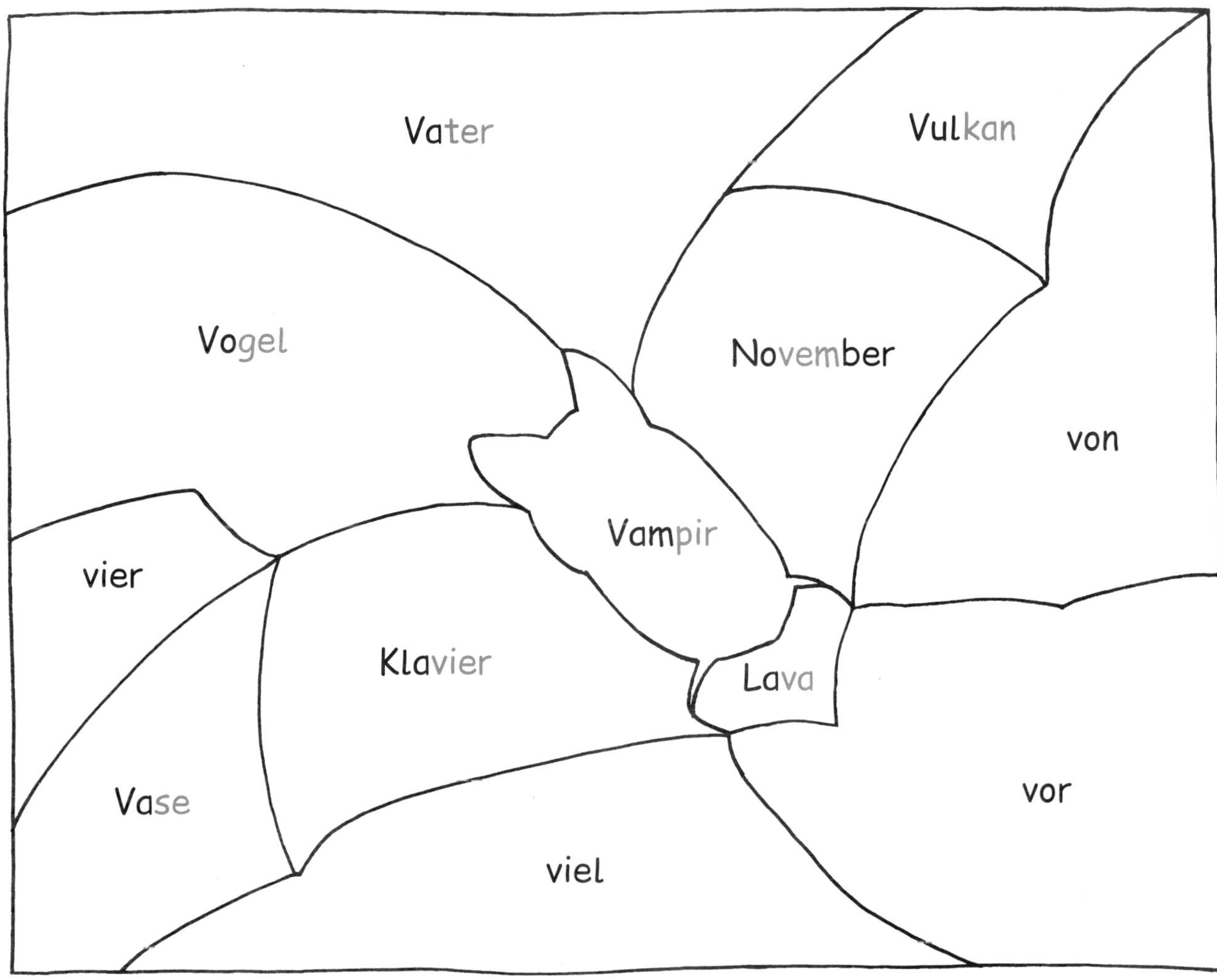

2. Trage alle Wörter mit V / v in die Tabelle ein.

klingt wie F	klingt wie W

V wie F oder W?

B

1. Sprich alle Wörter.
   Klingt V wie F, dann male die Felder grün an.
   Klingt V wie W, dann male die Felder grau an.

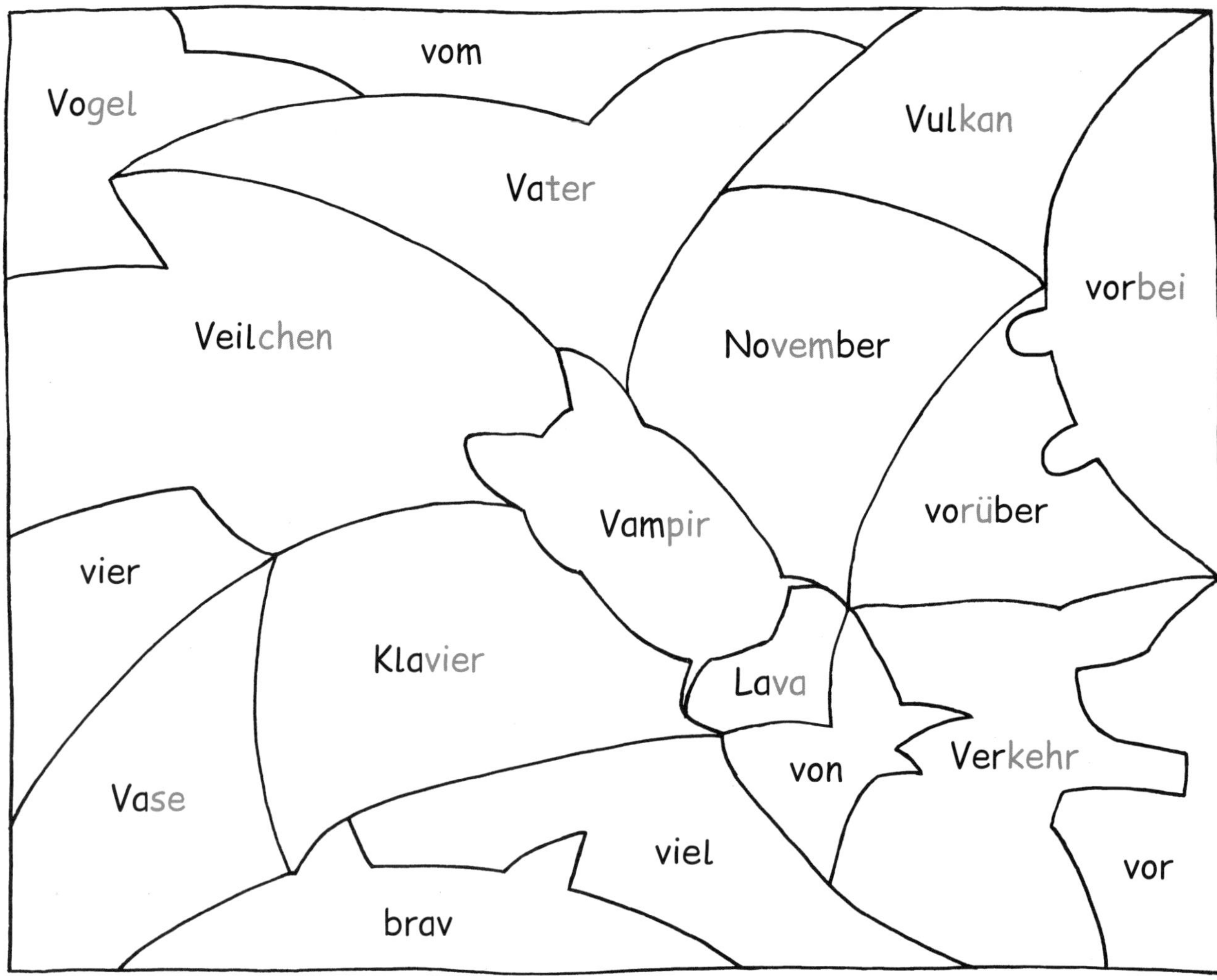

2. Ergänze die Sätze mit den Wörtern, bei denen du F hörst.

Der ____________ fliegt zu seinem Nest.

Bei dichtem ____________ ist es gefährlich, die Straße zu überqueren.

Das ____________ ist eine kleine Blume.

Das Jahr hat ____________ Jahreszeiten.

Hanna besucht mit ihrem ____________ den Zoo.

V wie F oder W?

1. Sprich alle Wörter.
   Klingt V wie F, dann male die Felder grün an.
   Klingt V wie W, dann male die Felder grau an.

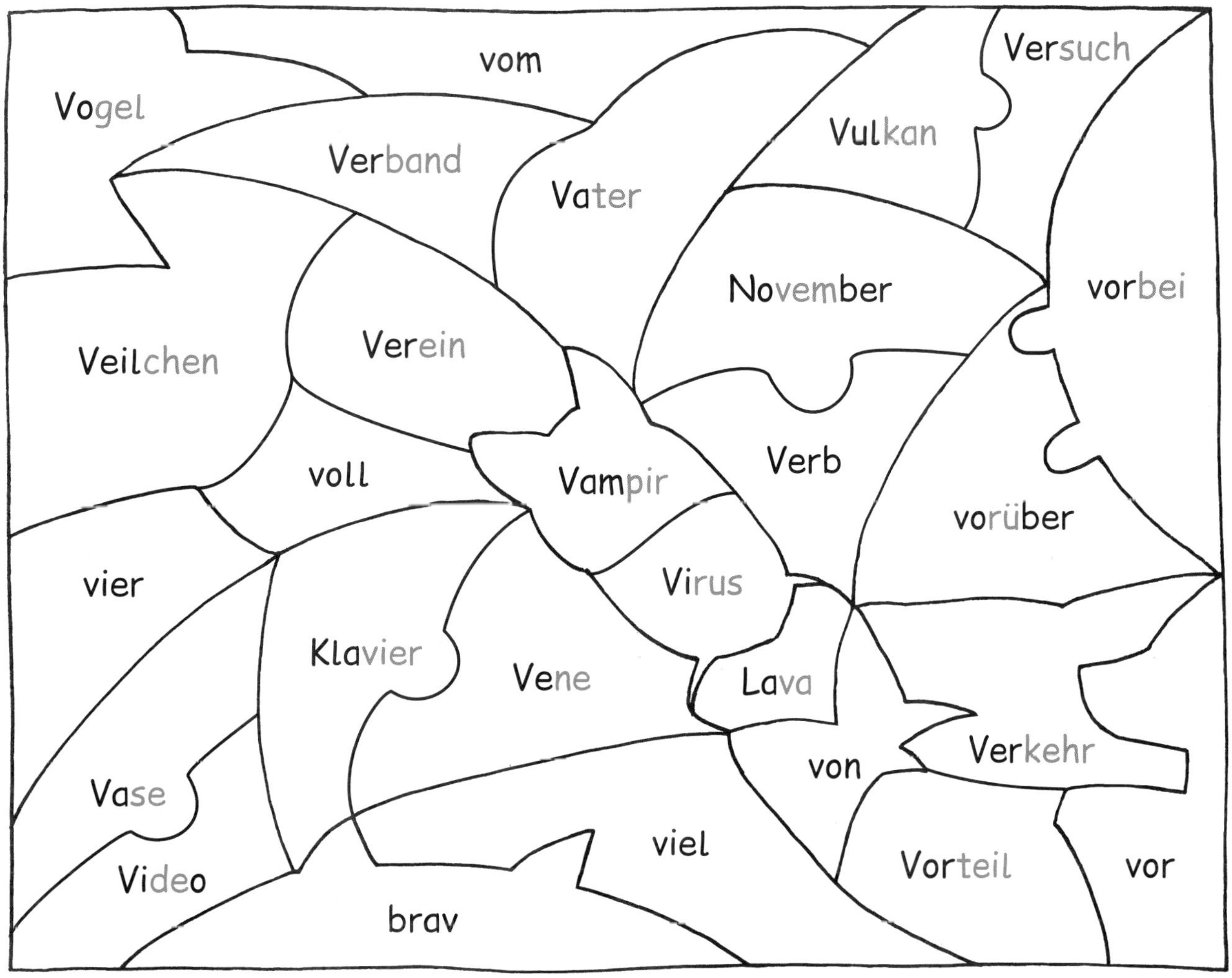

2. Ergänze die Sätze mit Wörtern, bei denen du F hörst.

Der ____________ fliegt zu seinem Nest.

Bei dichtem ____________ ist es gefährlich, die Straße zu überqueren.

Das ____________ ist eine kleine Blume.

Das Jahr hat ____________ Jahreszeiten.

Hanna besucht mit ihrem ____________ den Zoo.

Fußball spielt man im ____________ .

Vorsilben

A

1. Bilde neue Verben und schreibe sie auf.

vor-

- haben
- finden
- schlagen
- zeigen

ver-

- raten
- brauchen
- suchen
- schenken

2. ver- oder vor- ?

lesen	eine Geschichte	
stehen	die Aufgabe	
tragen	ein Gedicht	
singen	ein Lied	
passen	den Bus	

Vorsilben

B

1. Färbe vor- gelb und ver- grün.
2. Bilde neue Verben. Male die Kärtchen, die zu vor- passen, gelb an.
   Male die Kärtchen, die zu ver- passen, grün an.

suchen | finden | bereiten | schlagen
zeigen | vor- | ver- | raten
schenken | sammeln | brauchen | haben

3. Schreibe die neuen Verben auf.

vor-	ver-

4. Ergänze ver- oder vor-.

Hanna ____ rät ihrer Freundin ein Geheimnis.

Am Schulfest wollen die Kinder ein Gedicht ____ tragen.

Malte ____ steht die Aufgabe nicht.

Mia soll ein Märchen ____ lesen.

Vorsilben

C

1. Färbe vor- gelb und ver- grün.
2. Bilde neue Verben. Male die Kärtchen, die zu vor- passen, gelb an. Male die Kärtchen, die zu ver- passen, grün an.

suchen | finden | bereiten | schlagen
zeigen | vor- | ver- | raten
schenken | sammeln | brauchen | haben

3. Setze Verben mit vor- oder ver- aus Aufgabe 1 ein.

Timo will sich auf das Diktat __________.

Hanna und Sara __________ ihr Geheimnis.

Elektrogeräte __________ Strom.

Was werden die Schatzsucher in der Höhle __________?

Die Schüler __________ sich auf dem Schulhof.

4. Ergänze ver- oder vor-.

Hanna _____rät ihrer Freundin ein Geheimnis.

Am Schulfest wollen die Kinder ein Gedicht _____tragen.

Malte _____steht die Aufgabe nicht.

Mia soll ein Märchen _____lesen.

Einen Text überarbeiten: sehen

A

Die Gänse machen mit Nils Holgersson auf einer kleinen Insel Rast.

Nils sitzt auf einem Felsen und ______________ auf das Meer.

In der Ferne ______________ er ein Schiff.

Dann ______________ er eine bunte Feder zwischen den Steinen.

Faszniert dreht er sie zwischen Daumen und Zeigefinger und

______________ sie. Von welchem Vogel mag diese Feder wohl stammen?

1. Ergänze die Sätze mit den Wörtern auf den Steinen.

Einen Text überarbeiten: sehen

B

Die Gänse machen mit Nils Holgersson auf einer kleinen Insel Rast.

Nils sitzt auf einem Felsen und ____________ verträumt auf das Meer.

In der Ferne ____________ er ein Schiff.

Plötzlich ____________ er Schatten neben sich ____________.

Er dreht sich um und ____________ die Gänse neben sich fressen.

Er ____________, wie sie gierig die zarten Kräuter abzupfen.

Dann ____________ er eine bunte Feder zwischen den Steinen.

Fasziniert dreht er sie zwischen Daumen und Zeigefinger und

____________ sie. Von welchem Vogel mag diese Feder wohl stammen?

1. Ergänze die Sätze mit den Wörtern auf den Steinen.

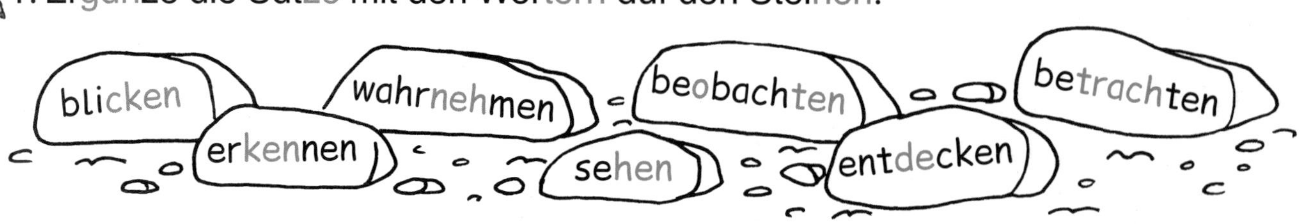

Einen Text überarbeiten: sehen

C

Die Gänse machen mit Nils Holgersson auf einer kleinen Insel Rast.

Nils sitzt auf einem Felsen und ______ verträumt auf das Meer.

In der Ferne ______ er ein Schiff.

Plötzlich ______ er Schatten neben sich ______.

Er dreht sich um und ______ die Gänse neben sich fressen.

Er ______, wie sie gierig die zarten Kräuter abzupfen.

Dann ______ er eine bunte Feder zwischen den Steinen.

Fasziniert dreht er sie zwischen Daumen und Zeigefinger und

______ sie. Von welchem Vogel mag diese Feder wohl stammen?

1. Ergänze die Sätze mit den Wörtern auf den Steinen.

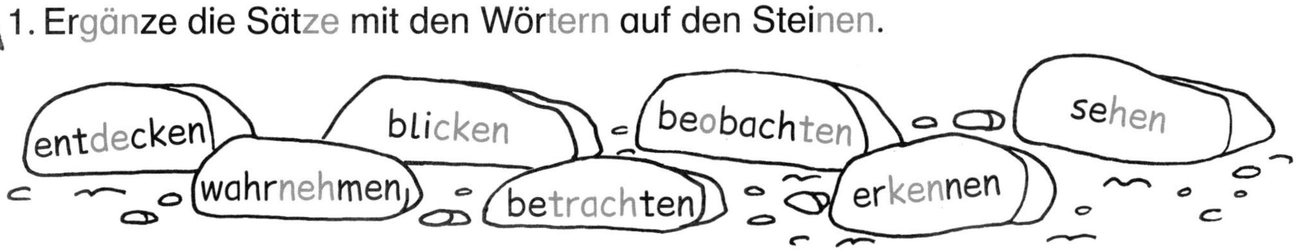

Einen Text überarbeiten: Satzanfänge

A

Franz erzählt, wie er den Lehrer Zickzack zum Lachen gebracht hat:

Wenn ich aufgeregt bin, kann ich nur noch piepsen.

~~Und~~ ich habe die Entschuldigung aufgenommen.

Und ich habe die Start-Taste gedrückt.

Und meine Stimme schallte laut durchs Zimmer.

Und der Zickzack fing zu lachen an.

1. Lies den Text laut.
2. Streiche „Und“ am Satzanfang durch.
   Wähle einen passenden Satzanfang aus und schreibe die Sätze:
   Wenn ich aufgeregt bin, kann ich nur noch piepsen. Deshalb habe ...

Einen Text überarbeiten: Satzanfänge

B

Franz erzählt, wie er den Lehrer Zickzack zum Lachen gebracht hat:

Wenn ich aufgeregt bin, kann ich nur noch piepsen.
~~Und~~ ich habe die Entschuldigung aufgenommen.
Und ich bin zum Zickzack gegangen.
Und ich habe die Start-Taste gedrückt.
Und meine Stimme schallte laut durchs Zimmer.
Und der Zickzack fing zu lachen an.

1. Lies den Text laut.
2. Streiche „Und“ am Satzanfang durch.
   Wähle einen passenden Satzanfang aus und schreibe die Sätze:
   Wenn ich aufgeregt bin, kann ich nur noch piepsen. Deshalb habe …

Einen Text überarbeiten: Satzanfänge C

Franz erzählt, wie er den Lehrer Zickzack zum Lachen gebracht hat:

Wenn ich aufgeregt bin, kann ich nur noch piepsen.
~~Und~~ ich habe die Entschuldigung aufgenommen.
Und ich bin zum Zickzack gegangen.
Und ich habe die Start-Taste gedrückt.
Und meine Stimme schallte laut durchs Zimmer.
Und der Zickzack starrte mich an.
Und er fing zu lachen an.
Und er schlug sich auf die Schenkel.
Und er wischte sich die Lachtränen weg.
Und alle gratulierten mir.

1. Lies den Text laut.
2. Streiche „Und“ am Satzanfang durch.
   Wähle einen passenden Satzanfang aus und schreibe die Sätze:
   Wenn ich aufgeregt bin, kann ich nur noch piepsen. Deshalb habe ...

Wörter mit Sp/sp und St/st

A

1. Ergänze die Wörter mit Sp/sp oder St/st.

Heute findet der ◯ortunterricht der Klasse 2c auf dem ◯ortplatz statt. Der ◯ortlehrer teilt die Kinder in drei Gruppen ein.
Die erste Gruppe wartet am ◯art.
Dann laufen sie los.
Die zweite Gruppe übt Weit◯rung.
Die dritte Gruppe ◯ellt sich in zwei Mannschaften auf dem ◯ielfeld auf und wartet auf den An◯oß.
So sollte es immer sein, wünschen sich die Kinder.

2. Schreibe alle Wörter mit Sp/sp und St/st in die Linien.

Wörter mit Sp/sp und St/st

B

1. Lies die Geschichte.

2. Ergänze die Wörter mit Sp/sp oder St/st.

Heute findet der ◯ortunterricht der Klasse 2c auf dem ◯ortplatz statt. Auf der ◯ielanzeige ist noch der ◯iel◯and 3 : 2 vom letzten Fußball◯iel zu sehen. Der ◯ortlehrer teilt die Kinder in drei Gruppen ein.

Die erste Gruppe wartet am ◯art auf das Signal.

Dann laufen sie los.

Die zweite Gruppe übt Weit◯rung an der ◯runggrube.

Die dritte Gruppe ◯ellt sich in zwei Mannschaften auf dem ◯ielfeld auf und wartet auf den An◯oß.

So sollte es immer sein, wünschen sich die Kinder.

3. Schreibe alle Wörter mit Sp/sp und St/st in die Linien.

Wörter mit Sp/sp und St/st

1. Ergänze die Wörter mit Sp/sp oder St/st.

Heute findet der ◯ortunterricht der Klasse 2c auf dem ◯ortplatz statt. Auf der ◯ielanzeige ist noch der ◯iel◯and 3 : 2 vom letzten Fußball◯iel zu sehen. Der ◯ortlehrer teilt die Kinder in drei Gruppen ein.

Die erste Gruppe wartet am ◯art auf das Signal.
Dann laufen sie los.
Die zweite Gruppe übt an der ◯runggrube.
Die dritte Gruppe ◯ellt sich in zwei Mannschaften auf dem ◯ielfeld auf und wartet auf den An◯oß.
So sollte es immer sein, wünschen sich die Kinder.

2. Schreibe alle zusammengesetzten Nomen so auf:
Sportunterricht: der Sport – der Unterricht

Aufforderungssätze

A

1. Schaut euch die Bilder an. Besprecht, was das Pony tut.
2. Ordne die Bilder den richtigen Befehlen in den Sprechblasen zu.

3. Schreibe Sätze: Es hebt den Huf auf.

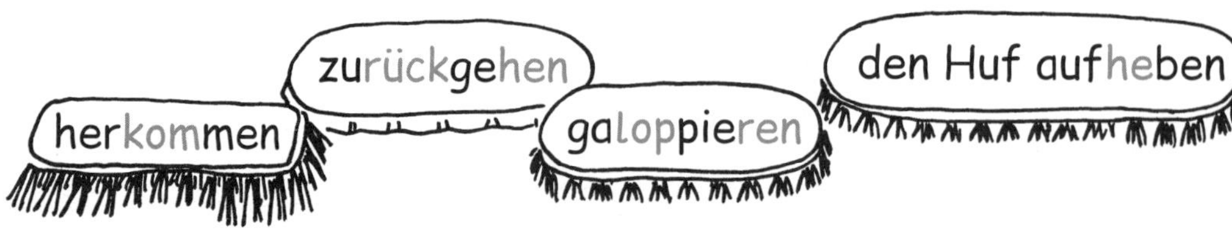

Aufforderungssätze

B

1. Schaut euch die Bilder an. Besprecht, was das Pony tut.
2. Ordne die Bilder den richtigen Befehlen in den Sprechblasen zu.

3. Schreibe Sätze: Es hebt den Huf auf.

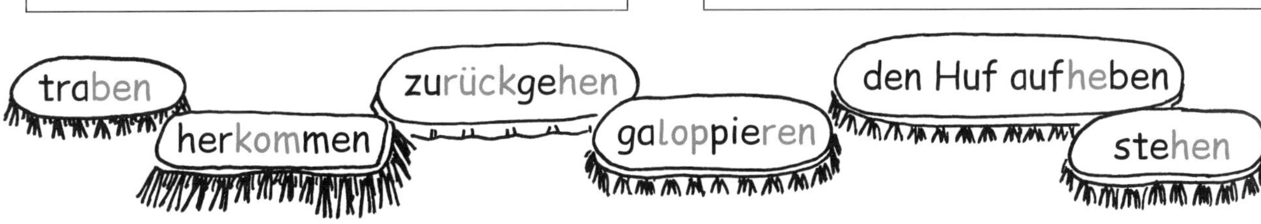

Aufforderungssätze

C

1. Schaut euch die Bilder an. Besprecht, was das Pony tut.
2. Ordne die Bilder den richtigen Befehlen in den Sprechblasen zu.

3. Schreibe Sätze: Es hebt den Huf auf.

Einfache Aussagesätze

1. Schaut euch die Bilder an.
   Besprecht, was das Pony mit seiner Körperhaltung ausdrückt.
2. Ordne die Bilder den Verhaltensweisen in den Strohballen richtig zu.

3. Schreibe Sätze: Es droht.

(a) drohen

( ) schlafen

( ) aufmerksam sein

( ) gähnen

Einfache Aussagesätze

1. Schaut euch die Bilder an.
   Besprecht, was das Pony mit seiner Körperhaltung ausdrückt.
2. Ordne die Bilder den Verhaltensweisen in den Strohballen richtig zu.

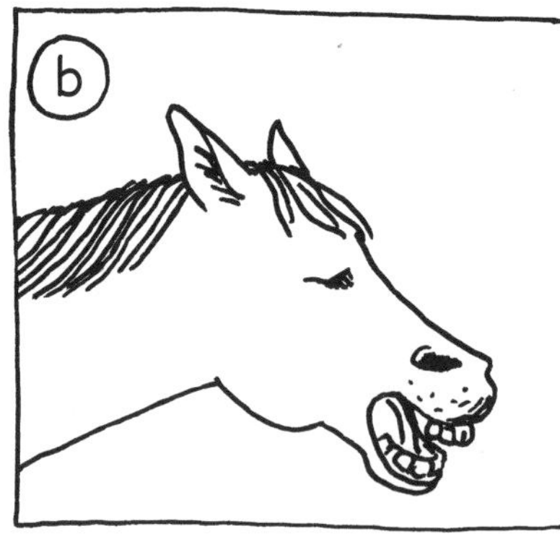

3. Schreibe Sätze: Es wehrt jemanden ab.

d	jemanden abwehren	
	Schmerzen haben	
	gähnen	
	aufmerksam sein	
	schlafen	
	drohen	

KV 64 B zu SAH B S. 69, 70 / SB S. 130

Einfache Aussagesätze

C

1. Was drückt das Pony mit seiner Körperhaltung aus?
Informiere dich in Sachbüchern oder im Internet.

3. Schreibe Sätze: Es wehrt jemanden ab.

(a)

(b)

(c)

(d)

(e)

(f)

Zusammengesetzte Nomen

A

Pferde werden wie Hunde für besondere Aufgaben ausgebildet.

1. Finde zu jeder Aufgabe den passenden Pferdeberuf.
   Schreibe so: die Polizei, das Pferd: das Polizeipferd

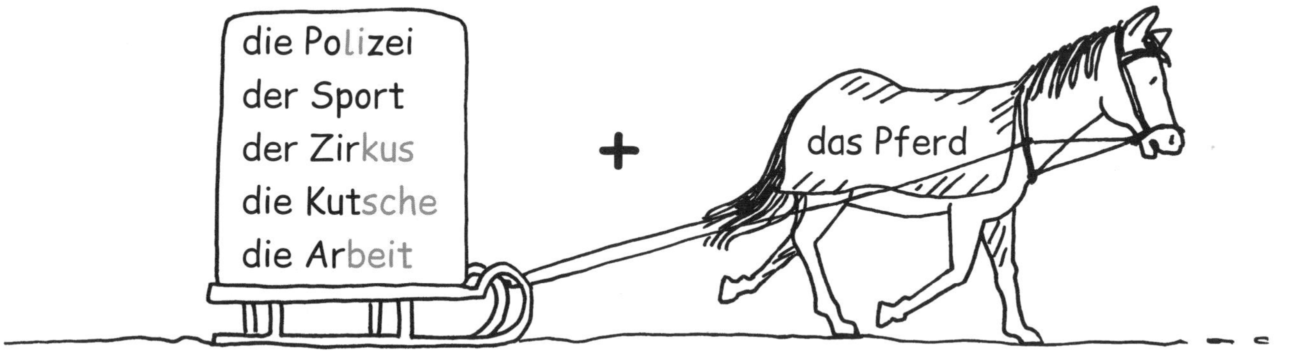

Zusammengesetzte Nomen

B

Pferde werden wie Hunde für besondere Aufgaben ausgebildet.

1. Finde zu jeder Aufgabe den passenden Pferdeberuf.
   Schreibe so: Das Polizeipferd hilft dem Polizisten beim Streifendienst.

dem Polizisten beim Streifendienst helfen

Hindernisse überwinden

die Kutsche ziehen

die Baumstämme aus dem Wald ziehen

Kunststücke vorführen

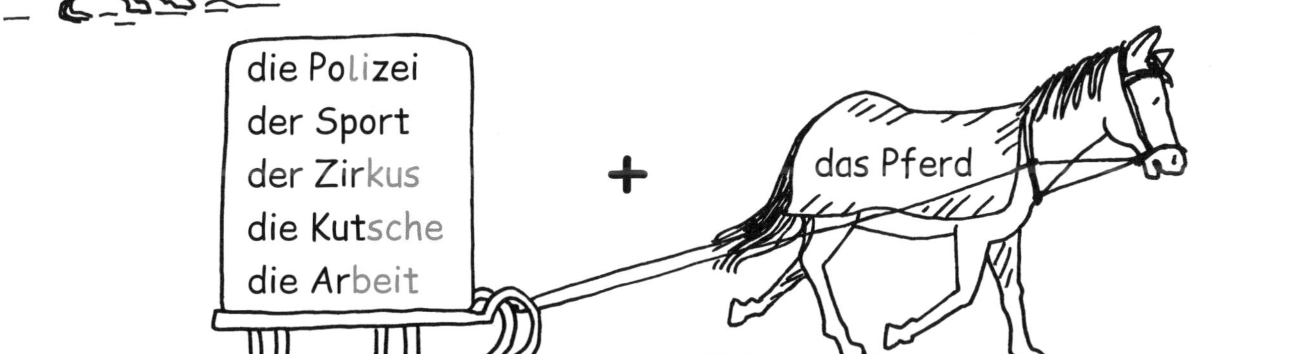

Zusammengesetzte Nomen

C

Pferde werden wie Hunde für besondere Aufgaben ausgebildet.

1. Finde zu jeder Aufgabe den passenden Pferdeberuf und schreibe einen Satz:
Das Polizeipferd hilft dem Polizisten beim Streifendienst.

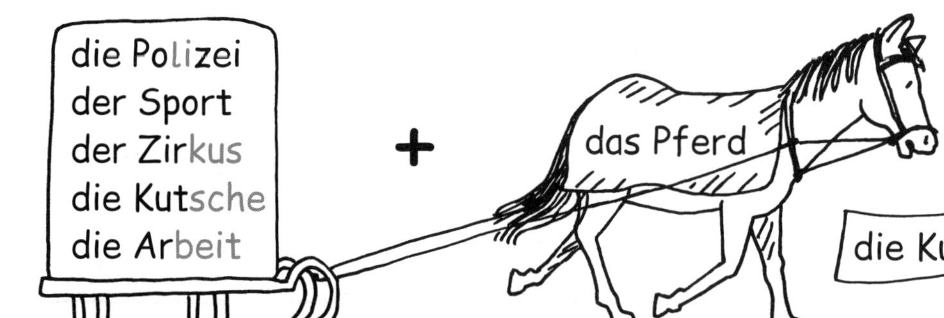

die Kutsche ziehen

die Baumstämme aus dem Wald ziehen

Kunststücke vorführen

dem Polizisten beim Streifendienst helfen

Hindernisse überwinden

Lang oder kurz – z oder tz? A

1. Sprich und klatsche die Wörter im Bild.
2. Setze z oder tz ein.
3. Färbe alle Wörter mit z grün, alle Wörter mit tz hellbraun.

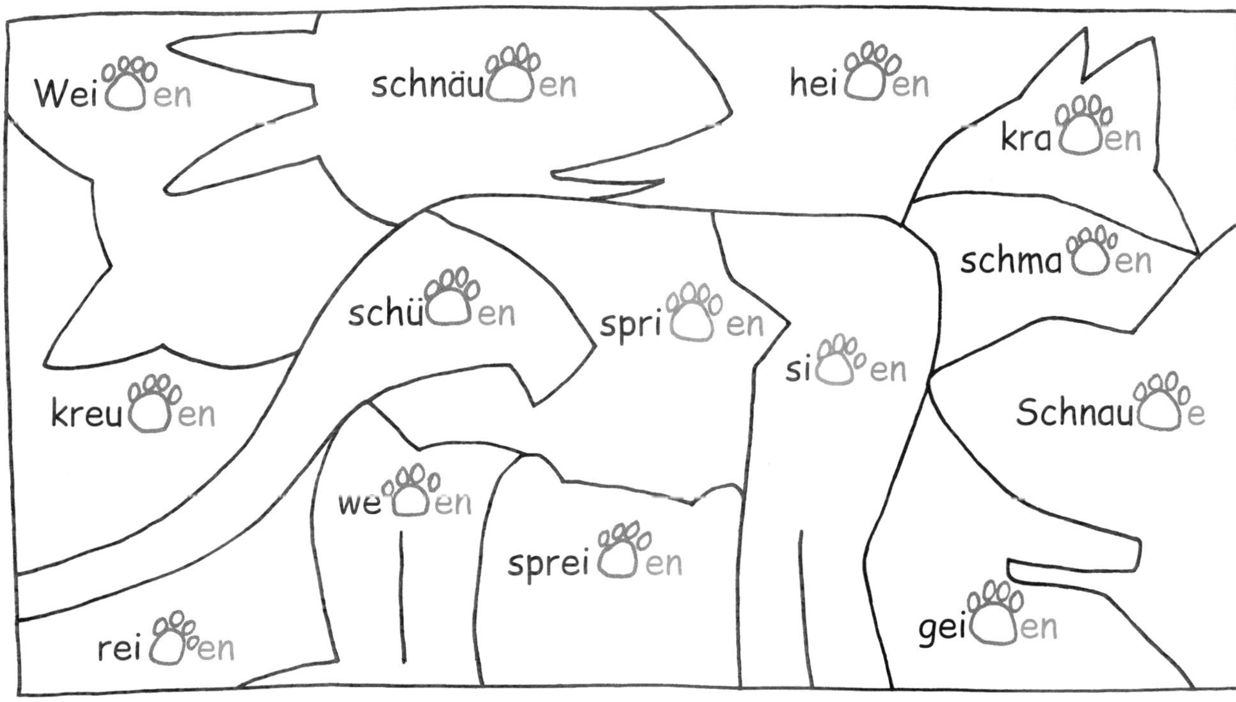

4. Schreibe die Verben mit tz in der Grundform und in der er-Form.

Grundform	er-Form

Lang oder kurz – z oder tz?

B

1. Sprich und klatsche die Wörter im Bild.
2. Setze z oder tz ein.
3. Färbe alle Wörter mit z grün, alle Wörter mit tz hellbraun.

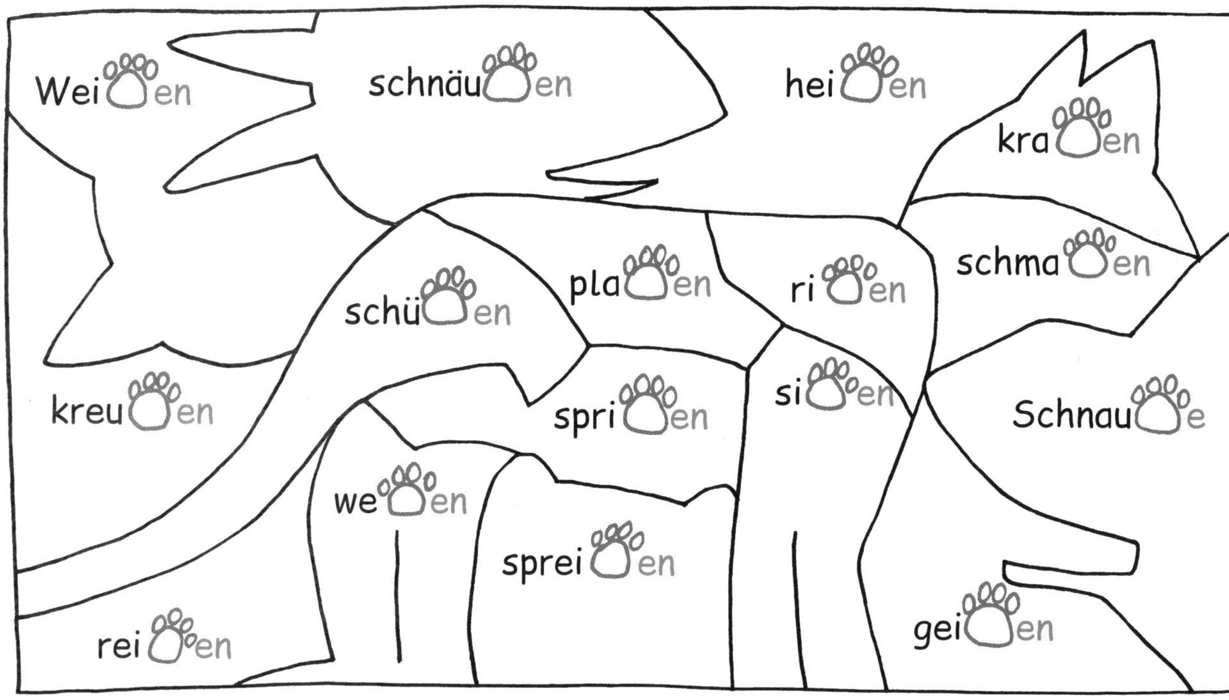

4. Schreibe die Verben mit tz in der Grundform und in der er-Form.

Grundform	er-Form

Lang oder kurz – z oder tz?

C

1. Sprich und klatsche die Wörter im Bild.
2. Setze z oder tz ein.
3. Färbe alle Wörter mit z grün, alle Wörter mit tz hellbraun.

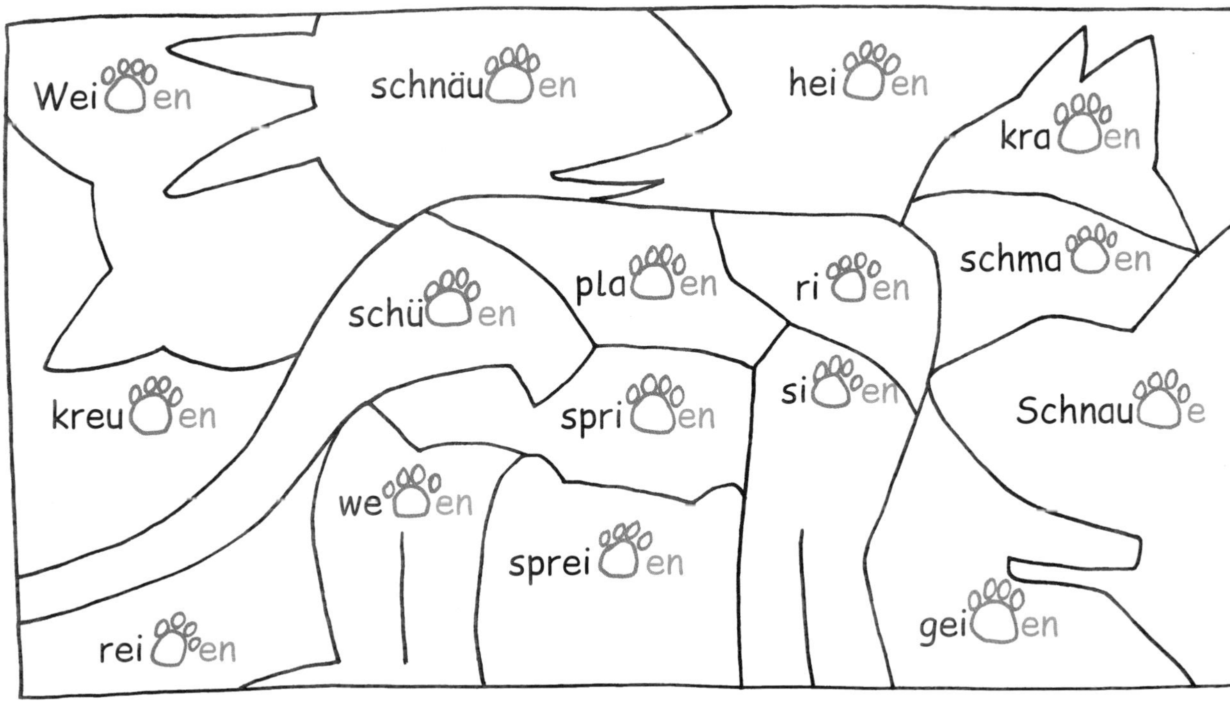

4. Ergänze die Sätze mit Verben in der er-Form.

Der Luftballon ______ beim Aufblasen.

Malte ______ am Tisch und isst.

Der Igel ______ beim Fressen.

Der Hund ______ an der Tür.

Wasser ______ aus dem Schlauch.

Die Katze ______ die Krallen.

Timo ______ ein Zeichen in den Baumstamm.

Sonnencreme ______ vor einem Sonnenbrand.

Eine Bildergeschichte schreiben

A

1. Schau die Bilder genau an. Was geschieht?
2. Wie könnte die Geschichte weitergehen?
3. Finde eine passende Überschrift.

4. Schreibe die Geschichte mit der Überschrift in dein Heft.
   Die Wörter unter den Bildern helfen dir dabei.

Eine Bildergeschichte schreiben

B

1. Schau die Bilder genau an. Was geschieht?
2. Wie könnte die Geschichte weitergehen? Male ein Bild in das letzte Kästchen.
3. Finde eine passende Überschrift.

Mittag – Frau Süß – Milch in Topf gießen – Pudding kochen – Kater Kasimir – auf Stuhl liegen – schlafen

da – Telefon im Flur klingeln – Frau Süß – hinausgehen – Hörer abnehmen – telefonieren

plötzlich – Milch überkochen – zischen – qualmen – Kater Kasimir – an Frau Süß vorbeirennen

4

4. Schreibe die Geschichte mit der Überschrift in dein Heft. Die Wörter unter den Bildern helfen dir dabei.

Eine Bildergeschichte schreiben

C

1. Schau die Bilder genau an. Was geschieht?

2. Wie könnte die Geschichte weitergehen?

3. Finde eine passende Überschrift.

4. Schreibe die Geschichte mit der Überschrift in dein Heft.

Vorgangsbeschreibung

A

Hanna und Malte bereiten einen Piratentrunk zu.

1. Schreibe auf, was sie nacheinander tun.
   Schreibe so: Zuerst gießen sie ...

Vorgangsbeschreibung

Hanna und Malte bereiten den Piratentrunk zu.

1. Schreibe auf, was sie nacheinander tun.
   Verwende verschiedene Satzanfänge. Schreibe so: Zuerst gießen sie ...

Vorgangsbeschreibung

C

Zutaten:
- 2 Kannen Früchtetee
- 1 Flasche Orangensaft
- 1 Flasche Apfelsaft
- 3 Esslöffel Honig
- Eiswürfel

1

gießen

2

dazugeben

3

süßen und umrühren

4

legen

5

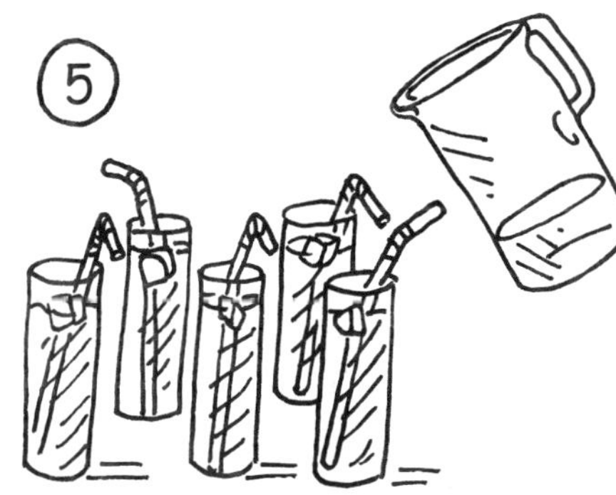

einfüllen

1. Betrachte die Bilder genau.
2. Schreibe auf, wie der Piratentrunk zubereitet wird.
   Verwende die ich-Form: Zuerst gieße ich …

Dehnungs-h

A

Die Piraten wollen wissen, wo der Schatz versteckt ist.
Sie folgen den einsilbigen Wörtern mit dem Dehnungs-h.

1. Zeichne den Weg der Piraten ein. Kreuze das Versteck an.

Der Schatz ist ☐ unter der Palme versteckt.

☐ in der Höhle versteckt.

☐ zwischen den Felsen versteckt.

2. Schreibe die vier Nomen mit dem Dehnungs-h in der Einzahl und in der Mehrzahl auf: *das Ohr – die Ohren*

Dehnungs-h

B

Die Piraten wollen wissen, wo der Schatz versteckt ist.
Sie folgen den einsilbigen Wörtern mit dem Dehnungs-h.

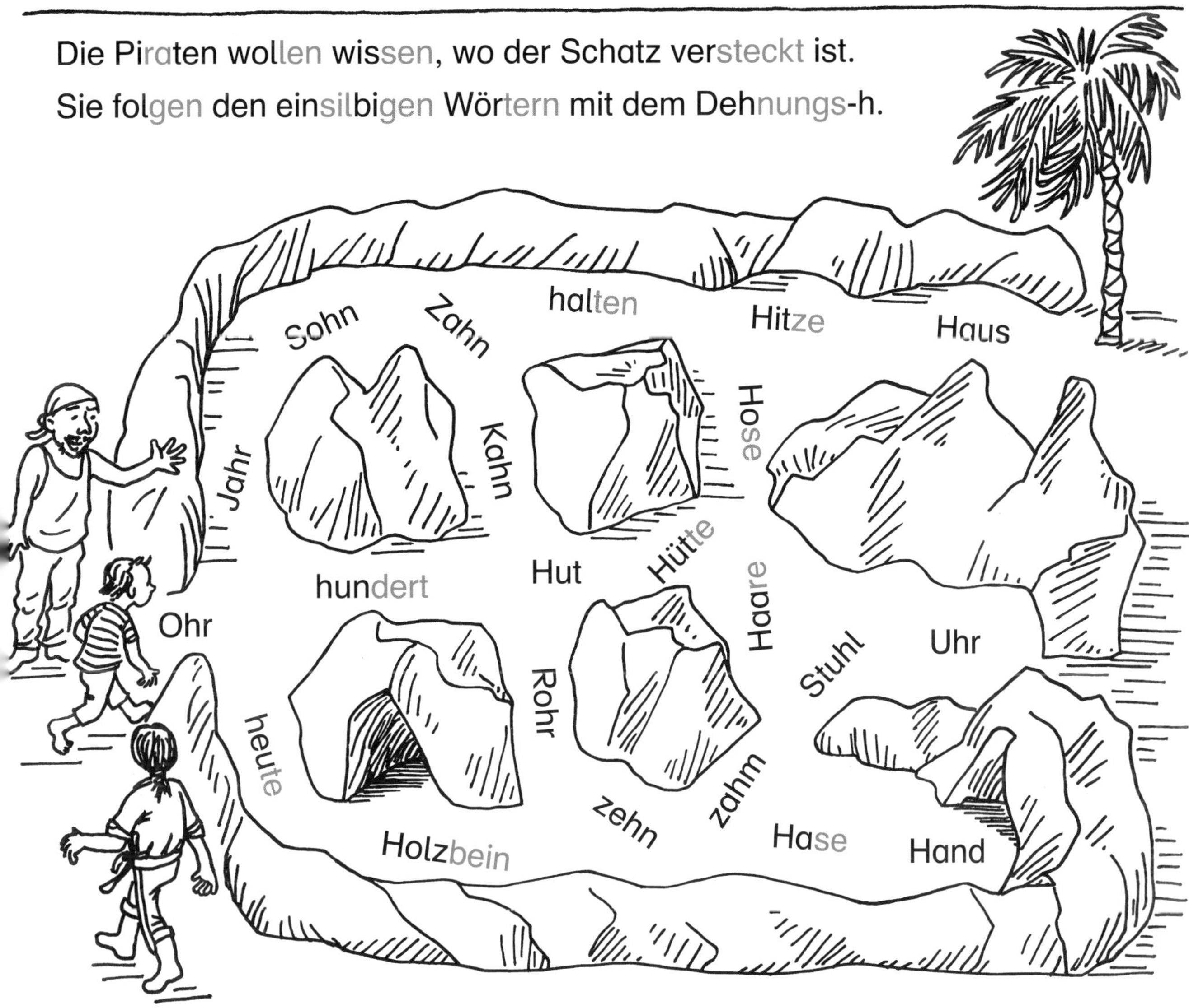

1. Zeichne den Weg der Piraten ein. Kreuze das Versteck an.

Der Schatz ist ☐ unter der Palme versteckt.

☐ in der Höhle versteckt.

☐ zwischen den Felsen versteckt.

2. Schreibe alle Nomen mit dem Dehnungs-h in der Einzahl und in der Mehrzahl auf: *das Ohr – die Ohren*

KV 69 B zu SAH B S. 88 – 89 / SB S. 144, 145

 Dehnungs-h

Dehnungs-h

C

Die Piraten wollen wissen, wo der Schatz versteckt ist.
Sie folgen den Wörtern mit dem Dehnungs-h.

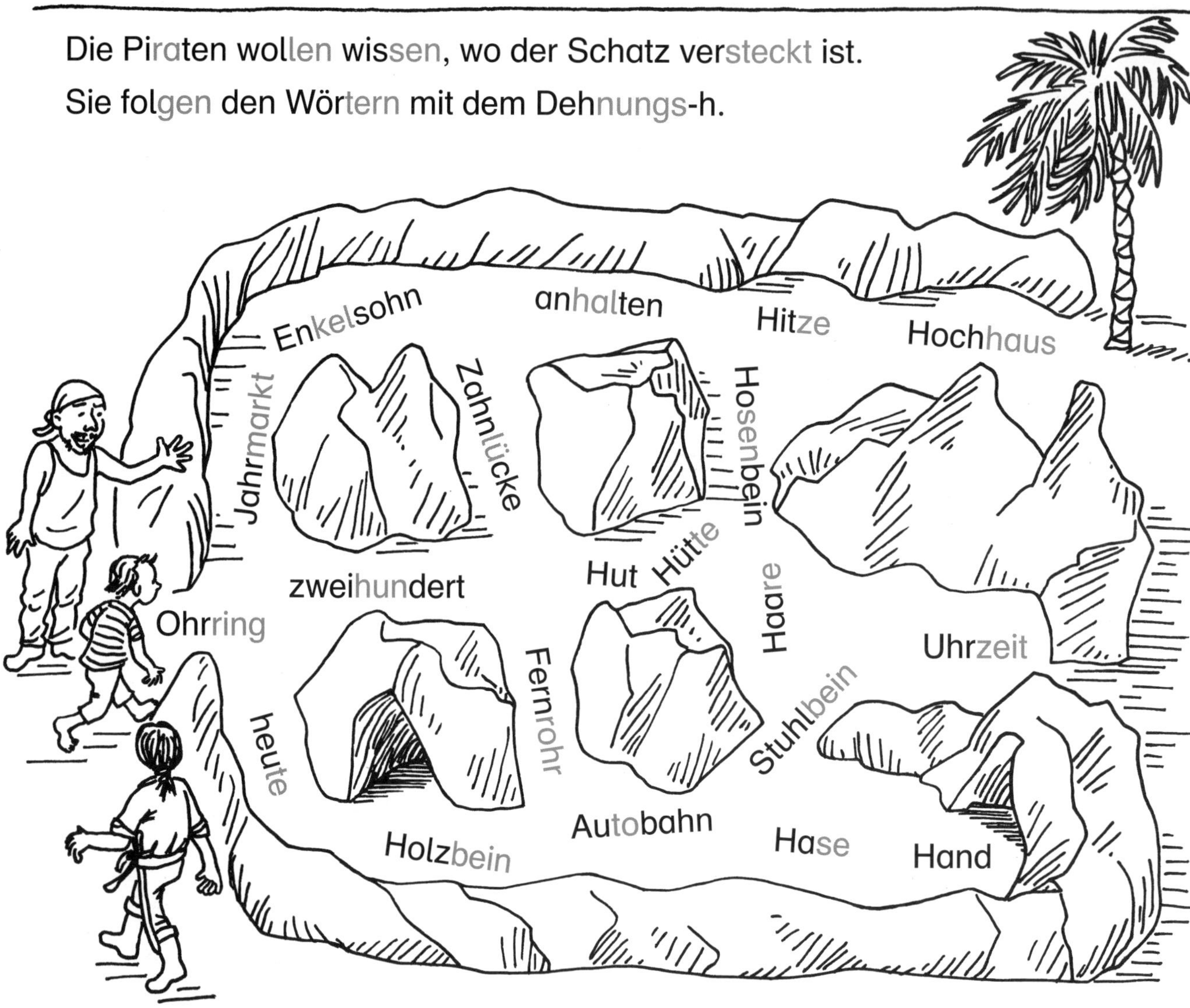

1. Zeichne den Weg der Piraten ein. Kreuze das Versteck an.

Der Schatz ist ☐ unter der Palme versteckt.

☐ in der Höhle versteckt.

☐ zwischen den Felsen versteckt.

2. Schreibe alle Nomen mit dem Dehnungs-h in der einsilbigen Form so auf:
das Ohr – die Ohren

ihnen, ihm, ihr

A

1. Lies die Geschichte.
2. Überlege, welche Wörter aus den Höhlen in die Lücken passen.
   Setze ein.

Kapitän Holzbein und die Piraten sitzen bereits im Beiboot.

Die Piraten ergreifen ____________ Ruder.

Kapitän Holzbein gibt ____________ die Kommandos:

Nach kurzer Zeit erreichen sie ____________ Ziel.

Sie ziehen ____________ Boot an Land.

Nun holt Kapitän Holzbein die Schatzkarte hervor.

Erwartungsvoll schauen die Piraten zu ____________ .

Werden sie den Schatz finden?

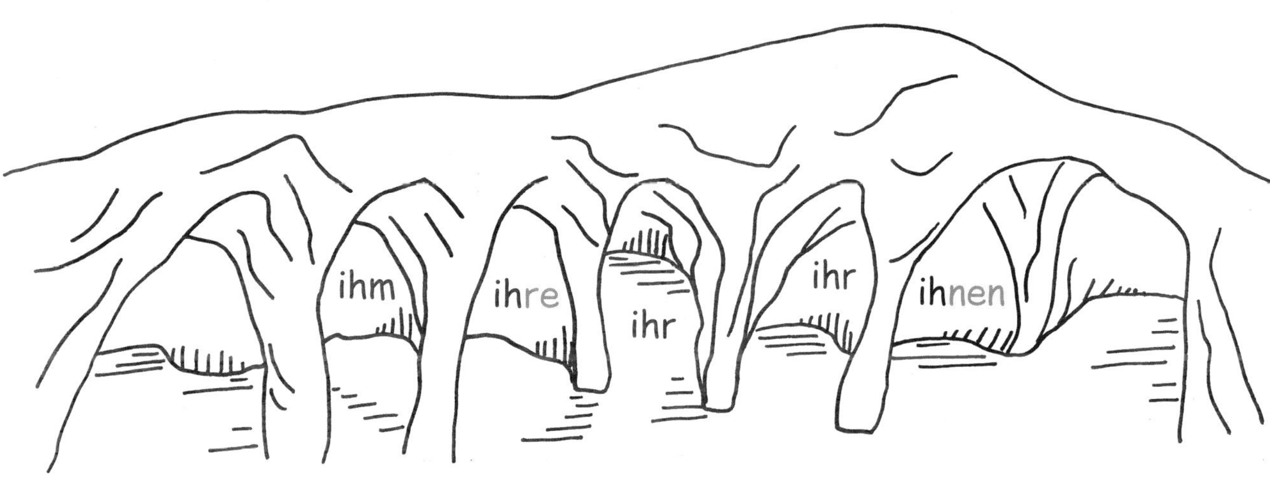

ihnen, ihm, ihr

B

1. Lies die Geschichte.
2. Überlege, welche Wörter aus den Höhlen in die Lücken passen.
   Setze ein.

Kapitän Holzbein und die Piraten sitzen bereits im Beiboot.

Der Schiffsjunge klettert zu ________ und fragt:

Darf ich auch rudern?

Kapitän Holzbein reicht ________ ein Ruder.

Auch die Piraten ergreifen ________ Ruder.

Kapitän Holzbein gibt ________ das Kommando:

eins – zwei – eins – zwei!

Nach kurzer Zeit erreichen sie ________ Ziel.

Sie waten durch das flache Wasser zur Insel

und ziehen ________ Boot an Land.

Nun holt Kapitän Holzbein die Schatzkarte hervor.

Erwartungsvoll schauen die Piraten zu ________.

Werden sie den Schatz finden?

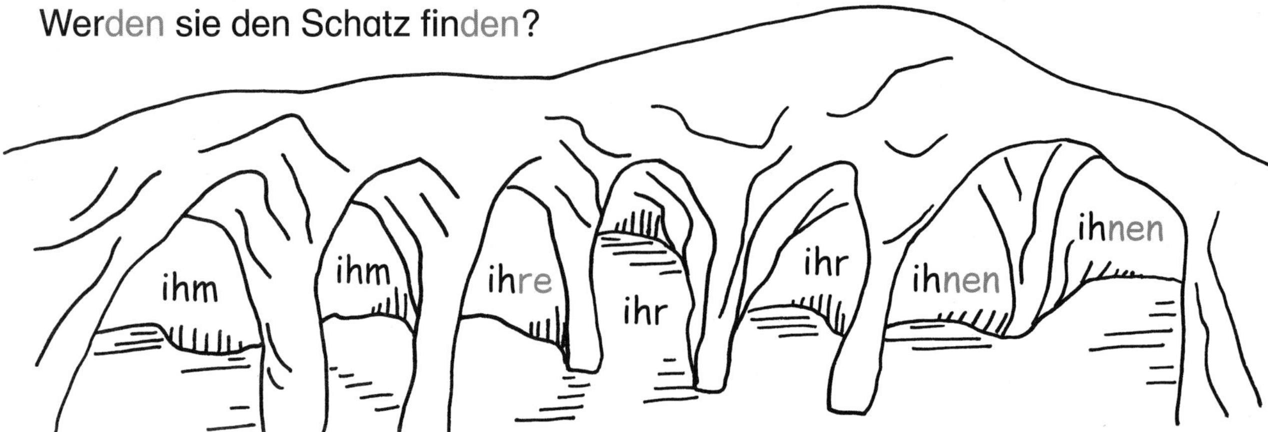

ihnen, ihm, ihr

C

1. Ergänze die Geschichte mit folgenden Wörtern:
ihm, ihr, ihre, ihnen. Manche Wörter musst du zweimal verwenden.

Kapitän Holzbein und die Piraten sitzen bereits im Beiboot.

Der Schiffsjunge klettert zu ________ und fragt:

Darf ich auch rudern?

Kapitän Holzbein reicht ________ ein Ruder.

Auch die Piraten ergreifen ________ Ruder.

Kapitän Holzbein gibt ________ das Kommando:

eins – zwei – eins – zwei!

Nach kurzer Zeit erreichen sie ________ Ziel.

Sie waten durch das flache Wasser zur Insel

und ziehen ________ Boot an Land.

Nun holt Kapitän Holzbein die Schatzkarte hervor.

Erwartungsvoll schauen die Piraten zu ________.

Werden sie den Schatz finden?

Schatzkarte – Wegbeschreibung

A

1. Male eine Schatzkarte.

Das kannst du auf die Insel malen:

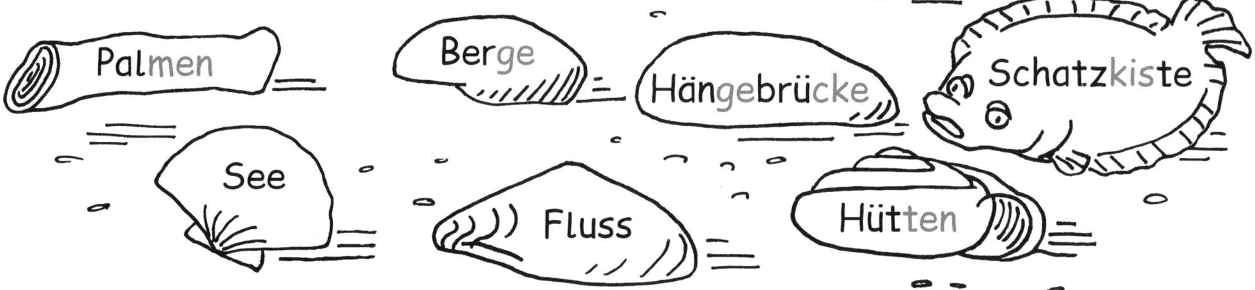

Das kannst du ins Wasser malen:

Was kannst du noch malen?

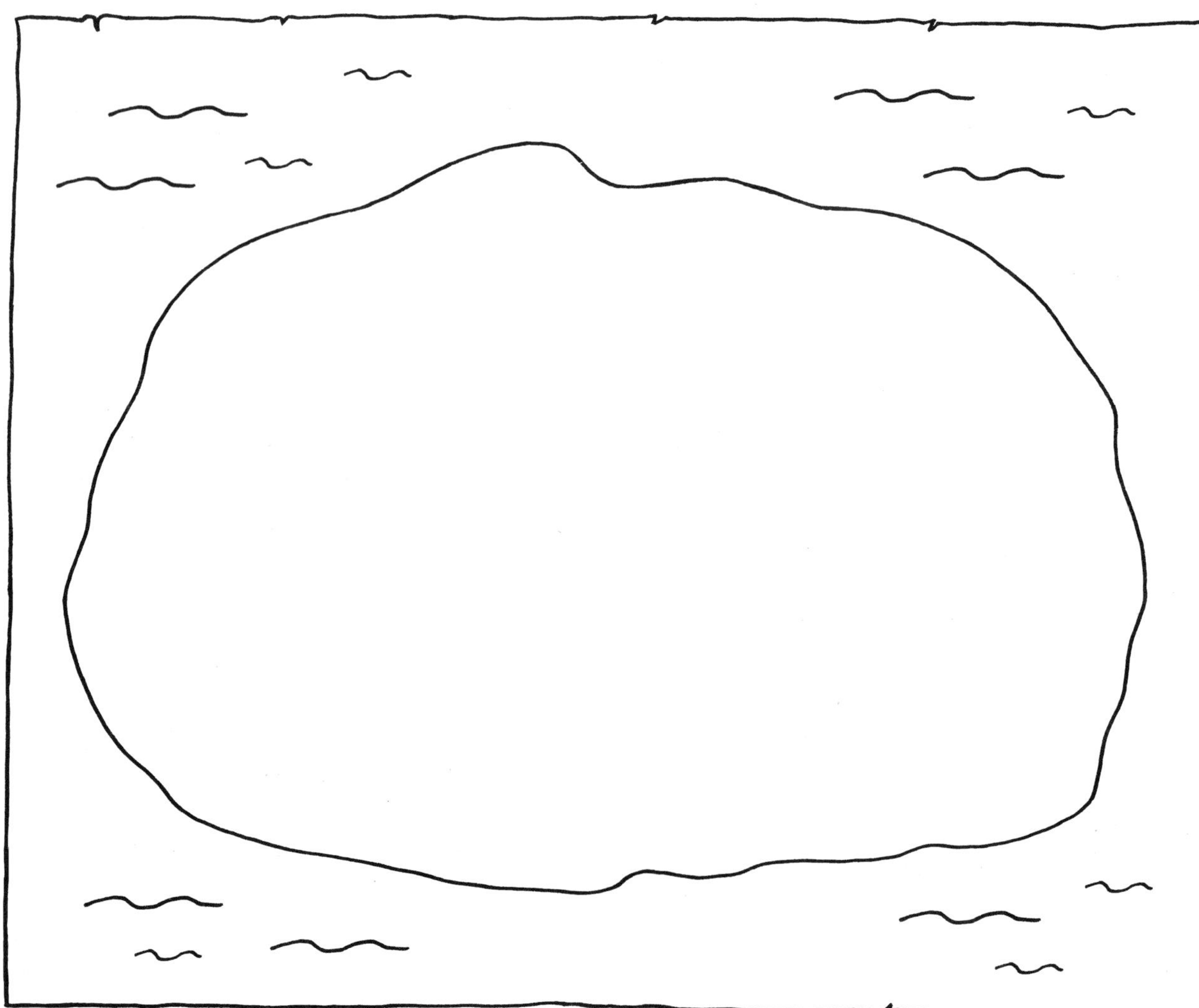

Schatzkarte – Wegbeschreibung

B

1. Male eine Schatzkarte.

   Das kannst du auf die Insel malen:

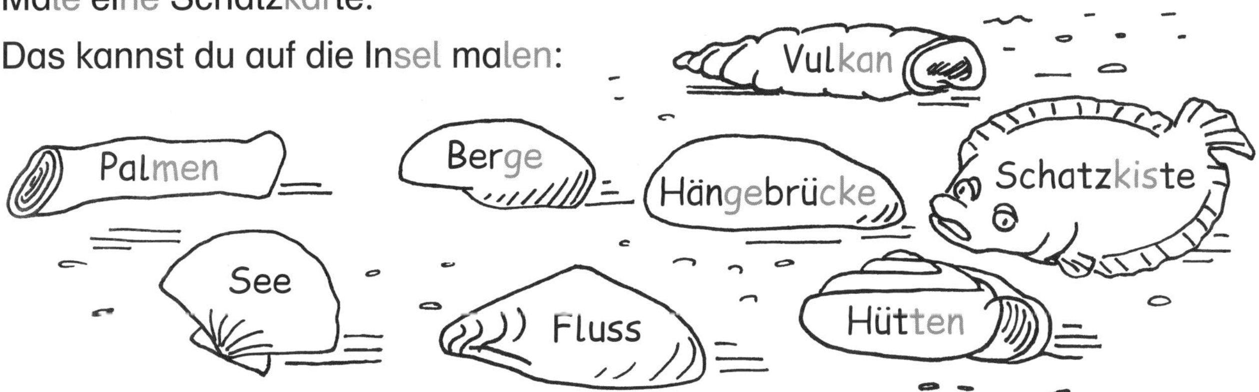

   Das kannst du ins Wasser malen:

   Was kannst du noch malen?

2. Beschreibe den Weg zum Schatz. Schreibe in dein Heft.

KV 71 B zu SAH B S. 91 / SB S. 146

Schatzkarte – Wegbeschreibung

C

1. Male eine Schatzkarte.

2. Beschreibe den Weg zum Schatz. Schreibe in dein Heft.

Eine Piratengeschichte schreiben

A

Zusammen mit den Piraten erlebt der Schiffsjunge Piet viele Abenteuer. Wenn du mit den Wörtern Sätze bildest, erfährst du eine Geschichte über Piet und die Piraten.

1. Finde eine passende Überschrift.

____

2. Schreibe die Geschichte mit der Überschrift in dein Heft.

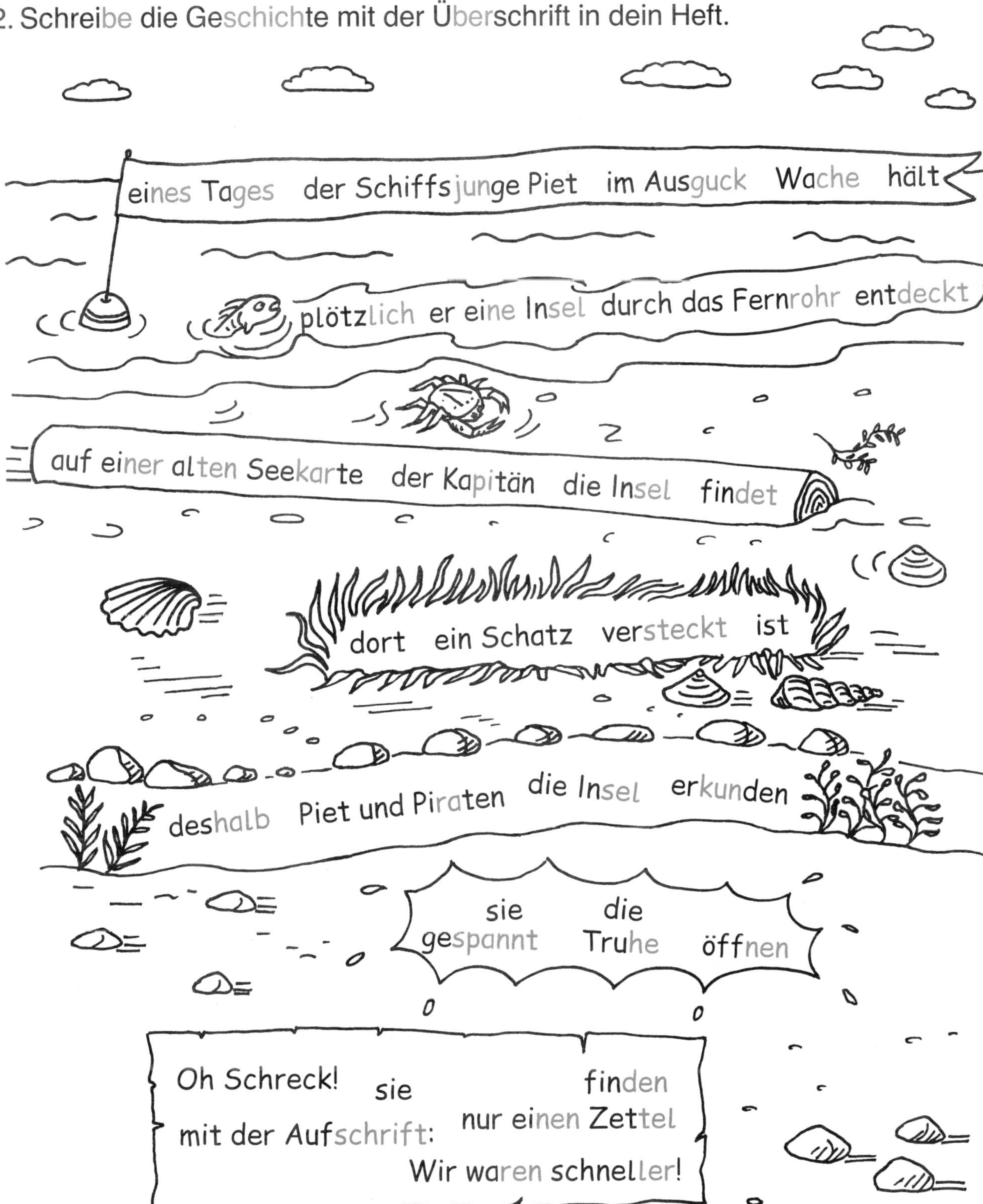

Eine Piratengeschichte schreiben

B

Zusammen mit den Piraten erlebt der Schiffsjunge Piet viele Abenteuer. Wenn du mithilfe der Stichwörter in dem Bild unten Sätze bildest, erfährst du eine Geschichte über Piet und die Piraten.

1. Finde eine passende Überschrift.

2. Schreibe die Geschichte mit der Überschrift in dein Heft.

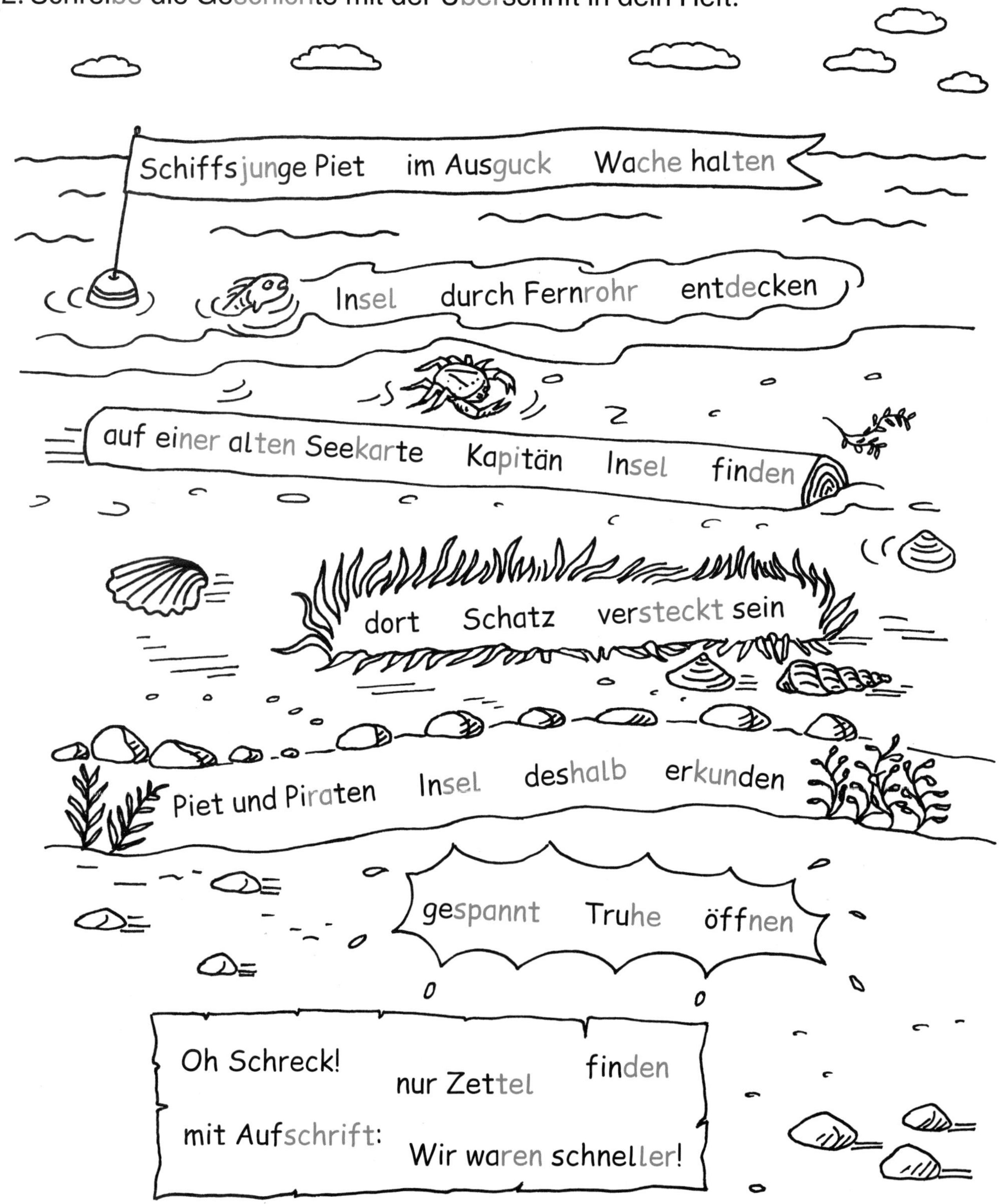

Eine Piratengeschichte schreiben

C

Der Schiffsjunge Piet erlebt zusammen mit den Piraten viele Abenteuer.

1. Überlege, wie die Geschichte weitergehen könnte.

Seit vielen Wochen sind die Piraten auf hoher See.

Der Schiffsjunge Piet hält im Ausguck Wache.

Auf einmal entdeckt er durch sein Fernrohr eine unbekannte Insel.

Laut ruft er: Land in Sicht!

Schnell …

2. Finde eine passende Überschrift.

3. Schreibe die Geschichte mit der Überschrift in dein Heft.

III. Silben-Training

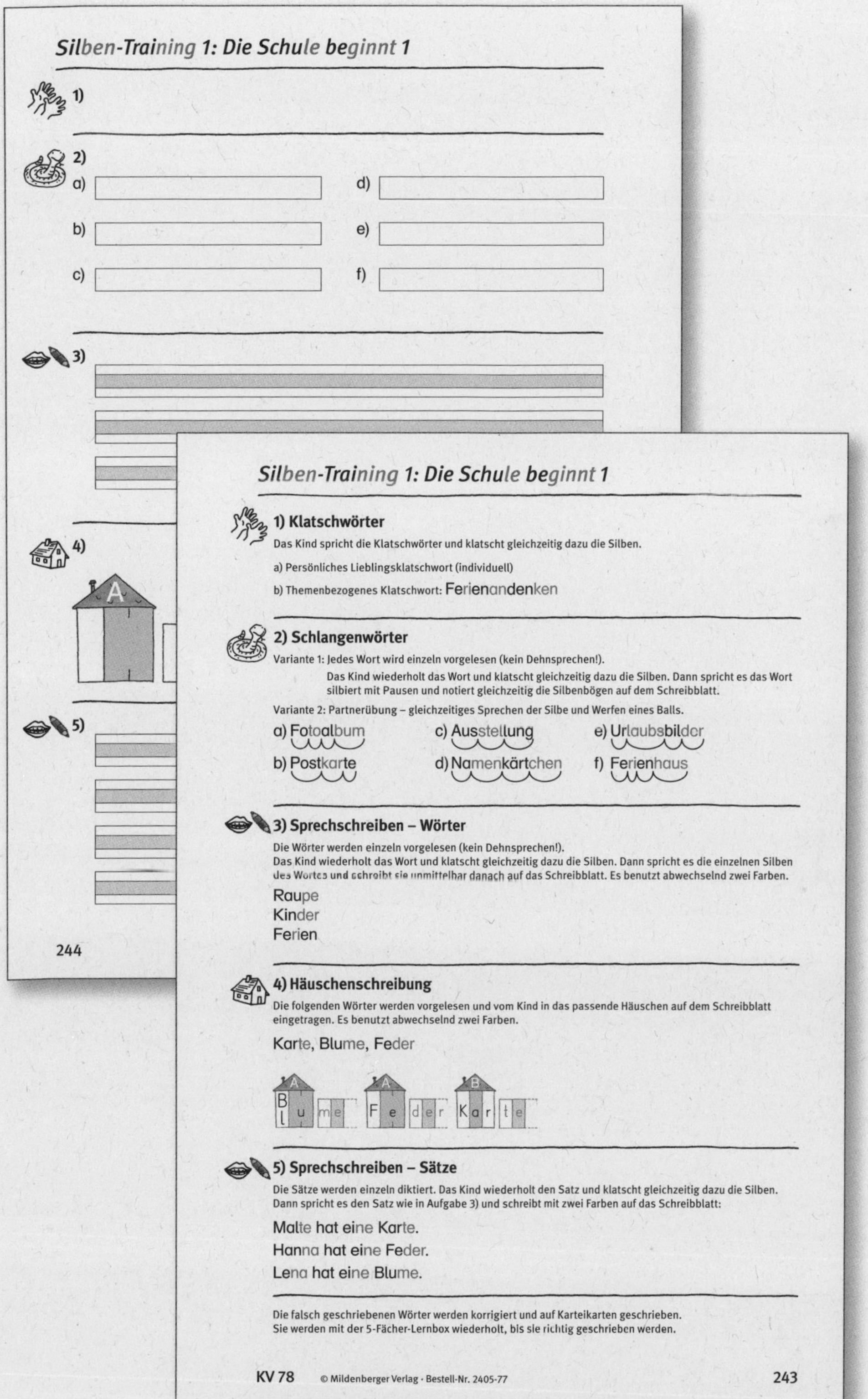

Silben-Training 1: Die Schule beginnt 1

1)

2)
a) d)
b) e)
c) f)

3)

4)

5)

244

Silben-Training 1: Die Schule beginnt 1

1) Klatschwörter

Das Kind spricht die Klatschwörter und klatscht gleichzeitig dazu die Silben.

a) Persönliches Lieblingsklatschwort (individuell)

b) Themenbezogenes Klatschwort: Ferienandenken

2) Schlangenwörter

Variante 1: Jedes Wort wird einzeln vorgelesen (kein Dehnsprechen!).
Das Kind wiederholt das Wort und klatscht gleichzeitig dazu die Silben. Dann spricht es das Wort silbiert mit Pausen und notiert gleichzeitig die Silbenbögen auf dem Schreibblatt.

Variante 2: Partnerübung – gleichzeitiges Sprechen der Silbe und Werfen eines Balls.

a) Fotoalbum c) Ausstellung e) Urlaubsbilder
b) Postkarte d) Namenkärtchen f) Ferienhaus

3) Sprechschreiben – Wörter

Die Wörter werden einzeln vorgelesen (kein Dehnsprechen!).
Das Kind wiederholt das Wort und klatscht gleichzeitig dazu die Silben. Dann spricht es die einzelnen Silben des Wortes und schreibt sie unmittelbar danach auf das Schreibblatt. Es benutzt abwechselnd zwei Farben.

Raupe
Kinder
Ferien

4) Häuschenschreibung

Die folgenden Wörter werden vorgelesen und vom Kind in das passende Häuschen auf dem Schreibblatt eingetragen. Es benutzt abwechselnd zwei Farben.

Karte, Blume, Feder

Bl u me · F e der · K ar te

5) Sprechschreiben – Sätze

Die Sätze werden einzeln diktiert. Das Kind wiederholt den Satz und klatscht gleichzeitig dazu die Silben. Dann spricht es den Satz wie in Aufgabe 3) und schreibt mit zwei Farben auf das Schreibblatt:

Malte hat eine Karte.
Hanna hat eine Feder.
Lena hat eine Blume.

Die falsch geschriebenen Wörter werden korrigiert und auf Karteikarten geschrieben.
Sie werden mit der 5-Fächer-Lernbox wiederholt, bis sie richtig geschrieben werden.

KV 78 243

Inhaltsverzeichnis ab Seite

1. Einleitung

Das Silben-Training ist als Übung für schreibschwache Schüler gedacht. Kinder, deren Schreibleistungen unter dem Niveau der sonstigen Klasse liegen, brauchen sofortige Fördermaßnahmen, um nicht gänzlich den Kontakt zum Lernniveau zu verlieren.

Silbieren

Als wichtigste Hilfe wird den Kindern das Silbieren nähergebracht. Die Zerlegung der Wörter in Silben ist eine unschätzbare Hilfe sowohl beim Lesen der Wörter als auch bei der Rechtschreibung. Deswegen sind alle Übungen des Silben-Trainings auf diese Fähigkeit hin ausgelegt.

spielerische Unterstützung

Diese Fördermaßnahmen sollten das Kind auf spielerischer Ebene unterstützen und nicht überfordern. Idealerweise geschieht eine solche Förderung in Einzelarbeit. Da jedoch nur in den seltensten Fällen ein Lehrer Zeit hat, um ein Kind so fokussiert einzeln zu fördern, sollte auf die Mithilfe der Eltern zurückgegriffen werden.

Eltern als kompetente Lernpartner

In dem angehängten Elternbrief (S. 235ff.) werden die Übungen einfach und Schritt für Schritt erklärt. Das wichtigste Basiswissen der Silbenmethode wird vermittelt, sodass die Eltern zu kompetenten Lernpartnern für ihre Kinder werden. Für den Fall, dass eine Förderung durch die Eltern nicht möglich ist, finden Sie auf S. 234 Hinweise zur Durchführung des Silben-Trainings in Kleingruppen.

2. Die Silbe beim Lesen und Schreiben

Die Silbe ist der elementare Baustein in der Struktur der deutschen Standardwörter. Der farbige Silbentrenner erleichtert das Lesen, weil er diese Strukturierung der Wörter sichtbar macht. Damit fällt es leichter, sinnerfassend zu lesen: Das Tier mit dem langen Hals heißt nicht Gir-af-fe, sondern Gi-raf-fe. Der ungeübte Leseanfänger wird durch den **obligatorischen Silbentrenner** unterstützt.

Silbenbewusstsein

Aus dieser sichtbaren Struktur der Wörter ergibt sich auch die Rechtschreibung (siehe Häuschenschreibung, S. 229). Dazu muss das Silbenbewusstsein der Kinder trainiert werden. Ideal sind Übungen, bei denen die Silben im wahrsten Sinne des Wortes „begriffen" werden, wie z.B. beim Silbenklatschen. In der Koordination von Sprechen und Klatschen können die Kinder die Silben und den Wortrhythmus erleben. Das Bewusstsein für die Wortstruktur (Silbe) und den Wortrhythmus ist die entscheidende Grundlage für die Beherrschung der Rechtschreibung.

Kann ein Kind Wörter in Silben gegliedert sprechen, kann es die Übungen mit den Kontrastpaaren (Kapitel IV. Kontrastpaare, S. 343) für die Orthografie nutzen. Das Silben-Training macht die Silbengliederung bewusst und nutzbar.

3. Die Übungen im Silben-Training

Wortschatz

Das Silben-Training enthält 50 Einheiten. Silben-Training 1 bis 36 orientiert sich am Wortschatz der Kapitel aus dem Spracharbeitsheft/Sprachbuch „ABC der Tiere" für Klasse 2. Die Übungen selbst sind aber unabhängig vom Spracharbeitsheft. Das Silben-Training kann deshalb auch unabhängig vom Lehrgang „ABC der Tiere" mit dem gleichen Erfolg eingesetzt werden.

Silben-Training 37 bis 50 trainiert in besonderem Maße Einzelphänomene wie pf oder chs.

Aufgabenblatt/ Übungsblatt

Jedes Silben-Training besteht aus 2 Seiten: dem Aufgabenblatt (Vorderseite der KV) und dem Übungsblatt (Rückseite der KV). Das Aufgabenblatt enthält die Übungsanweisungen und die Lösungen. Das Übungsblatt wird vom Kind bearbeitet.
Jedes Silben-Training besteht aus folgenden 5 Übungen:

1) Klatschwörter

Das Silbenklatschen ist der ideale Einstieg. Die Wahrnehmung der Sprechsilben ist für das Schreiben und Lesen eine sehr wichtige Vorerfahrung. Durch die Verbindung von Silbensprechen und gleichzeitigem Silbenklatschen wird das Silbenbewusstsein spielerisch und sehr effektiv trainiert.

Motivation durch Lieblingsklatschwort

Ein „Lieblingsklatschwort" erleichtert den Einstieg in die gesamte Übung. Dazu sucht sich das Kind einmalig ein möglichst langes Wort aus seinem Interessensgebiet aus. Dieses spricht es und klatscht oder geht dazu als Einstieg in das Silben-Training. Ein pferdebegeistertes Mädchen wählt z.B. „Pfer-de-half-ter-schnal-le", ein fußballbegeisterter Junge wählt z.B. „Le-der-fuß-bäl-le". Dieses Wort schafft eine positive Grundstimmung (Motivation) und weist auf das Prinzip der folgenden Arbeit hin.

optimale Hirnaktivität

Im zweiten Teil der Aufgabe bekommt das Kind das themenbezogene Klatschwort genannt. Es steht auf dem Übungsblatt. Es spricht die Silben und klatscht gleichzeitig dazu. Dieses synchrone Sprechen und Klatschen erhöht die Hirnaktivität und erleichtert und verbessert das Lernen. Bei den Klatschwörtern sind im Gehirn die Bereiche für das Gesicht und die Hände ausschlaggebend. Zusammengenommen stellen sie den überwiegenden Teil der Großhirnrinde dar. Alle Aktivitäten in diesem Bereich, in unserem Fall „Silbensprechen und synchrones Klatschen" lösen eine größtmögliche Hirnaktivität im Cortex aus: Das Großhirn ist für das Lernen optimal aktiv.

Homunculus

In den Neurowissenschaften wird der Begriff Homunculus gebraucht, um Repräsentationen von Körperteilen bestimmten Gehirnarealen zuzuordnen. Diese Projektionen vom Körper auf das Gehirn entsprechen den sensorischen und motorischen Rindenfeldern. Die Größe des Zellgebietes im Rindenfeld entspricht nicht genau dem Ausmaß des Areals im Körper. Für besonders feinmotorische Körperabschnitte (z.B. Hände, Mund) stehen recht große Rindenareale zur Verfügung. Der „Homunculus", der durch die symbolische Nachzeichnung der mit den Cortexarealen assoziierten Körperteilen entsteht, ist also gegenüber der tatsächlichen Körpergestalt stark verzerrt.

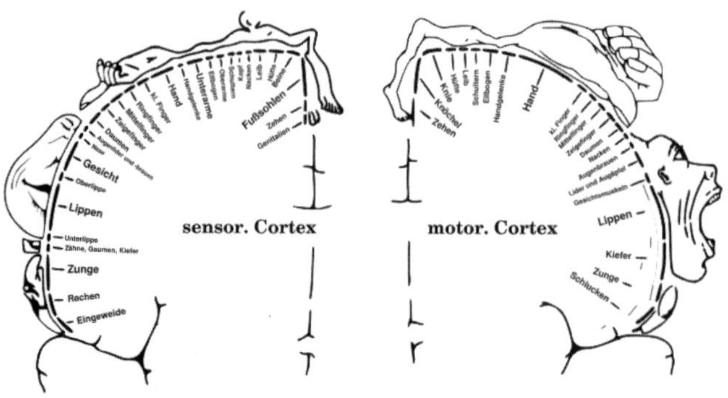

Die „großen“ Körperteile sorgen für eine starke Hirnaktivität. Starke Hirnaktivität bei gleichzeitiger Wiederholung sorgt für eine Verfestigung der Verknüpfungen im Gehirn. Die Folge: Das Gelernte wird dauerhaft aufgenommen.

2) Schlangenwörter

Silbenbögen setzen

Die Kinder setzen zu langen Wörtern **nur** die Silbenbögen. Entscheidend für die Übung ist die Anzahl der Bögen.
Die Ausführung der Bögen kann Hinweise geben auf eine fehlerhafte Stifthaltung oder auf Förderbedarf in der Motorik oder Feinmotorik. Die Übung mit dem Ball ist eine Variante des Silbenklatschens, bei der im wahrsten Sinne des Wortes die Silben angefasst und begriffen werden.

3) Sprechschreiben: Wörter – 5) Sprechschreiben: Sätze

Silbensprechen und Silbenschreiben

Da die meisten schwachen Schreiber Defizite in der Koordination mitbringen, ist es besonders hilfreich, das gleichzeitige Silbensprechen und Silbenschreiben zu erarbeiten.
Dem obligatorischen Silbentrenner entspricht beim Schreiblehrgang die Verwendung von zwei Farben. Die Silbe wird, ohne abzusetzen, geschrieben. Oberzeichen werden nach jeder Silbe gesetzt.
Der Wechsel des Farbstiftes nach jeder Silbe erleichtert dem Schüler die Eigenkontrolle und erlaubt zudem eine nachträgliche Kontrolle des Schreibprozesses. Der Wechsel des Stiftes verhindert zudem eine verkrampfte Schreibhaltung. Der „Pinzettengriff“ als richtige Fingerhaltung wird trainiert und automatisiert.

4) Häuschenschreibung

Mit der Häuschenschreibung wird die Struktur und der Aufbau des deutschen Standardwortes transparent. Mit diesem Hilfsmittel erhalten nicht nur Schreibanfänger eine sichere Grundlage für die Rechtschreibung.

Hintergrund der Häuschenschreibung

Offene und geschlossene Silbe

Schrift ist ein Zeichensystem für Leser

Die Einsicht in die Silbenstruktur des Deutschen verdankt der Autor den Arbeiten von Prof. Dr. Utz Maas[1]. Die Kernaussage lautet: Schrift ist ein Zeichensystem für Leser. Orthografie soll nicht das Schreiben erschweren, sondern das Lesen erleichtern. Die orthografische Schreibung zeigt dem Leser den Silbenschnitt und den Rhythmus der Wörter an. Sie ermöglicht damit die eindeutige Artikulation und Sinnerfassung der Wörter. Nur wer den Silbenschnitt zutreffend erfasst, kann Wörter mit der richtigen Betonung (Trochäus) sprechen und verstehen.

Silbenschnitt

Beispiel: „Wir lesen in Silben.“

deutsches Standardwort

Das deutsche Standardwort ist zweisilbig (le-sen, Sil-ben).
Die erste Silbe ist betont, die zweite Silbe ist unbetont (Trochäus).

[1] Utz Maas, Phonologie – Einführung in die funktionale Phonetik des Deutschen, Vandenhoeck & Ruprecht, 2006

Der betonte Vokal wird in offenen Silben (**le**-sen) eher lang gesprochen; er kann „austrudeln".
In geschlossenen Silben (**Sil**-ben) wird er vom nachfolgenden Konsonanten begrenzt.
Die unbetonte zweite Silbe wird grundsätzlich mit „e" geschrieben.

Die Buchstaben innerhalb der Silben werden nach ihrer Funktion benannt:
Offene Silbe **le** – sen: besteht aus l = Starter, e = Klinger;
Geschlossene Silbe **Sil** – ben: besteht aus S = Starter, i = Klinger, l = Stopper.

Um die Betonung (Trochäus) und die dreigliedrige Struktur der beiden Silben der deutschen Standardwörter darzustellen, greifen wir das Häuschenmodell von Prof. Dr. Christa Röber[2] in abgewandelter Form auf. Es ermöglicht die Darstellung der deutschen Wörter mit Silbenschnitt und Rhythmus.

Die betonte erste Silbe „wohnt im Haus", die zweite unbetonte Silbe „steht in der Garage". Das Haus hat drei Zimmer, die Garage drei Parkplätze. Im mittleren Zimmer wohnt immer der Klinger (Vokal). Auf dem mittleren Parkplatz steht immer das „Garagen-e". Diese dreiteilige Gliederung der Silbe wird im Anfangsunterricht mit dem Silbenschieber eingeführt und automatisiert.
Die Silbenstruktur kann mit den KV I bis IV, S. 239 bis 242 geübt werden.

In der offenen Silbe kann sich der Klinger „breitmachen" (Sprachregelung der Kinder). In der geschlossenen Silbe ist das 3. Zimmer vom Stopper belegt, der Klinger wird dadurch „gequetscht" (Sprachregelung der Kinder).

Daraus ergeben sich folgende Silbentypen:

Zwei Silbentypen

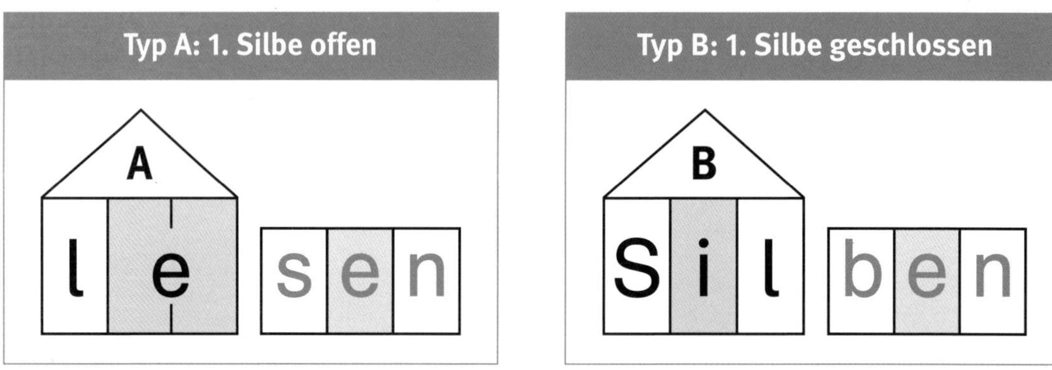

Schärfung

Buchstaben zur orthografischen Markierung

Die deutsche Schrift nutzt Buchstaben als orthografische Markierungen. Sie werden selbst nicht gesprochen, verweisen aber auf den betonten Vokal und den Silbenschnitt: Sprechsilbe und Rhythmus des Wortes werden für den Leser deutlich.

Um den Unterschied von „Hüte" und „Hütte" anzuzeigen, wird der Starter [t] der unbetonten zweiten Silbe nach vorn kopiert. Der Leser erkennt diese „Markierung" und liest das Wort in einem beschleunigten Rhythmus.

Die rhythmische Unterscheidung der deutschen Wörter wird den Schülern durch die Übungen mit den **Kontrastpaaren** (Vgl. Kapitel IV.) bewusst.

[2] Christa Röber-Siekmeyer, Die Schriftsprache entdecken, Beltz, 1997

Utz Maas hat für diese rhythmische Unterscheidung deutscher Wörter die Begriffe „loser“ und „fester“ Anschluss der unbetonten zweiten Silbe an die betonte erste Silbe vorgeschlagen.

loser und fester Anschluss

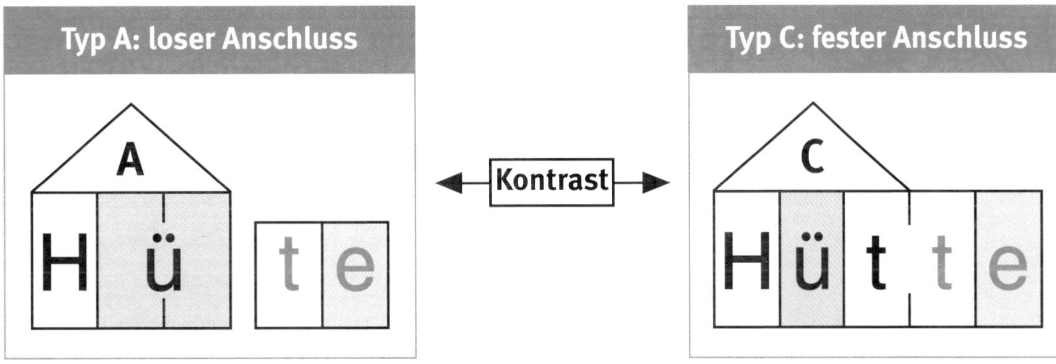

Wir übernehmen diese Sprachregelung und bilden sie durch die Position der Garage ab. Für Wörter mit losem Anschluss ist die Garage vom Haus getrennt. Wörter mit festem Anschluss stehen in Häuschen mit angebauter Garage.
Soll der Schüler Wörter wie Hütte mit festem Anschluss der zweiten Silbe schreiben, kommt orthografisch das Häuschen mit angebauter Garage zum Einsatz. Dabei wird der Konsonant der zweiten Silbe in das leere Zimmer des Häuschens als „Zwilling“ (Sprachregelung der Schüler) kopiert. Wir hören ihn nicht, aber er „quetscht“ (Sprachregelung der Schüler) das ü, „damit es sich nicht breitmachen kann“ (Sprachregelung der Schüler) wie das „ü“ in Hüte. Der Zwilling hat damit eine vergleichbare Funktion wie der Stopper in Typ B.
Schüler, die mit der Systematik der Kontrastpaare vertraut sind, können alle Doppelkonsonanten, tz, ck und ie spontan schreiben.

Das deutsche Standardwort in der Häuschenschreibweise

Die drei Häuschentypen
Jedes deutsche Standardwort kann in einen der drei Häuschentypen geschrieben werden:

Drei Häuschentypen

Konsonantenhäufungen
Konsonantenhäufungen bei Starter und Stopper teilen sich ein Zimmer.
Beispiel:

Konsonantenhäufungen

Vokal als Starter

Nicht alle Standardwörter folgen dem Lese- bzw. Schriftbild von Starter – Klinger – Stopper (geschlossen) oder Starter – Klinger (offen). Starter und Stopper sind in der 1. Silbe fakultativ, nur der Klinger ist obligatorisch, z.B.:

Vokal als Starter

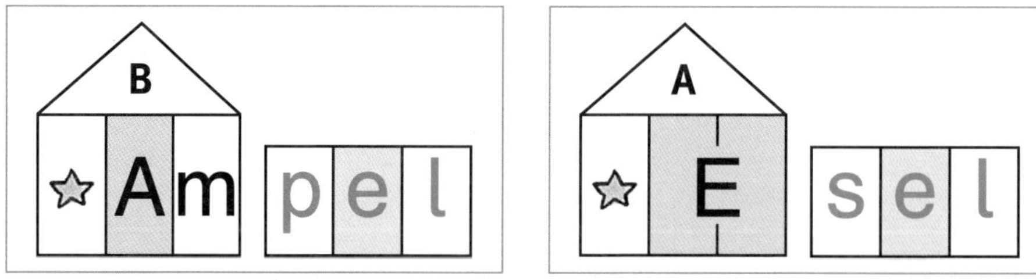

Esel, Eber, Affe, Ente. Bei der Schreibung der Wörter in Silbenhäuschen ersetzen wir den fehlenden Starter durch ein „neutrales Zeichen“, etwa ein Sternchen: *Am – pel, *Af – fe.

Der „fehlende“ Anlaut (Starter) ist phonetisch erklärbar mit dem Glottisschlag – ein Sprachlaut, der durch Verschlussbildung der Stimmbänder und eine explosive Lösung des Verschlusses (Knacklaut) bei der Artikulation des nachfolgenden Vokals (Klingers) gebildet wird.

Rechtschreibphänomene in der Häuschenschreibweise

Die Übungen zur Häuschenschreibung decken alle Rechtschreibphänomene ab.

ck-Wörter

Die Herkunft des „ck“ vom ehemaligen „kk“ macht die Schreibung deutlich.

Anmerkung:

Wir schreiben Hac-ke, wegen der Struktur der Sprache, wie sie in der Häuschenschreibweise dargestellt wird. In den Lesetexten wird nach der Sprechsilbe Ha-cke markiert. Dieses Vorgehen macht den Kindern keine Schwierigkeiten, weil Lesen und Schreiben verschiedene Fertigkeiten sind.

ck

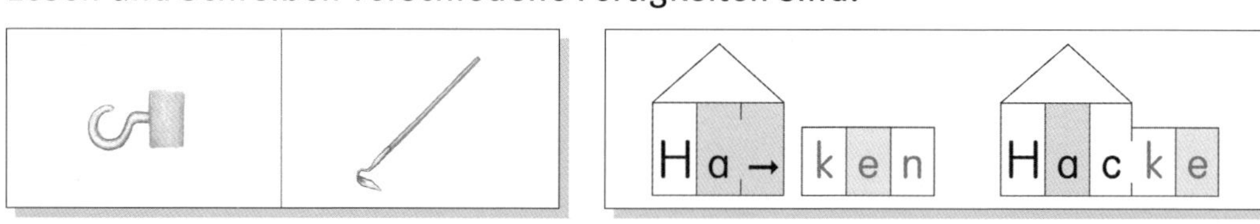

tz-Wörter

Die Herkunft des „tz“ vom ehemaligen „zz“ macht die Schreibung plausibel.

tz

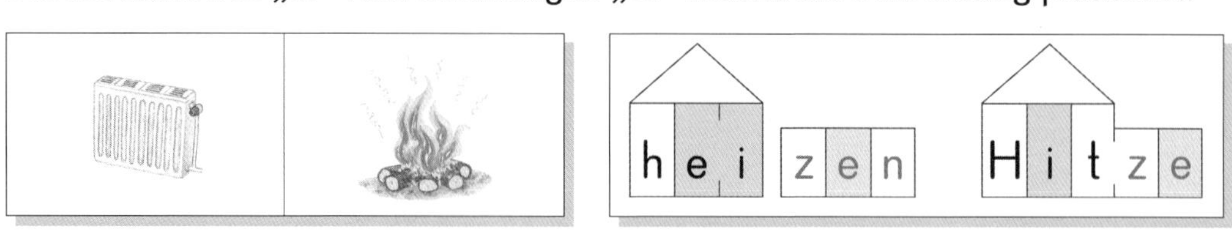

ie-Wörter
Die Darstellung der Diphthonge als lange Vokale ist mit den Häuschen sehr deutlich. Der Doppellaut besetzt natürlich beide Zimmer und lässt für einen „Zwilling“ keinen Platz.

ie

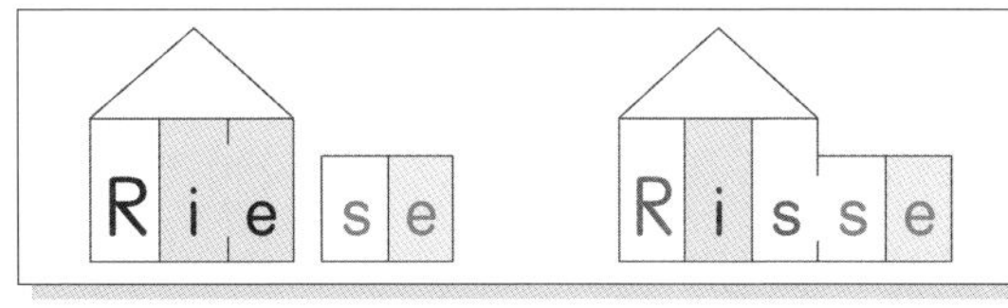

4. Fehlschreibungen im Silben-Training
Wenn im Silben-Training Wörter noch falsch geschrieben werden, sollten diese mit einer anderen Methode geübt werden: mit Karteikärtchen (DIN A8) und einer 5-Fächer-Lernbox. Beides finden Sie im Mildenberger Verlag: www.mildenberger-verlag.de/5-faecher-lernbox

5-Fächer-Lernbox

Bei dieser Methode werden die falsch geschriebenen Wörter korrekt auf die Karteikärtchen geschrieben. Die Kärtchen werden dann in das erste Fach der 5-Fächer-Lernbox gelegt. Ein richtig bearbeitetes Kärtchen wird danach in das zweite Fach der Box gesteckt. Jedes Mal, wenn das Kind mit den Kärtchen arbeitet, greift wieder dieses Prinzip: Wird das Kärtchen richtig bearbeitet, darf es in das nächste Fach gesteckt werden (wenn nicht, kommt es wieder zurück in Fach 1); so werden auch die Kärtchen in den Fächern 2–4 bearbeitet, bis alle im letzten Fach angekommen sind (und damit im Langzeitgedächtnis).

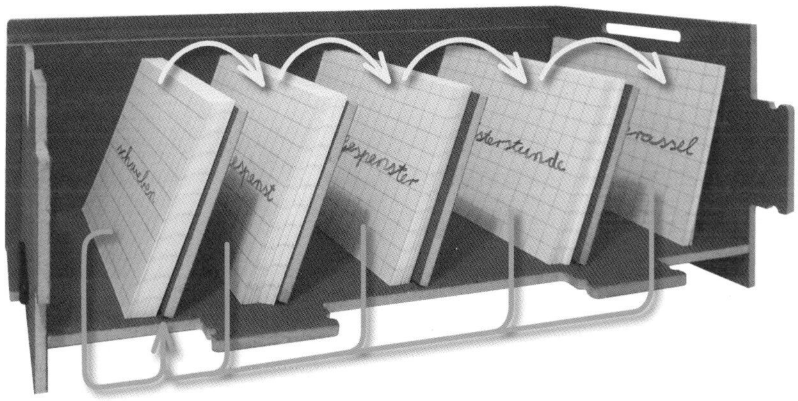

Es gibt verschiedene Möglichkeiten, um die Wörter aus einer Kartei zu wiederholen und zu festigen:
Das Kind kann die Karten allein benutzen: Es liest das Wort, deckt die Karte zu und schreibt das Wort silbenweise mit zwei Farben auf. Anschließend kontrolliert es, ob es das Wort richtig geschrieben hat.
Die Wörter können aber auch in Partnerarbeit diktiert werden. Die Kontrolle erfolgt dann jeweils durch den Übungspartner.

5. Förderung in Kleingruppen

Für den Fall, dass die Förderung durch die Eltern nicht möglich ist oder nicht gewünscht wird, ist selbstverständlich auch eine Förderung in Kleingruppen (bis zu sechs Personen) möglich:

Klatschwörter Jedes Kind klatscht erst sein Lieblingsklatschwort und anschließend das themenbezogene Klatschwort.

Schlangenwörter Bei den Schlangenwörtern liest der Lehrer zuerst vor und alle Kinder notieren gleichzeitig die Silbenbögen. Bei der Übung mit dem Ball können Paare gebildet werden.

Sprechschreiben – Wörter/Satz Das Sprechschreiben der Wörter bzw. der Sätze läuft für alle Kinder der Kleingruppe gleichzeitig ab. Sie sprechen das Wort bzw. den Satz leise für sich und schreiben ihn dann auf.

Häuschenschreibung Die Häuschenschreibung funktioniert wie ein Diktat. Der Lehrer nennt die Wörter und jedes Kind trägt für sich die Wörter in die richtigen Häuser ein.

Elternbrief zum Fördermaterial Rechtschreibung – Silben-Training

Liebe Eltern,

im Vergleich zu den Anforderungen der zweiten Klasse ist Ihr Kind beim Schreiben von ungeübten Wörtern noch unsicher. Mit den richtigen Übungen kann Ihr Kind aber wahrscheinlich bald wieder an die Leistungen seiner Mitschüler anschließen. Einen wichtigen Schritt tun Sie mit den häuslichen Schreibübungen: Herzlichen Dank, dass Sie sich bereit erklären, Ihr Kind zu fördern! Die Erfahrung zeigt, dass Ihr Kind durch nachhaltige, konsequente Silbenarbeit zu besseren Ergebnissen kommt. Zur Unterstützung Ihrer Bemühung stellen wir Ihnen erprobte Übungen zur Verfügung.

Jedes Silben-Training besteht aus 2 Seiten, dem Aufgabenblatt und dem Übungsblatt. Das Aufgabenblatt enthält die Übungsanweisungen und die Lösungen. Das Übungsblatt wird vom Kind bearbeitet.

Um Ihrem Kind eine echte Lernchance zu bieten, sollten Übungen immer mit einem Tag Pause durchgeführt werden und die Dauer von 20 Minuten nicht überschreiten. Abwechselnd zum Silben-Training wären beispielsweise Übungen mit der 5-Fächer-Lernbox denkbar (siehe S. 4).

Das Silben-Training beinhaltet folgende verschiedene Übungsformen:

1) Klatschwörter

Ihr Kind soll das Silbieren von Wörtern als Basis für die richtige Schreibung erkennen und anwenden. Als Einstieg für das Silben-Training soll das Sprechen von Wörtern mit Körperbewegungen koordiniert werden. Das Kind spricht silbenweise ein Wort und klatscht oder geht dazu, z.B. bei dem Wort Tomate.

Zum Sprechen kann entweder nur geklatscht **oder** nur gegangen werden, es kann aber auch gleichzeitig zum Sprechen geklatscht **und** gegangen werden. Wichtig ist nur, dass das Sprechen der Silben und die jeweilige Bewegung immer gleichzeitig erfolgt.

Es ist hilfreich, wenn Ihr Kind sich einmalig ein möglichst langes Wort aus seinem Interessensgebiet aussucht. Ein pferdebegeistertes Mädchen wählt z.B. „Pfer-de-half-ter-schnal-le“, ein fußballbegeisterter Junge wählt z.B. „Le-der-fuß-bäl-le“. Dieses Wort wird dann immer zu Beginn des Silben-Trainings verwendet. Es schafft eine positive Grundstimmung (Motivation) und weist auf das Prinzip der folgenden Arbeit hin.

Im zweiten Teil dieser Aufgabe bekommt das Kind das themenbezogene Klatschwort genannt. Es steht auf dem Aufgabenblatt.

Das Kind spricht die Silben und klatscht oder geht gleichzeitig dazu.

2) Schlangenwörter

Die Schlangenwörter sollen die Technik des Silbierens in verschiedenen Silbenkombinationen trainieren. Sprechen Sie das erste Wort in normaler Sprechgeschwindigkeit, Betonung und Sprachmelodie vor. Sprechen Sie das Wort nicht langsam oder gedehnt. Ihr Kind spricht zunächst das Wort nach und klatscht gleichzeitig dazu die Silben. Dann wiederholt es das Wort silbenweise, d.h. es macht zwischen den Silben eine Pause und notiert gleichzeitig die Silbenbögen auf das Übungsblatt. Entscheidend ist die richtige Anzahl der Bögen. Dann kommt das nächste Wort.

Als Abwechslung können die Schlangenwörter auch gesprochen und gleichzeitig mit einem Ball geworfen werden. Dies ist auch eine einfache und effektive Methode, wenn Ihr Kind bei einem Wort Schwierigkeiten hat, es richtig zu silbieren.

Wie wird die Übung mit dem Ball gemacht?

Nennen sie als Erstes das komplette Wort (kein Dehnsprechen!) – z.B. Tomate.

Sie stehen dem Kind gegenüber, nennen die erste Silbe und werfen **gleichzeitig** den Ball Ihrem Kind zu, das den Ball fängt. Ihr Kind nennt die zweite Silbe und wirft **gleichzeitig** den Ball zurück. Sie nennen die dritte Silbe und werfen **gleichzeitig** wieder den Ball zu Ihrem Kind:

To →
← ma
te →

Die Gleichzeitigkeit von Sprechen und Werfen ist von größter Bedeutung. Mit dieser Übung lernt Ihr Kind die Silben im wahrsten Sinne des Wortes anzufassen und zu begreifen.

3) Sprechschreiben: Wörter

Sie sprechen die Wörter in normaler Sprechgeschwindigkeit vor. Ihr Kind spricht zunächst das Wort nach und klatscht gleichzeitig dazu die Silben. Dann spricht es jede Silbe und schreibt sie unmittelbar danach auf. Ihr Kind schreibt die Silben der Wörter abwechselnd mit zwei Farben. Sie achten darauf, dass die Silben deutlich abgegrenzt gesprochen werden. Bei Doppelkonsonanten, z.B. „Bäl–le", werden beide „l" gesprochen.

4) Häuschenschreibung

Mit der Häuschenschreibweise lernt Ihr Kind die Struktur der Schrift kennen und die Regeln für die Rechtschreibung generell herzuleiten. So kann Ihr Kind mit wenigen Regeln die Rechtschreibung der allermeisten Wörter sicher beherrschen. Es erhält damit also ein wichtiges und effektives Mittel, um Rechtschreibfehler zu vermeiden.

Im Folgenden beschreiben wir Schritt für Schritt, was Sie über die Häuschenschreibweise wissen müssen und wie Sie die Übung mit Ihrem Kind durchführen können.

Einführung Häuschen

Ein typisches deutsches Standardwort besteht aus zwei Silben: le-sen, schrei-ben, Sil-be etc. Im Häuschenmodell „wohnt" jede Silbe in einem Teil des Hauses: die erste Silbe im Haus, die zweite Silbe in der Garage.

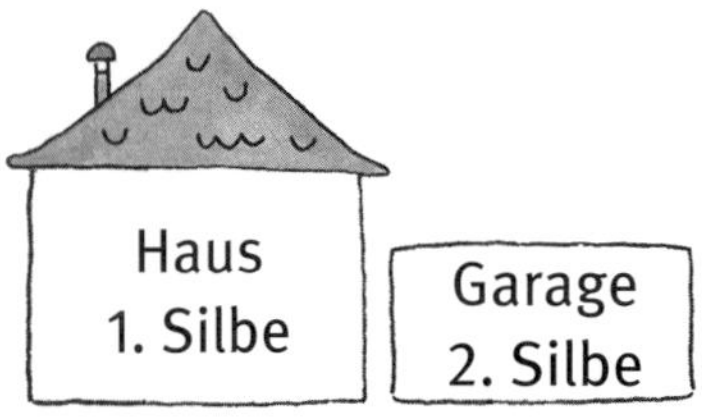

Eine Silbe besteht aus zwei oder drei Elementen, z.B.

Konsonant und Vokal, oder wie wir es nennen: Starter und Klinger beim Wort „Tube":

T Starter } erste Silbe
u Klinger
b } zweite Silbe
e

Konsonant, Vokal, Konsonant, oder wie wir es nennen: Starter, Klinger, Stopper beim Wort „Kinder":

K Starter } erste Silbe
i Klinger
n Stopper
d } zweite Silbe
e
r

Bei Wörtern, die auf „er" enden, hört man beim Sprechen eher ein „a". Kinder schreiben daher oft „Käfa" statt Käfer. Folgende einfache Regel gibt hier Sicherheit: Die zweite Silbe im deutschen Standardwort wird in der Grundform immer mit „e" geschrieben.

Die drei verschiedenen Häuschentypen

Wir sprechen von Häuschen A, B oder C. Diese sollen hier kurz vorgestellt werden. Die Bezeichnungen finden Sie auch auf den Übungs- und Schreibblättern in den Dächern der Häuser wieder.

Häuschen A

Wörter, bei denen in der ersten Silbe kein Stopper vorkommt, z.B. das Wort „Käfer", werden in folgendes Häuschen richtig eingetragen:

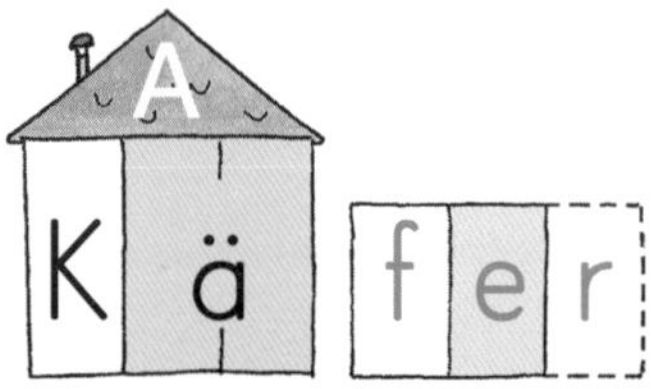

Bitte beachten Sie, dass hier im Haupthaus nur zwei Zimmer sind. Es wurde quasi eine Wand durchbrochen, um ein einzelnes, großes Zimmer zu schaffen.

Das „ä“ wohnt in unserem Beispiel in diesem großen Zimmer. Das entspricht der Länge beim Sprechen. Die Kinder erklären dies so mit ihren eigenen Worten: „Der Klinger macht sich breit und braucht deswegen ein großes Zimmer.“

Häuschen B

Für Wörter, in denen die erste Silbe einen Stopper hat, gibt es dieses Häuschen. Das Haupthaus hat drei Zimmer. Jeweils ein Zimmer für Starter, Klinger und Stopper.

Das Wort „Kinder“ wird z.B. so eingetragen:

Häuschen C

Der dritte Häuschentyp hat folgende Besonderheit:

An das Haupthaus ist die Garage angebaut und die Wand dazwischen ist durchbrochen.

Warum ist das so?

Es gibt Wörter, die in der Wortmitte eine Besonderheit haben: einen Doppelkonsonanten – z.B. „Koffer“. Von der ersten Silbe ist das „f“ der Stopper, von der zweiten Silbe ist das „f“ der Starter. Diese zwei „f“s sind nicht hörbar: Bei einem Wort wie „Käfer“ hören wir „f“ und schreiben „f“. Bei „Koffer“ hören wir ebenfalls „f“, schreiben aber „ff“. Die Unterscheidung solcher Wörter gelingt nur über das rhythmische Sprechen: Indem ich beide Möglichkeiten vergleiche, kann ich die richtige Schreibung ermitteln: Heißt es „Ko-fer“ (langsam bzw. gedehnt gesprochen) oder „Kof-fer“ (schnell gesprochen)? Alle Kinder entscheiden sich beim Hören dieser Alternativen richtig: Das Wort wird schnell gesprochen. Kinder, die mit der Häuschenschreibung vertraut sind, können es auch so erklären: „Das ‚o‘ darf sich nicht breitmachen, da wohnt noch ein ‚f‘, das es stoppt. Das braucht auch noch ein Zimmer.“ Und: „Die beiden ‚f‘s sind Zwillinge und wollen zusammen wohnen. Deswegen teilen sie sich das Zimmer.“

In diese 3 Häuschen lassen sich alle Standardwörter des Deutschen eintragen. Sind diese Häuschentypen verankert, wird der Schreibablauf sich stabilisieren und die Fehlerzahl immer geringer.

Ablauf der Übung

Sie lesen jedes Wort einzeln in normaler Sprechgeschwindigkeit vor. Ihr Kind entscheidet, in welches Häuschen das Wort gehört. Auch muss es entscheiden, wie das Wort richtig in die Häuschen eingetragen wird. Dann sprechen Sie das nächste Wort. Bei dieser Übung kommt es nicht nur auf die richtige Silbierung an, sondern auch auf die korrekte Zuordnung der Buchstaben zu Starter, Klinger und ggf. Stopper. Je nach Wort kann es zu Sonderschreibungen kommen, die wir im nächsten Abschnitt erklären. Die Lösungen, wie welches Wort jeweils in welches Häuschen geschrieben wird, finden Sie auf Ihrem Blatt.

Besondere Schreibweisen

Mehrere Konsonanten

Starter und Stopper können z.T. aus mehreren Buchstaben bestehen. Diese Buchstaben kommen dann zusammen in das jeweilige Zimmer. Dies kann in der ersten und in der zweiten Silbe, also sowohl im Haus als auch in der Garage, passieren. Die Buchstaben können **nebeneinander** oder **untereinander** geschrieben werden.

Wörter ohne Starter

Es gibt auch den Fall, dass die erste Silbe eines Worts keinen Starter besitzt. Sie beginnt mit oder besteht nur aus dem Klinger (Vokal). In diesem Fall wird in das erste Zimmer ein Sternchen gemalt, das Wort aber wie üblich ins Häuschen eingetragen. Der Klinger behält sein Zimmer.

5) Sprechschreiben: Sätze

Sie lesen jeden Satz vor. Ihr Kind wiederholt den Satz und klatscht gleichzeitig dazu die Silben. Bei Abweichungen wird der Satz wiederholt. Danach sprechen Sie je nach Übungsstand einzelne Wörter oder Satzabschnitte (Sinneinheiten) vor und Ihr Kind schreibt die Wörter silbenweise mit zwei Farben auf (vgl. Aufgabe 3). Macht Ihr Kind einen Fehler, geben Sie keine direkten Hilfen wie z.B. „Das Wort ‚Wiese' musst du mit ‚ie' schreiben." Besser sagen Sie: „In dem Satz ist ein Fehler."

Dann fordern Sie das Kind auf, Silbenbögen unter die Wörter zu zeichnen und den Fehler selbst zu finden. Mit zunehmender Routine wird das immer besser gelingen.

Was machen Sie bei falsch geschriebenen Wörtern?

Wenn im Silben-Training Wörter noch falsch geschrieben werden, sollten diese mit einer anderen Methode geübt werden: mit Karteikärtchen (DIN A8) und einer 5-Fächer-Lernbox. Beides finden Sie im Mildenberger Verlag: www.mildenberger-verlag.de/5-faecher-lernbox

Bei dieser Methode werden die falsch geschriebenen Wörter korrekt auf die Karteikärtchen geschrieben. Die Kärtchen werden dann in das erste Fach der 5-Fächer-Lernbox gelegt. Ein richtig bearbeitetes Kärtchen wird danach in das zweite Fach der Box gesteckt. Jedes Mal, wenn das Kind mit den Kärtchen arbeitet, greift wieder dieses Prinzip: Wird das Kärtchen richtig bearbeitet, darf es in das nächste Fach gesteckt werden (wenn nicht, kommt es wieder zurück in Fach 1); so werden auch die Kärtchen in den Fächern 2–4 bearbeitet, bis alle im letzten Fach angekommen sind (und damit im Langzeitgedächtnis).

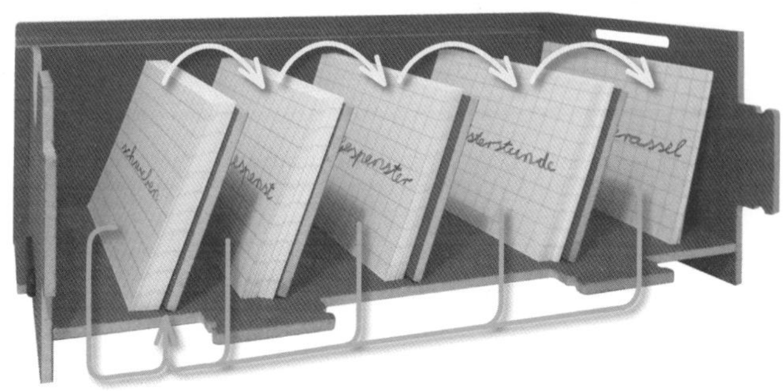

Es gibt verschiedene Möglichkeiten, um die Wörter aus einer Kartei zu wiederholen und zu festigen:

Ihr Kind kann die Karten allein benutzen: Es liest das Wort, deckt die Karte zu und schreibt das Wort silbenweise mit zwei Farben auf. Anschließend kontrolliert es, ob es das Wort richtig geschrieben hat.

Die Wörter können aber auch in Partnerarbeit oder von Ihnen diktiert werden. Die Kontrolle erfolgt dann jeweils durch den Übungspartner bzw. durch Sie.

Sollten sich zum Ablauf der Übungen noch Fragen ergeben, können Sie sich gerne an mich wenden. Zur Durchführung der Übungen wünsche ich Ihnen und Ihrem Kind gutes Gelingen und das nötige Quäntchen Geduld.

Mit herzlichen Grüßen

Die Struktur der 1. Silbe – Vorlage

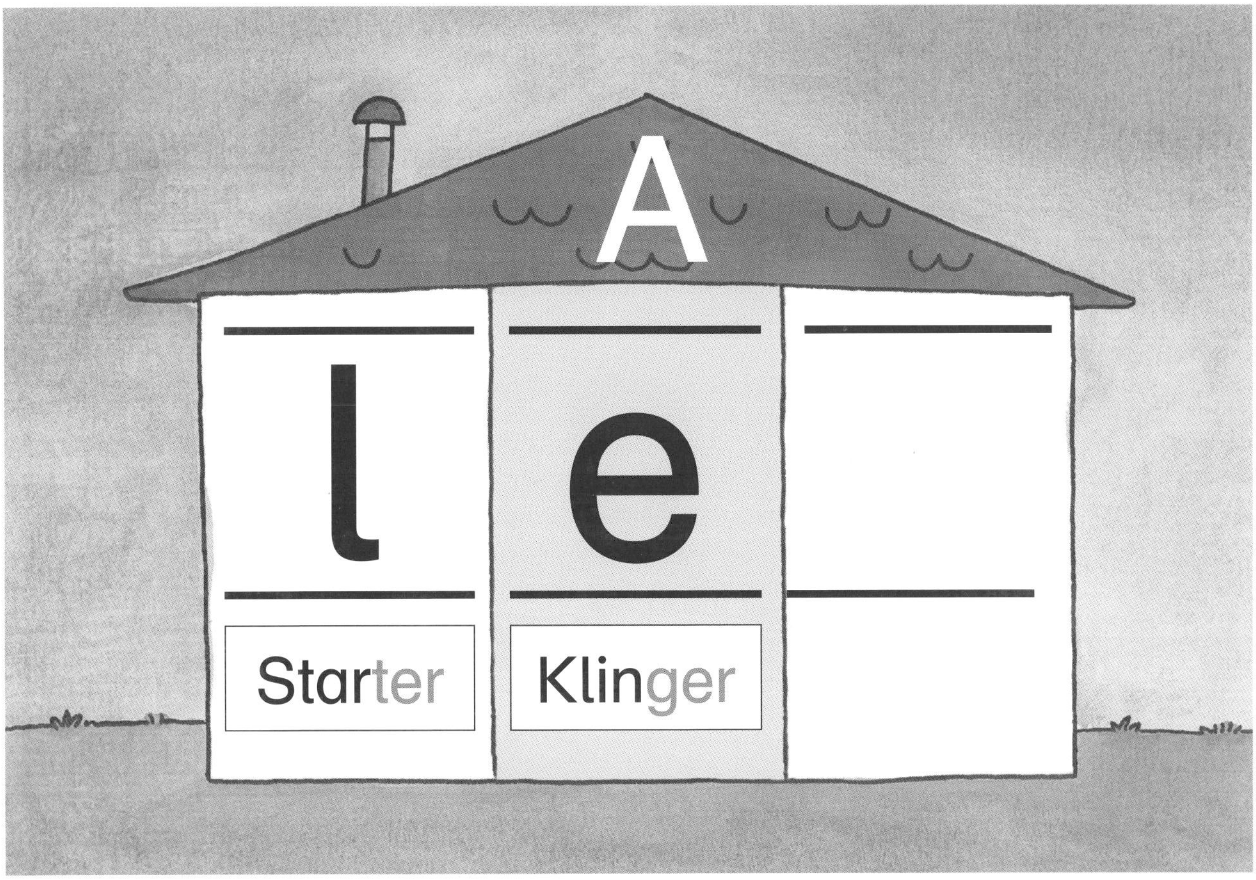

Die Struktur der 1. Silbe – Aufgabenblatt

Starter | Starter | Klinger

Klinger | Stopper

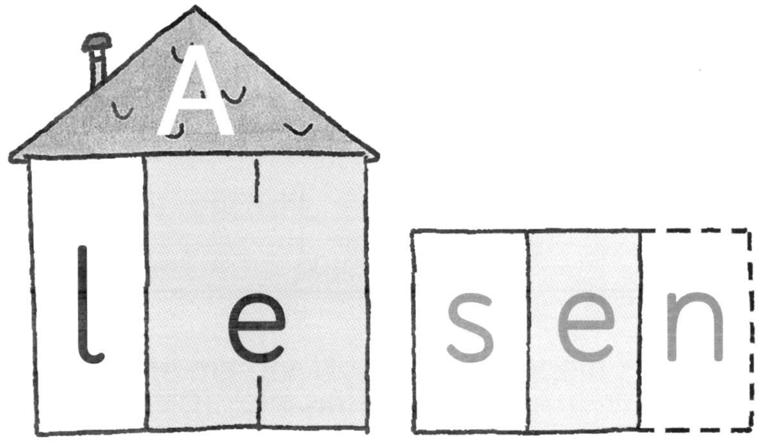

1. Silbe = Häuschensilbe

2. Silbe = Garagensilbe

1. Silbe = Häuschensilbe

2. Silbe = Garagensilbe

1. Silbe = Häuschensilbe

2. Silbe = Garagensilbe

1. Silbe =	2. Silbe =

1. Silbe =	2. Silbe =

1. Silbe =	2. Silbe =

Häuschensilbe	Häuschensilbe	Häuschensilbe
Garagensilbe	Garagensilbe	Garagensilbe

Silben-Training 1: Die Schule beginnt 1

1) Klatschwörter

Das Kind spricht die Klatschwörter und klatscht gleichzeitig dazu die Silben.

a) Persönliches Lieblingsklatschwort (individuell)

b) Themenbezogenes Klatschwort: Ferienandenken

2) Schlangenwörter

Variante 1: Jedes Wort wird einzeln vorgelesen (kein Dehnsprechen!).
Das Kind wiederholt das Wort und klatscht gleichzeitig dazu die Silben. Dann spricht es das Wort silbiert mit Pausen und notiert gleichzeitig die Silbenbögen auf dem Schreibblatt.

Variante 2: Partnerübung – gleichzeitiges Sprechen der Silbe und Werfen eines Balls.

a) Fotoalbum
c) Ausstellung
e) Urlaubsbilder
b) Postkarte
d) Namenkärtchen
f) Ferienhaus

3) Sprechschreiben – Wörter

Die Wörter werden einzeln vorgelesen (kein Dehnsprechen!).
Das Kind wiederholt das Wort und klatscht gleichzeitig dazu die Silben. Dann spricht es die einzelnen Silben des Wortes und schreibt sie unmittelbar danach auf das Schreibblatt. Es benutzt abwechselnd zwei Farben.

Raupe
Kinder
Ferien

4) Häuschenschreibung

Die folgenden Wörter werden vorgelesen und vom Kind in das passende Häuschen auf dem Schreibblatt eingetragen. Es benutzt abwechselnd zwei Farben.

Karte, Blume, Feder

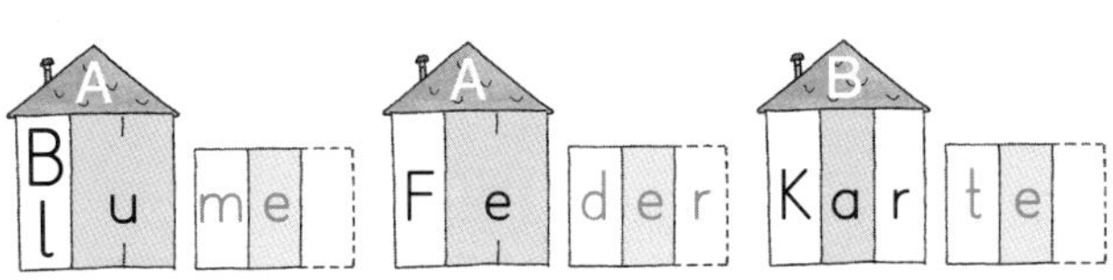

5) Sprechschreiben – Sätze

Die Sätze werden einzeln diktiert. Das Kind wiederholt den Satz und klatscht gleichzeitig dazu die Silben. Dann spricht es den Satz wie in Aufgabe 3) und schreibt mit zwei Farben auf das Schreibblatt:

Malte hat eine Karte.

Hanna hat eine Feder.

Lena hat eine Blume.

Die falsch geschriebenen Wörter werden korrigiert und auf Karteikarten geschrieben.
Sie werden mit der 5-Fächer-Lernbox wiederholt, bis sie richtig geschrieben werden.

Silben-Training 1: Die Schule beginnt 1

1)

2)

a)

d)

b)

e)

c)

f)

3)

4)

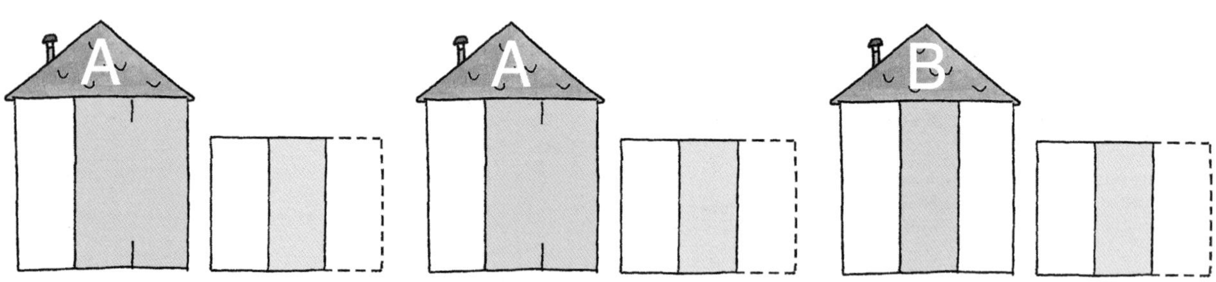

5)

Silben-Training 2: Die Schule beginnt 2

1) Klatschwörter

Das Kind spricht die Klatschwörter und klatscht gleichzeitig dazu die Silben.

a) Persönliches Lieblingsklatschwort (individuell)

b) Themenbezogenes Klatschwort: Ferienerlebnisse

2) Schlangenwörter

Variante 1: Jedes Wort wird einzeln vorgelesen (kein Dehnsprechen!).
Das Kind wiederholt das Wort und klatscht gleichzeitig dazu die Silben. Dann spricht es das Wort silbiert mit Pausen und notiert gleichzeitig die Silbenbögen auf dem Schreibblatt.

Variante 2: Partnerübung – gleichzeitiges Sprechen der Silbe und Werfen eines Balls.

a) Strandkörbe
b) Flaschenpost
c) Schneckenhaus
d) Eistüte
e) Salzwasser
f) Strandspiele

3) Sprechschreiben – Wörter

Die Wörter werden einzeln vorgelesen (kein Dehnsprechen!).
Das Kind wiederholt das Wort und klatscht gleichzeitig dazu die Silben. Dann spricht es die einzelnen Silben des Wortes und schreibt sie unmittelbar danach auf das Schreibblatt. Es benutzt abwechselnd zwei Farben.

Segelschiffe
Kistenboden
Hundeleine

4) Häuschenschreibung

Die folgenden Wörter werden vorgelesen und vom Kind in das passende Häuschen auf dem Schreibblatt eingetragen. Es benutzt abwechselnd zwei Farben.

Segel, Hunde, Kiste

5) Sprechschreiben – Sätze

Die Sätze werden einzeln diktiert. Das Kind wiederholt den Satz und klatscht gleichzeitig dazu die Silben. Dann spricht es den Satz wie in Aufgabe 3) und schreibt mit zwei Farben auf das Schreibblatt:

Malte hat ein Segelschiff.
Hanna hat eine Kiste.
Lena hat einen Hund.

Die falsch geschriebenen Wörter werden korrigiert und auf Karteikarten geschrieben.
Sie werden mit der 5-Fächer-Lernbox wiederholt, bis sie richtig geschrieben werden.

Silben-Training 2: Die Schule beginnt 2

1)

2)

a)

b)

c)

d)

e)

f)

3)

4)

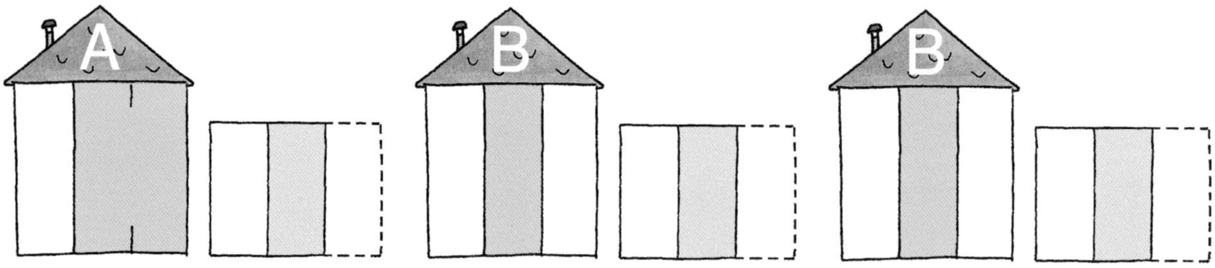

5)

Silben-Training 3: Die Schule beginnt 3

1) Klatschwörter

Das Kind spricht die Klatschwörter und klatscht gleichzeitig dazu die Silben.

a) Persönliches Lieblingsklatschwort (individuell)

b) Themenbezogenes Klatschwort: Autofahrt

2) Schlangenwörter

Variante 1: Jedes Wort wird einzeln vorgelesen (kein Dehnsprechen!).
Das Kind wiederholt das Wort und klatscht gleichzeitig dazu die Silben. Dann spricht es das Wort silbiert mit Pausen und notiert gleichzeitig die Silbenbögen auf dem Schreibblatt.

Variante 2: Partnerübung – gleichzeitiges Sprechen der Silbe und Werfen eines Balls.

a) Landschaften
b) Feriengepäck
c) Picknickkorb
d) Reiselust
e) Abenteuer
f) Ferienspaß

3) Sprechschreiben – Wörter

Die Wörter werden einzeln vorgelesen (kein Dehnsprechen!).
Das Kind wiederholt das Wort und klatscht gleichzeitig dazu die Silben. Dann spricht es die einzelnen Silben des Wortes und schreibt sie unmittelbar danach auf das Schreibblatt. Es benutzt abwechselnd zwei Farben.

Schulfenster

Gartenzäune

Haustüren

4) Häuschenschreibung

Die folgenden Wörter werden vorgelesen und vom Kind in das passende Häuschen auf dem Schreibblatt eingetragen. Es benutzt abwechselnd zwei Farben.

Schule, Garten, Häuser

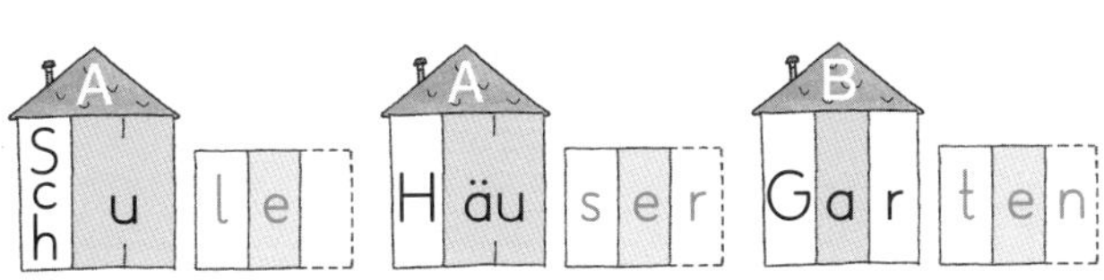

5) Sprechschreiben – Sätze

Die Sätze werden einzeln diktiert. Das Kind wiederholt den Satz und klatscht gleichzeitig dazu die Silben. Dann spricht es den Satz wie in Aufgabe 3) und schreibt mit zwei Farben auf das Schreibblatt:

Malte ist in der Schule.

Hanna ist zu Hause.

Lena ist im Kindergarten.

Die falsch geschriebenen Wörter werden korrigiert und auf Karteikarten geschrieben.
Sie werden mit der 5-Fächer-Lernbox wiederholt, bis sie richtig geschrieben werden.

Silben-Training 3: Die Schule beginnt 3

1)

2)

a)

b)

c)

d)

e)

f)

3)

4)

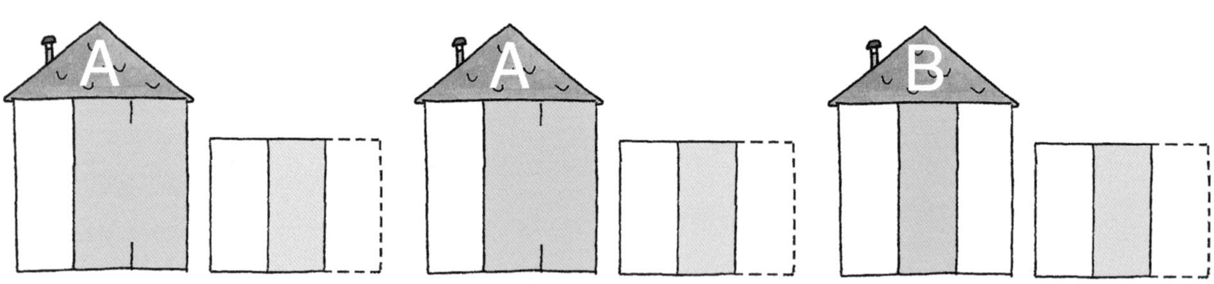

5)

Silben-Training 4: Abc 1

1) Klatschwörter

Das Kind spricht die Klatschwörter und klatscht gleichzeitig dazu die Silben.

a) Persönliches Lieblingsklatschwort (individuell)

b) Themenbezogenes Klatschwort: Affenzirkus

2) Schlangenwörter

Variante 1: Jedes Wort wird einzeln vorgelesen (kein Dehnsprechen!).

Das Kind wiederholt das Wort und klatscht gleichzeitig dazu die Silben. Dann spricht es das Wort silbiert mit Pausen und notiert gleichzeitig die Silbenbögen auf dem Schreibblatt.

Variante 2: Partnerübung – gleichzeitiges Sprechen der Silbe und Werfen eines Balls.

a) Bärenhöhle
b) Chamäleon
c) Delfinschule
d) Elefantenohren
e) Fischernetze
f) Gänsebraten

3) Sprechschreiben – Wörter

Die Wörter werden einzeln vorgelesen (kein Dehnsprechen!).
Das Kind wiederholt das Wort und klatscht gleichzeitig dazu die Silben. Dann spricht es die einzelnen Silben des Wortes und schreibt sie unmittelbar danach auf das Schreibblatt. Es benutzt abwechselnd zwei Farben.

traben
jagen
tragen

4) Häuschenschreibung

Die folgenden Wörter werden vorgelesen und vom Kind in das passende Häuschen auf dem Schreibblatt eingetragen. Es benutzt abwechselnd zwei Farben.

traben, Pferde, tragen

5) Sprechschreiben – Sätze

Die Sätze werden einzeln diktiert. Das Kind wiederholt den Satz und klatscht gleichzeitig dazu die Silben. Dann spricht es den Satz wie in Aufgabe 3) und schreibt mit zwei Farben auf das Schreibblatt:

Die Pferde traben.
Die Tiger jagen.
Die Esel tragen.

Die falsch geschriebenen Wörter werden korrigiert und auf Karteikarten geschrieben.
Sie werden mit der 5-Fächer-Lernbox wiederholt, bis sie richtig geschrieben werden.

1)

2)

a)

b)

c)

d)

e)

f)

3)

4)

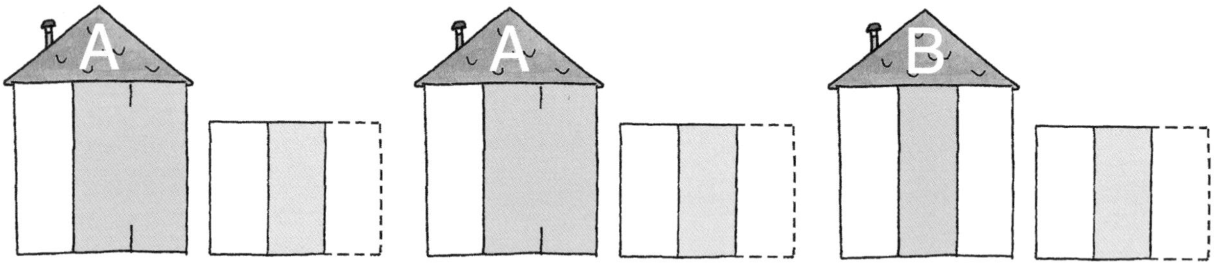

5)

Silben-Training 5: Abc 2

1) Klatschwörter

Das Kind spricht die Klatschwörter und klatscht gleichzeitig dazu die Silben.

a) Persönliches Lieblingsklatschwort (individuell)

b) Themenbezogenes Klatschwort: Hasenfüße

2) Schlangenwörter

Variante 1: Jedes Wort wird einzeln vorgelesen (kein Dehnsprechen!).
Das Kind wiederholt das Wort und klatscht gleichzeitig dazu die Silben. Dann spricht es das Wort silbiert mit Pausen und notiert gleichzeitig die Silbenbögen auf dem Schreibblatt.

Variante 2: Partnerübung – gleichzeitiges Sprechen der Silbe und Werfen eines Balls.

a) Igelstacheln
b) Jaguarflecken
c) Kakaduschnabel
d) Löwenmähne
e) Mäuseschwänzchen
f) Nashornhinterteil

3) Sprechschreiben – Wörter

Die Wörter werden einzeln vorgelesen (kein Dehnsprechen!).
Das Kind wiederholt das Wort und klatscht gleichzeitig dazu die Silben. Dann spricht es die einzelnen Silben des Wortes und schreibt sie unmittelbar danach auf das Schreibblatt. Es benutzt abwechselnd zwei Farben.

brummen

nagen

klettern

4) Häuschenschreibung

Die folgenden Wörter werden vorgelesen und vom Kind in das passende Häuschen auf dem Schreibblatt eingetragen. Es benutzt abwechselnd zwei Farben.

nagen, klettern, brummen

5) Sprechschreiben – Sätze

Die Sätze werden einzeln diktiert. Das Kind wiederholt den Satz und klatscht gleichzeitig dazu die Silben. Dann spricht es den Satz wie in Aufgabe 3) und schreibt mit zwei Farben auf das Schreibblatt:

Die Affen klettern.

Die Mäuse nagen.

Die Bären brummen.

Die falsch geschriebenen Wörter werden korrigiert und auf Karteikarten geschrieben.
Sie werden mit der 5-Fächer-Lernbox wiederholt, bis sie richtig geschrieben werden.

Silben-Training 5: Abc 2

1)

2)

a)

b)

c)

d)

e)

f)

3)

4)

5)

1) Klatschwörter

Das Kind spricht die Klatschwörter und klatscht gleichzeitig dazu die Silben.

a) Persönliches Lieblingsklatschwort (individuell)

b) Themenbezogenes Klatschwort: Orang-Utan-Geschrei

2) Schlangenwörter

Variante 1: Jedes Wort wird einzeln vorgelesen (kein Dehnsprechen!).
Das Kind wiederholt das Wort und klatscht gleichzeitig dazu die Silben. Dann spricht es das Wort silbiert mit Pausen und notiert gleichzeitig die Silbenbögen auf dem Schreibblatt.

Variante 2: Partnerübung – gleichzeitiges Sprechen der Silbe und Werfen eines Balls.

a) Papageienfeder c) Rentiergeweih e) Tigerzähne

b) Quallenschwarm d) Seepferdchen f) Uhuaugen

3) Sprechschreiben – Wörter

Die Wörter werden einzeln vorgelesen (kein Dehnsprechen!).
Das Kind wiederholt das Wort und klatscht gleichzeitig dazu die Silben. Dann spricht es die einzelnen Silben des Wortes und schreibt sie unmittelbar danach auf das Schreibblatt. Es benutzt abwechselnd zwei Farben.

Schafe

Hunde

Hasen

4) Häuschenschreibung

Die folgenden Wörter werden vorgelesen und vom Kind in das passende Häuschen auf dem Schreibblatt eingetragen. Es benutzt abwechselnd zwei Farben.

hoppeln, bellen, blöken

5) Sprechschreiben – Sätze

Die Sätze werden einzeln diktiert. Das Kind wiederholt den Satz und klatscht gleichzeitig dazu die Silben. Dann spricht es den Satz wie in Aufgabe 3) und schreibt mit zwei Farben auf das Schreibblatt:

Die Schafe blöken.

Die Hunde bellen.

Die Hasen hoppeln.

Die falsch geschriebenen Wörter werden korrigiert und auf Karteikarten geschrieben.
Sie werden mit der 5-Fächer-Lernbox wiederholt, bis sie richtig geschrieben werden.

1)

2)

a)

b)

c)

d)

e)

f)

3)

4)

5)

Silben-Training 7: Herbst 1

1) Klatschwörter

Das Kind spricht die Klatschwörter und klatscht gleichzeitig dazu die Silben.

a) Persönliches Lieblingsklatschwort (individuell)

b) Themenbezogenes Klatschwort: Eichhörnchenverstecke

2) Schlangenwörter

Variante 1: Jedes Wort wird einzeln vorgelesen (kein Dehnsprechen!).
Das Kind wiederholt das Wort und klatscht gleichzeitig dazu die Silben. Dann spricht es das Wort silbiert mit Pausen und notiert gleichzeitig die Silbenbögen auf dem Schreibblatt.

Variante 2: Partnerübung – gleichzeitiges Sprechen der Silbe und Werfen eines Balls.

a) Leiterwagen c) Weidenkörbe e) Fensterläden

b) Walnussbäume d) Rübengeister f) Vogelschwärme

3) Sprechschreiben – Wörter

Die Wörter werden einzeln vorgelesen (kein Dehnsprechen!).
Das Kind wiederholt das Wort und klatscht gleichzeitig dazu die Silben. Dann spricht es die einzelnen Silben des Wortes und schreibt sie unmittelbar danach auf das Schreibblatt. Es benutzt abwechselnd zwei Farben.

essen

sammeln

basteln

4) Häuschenschreibung

Die folgenden Wörter werden vorgelesen und vom Kind in das passende Häuschen auf dem Schreibblatt eingetragen. Es benutzt abwechselnd zwei Farben.

sammeln, basteln, essen

5) Sprechschreiben – Sätze

Die Sätze werden einzeln diktiert. Das Kind wiederholt den Satz und klatscht gleichzeitig dazu die Silben. Dann spricht es den Satz wie in Aufgabe 3) und schreibt mit zwei Farben auf das Schreibblatt:

Die Kinder sammeln Blätter.

Die Kinder basteln Windräder.

Die Kinder essen Nüsse.

Die falsch geschriebenen Wörter werden korrigiert und auf Karteikarten geschrieben.
Sie werden mit der 5-Fächer-Lernbox wiederholt, bis sie richtig geschrieben werden.

Silben-Training 7: Herbst 1

1)

2)

a)

b)

c)

d)

e)

f)

3)

4)

5)

Silben-Training 8: Herbst 2

1) Klatschwörter

Das Kind spricht die Klatschwörter und klatscht gleichzeitig dazu die Silben.

a) Persönliches Lieblingsklatschwort (individuell)

b) Themenbezogenes Klatschwort: Kastanienmännchen

2) Schlangenwörter

Variante 1: Jedes Wort wird einzeln vorgelesen (kein Dehnsprechen!).
Das Kind wiederholt das Wort und klatscht gleichzeitig dazu die Silben. Dann spricht es das Wort silbiert mit Pausen und notiert gleichzeitig die Silbenbögen auf dem Schreibblatt.

Variante 2: Partnerübung – gleichzeitiges Sprechen der Silbe und Werfen eines Balls.

a) Vogelschwärme
b) Blätterhaufen
c) Kürbisgeister
d) Apfelbäume
e) Traubenernte
f) Gartenzäune

3) Sprechschreiben – Wörter

Die Wörter werden einzeln vorgelesen (kein Dehnsprechen!).
Das Kind wiederholt das Wort und klatscht gleichzeitig dazu die Silben. Dann spricht es die einzelnen Silben des Wortes und schreibt sie unmittelbar danach auf das Schreibblatt. Es benutzt abwechselnd zwei Farben.

Drachen

Kinder

Blätter

4) Häuschenschreibung

Die folgenden Wörter werden vorgelesen und vom Kind in das passende Häuschen auf dem Schreibblatt eingetragen. Es benutzt abwechselnd zwei Farben.

rennen, steigen, fallen

5) Sprechschreiben – Sätze

Die Sätze werden einzeln diktiert. Das Kind wiederholt den Satz und klatscht gleichzeitig dazu die Silben. Dann spricht es den Satz wie in Aufgabe 3) und schreibt mit zwei Farben auf das Schreibblatt:

Die Kinder rennen.

Die Drachen steigen.

Die Blätter fallen.

Die falsch geschriebenen Wörter werden korrigiert und auf Karteikarten geschrieben.
Sie werden mit der 5-Fächer-Lernbox wiederholt, bis sie richtig geschrieben werden.

Silben-Training 8: Herbst 2

1)

2)

a)

b)

c)

d)

e)

f)

3)

4)

5)

ihnen, ihm, ihr

A

1. Lies die Geschichte.
2. Überlege, welche Wörter aus den Höhlen in die Lücken passen.
   Setze ein.

Kapitän Holzbein und die Piraten sitzen bereits im Beiboot.

Die Piraten ergreifen __________ Ruder.

Kapitän Holzbein gibt __________ die Kommandos:

Nach kurzer Zeit erreichen sie __________ Ziel.

Sie ziehen __________ Boot an Land.

Nun holt Kapitän Holzbein die Schatzkarte hervor.

Erwartungsvoll schauen die Piraten zu __________.

Werden sie den Schatz finden?

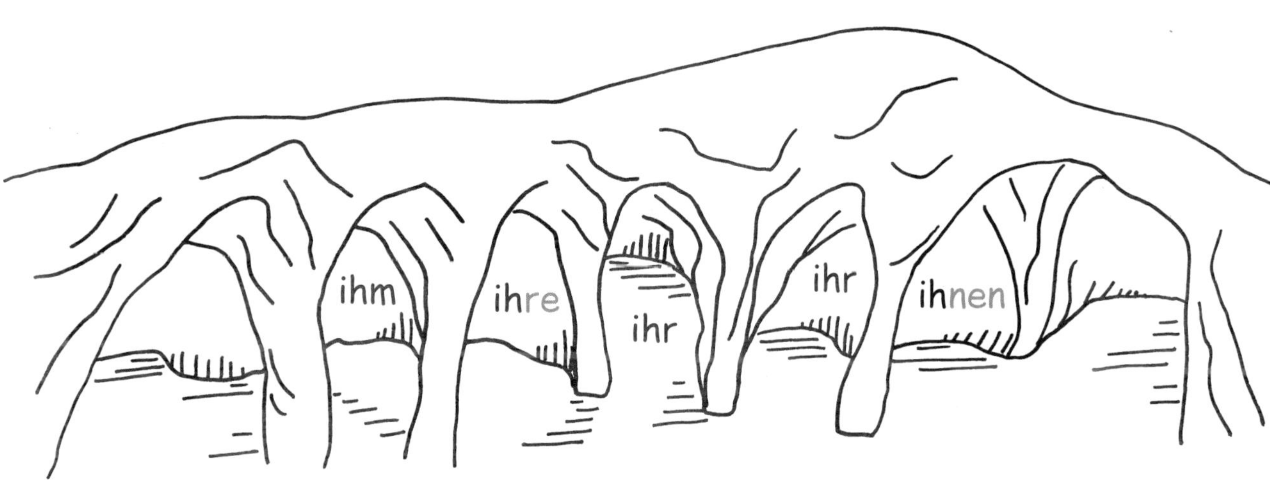

ihnen, ihm, ihr

B

1. Lies die Geschichte.

2. Überlege, welche Wörter aus den Höhlen in die Lücken passen.
   Setze ein.

Kapitän Holzbein und die Piraten sitzen bereits im Beiboot.

Der Schiffsjunge klettert zu __________ und fragt:

Darf ich auch rudern?

Kapitän Holzbein reicht __________ ein Ruder.

Auch die Piraten ergreifen __________ Ruder.

Kapitän Holzbein gibt __________ das Kommando:

eins – zwei – eins – zwei!

Nach kurzer Zeit erreichen sie __________ Ziel.

Sie waten durch das flache Wasser zur Insel

und ziehen __________ Boot an Land.

Nun holt Kapitän Holzbein die Schatzkarte hervor.

Erwartungsvoll schauen die Piraten zu __________.

Werden sie den Schatz finden?

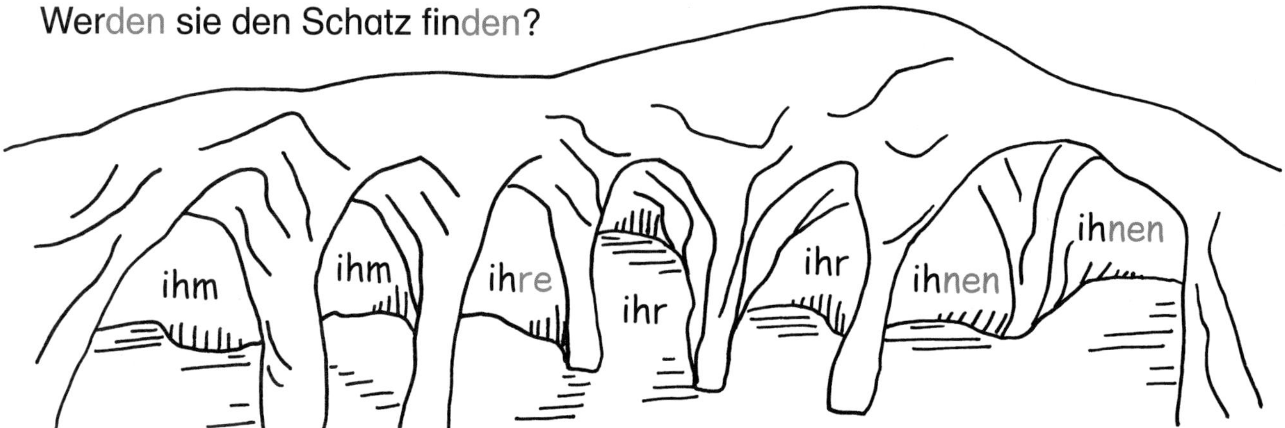

ihnen, ihm, ihr

C

1. Ergänze die Geschichte mit folgenden Wörtern:
ihm, ihr, ihre, ihnen. Manche Wörter musst du zweimal verwenden.

Kapitän Holzbein und die Piraten sitzen bereits im Beiboot.

Der Schiffsjunge klettert zu __________ und fragt:

Darf ich auch rudern?

Kapitän Holzbein reicht __________ ein Ruder.

Auch die Piraten ergreifen __________ Ruder.

Kapitän Holzbein gibt __________ das Kommando:

eins – zwei – eins – zwei!

Nach kurzer Zeit erreichen sie __________ Ziel.

Sie waten durch das flache Wasser zur Insel

und ziehen __________ Boot an Land.

Nun holt Kapitän Holzbein die Schatzkarte hervor.

Erwartungsvoll schauen die Piraten zu __________.

Werden sie den Schatz finden?

Schatzkarte – Wegbeschreibung

A

1. Male eine Schatzkarte.

Das kannst du auf die Insel malen:

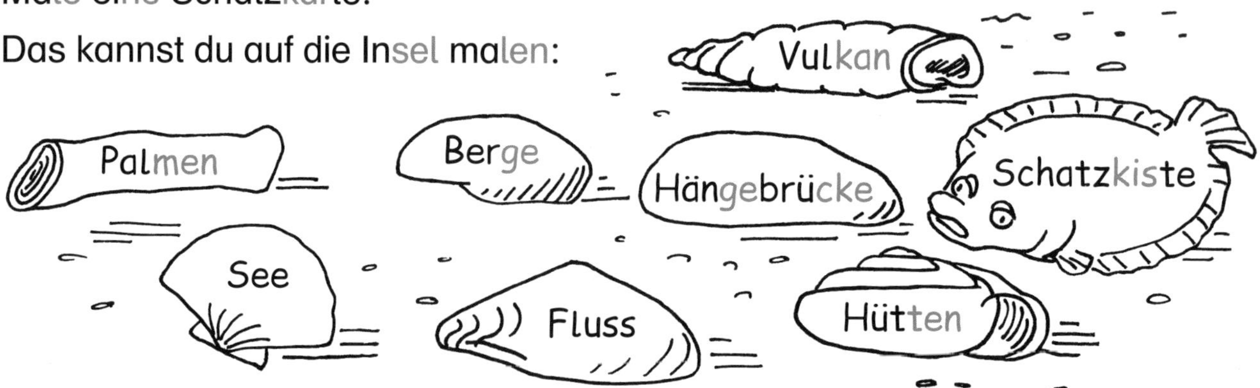

Das kannst du ins Wasser malen:

Was kannst du noch malen?

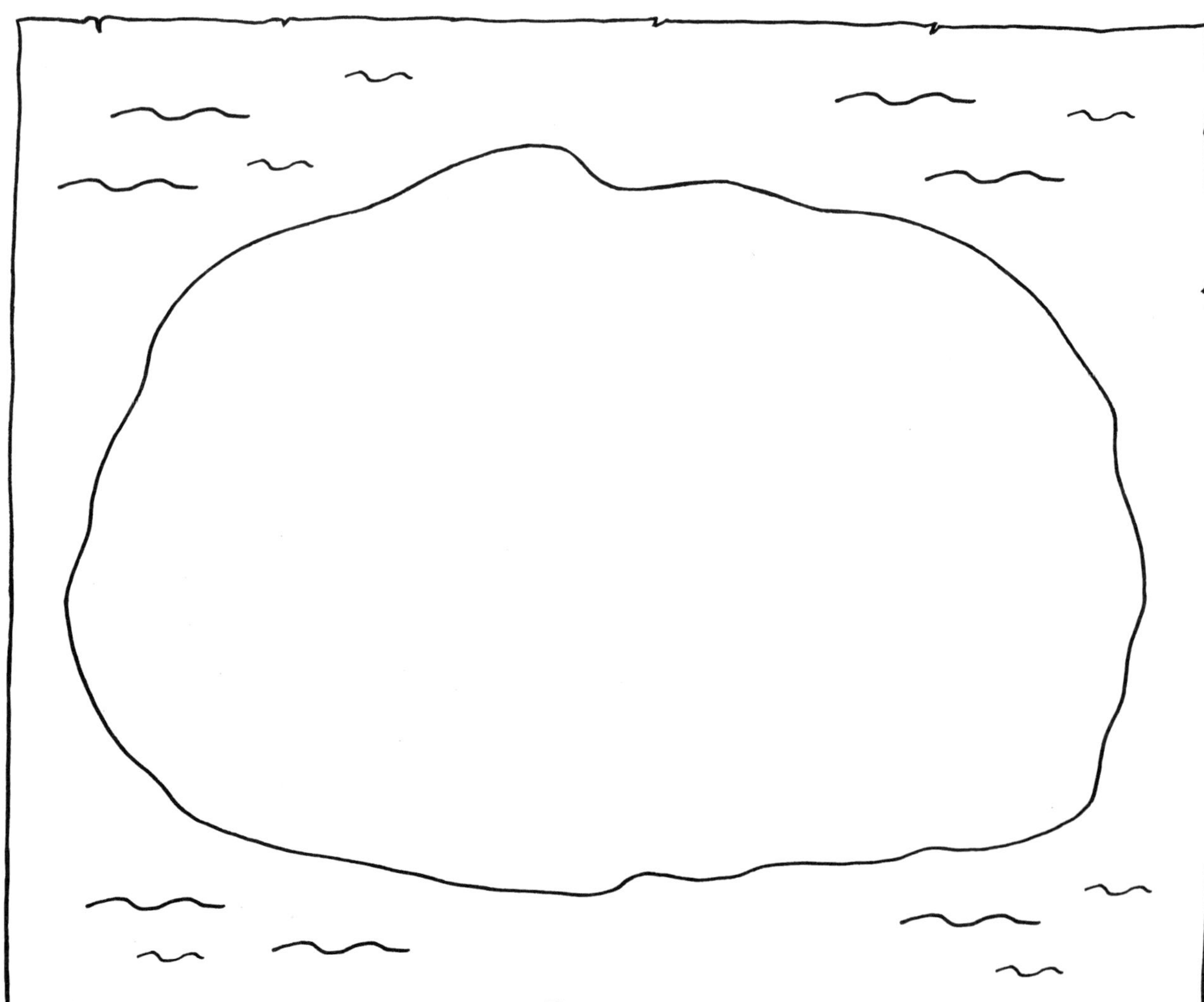

Schatzkarte – Wegbeschreibung

B

1. Male eine Schatzkarte.

Das kannst du auf die Insel malen:

Das kannst du ins Wasser malen:

Was kannst du noch malen?

2. Beschreibe den Weg zum Schatz. Schreibe in dein Heft.

Schatzkarte – Wegbeschreibung

C

1. Male eine Schatzkarte.

2. Beschreibe den Weg zum Schatz. Schreibe in dein Heft.

KV 71 C zu SAH B S. 91 / SB S. 146

Eine Piratengeschichte schreiben

A

Zusammen mit den Piraten erlebt der Schiffsjunge Piet viele Abenteuer. Wenn du mit den Wörtern Sätze bildest, erfährst du eine Geschichte über Piet und die Piraten.

1. Finde eine passende Überschrift.

2. Schreibe die Geschichte mit der Überschrift in dein Heft.

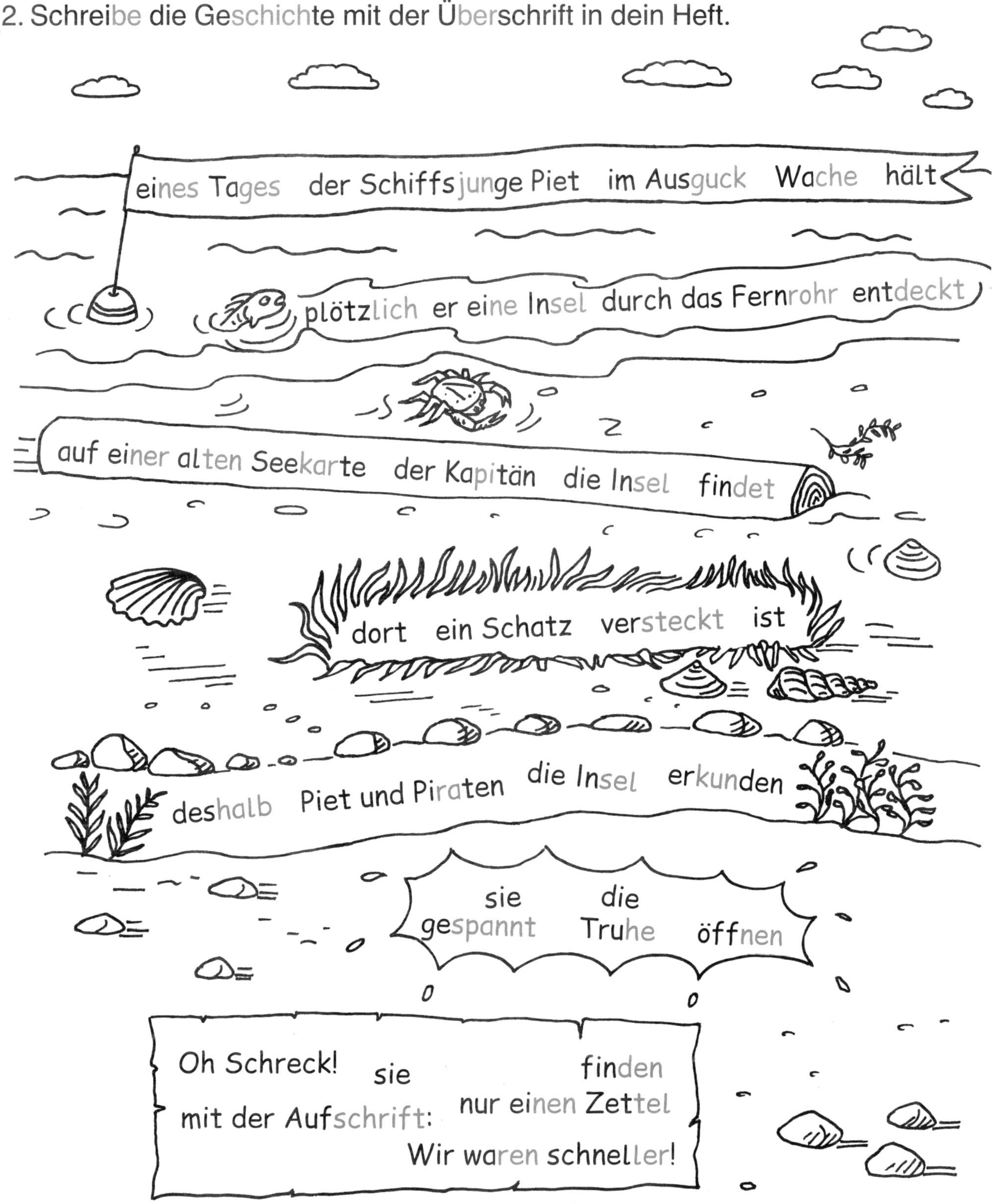

Eine Piratengeschichte schreiben

B

Zusammen mit den Piraten erlebt der Schiffsjunge Piet viele Abenteuer. Wenn du mithilfe der Stichwörter in dem Bild unten Sätze bildest, erfährst du eine Geschichte über Piet und die Piraten.

1. Finde eine passende Überschrift.

2. Schreibe die Geschichte mit der Überschrift in dein Heft.

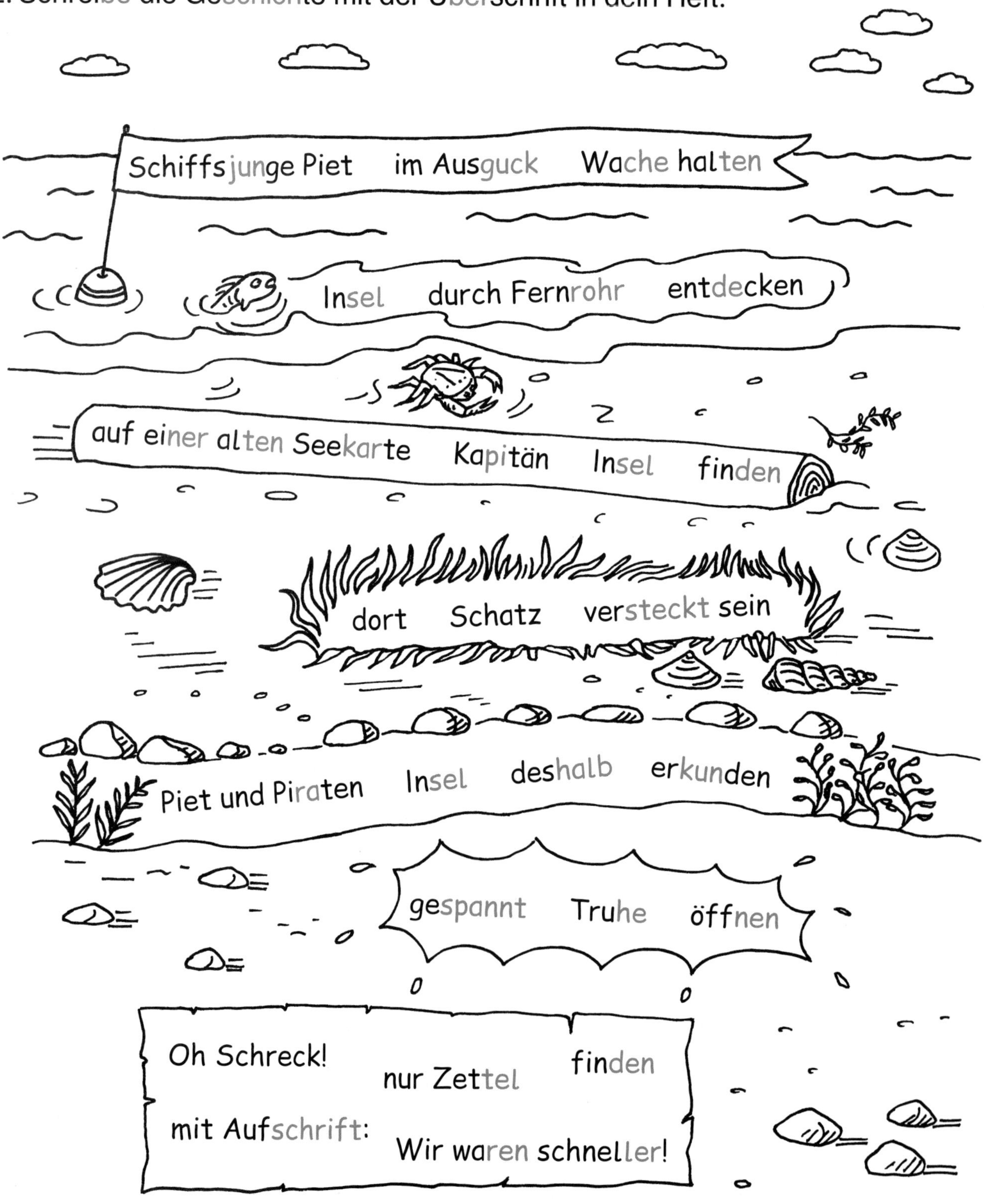

Eine Piratengeschichte schreiben C

Der Schiffsjunge Piet erlebt zusammen mit den Piraten viele Abenteuer.

1. Überlege, wie die Geschichte weitergehen könnte.

Seit vielen Wochen sind die Piraten auf hoher See.

Der Schiffsjunge Piet hält im Ausguck Wache.

Auf einmal entdeckt er durch sein Fernrohr eine unbekannte Insel.

Laut ruft er: Land in Sicht!

Schnell ...

2. Finde eine passende Überschrift.

3. Schreibe die Geschichte mit der Überschrift in dein Heft.

III. Silben-Training

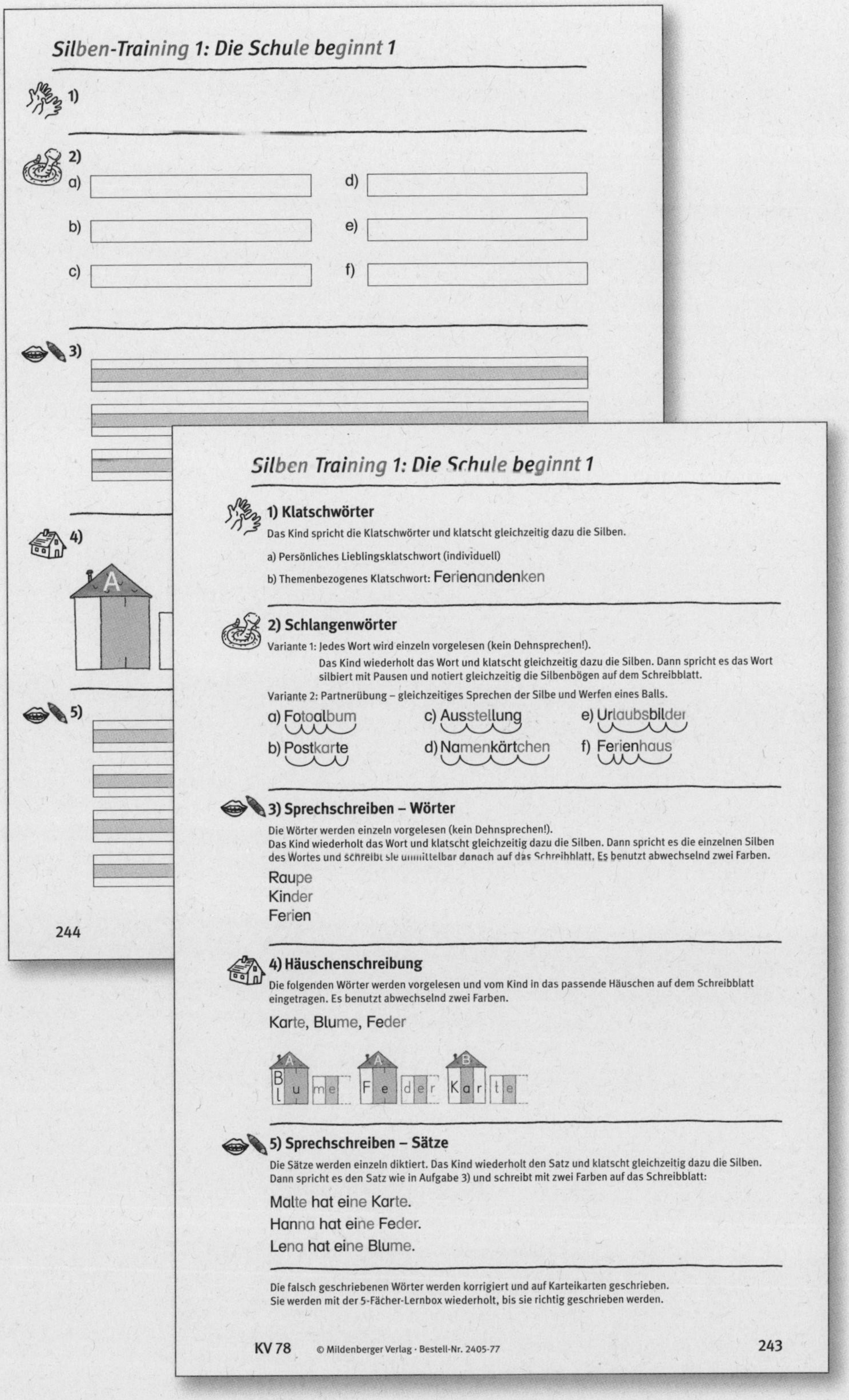

Silben-Training 1: Die Schule beginnt 1

1)

2)
a) d)
b) e)
c) f)

3)

4)

5)

244

Silben Training 1: Die Schule beginnt 1

1) Klatschwörter

Das Kind spricht die Klatschwörter und klatscht gleichzeitig dazu die Silben.

a) Persönliches Lieblingsklatschwort (individuell)

b) Themenbezogenes Klatschwort: Ferienandenken

2) Schlangenwörter

Variante 1: Jedes Wort wird einzeln vorgelesen (kein Dehnsprechen!).
Das Kind wiederholt das Wort und klatscht gleichzeitig dazu die Silben. Dann spricht es das Wort silbiert mit Pausen und notiert gleichzeitig die Silbenbögen auf dem Schreibblatt.

Variante 2: Partnerübung – gleichzeitiges Sprechen der Silbe und Werfen eines Balls.

a) Fotoalbum c) Ausstellung e) Urlaubsbilder
b) Postkarte d) Namenkärtchen f) Ferienhaus

3) Sprechschreiben – Wörter

Die Wörter werden einzeln vorgelesen (kein Dehnsprechen!).
Das Kind wiederholt das Wort und klatscht gleichzeitig dazu die Silben. Dann spricht es die einzelnen Silben des Wortes und schreibt sie unmittelbar danach auf das Schreibblatt. Es benutzt abwechselnd zwei Farben.

Raupe
Kinder
Ferien

4) Häuschenschreibung

Die folgenden Wörter werden vorgelesen und vom Kind in das passende Häuschen auf dem Schreibblatt eingetragen. Es benutzt abwechselnd zwei Farben.

Karte, Blume, Feder

A A B
B l u me F e der Ka r te

5) Sprechschreiben – Sätze

Die Sätze werden einzeln diktiert. Das Kind wiederholt den Satz und klatscht gleichzeitig dazu die Silben. Dann spricht es den Satz wie in Aufgabe 3) und schreibt mit zwei Farben auf das Schreibblatt:

Malte hat eine Karte.
Hanna hat eine Feder.
Lena hat eine Blume.

Die falsch geschriebenen Wörter werden korrigiert und auf Karteikarten geschrieben.
Sie werden mit der 5-Fächer-Lernbox wiederholt, bis sie richtig geschrieben werden.

KV 78 © Mildenberger Verlag · Bestell-Nr. 2405-77 243

Inhaltsverzeichnis

1. Einleitung

Das Silben-Training ist als Übung für schreibschwache Schüler gedacht. Kinder, deren Schreibleistungen unter dem Niveau der sonstigen Klasse liegen, brauchen sofortige Fördermaßnahmen, um nicht gänzlich den Kontakt zum Lernniveau zu verlieren.

Silbieren

Als wichtigste Hilfe wird den Kindern das Silbieren nähergebracht. Die Zerlegung der Wörter in Silben ist eine unschätzbare Hilfe sowohl beim Lesen der Wörter als auch bei der Rechtschreibung. Deswegen sind alle Übungen des Silben-Trainings auf diese Fähigkeit hin ausgelegt.

spielerische Unterstützung

Diese Fördermaßnahmen sollten das Kind auf spielerischer Ebene unterstützen und nicht überfordern. Idealerweise geschieht eine solche Förderung in Einzelarbeit. Da jedoch nur in den seltensten Fällen ein Lehrer Zeit hat, um ein Kind so fokussiert einzeln zu fördern, sollte auf die Mithilfe der Eltern zurückgegriffen werden.

Eltern als kompetente Lernpartner

In dem angehängten Elternbrief (S. 235ff.) werden die Übungen einfach und Schritt für Schritt erklärt. Das wichtigste Basiswissen der Silbenmethode wird vermittelt, sodass die Eltern zu kompetenten Lernpartnern für ihre Kinder werden. Für den Fall, dass eine Förderung durch die Eltern nicht möglich ist, finden Sie auf S. 234 Hinweise zur Durchführung des Silben-Trainings in Kleingruppen.

2. Die Silbe beim Lesen und Schreiben

Die Silbe ist der elementare Baustein in der Struktur der deutschen Standardwörter. Der farbige Silbentrenner erleichtert das Lesen, weil er diese Strukturierung der Wörter sichtbar macht. Damit fällt es leichter, sinnerfassend zu lesen: Das Tier mit dem langen Hals heißt nicht Gir-af-fe, sondern Gi-raf-fe. Der ungeübte Leseanfänger wird durch den **obligatorischen Silbentrenner** unterstützt.

Silbenbewusstsein

Aus dieser sichtbaren Struktur der Wörter ergibt sich auch die Rechtschreibung (siehe Häuschenschreibung, S. 229). Dazu muss das Silbenbewusstsein der Kinder trainiert werden. Ideal sind Übungen, bei denen die Silben im wahrsten Sinne des Wortes „begriffen" werden, wie z.B. beim Silbenklatschen. In der Koordination von Sprechen und Klatschen können die Kinder die Silben und den Wortrhythmus erleben. Das Bewusstsein für die Wortstruktur (Silbe) und den Wortrhythmus ist die entscheidende Grundlage für die Beherrschung der Rechtschreibung.

Kann ein Kind Wörter in Silben gegliedert sprechen, kann es die Übungen mit den Kontrastpaaren (Kapitel IV. Kontrastpaare, S. 343) für die Orthografie nutzen. Das Silben-Training macht die Silbengliederung bewusst und nutzbar.

3. Die Übungen im Silben-Training

Wortschatz

Das Silben-Training enthält 50 Einheiten. Silben-Training 1 bis 36 orientiert sich am Wortschatz der Kapitel aus dem Spracharbeitsheft/Sprachbuch „ABC der Tiere" für Klasse 2. Die Übungen selbst sind aber unabhängig vom Spracharbeitsheft. Das Silben-Training kann deshalb auch unabhängig vom Lehrgang „ABC der Tiere" mit dem gleichen Erfolg eingesetzt werden.

Silben-Training 37 bis 50 trainiert in besonderem Maße Einzelphänomene wie pf oder chs.

Aufgabenblatt/ Übungsblatt

Jedes Silben-Training besteht aus 2 Seiten: dem Aufgabenblatt (Vorderseite der KV) und dem Übungsblatt (Rückseite der KV). Das Aufgabenblatt enthält die Übungsanweisungen und die Lösungen. Das Übungsblatt wird vom Kind bearbeitet.
Jedes Silben-Training besteht aus folgenden 5 Übungen:

1) Klatschwörter

Das Silbenklatschen ist der ideale Einstieg. Die Wahrnehmung der Sprechsilben ist für das Schreiben und Lesen eine sehr wichtige Vorerfahrung. Durch die Verbindung von Silbensprechen und gleichzeitigem Silbenklatschen wird das Silbenbewusstsein spielerisch und sehr effektiv trainiert.

Motivation durch Lieblings-klatschwort

Ein „Lieblingsklatschwort“ erleichtert den Einstieg in die gesamte Übung. Dazu sucht sich das Kind einmalig ein möglichst langes Wort aus seinem Interessensgebiet aus. Dieses spricht es und klatscht oder geht dazu als Einstieg in das Silben-Training. Ein pferdebegeistertes Mädchen wählt z.B. „Pfer-de-half-ter-schnal-le“, ein fußballbegeisterter Junge wählt z.B. „Le-der-fuß-bäl-le“. Dieses Wort schafft eine positive Grundstimmung (Motivation) und weist auf das Prinzip der folgenden Arbeit hin.

optimale Hirn-aktivität

Im zweiten Teil der Aufgabe bekommt das Kind das themenbezogene Klatschwort genannt. Es steht auf dem Übungsblatt. Es spricht die Silben und klatscht gleichzeitig dazu. Dieses synchrone Sprechen und Klatschen erhöht die Hirnaktivität und erleichtert und verbessert das Lernen. Bei den Klatschwörtern sind im Gehirn die Bereiche für das Gesicht und die Hände ausschlaggebend. Zusammengenommen stellen sie den überwiegenden Teil der Großhirnrinde dar. Alle Aktivitäten in diesem Bereich, in unserem Fall „Silbensprechen und synchrones Klatschen“ lösen eine größtmögliche Hirnaktivität im Cortex aus: Das Großhirn ist für das Lernen optimal aktiv.

Homunculus

In den Neurowissenschaften wird der Begriff Homunculus gebraucht, um Repräsentationen von Körperteilen bestimmten Gehirnarealen zuzuordnen. Diese Projektionen vom Körper auf das Gehirn entsprechen den sensorischen und motorischen Rindenfeldern. Die Größe des Zellgebietes im Rindenfeld entspricht nicht genau dem Ausmaß des Areals im Körper. Für besonders feinmotorische Körperabschnitte (z.B. Hände, Mund) stehen recht große Rindenareale zur Verfügung. Der „Homunculus“, der durch die symbolische Nachzeichnung der mit den Cortexarealen assoziierten Körperteilen entsteht, ist also gegenüber der tatsächlichen Körpergestalt stark verzerrt.

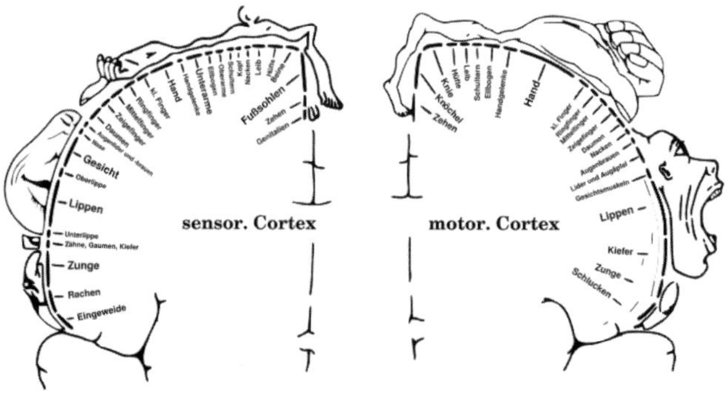

Die „großen“ Körperteile sorgen für eine starke Hirnaktivität. Starke Hirnaktivität bei gleichzeitiger Wiederholung sorgt für eine Verfestigung der Verknüpfungen im Gehirn. Die Folge: Das Gelernte wird dauerhaft aufgenommen.

2) Schlangenwörter

Silbenbögen setzen

Die Kinder setzen zu langen Wörtern **nur** die Silbenbögen. Entscheidend für die Übung ist die Anzahl der Bögen.
Die Ausführung der Bögen kann Hinweise geben auf eine fehlerhafte Stifthaltung oder auf Förderbedarf in der Motorik oder Feinmotorik. Die Übung mit dem Ball ist eine Variante des Silbenklatschens, bei der im wahrsten Sinne des Wortes die Silben angefasst und begriffen werden.

3) Sprechschreiben: Wörter – 5) Sprechschreiben: Sätze

Silbensprechen und Silbenschreiben

Da die meisten schwachen Schreiber Defizite in der Koordination mitbringen, ist es besonders hilfreich, das gleichzeitige Silbensprechen und Silbenschreiben zu erarbeiten.
Dem obligatorischen Silbentrenner entspricht beim Schreiblehrgang die Verwendung von zwei Farben. Die Silbe wird, ohne abzusetzen, geschrieben. Oberzeichen werden nach jeder Silbe gesetzt.
Der Wechsel des Farbstiftes nach jeder Silbe erleichtert dem Schüler die Eigenkontrolle und erlaubt zudem eine nachträgliche Kontrolle des Schreibprozesses. Der Wechsel des Stiftes verhindert zudem eine verkrampfte Schreibhaltung. Der „Pinzettengriff“ als richtige Fingerhaltung wird trainiert und automatisiert.

4) Häuschenschreibung

Mit der Häuschenschreibung wird die Struktur und der Aufbau des deutschen Standardwortes transparent. Mit diesem Hilfsmittel erhalten nicht nur Schreibanfänger eine sichere Grundlage für die Rechtschreibung.

Hintergrund der Häuschenschreibung

Offene und geschlossene Silbe

Schrift ist ein Zeichensystem für Leser

Die Einsicht in die Silbenstruktur des Deutschen verdankt der Autor den Arbeiten von Prof. Dr. Utz Maas[1]. Die Kernaussage lautet: Schrift ist ein Zeichensystem für Leser. Orthografie soll nicht das Schreiben erschweren, sondern das Lesen erleichtern. Die orthografische Schreibung zeigt dem Leser den Silbenschnitt und den Rhythmus der Wörter an. Sie ermöglicht damit die eindeutige Artikulation und Sinnerfassung der Wörter. Nur wer den Silbenschnitt zutreffend erfasst, kann Wörter mit der richtigen Betonung (Trochäus) sprechen und verstehen.

Silbenschnitt

Beispiel: „Wir lesen in Silben.“

deutsches Standardwort

Das deutsche Standardwort ist zweisilbig (le-sen, Sil-ben).
Die erste Silbe ist betont, die zweite Silbe ist unbetont (Trochäus).

[1] Utz Maas, Phonologie – Einführung in die funktionale Phonetik des Deutschen, Vandenhoeck & Ruprecht, 2006

Der betonte Vokal wird in offenen Silben (**le**-sen) eher lang gesprochen; er kann „austrudeln“.
In geschlossenen Silben (**Sil**-ben) wird er vom nachfolgenden Konsonanten begrenzt.
Die unbetonte zweite Silbe wird grundsätzlich mit „e“ geschrieben.

Die Buchstaben innerhalb der Silben werden nach ihrer Funktion benannt:
Offene Silbe **le** – sen: besteht aus l = Starter, e = Klinger;
Geschlossene Silbe **Sil** – ben: besteht aus S = Starter, i = Klinger, l = Stopper.

Um die Betonung (Trochäus) und die dreigliedrige Struktur der beiden Silben der deutschen Standardwörter darzustellen, greifen wir das Häuschenmodell von Prof. Dr. Christa Röber[2] in abgewandelter Form auf. Es ermöglicht die Darstellung der deutschen Wörter mit Silbenschnitt und Rhythmus.

Die betonte erste Silbe „wohnt im Haus“, die zweite unbetonte Silbe „steht in der Garage“. Das Haus hat drei Zimmer, die Garage drei Parkplätze. Im mittleren Zimmer wohnt immer der Klinger (Vokal). Auf dem mittleren Parkplatz steht immer das „Garagen-e“. Diese dreiteilige Gliederung der Silbe wird im Anfangsunterricht mit dem Silbenschieber eingeführt und automatisiert.
Die Silbenstruktur kann mit den KV I bis IV, S. 239 bis 242 geübt werden.

In der offenen Silbe kann sich der Klinger „breitmachen“ (Sprachregelung der Kinder). In der geschlossenen Silbe ist das 3. Zimmer vom Stopper belegt, der Klinger wird dadurch „gequetscht“ (Sprachregelung der Kinder).

Daraus ergeben sich folgende Silbentypen:

Zwei Silbentypen

Typ A: 1. Silbe offen

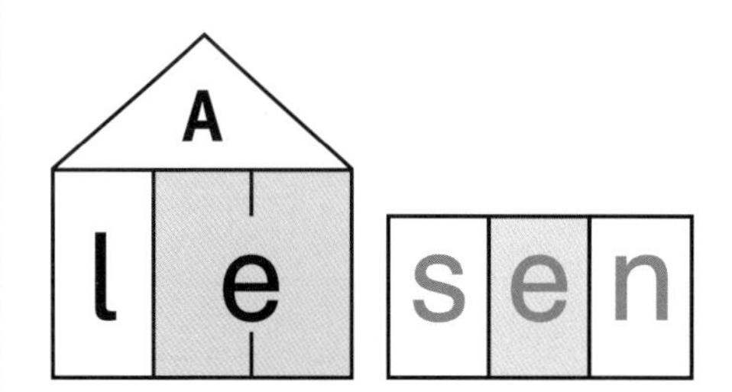

Typ B: 1. Silbe geschlossen

Schärfung

Buchstaben zur orthografischen Markierung

Die deutsche Schrift nutzt Buchstaben als orthografische Markierungen. Sie werden selbst nicht gesprochen, verweisen aber auf den betonten Vokal und den Silbenschnitt: Sprechsilbe und Rhythmus des Wortes werden für den Leser deutlich.

Um den Unterschied von „Hüte“ und „Hütte“ anzuzeigen, wird der Starter [t] der unbetonten zweiten Silbe nach vorn kopiert. Der Leser erkennt diese „Markierung“ und liest das Wort in einem beschleunigten Rhythmus.

Die rhythmische Unterscheidung der deutschen Wörter wird den Schülern durch die Übungen mit den **Kontrastpaaren** (Vgl. Kapitel IV.) bewusst.

[2] Christa Röber-Siekmeyer, Die Schriftsprache entdecken, Beltz, 1997

Utz Maas hat für diese rhythmische Unterscheidung deutscher Wörter die Begriffe „loser" und „fester" Anschluss der unbetonten zweiten Silbe an die betonte erste Silbe vorgeschlagen.

loser und fester Anschluss

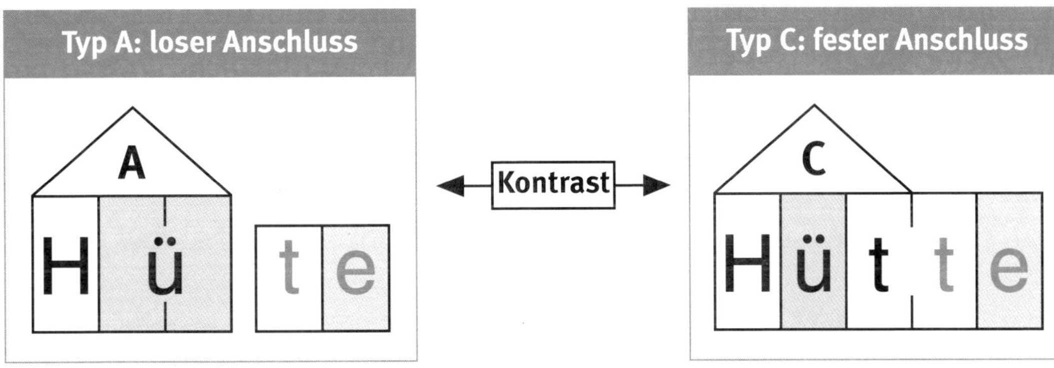

Wir übernehmen diese Sprachregelung und bilden sie durch die Position der Garage ab. Für Wörter mit losem Anschluss ist die Garage vom Haus getrennt. Wörter mit festem Anschluss stehen in Häuschen mit angebauter Garage.
Soll der Schüler Wörter wie Hütte mit festem Anschluss der zweiten Silbe schreiben, kommt orthografisch das Häuschen mit angebauter Garage zum Einsatz. Dabei wird der Konsonant der zweiten Silbe in das leere Zimmer des Häuschens als „Zwilling" (Sprachregelung der Schüler) kopiert. Wir hören ihn nicht, aber er „quetscht" (Sprachregelung der Schüler) das ü, „damit es sich nicht breitmachen kann" (Sprachregelung der Schüler) wie das „ü" in Hüte. Der Zwilling hat damit eine vergleichbare Funktion wie der Stopper in Typ B.
Schüler, die mit der Systematik der Kontrastpaare vertraut sind, können alle Doppelkonsonanten, tz, ck und ie spontan schreiben.

Das deutsche Standardwort in der Häuschenschreibweise

Die drei Häuschentypen
Jedes deutsche Standardwort kann in einen der drei Häuschentypen geschrieben werden:

Drei Häuschentypen

Konsonantenhäufungen
Konsonantenhäufungen bei Starter und Stopper teilen sich ein Zimmer.
Beispiel:

Konsonantenhäufungen

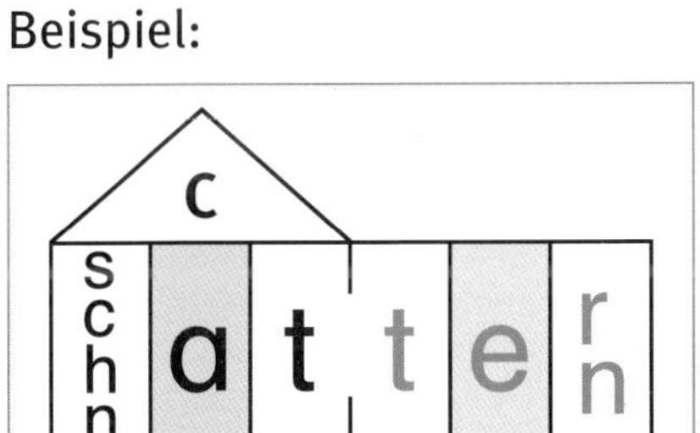

Vokal als Starter

Nicht alle Standardwörter folgen dem Lese- bzw. Schriftbild von Starter – Klinger – Stopper (geschlossen) oder Starter – Klinger (offen). Starter und Stopper sind in der 1. Silbe fakultativ, nur der Klinger ist obligatorisch, z.B.:

Vokal als Starter

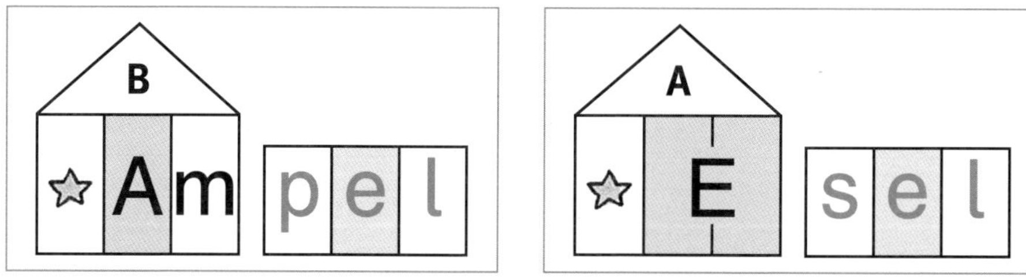

Esel, Eber, Affe, Ente. Bei der Schreibung der Wörter in Silbenhäuschen ersetzen wir den fehlenden Starter durch ein „neutrales Zeichen", etwa ein Sternchen: *Am – pel, *Af – fe.

Der „fehlende" Anlaut (Starter) ist phonetisch erklärbar mit dem Glottisschlag – ein Sprachlaut, der durch Verschlussbildung der Stimmbänder und eine explosive Lösung des Verschlusses (Knacklaut) bei der Artikulation des nachfolgenden Vokals (Klingers) gebildet wird.

Rechtschreibphänomene in der Häuschenschreibweise

Die Übungen zur Häuschenschreibung decken alle Rechtschreibphänomene ab.

ck-Wörter

Die Herkunft des „ck" vom ehemaligen „kk" macht die Schreibung deutlich.
Anmerkung:
Wir schreiben Hac-ke, wegen der Struktur der Sprache, wie sie in der Häuschenschreibweise dargestellt wird. In den Lesetexten wird nach der Sprechsilbe Ha-cke markiert. Dieses Vorgehen macht den Kindern keine Schwierigkeiten, weil Lesen und Schreiben verschiedene Fertigkeiten sind.

ck

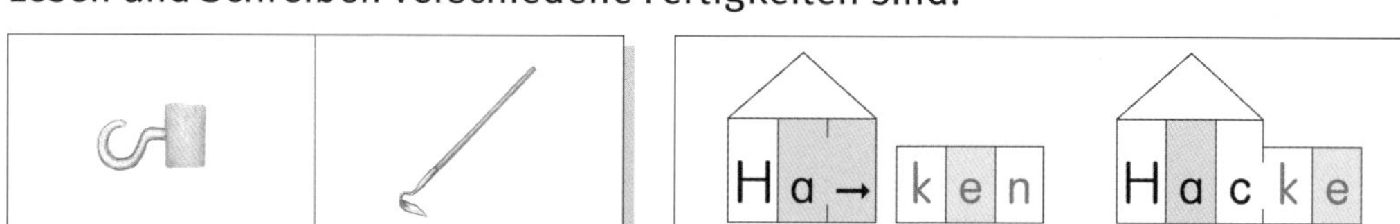

tz-Wörter

Die Herkunft des „tz" vom ehemaligen „zz" macht die Schreibung plausibel.

tz

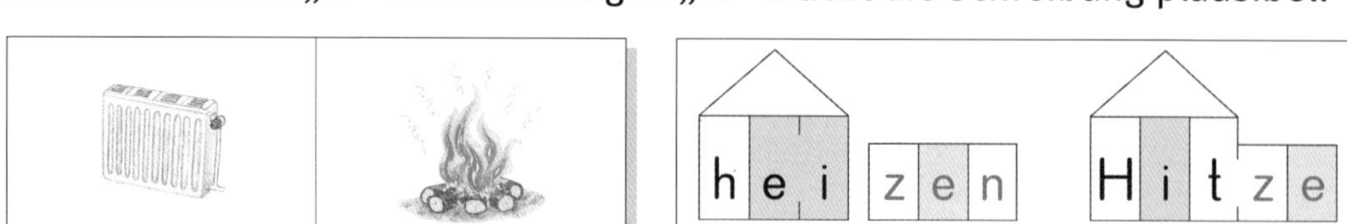

ie-Wörter
Die Darstellung der Diphthonge als lange Vokale ist mit den Häuschen sehr deutlich. Der Doppellaut besetzt natürlich beide Zimmer und lässt für einen „Zwilling" keinen Platz.

ie

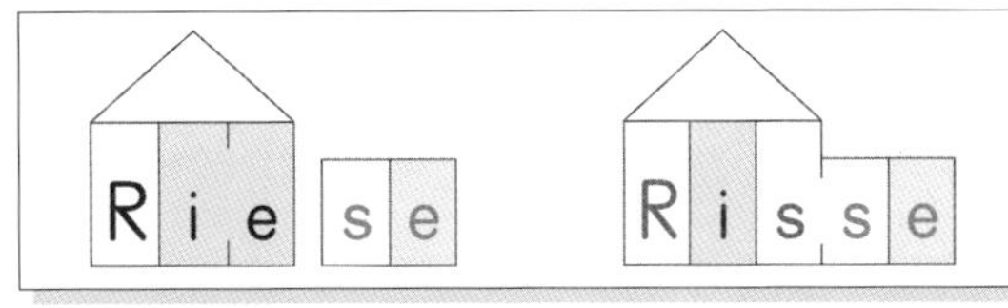

4. Fehlschreibungen im Silben-Training
Wenn im Silben-Training Wörter noch falsch geschrieben werden, sollten diese mit einer anderen Methode geübt werden: mit Karteikärtchen (DIN A8) und einer 5-Fächer-Lernbox. Beides finden Sie im Mildenberger Verlag: www.mildenberger-verlag.de/5-faecher-lernbox

5-Fächer-Lernbox

Bei dieser Methode werden die falsch geschriebenen Wörter korrekt auf die Karteikärtchen geschrieben. Die Kärtchen werden dann in das erste Fach der 5-Fächer-Lernbox gelegt. Ein richtig bearbeitetes Kärtchen wird danach in das zweite Fach der Box gesteckt. Jedes Mal, wenn das Kind mit den Kärtchen arbeitet, greift wieder dieses Prinzip: Wird das Kärtchen richtig bearbeitet, darf es in das nächste Fach gesteckt werden (wenn nicht, kommt es wieder zurück in Fach 1); so werden auch die Kärtchen in den Fächern 2–4 bearbeitet, bis alle im letzten Fach angekommen sind (und damit im Langzeitgedächtnis).

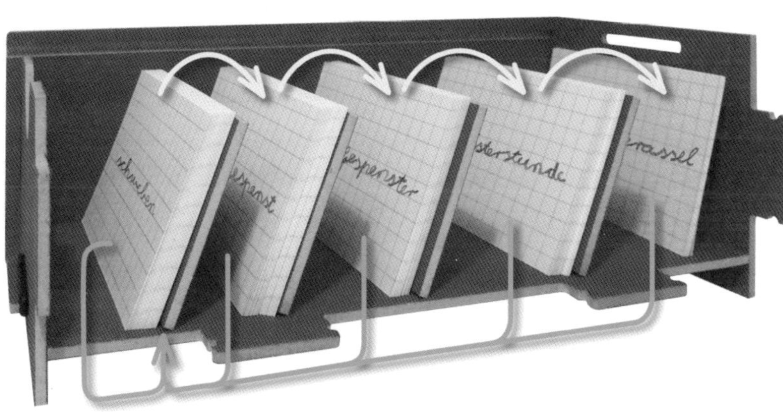

Es gibt verschiedene Möglichkeiten, um die Wörter aus einer Kartei zu wiederholen und zu festigen:
Das Kind kann die Karten allein benutzen: Es liest das Wort, deckt die Karte zu und schreibt das Wort silbenweise mit zwei Farben auf. Anschließend kontrolliert es, ob es das Wort richtig geschrieben hat.
Die Wörter können aber auch in Partnerarbeit diktiert werden. Die Kontrolle erfolgt dann jeweils durch den Übungspartner.

5. Förderung in Kleingruppen

Für den Fall, dass die Förderung durch die Eltern nicht möglich ist oder nicht gewünscht wird, ist selbstverständlich auch eine Förderung in Kleingruppen (bis zu sechs Personen) möglich:

Klatschwörter Jedes Kind klatscht erst sein Lieblingsklatschwort und anschließend das themenbezogene Klatschwort.

Schlangenwörter Bei den Schlangenwörtern liest der Lehrer zuerst vor und alle Kinder notieren gleichzeitig die Silbenbögen. Bei der Übung mit dem Ball können Paare gebildet werden.

Sprechschreiben – Wörter/Satz Das Sprechschreiben der Wörter bzw. der Sätze läuft für alle Kinder der Kleingruppe gleichzeitig ab. Sie sprechen das Wort bzw. den Satz leise für sich und schreiben ihn dann auf.

Häuschenschreibung Die Häuschenschreibung funktioniert wie ein Diktat. Der Lehrer nennt die Wörter und jedes Kind trägt für sich die Wörter in die richtigen Häuser ein.

Elternbrief zum Fördermaterial Rechtschreibung – Silben-Training

Liebe Eltern,

im Vergleich zu den Anforderungen der zweiten Klasse ist Ihr Kind beim Schreiben von ungeübten Wörtern noch unsicher. Mit den richtigen Übungen kann Ihr Kind aber wahrscheinlich bald wieder an die Leistungen seiner Mitschüler anschließen. Einen wichtigen Schritt tun Sie mit den häuslichen Schreibübungen: Herzlichen Dank, dass Sie sich bereit erklären, Ihr Kind zu fördern! Die Erfahrung zeigt, dass Ihr Kind durch nachhaltige, konsequente Silbenarbeit zu besseren Ergebnissen kommt. Zur Unterstützung Ihrer Bemühung stellen wir Ihnen erprobte Übungen zur Verfügung.

Jedes Silben-Training besteht aus 2 Seiten, dem Aufgabenblatt und dem Übungsblatt. Das Aufgabenblatt enthält die Übungsanweisungen und die Lösungen. Das Übungsblatt wird vom Kind bearbeitet.

Um Ihrem Kind eine echte Lernchance zu bieten, sollten Übungen immer mit einem Tag Pause durchgeführt werden und die Dauer von 20 Minuten nicht überschreiten. Abwechselnd zum Silben-Training wären beispielsweise Übungen mit der 5-Fächer-Lernbox denkbar (siehe S. 4).

Das Silben-Training beinhaltet folgende verschiedene Übungsformen:

1) Klatschwörter

Ihr Kind soll das Silbieren von Wörtern als Basis für die richtige Schreibung erkennen und anwenden. Als Einstieg für das Silben-Training soll das Sprechen von Wörtern mit Körperbewegungen koordiniert werden. Das Kind spricht silbenweise ein Wort und klatscht oder geht dazu, z.B. bei dem Wort Tomate.

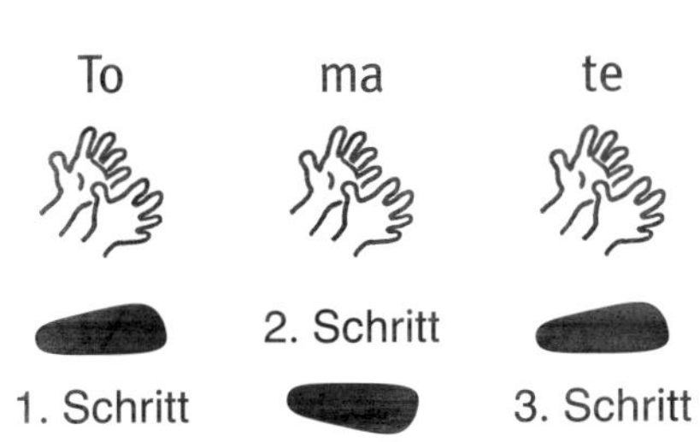

Zum Sprechen kann entweder nur geklatscht **oder** nur gegangen werden, es kann aber auch gleichzeitig zum Sprechen geklatscht **und** gegangen werden. Wichtig ist nur, dass das Sprechen der Silben und die jeweilige Bewegung immer gleichzeitig erfolgt.

Es ist hilfreich, wenn Ihr Kind sich einmalig ein möglichst langes Wort aus seinem Interessensgebiet aussucht. Ein pferdebegeistertes Mädchen wählt z.B. „Pfer-de-half-ter-schnal-le“, ein fußballbegeisterter Junge wählt z.B. „Le-der-fuß-bäl-le“. Dieses Wort wird dann immer zu Beginn des Silben-Trainings verwendet. Es schafft eine positive Grundstimmung (Motivation) und weist auf das Prinzip der folgenden Arbeit hin.

Im zweiten Teil dieser Aufgabe bekommt das Kind das themenbezogene Klatschwort genannt. Es steht auf dem Aufgabenblatt.

Das Kind spricht die Silben und klatscht oder geht gleichzeitig dazu.

2) Schlangenwörter

Die Schlangenwörter sollen die Technik des Silbierens in verschiedenen Silbenkombinationen trainieren. Sprechen Sie das erste Wort in normaler Sprechgeschwindigkeit, Betonung und Sprachmelodie vor. Sprechen Sie das Wort nicht langsam oder gedehnt. Ihr Kind spricht zunächst das Wort nach und klatscht gleichzeitig dazu die Silben. Dann wiederholt es das Wort silbenweise, d.h. es macht zwischen den Silben eine Pause und notiert gleichzeitig die Silbenbögen auf das Übungsblatt. Entscheidend ist die richtige Anzahl der Bögen. Dann kommt das nächste Wort.

Als Abwechslung können die Schlangenwörter auch gesprochen und gleichzeitig mit einem Ball geworfen werden. Dies ist auch eine einfache und effektive Methode, wenn Ihr Kind bei einem Wort Schwierigkeiten hat, es richtig zu silbieren.

Wie wird die Übung mit dem Ball gemacht?

Nennen sie als Erstes das komplette Wort (kein Dehnsprechen!) – z.B. Tomate.

Sie stehen dem Kind gegenüber, nennen die erste Silbe und werfen **gleichzeitig** den Ball Ihrem Kind zu, das den Ball fängt. Ihr Kind nennt die zweite Silbe und wirft **gleichzeitig** den Ball zurück. Sie nennen die dritte Silbe und werfen **gleichzeitig** wieder den Ball zu Ihrem Kind:

To →
← ma
te →

Die Gleichzeitigkeit von Sprechen und Werfen ist von größter Bedeutung. Mit dieser Übung lernt Ihr Kind die Silben im wahrsten Sinne des Wortes anzufassen und zu begreifen.

3) Sprechschreiben: Wörter

Sie sprechen die Wörter in normaler Sprechgeschwindigkeit vor. Ihr Kind spricht zunächst das Wort nach und klatscht gleichzeitig dazu die Silben. Dann spricht es jede Silbe und schreibt sie unmittelbar danach auf. Ihr Kind schreibt die Silben der Wörter abwechselnd mit zwei Farben. Sie achten darauf, dass die Silben deutlich abgegrenzt gesprochen werden. Bei Doppelkonsonanten, z.B. „Bäl–le", werden beide „l" gesprochen.

4) Häuschenschreibung

Mit der Häuschenschreibweise lernt Ihr Kind die Struktur der Schrift kennen und die Regeln für die Rechtschreibung generell herzuleiten. So kann Ihr Kind mit wenigen Regeln die Rechtschreibung der allermeisten Wörter sicher beherrschen. Es erhält damit also ein wichtiges und effektives Mittel, um Rechtschreibfehler zu vermeiden.

Im Folgenden beschreiben wir Schritt für Schritt, was Sie über die Häuschenschreibweise wissen müssen und wie Sie die Übung mit Ihrem Kind durchführen können.

Einführung Häuschen

Ein typisches deutsches Standardwort besteht aus zwei Silben: le-sen, schrei-ben, Sil-be etc. Im Häuschenmodell „wohnt" jede Silbe in einem Teil des Hauses: die erste Silbe im Haus, die zweite Silbe in der Garage.

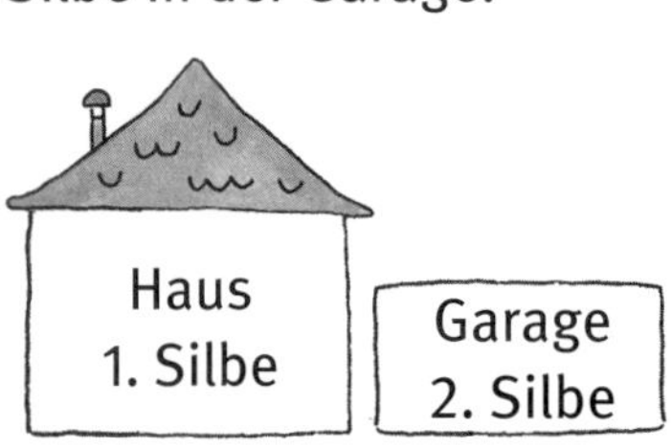

Eine Silbe besteht aus zwei oder drei Elementen, z.B.
Konsonant und Vokal, oder wie wir es nennen: Starter und Klinger beim Wort „Tube":

T Starter } erste Silbe
u Klinger

b } zweite Silbe
e

Konsonant, Vokal, Konsonant, oder wie wir es nennen: Starter, Klinger, Stopper beim Wort „Kinder":

K Starter
i Klinger } erste Silbe
n Stopper

d
e } zweite Silbe
r

Bei Wörtern, die auf „er" enden, hört man beim Sprechen eher ein „a". Kinder schreiben daher oft „Käfa" statt Käfer. Folgende einfache Regel gibt hier Sicherheit: Die zweite Silbe im deutschen Standardwort wird in der Grundform immer mit „e" geschrieben.

Die drei verschiedenen Häuschentypen

Wir sprechen von Häuschen A, B oder C. Diese sollen hier kurz vorgestellt werden. Die Bezeichnungen finden Sie auch auf den Übungs- und Schreibblättern in den Dächern der Häuser wieder.

Häuschen A

Wörter, bei denen in der ersten Silbe kein Stopper vorkommt, z.B. das Wort „Käfer", werden in folgendes Häuschen richtig eingetragen:

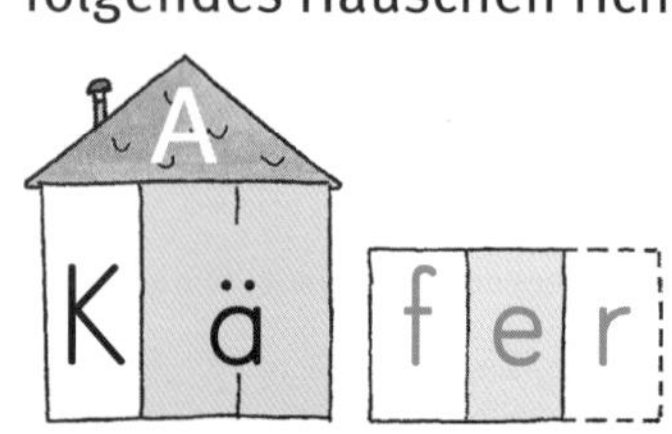

Bitte beachten Sie, dass hier im Haupthaus nur zwei Zimmer sind. Es wurde quasi eine Wand durchbrochen, um ein einzelnes, großes Zimmer zu schaffen.

Das „ä“ wohnt in unserem Beispiel in diesem großen Zimmer. Das entspricht der Länge beim Sprechen. Die Kinder erklären dies so mit ihren eigenen Worten: „Der Klinger macht sich breit und braucht deswegen ein großes Zimmer.“

Häuschen B

Für Wörter, in denen die erste Silbe einen Stopper hat, gibt es dieses Häuschen. Das Haupthaus hat drei Zimmer. Jeweils ein Zimmer für Starter, Klinger und Stopper.

Das Wort „Kinder“ wird z.B. so eingetragen:

Häuschen C

Der dritte Häuschentyp hat folgende Besonderheit:

An das Haupthaus ist die Garage angebaut und die Wand dazwischen ist durchbrochen.

Warum ist das so?

Es gibt Wörter, die in der Wortmitte eine Besonderheit haben: einen Doppelkonsonanten – z.B. „Koffer“. Von der ersten Silbe ist das „f“ der Stopper, von der zweiten Silbe ist das „f“ der Starter. Diese zwei „f“s sind nicht hörbar: Bei einem Wort wie „Käfer“ hören wir „f“ und schreiben „f“. Bei „Koffer“ hören wir ebenfalls „f“, schreiben aber „ff“. Die Unterscheidung solcher Wörter gelingt nur über das rhythmische Sprechen: Indem ich beide Möglichkeiten vergleiche, kann ich die richtige Schreibung ermitteln: Heißt es „Ko-fer“ (langsam bzw. gedehnt gesprochen) oder „Kof-fer“ (schnell gesprochen)? Alle Kinder entscheiden sich beim Hören dieser Alternativen richtig: Das Wort wird schnell gesprochen. Kinder, die mit der Häuschenschreibung vertraut sind, können es auch so erklären: „Das ‚o‘ darf sich nicht breitmachen, da wohnt noch ein ‚f‘, das es stoppt. Das braucht auch noch ein Zimmer.“ Und: „Die beiden ‚f‘s sind Zwillinge und wollen zusammen wohnen. Deswegen teilen sie sich das Zimmer.“

In diese 3 Häuschen lassen sich alle Standardwörter des Deutschen eintragen. Sind diese Häuschentypen verankert, wird der Schreibablauf sich stabilisieren und die Fehlerzahl immer geringer.

Ablauf der Übung

Sie lesen jedes Wort einzeln in normaler Sprechgeschwindigkeit vor. Ihr Kind entscheidet, in welches Häuschen das Wort gehört. Auch muss es entscheiden, wie das Wort richtig in die Häuschen eingetragen wird. Dann sprechen Sie das nächste Wort. Bei dieser Übung kommt es nicht nur auf die richtige Silbierung an, sondern auch auf die korrekte Zuordnung der Buchstaben zu Starter, Klinger und ggf. Stopper. Je nach Wort kann es zu Sonderschreibungen kommen, die wir im nächsten Abschnitt erklären. Die Lösungen, wie welches Wort jeweils in welches Häuschen geschrieben wird, finden Sie auf Ihrem Blatt.

Besondere Schreibweisen

Mehrere Konsonanten

Starter und Stopper können z.T. aus mehreren Buchstaben bestehen. Diese Buchstaben kommen dann zusammen in das jeweilige Zimmer. Dies kann in der ersten und in der zweiten Silbe, also sowohl im Haus als auch in der Garage, passieren. Die Buchstaben können **nebeneinander** oder **untereinander** geschrieben werden.

Wörter ohne Starter

Es gibt auch den Fall, dass die erste Silbe eines Worts keinen Starter besitzt. Sie beginnt mit oder besteht nur aus dem Klinger (Vokal). In diesem Fall wird in das erste Zimmer ein Sternchen gemalt, das Wort aber wie üblich ins Häuschen eingetragen. Der Klinger behält sein Zimmer.

5) Sprechschreiben: Sätze

Sie lesen jeden Satz vor. Ihr Kind wiederholt den Satz und klatscht gleichzeitig dazu die Silben. Bei Abweichungen wird der Satz wiederholt. Danach sprechen Sie je nach Übungsstand einzelne Wörter oder Satzabschnitte (Sinneinheiten) vor und Ihr Kind schreibt die Wörter silbenweise mit zwei Farben auf (vgl. Aufgabe 3). Macht Ihr Kind einen Fehler, geben Sie keine direkten Hilfen wie z.B. „Das Wort ‚Wiese' musst du mit ‚ie' schreiben." Besser sagen Sie: „In dem Satz ist ein Fehler."

Dann fordern Sie das Kind auf, Silbenbögen unter die Wörter zu zeichnen und den Fehler selbst zu finden. Mit zunehmender Routine wird das immer besser gelingen.

Was machen Sie bei falsch geschriebenen Wörtern?

Wenn im Silben-Training Wörter noch falsch geschrieben werden, sollten diese mit einer anderen Methode geübt werden: mit Karteikärtchen (DIN A8) und einer 5-Fächer-Lernbox. Beides finden Sie im Mildenberger Verlag: www.mildenberger-verlag.de/5-faecher-lernbox

Bei dieser Methode werden die falsch geschriebenen Wörter korrekt auf die Karteikärtchen geschrieben. Die Kärtchen werden dann in das erste Fach der 5-Fächer-Lernbox gelegt. Ein richtig bearbeitetes Kärtchen wird danach in das zweite Fach der Box gesteckt. Jedes Mal, wenn das Kind mit den Kärtchen arbeitet, greift wieder dieses Prinzip: Wird das Kärtchen richtig bearbeitet, darf es in das nächste Fach gesteckt werden (wenn nicht, kommt es wieder zurück in Fach 1); so werden auch die Kärtchen in den Fächern 2–4 bearbeitet, bis alle im letzten Fach angekommen sind (und damit im Langzeitgedächtnis).

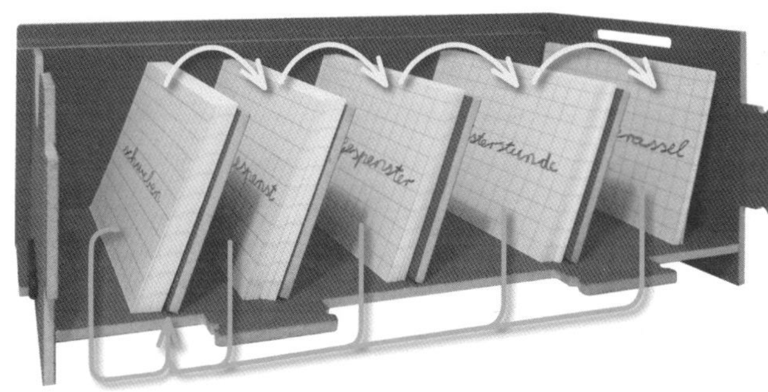

Es gibt verschiedene Möglichkeiten, um die Wörter aus einer Kartei zu wiederholen und zu festigen:

Ihr Kind kann die Karten allein benutzen: Es liest das Wort, deckt die Karte zu und schreibt das Wort silbenweise mit zwei Farben auf. Anschließend kontrolliert es, ob es das Wort richtig geschrieben hat.

Die Wörter können aber auch in Partnerarbeit oder von Ihnen diktiert werden. Die Kontrolle erfolgt dann jeweils durch den Übungspartner bzw. durch Sie.

Sollten sich zum Ablauf der Übungen noch Fragen ergeben, können Sie sich gerne an mich wenden. Zur Durchführung der Übungen wünsche ich Ihnen und Ihrem Kind gutes Gelingen und das nötige Quäntchen Geduld.

Mit herzlichen Grüßen

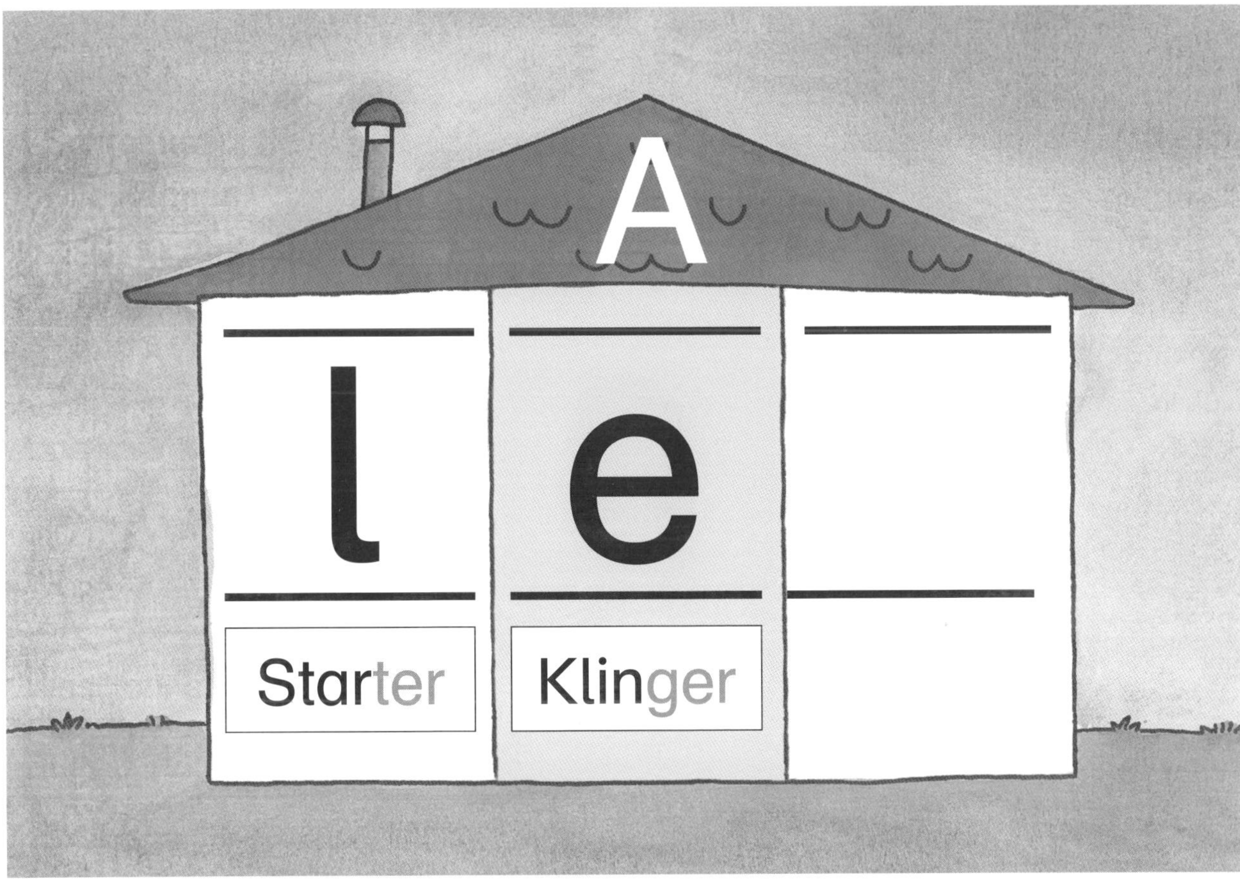
A
l
e
Starter
Klinger

B
S
i
l
Starter
Klinger
Stopper

Die Struktur der 1. Silbe – Aufgabenblatt

Starter Starter Klinger

Klinger Stopper

Die Silbenstruktur des deutschen Standardwortes – Vorlage

1. Silbe = Häuschensilbe

2. Silbe = Garagensilbe

1. Silbe = Häuschensilbe

2. Silbe = Garagensilbe

1. Silbe = Häuschensilbe

2. Silbe = Garagensilbe

1. Silbe =

2. Silbe =

1. Silbe =

2. Silbe =

1. Silbe =

2. Silbe =

Häuschensilbe	Häuschensilbe	Häuschensilbe
Garagensilbe	Garagensilbe	Garagensilbe

Silben-Training 1: Die Schule beginnt 1

1) Klatschwörter

Das Kind spricht die Klatschwörter und klatscht gleichzeitig dazu die Silben.

a) Persönliches Lieblingsklatschwort (individuell)

b) Themenbezogenes Klatschwort: Ferienandenken

2) Schlangenwörter

Variante 1: Jedes Wort wird einzeln vorgelesen (kein Dehnsprechen!).
Das Kind wiederholt das Wort und klatscht gleichzeitig dazu die Silben. Dann spricht es das Wort silbiert mit Pausen und notiert gleichzeitig die Silbenbögen auf dem Schreibblatt.

Variante 2: Partnerübung – gleichzeitiges Sprechen der Silbe und Werfen eines Balls.

a) Fotoalbum
c) Ausstellung
e) Urlaubsbilder
b) Postkarte
d) Namenkärtchen
f) Ferienhaus

3) Sprechschreiben – Wörter

Die Wörter werden einzeln vorgelesen (kein Dehnsprechen!).
Das Kind wiederholt das Wort und klatscht gleichzeitig dazu die Silben. Dann spricht es die einzelnen Silben des Wortes und schreibt sie unmittelbar danach auf das Schreibblatt. Es benutzt abwechselnd zwei Farben.

Raupe
Kinder
Ferien

4) Häuschenschreibung

Die folgenden Wörter werden vorgelesen und vom Kind in das passende Häuschen auf dem Schreibblatt eingetragen. Es benutzt abwechselnd zwei Farben.

Karte, Blume, Feder

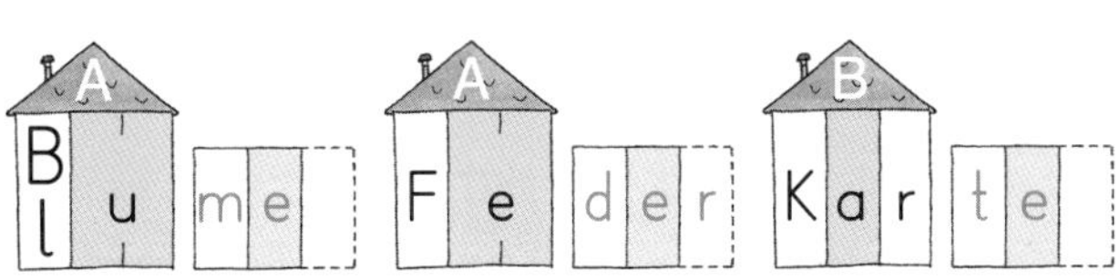

5) Sprechschreiben – Sätze

Die Sätze werden einzeln diktiert. Das Kind wiederholt den Satz und klatscht gleichzeitig dazu die Silben. Dann spricht es den Satz wie in Aufgabe 3) und schreibt mit zwei Farben auf das Schreibblatt:

Malte hat eine Karte.

Hanna hat eine Feder.

Lena hat eine Blume.

Die falsch geschriebenen Wörter werden korrigiert und auf Karteikarten geschrieben.
Sie werden mit der 5-Fächer-Lernbox wiederholt, bis sie richtig geschrieben werden.

Silben-Training 1: Die Schule beginnt 1

1)

2)

a)

b)

c)

d)

e)

f)

3)

4)

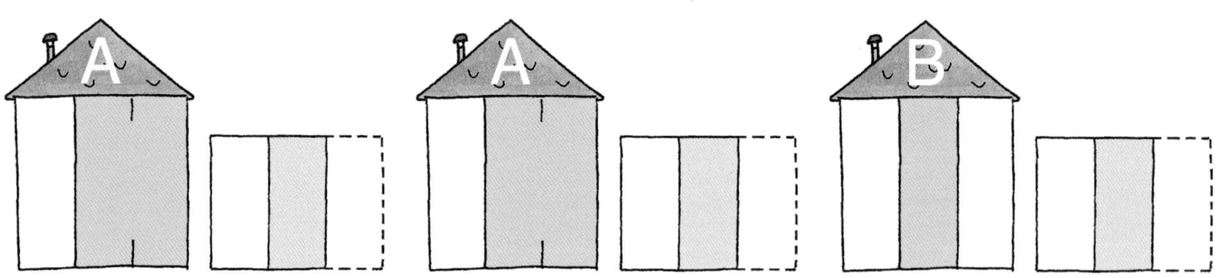

5)

Silben-Training 2: Die Schule beginnt 2

1) Klatschwörter

Das Kind spricht die Klatschwörter und klatscht gleichzeitig dazu die Silben.

a) Persönliches Lieblingsklatschwort (individuell)

b) Themenbezogenes Klatschwort: Ferienerlebnisse

2) Schlangenwörter

Variante 1: Jedes Wort wird einzeln vorgelesen (kein Dehnsprechen!).
Das Kind wiederholt das Wort und klatscht gleichzeitig dazu die Silben. Dann spricht es das Wort silbiert mit Pausen und notiert gleichzeitig die Silbenbögen auf dem Schreibblatt.

Variante 2: Partnerübung – gleichzeitiges Sprechen der Silbe und Werfen eines Balls.

a) Strandkörbe
b) Flaschenpost
c) Schneckenhaus
d) Eistüte
e) Salzwasser
f) Strandspiele

3) Sprechschreiben – Wörter

Die Wörter werden einzeln vorgelesen (kein Dehnsprechen!).
Das Kind wiederholt das Wort und klatscht gleichzeitig dazu die Silben. Dann spricht es die einzelnen Silben des Wortes und schreibt sie unmittelbar danach auf das Schreibblatt. Es benutzt abwechselnd zwei Farben.

Segelschiffe
Kistenboden
Hundeleine

4) Häuschenschreibung

Die folgenden Wörter werden vorgelesen und vom Kind in das passende Häuschen auf dem Schreibblatt eingetragen. Es benutzt abwechselnd zwei Farben.

Segel, Hunde, Kiste

5) Sprechschreiben – Sätze

Die Sätze werden einzeln diktiert. Das Kind wiederholt den Satz und klatscht gleichzeitig dazu die Silben. Dann spricht es den Satz wie in Aufgabe 3) und schreibt mit zwei Farben auf das Schreibblatt:

Malte hat ein Segelschiff.
Hanna hat eine Kiste.
Lena hat einen Hund.

Die falsch geschriebenen Wörter werden korrigiert und auf Karteikarten geschrieben.
Sie werden mit der 5-Fächer-Lernbox wiederholt, bis sie richtig geschrieben werden.

1)

2)

a) | d)

b) | e)

c) | f)

3)

4)

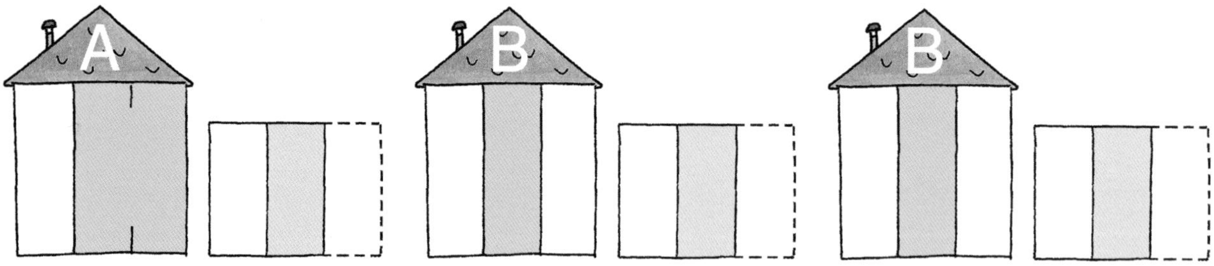

5)

Silben-Training 3: Die Schule beginnt 3

1) Klatschwörter

Das Kind spricht die Klatschwörter und klatscht gleichzeitig dazu die Silben.

a) Persönliches Lieblingsklatschwort (individuell)

b) Themenbezogenes Klatschwort: Autofahrt

2) Schlangenwörter

Variante 1: Jedes Wort wird einzeln vorgelesen (kein Dehnsprechen!).
Das Kind wiederholt das Wort und klatscht gleichzeitig dazu die Silben. Dann spricht es das Wort silbiert mit Pausen und notiert gleichzeitig die Silbenbögen auf dem Schreibblatt.

Variante 2: Partnerübung – gleichzeitiges Sprechen der Silbe und Werfen eines Balls.

a) Landschaften c) Picknickkorb e) Abenteuer

b) Feriengepäck d) Reiselust f) Ferienspaß

3) Sprechschreiben – Wörter

Die Wörter werden einzeln vorgelesen (kein Dehnsprechen!).
Das Kind wiederholt das Wort und klatscht gleichzeitig dazu die Silben. Dann spricht es die einzelnen Silben des Wortes und schreibt sie unmittelbar danach auf das Schreibblatt. Es benutzt abwechselnd zwei Farben.

Schulfenster

Gartenzäune

Haustüren

4) Häuschenschreibung

Die folgenden Wörter werden vorgelesen und vom Kind in das passende Häuschen auf dem Schreibblatt eingetragen. Es benutzt abwechselnd zwei Farben.

Schule, Garten, Häuser

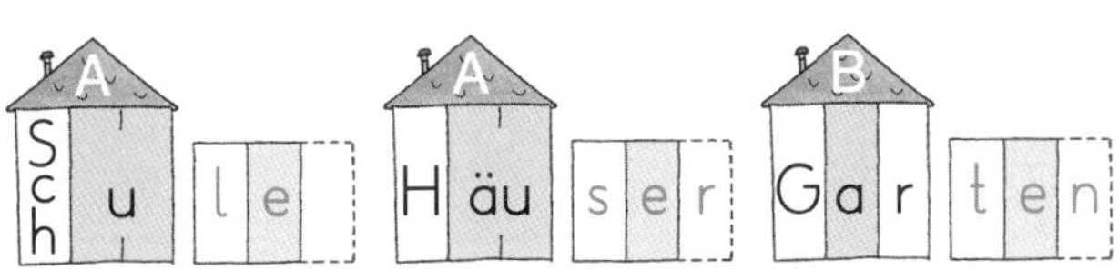

5) Sprechschreiben – Sätze

Die Sätze werden einzeln diktiert. Das Kind wiederholt den Satz und klatscht gleichzeitig dazu die Silben. Dann spricht es den Satz wie in Aufgabe 3) und schreibt mit zwei Farben auf das Schreibblatt:

Malte ist in der Schule.

Hanna ist zu Hause.

Lena ist im Kindergarten.

Die falsch geschriebenen Wörter werden korrigiert und auf Karteikarten geschrieben.
Sie werden mit der 5-Fächer-Lernbox wiederholt, bis sie richtig geschrieben werden.

Silben-Training 3: Die Schule beginnt 3

1)

2)

a)

b)

c)

d)

e)

f)

3)

4)

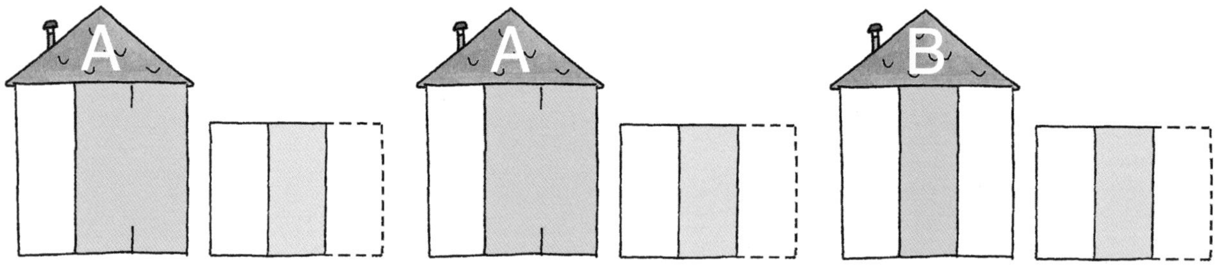

5)

Silben-Training 4: Abc 1

1) Klatschwörter

Das Kind spricht die Klatschwörter und klatscht gleichzeitig dazu die Silben.

a) Persönliches Lieblingsklatschwort (individuell)

b) Themenbezogenes Klatschwort: Affenzirkus

2) Schlangenwörter

Variante 1: Jedes Wort wird einzeln vorgelesen (kein Dehnsprechen!).
Das Kind wiederholt das Wort und klatscht gleichzeitig dazu die Silben. Dann spricht es das Wort silbiert mit Pausen und notiert gleichzeitig die Silbenbögen auf dem Schreibblatt.

Variante 2: Partnerübung – gleichzeitiges Sprechen der Silbe und Werfen eines Balls.

a) Bärenhöhle
b) Chamäleon
c) Delfinschule
d) Elefantenohren
e) Fischernetze
f) Gänsebraten

3) Sprechschreiben – Wörter

Die Wörter werden einzeln vorgelesen (kein Dehnsprechen!).
Das Kind wiederholt das Wort und klatscht gleichzeitig dazu die Silben. Dann spricht es die einzelnen Silben des Wortes und schreibt sie unmittelbar danach auf das Schreibblatt. Es benutzt abwechselnd zwei Farben.

traben
jagen
tragen

4) Häuschenschreibung

Die folgenden Wörter werden vorgelesen und vom Kind in das passende Häuschen auf dem Schreibblatt eingetragen. Es benutzt abwechselnd zwei Farben.

traben, Pferde, tragen

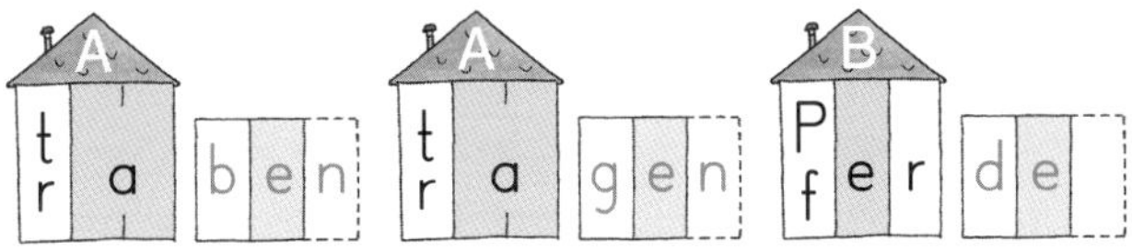

5) Sprechschreiben – Sätze

Die Sätze werden einzeln diktiert. Das Kind wiederholt den Satz und klatscht gleichzeitig dazu die Silben. Dann spricht es den Satz wie in Aufgabe 3) und schreibt mit zwei Farben auf das Schreibblatt:

Die Pferde traben.
Die Tiger jagen.
Die Esel tragen.

Die falsch geschriebenen Wörter werden korrigiert und auf Karteikarten geschrieben.
Sie werden mit der 5-Fächer-Lernbox wiederholt, bis sie richtig geschrieben werden.

Silben-Training 4: Abc 1

1)

2)

a)

b)

c)

d)

e)

f)

3)

4)

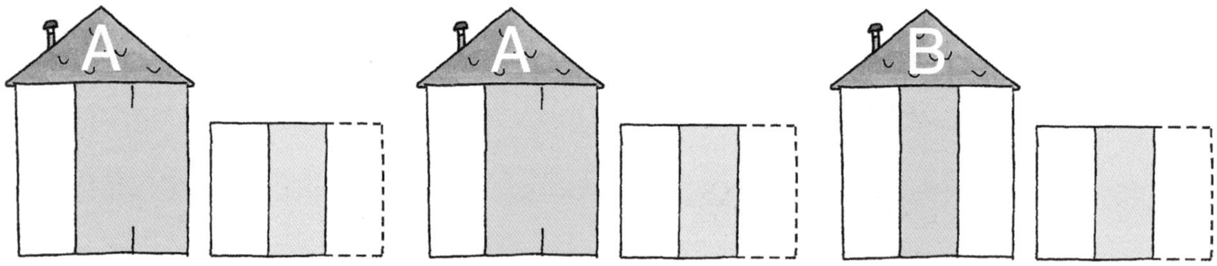

5)

Silben-Training 5: Abc 2

1) Klatschwörter

Das Kind spricht die Klatschwörter und klatscht gleichzeitig dazu die Silben.

a) Persönliches Lieblingsklatschwort (individuell)

b) Themenbezogenes Klatschwort: Hasenfüße

2) Schlangenwörter

Variante 1: Jedes Wort wird einzeln vorgelesen (kein Dehnsprechen!).
Das Kind wiederholt das Wort und klatscht gleichzeitig dazu die Silben. Dann spricht es das Wort silbiert mit Pausen und notiert gleichzeitig die Silbenbögen auf dem Schreibblatt.

Variante 2: Partnerübung – gleichzeitiges Sprechen der Silbe und Werfen eines Balls.

a) Igelstacheln
c) Kakaduschnabel
e) Mäuseschwänzchen
b) Jaguarflecken
d) Löwenmähne
f) Nashornhinterteil

3) Sprechschreiben – Wörter

Die Wörter werden einzeln vorgelesen (kein Dehnsprechen!).
Das Kind wiederholt das Wort und klatscht gleichzeitig dazu die Silben. Dann spricht es die einzelnen Silben des Wortes und schreibt sie unmittelbar danach auf das Schreibblatt. Es benutzt abwechselnd zwei Farben.

brummen
nagen
klettern

4) Häuschenschreibung

Die folgenden Wörter werden vorgelesen und vom Kind in das passende Häuschen auf dem Schreibblatt eingetragen. Es benutzt abwechselnd zwei Farben.

nagen, klettern, brummen

5) Sprechschreiben – Sätze

Die Sätze werden einzeln diktiert. Das Kind wiederholt den Satz und klatscht gleichzeitig dazu die Silben. Dann spricht es den Satz wie in Aufgabe 3) und schreibt mit zwei Farben auf das Schreibblatt:

Die Affen klettern.
Die Mäuse nagen.
Die Bären brummen.

Die falsch geschriebenen Wörter werden korrigiert und auf Karteikarten geschrieben.
Sie werden mit der 5-Fächer-Lernbox wiederholt, bis sie richtig geschrieben werden.

Silben-Training 5: Abc 2

1)

2)

a) d)

b) e)

c) f)

3)

4)

5)

Silben-Training 6: Abc 3

1) Klatschwörter

Das Kind spricht die Klatschwörter und klatscht gleichzeitig dazu die Silben.

a) Persönliches Lieblingsklatschwort (individuell)

b) Themenbezogenes Klatschwort: Orang-Utan-Geschrei

2) Schlangenwörter

Variante 1: Jedes Wort wird einzeln vorgelesen (kein Dehnsprechen!).

Das Kind wiederholt das Wort und klatscht gleichzeitig dazu die Silben. Dann spricht es das Wort silbiert mit Pausen und notiert gleichzeitig die Silbenbögen auf dem Schreibblatt.

Variante 2: Partnerübung – gleichzeitiges Sprechen der Silbe und Werfen eines Balls.

a) Papageienfeder c) Rentiergeweih e) Tigerzähne

b) Quallenschwarm d) Seepferdchen f) Uhuaugen

3) Sprechschreiben – Wörter

Die Wörter werden einzeln vorgelesen (kein Dehnsprechen!).
Das Kind wiederholt das Wort und klatscht gleichzeitig dazu die Silben. Dann spricht es die einzelnen Silben des Wortes und schreibt sie unmittelbar danach auf das Schreibblatt. Es benutzt abwechselnd zwei Farben.

Schafe

Hunde

Hasen

4) Häuschenschreibung

Die folgenden Wörter werden vorgelesen und vom Kind in das passende Häuschen auf dem Schreibblatt eingetragen. Es benutzt abwechselnd zwei Farben.

hoppeln, bellen, blöken

5) Sprechschreiben – Sätze

Die Sätze werden einzeln diktiert. Das Kind wiederholt den Satz und klatscht gleichzeitig dazu die Silben. Dann spricht es den Satz wie in Aufgabe 3) und schreibt mit zwei Farben auf das Schreibblatt:

Die Schafe blöken.

Die Hunde bellen.

Die Hasen hoppeln.

Die falsch geschriebenen Wörter werden korrigiert und auf Karteikarten geschrieben.
Sie werden mit der 5-Fächer-Lernbox wiederholt, bis sie richtig geschrieben werden.

Silben-Training 6: Abc 3

1)

2)

a)

b)

c)

d)

e)

f)

3)

4)

5)

Silben-Training 7: Herbst 1

1) Klatschwörter

Das Kind spricht die Klatschwörter und klatscht gleichzeitig dazu die Silben.

a) Persönliches Lieblingsklatschwort (individuell)

b) Themenbezogenes Klatschwort: Eichhörnchenverstecke

2) Schlangenwörter

Variante 1: Jedes Wort wird einzeln vorgelesen (kein Dehnsprechen!).
Das Kind wiederholt das Wort und klatscht gleichzeitig dazu die Silben. Dann spricht es das Wort silbiert mit Pausen und notiert gleichzeitig die Silbenbögen auf dem Schreibblatt.

Variante 2: Partnerübung – gleichzeitiges Sprechen der Silbe und Werfen eines Balls.

a) Leiterwagen
c) Weidenkörbe
e) Fensterläden
b) Walnussbäume
d) Rübengeister
f) Vogelschwärme

3) Sprechschreiben – Wörter

Die Wörter werden einzeln vorgelesen (kein Dehnsprechen!).
Das Kind wiederholt das Wort und klatscht gleichzeitig dazu die Silben. Dann spricht es die einzelnen Silben des Wortes und schreibt sie unmittelbar danach auf das Schreibblatt. Es benutzt abwechselnd zwei Farben.

essen
sammeln
basteln

4) Häuschenschreibung

Die folgenden Wörter werden vorgelesen und vom Kind in das passende Häuschen auf dem Schreibblatt eingetragen. Es benutzt abwechselnd zwei Farben.

sammeln, basteln, essen

5) Sprechschreiben – Sätze

Die Sätze werden einzeln diktiert. Das Kind wiederholt den Satz und klatscht gleichzeitig dazu die Silben. Dann spricht es den Satz wie in Aufgabe 3) und schreibt mit zwei Farben auf das Schreibblatt:

Die Kinder sammeln Blätter.
Die Kinder basteln Windräder.
Die Kinder essen Nüsse.

Die falsch geschriebenen Wörter werden korrigiert und auf Karteikarten geschrieben.
Sie werden mit der 5-Fächer-Lernbox wiederholt, bis sie richtig geschrieben werden.

Silben-Training 7: Herbst 1

1)

2)

a)

b)

c)

d)

e)

f)

3)

4)

5)

Silben-Training 8: Herbst 2

1) Klatschwörter

Das Kind spricht die Klatschwörter und klatscht gleichzeitig dazu die Silben.

a) Persönliches Lieblingsklatschwort (individuell)

b) Themenbezogenes Klatschwort: Kastanienmännchen

2) Schlangenwörter

Variante 1: Jedes Wort wird einzeln vorgelesen (kein Dehnsprechen!).
Das Kind wiederholt das Wort und klatscht gleichzeitig dazu die Silben. Dann spricht es das Wort silbiert mit Pausen und notiert gleichzeitig die Silbenbögen auf dem Schreibblatt.

Variante 2: Partnerübung – gleichzeitiges Sprechen der Silbe und Werfen eines Balls.

a) Vogelschwärme c) Kürbisgeister e) Traubenernte

b) Blätterhaufen d) Apfelbäume f) Gartenzäune

3) Sprechschreiben – Wörter

Die Wörter werden einzeln vorgelesen (kein Dehnsprechen!).
Das Kind wiederholt das Wort und klatscht gleichzeitig dazu die Silben. Dann spricht es die einzelnen Silben des Wortes und schreibt sie unmittelbar danach auf das Schreibblatt. Es benutzt abwechselnd zwei Farben.

Drachen
Kinder
Blätter

4) Häuschenschreibung

Die folgenden Wörter werden vorgelesen und vom Kind in das passende Häuschen auf dem Schreibblatt eingetragen. Es benutzt abwechselnd zwei Farben.

rennen, steigen, fallen

5) Sprechschreiben – Sätze

Die Sätze werden einzeln diktiert. Das Kind wiederholt den Satz und klatscht gleichzeitig dazu die Silben. Dann spricht es den Satz wie in Aufgabe 3) und schreibt mit zwei Farben auf das Schreibblatt:

Die Kinder rennen.
Die Drachen steigen.
Die Blätter fallen.

Die falsch geschriebenen Wörter werden korrigiert und auf Karteikarten geschrieben.
Sie werden mit der 5-Fächer-Lernbox wiederholt, bis sie richtig geschrieben werden.

Silben-Training 8: Herbst 2

1)

2)

a)

b)

c)

d)

e)

f)

3)

4)

5)

Silben-Training 9: Herbst 3

1) Klatschwörter

Das Kind spricht die Klatschwörter und klatscht gleichzeitig dazu die Silben.

a) Persönliches Lieblingsklatschwort (individuell)

b) Themenbezogenes Klatschwort: Herbststürme

2) Schlangenwörter

Variante 1: Jedes Wort wird einzeln vorgelesen (kein Dehnsprechen!).
Das Kind wiederholt das Wort und klatscht gleichzeitig dazu die Silben. Dann spricht es das Wort silbiert mit Pausen und notiert gleichzeitig die Silbenbögen auf dem Schreibblatt.

Variante 2: Partnerübung – gleichzeitiges Sprechen der Silbe und Werfen eines Balls.

a) Kaminfeuer   c) Bollerwagen   e) Kürbisfratze

b) Wäscheleine   d) Wolkenformen   f) Apfelernte

3) Sprechschreiben – Wörter

Die Wörter werden einzeln vorgelesen (kein Dehnsprechen!).
Das Kind wiederholt das Wort und klatscht gleichzeitig dazu die Silben. Dann spricht es die einzelnen Silben des Wortes und schreibt sie unmittelbar danach auf das Schreibblatt. Es benutzt abwechselnd zwei Farben.

Felder
Bäume
Weizen

4) Häuschenschreibung

Die folgenden Wörter werden vorgelesen und vom Kind in das passende Häuschen auf dem Schreibblatt eingetragen. Es benutzt abwechselnd zwei Farben.

rennen, fallen, lassen

5) Sprechschreiben – Sätze

Die Sätze werden einzeln diktiert. Das Kind wiederholt den Satz und klatscht gleichzeitig dazu die Silben. Dann spricht es den Satz wie in Aufgabe 3) und schreibt mit zwei Farben auf das Schreibblatt:

Die Kinder rennen über die Felder.

Die Kinder lassen die Drachen steigen.

Die Blätter fallen von den Bäumen.

Die falsch geschriebenen Wörter werden korrigiert und auf Karteikarten geschrieben.
Sie werden mit der 5-Fächer-Lernbox wiederholt, bis sie richtig geschrieben werden.

Silben-Training 9: Herbst 3

1)

2)

a)

b)

c)

d)

e)

f)

3)

4)

5)

Silben-Training 10: Ich – Du – Wir 1

1) Klatschwörter

Das Kind spricht die Klatschwörter und klatscht gleichzeitig dazu die Silben.

a) Persönliches Lieblingsklatschwort (individuell)

b) Themenbezogenes Klatschwort: Klassenregeln

2) Schlangenwörter

Variante 1: Jedes Wort wird einzeln vorgelesen (kein Dehnsprechen!).
Das Kind wiederholt das Wort und klatscht gleichzeitig dazu die Silben. Dann spricht es das Wort silbiert mit Pausen und notiert gleichzeitig die Silbenbögen auf dem Schreibblatt.

Variante 2: Partnerübung – gleichzeitiges Sprechen der Silbe und Werfen eines Balls.

a) Steckbriefe
c) Hosenbeine
e) Ratespiele
b) Gummistiefel
d) Kleiderhaken
f) Haargummi

3) Sprechschreiben – Wörter

Die Wörter werden einzeln vorgelesen (kein Dehnsprechen!).
Das Kind wiederholt das Wort und klatscht gleichzeitig dazu die Silben. Dann spricht es die einzelnen Silben des Wortes und schreibt sie unmittelbar danach auf das Schreibblatt. Es benutzt abwechselnd zwei Farben.

Hosenbeine

Augenfarbe

Klassenzimmer

4) Häuschenschreibung

Die folgenden Wörter werden vorgelesen und vom Kind in das passende Häuschen auf dem Schreibblatt eingetragen. Es benutzt abwechselnd zwei Farben.

Hosen, Zimmer, Augen

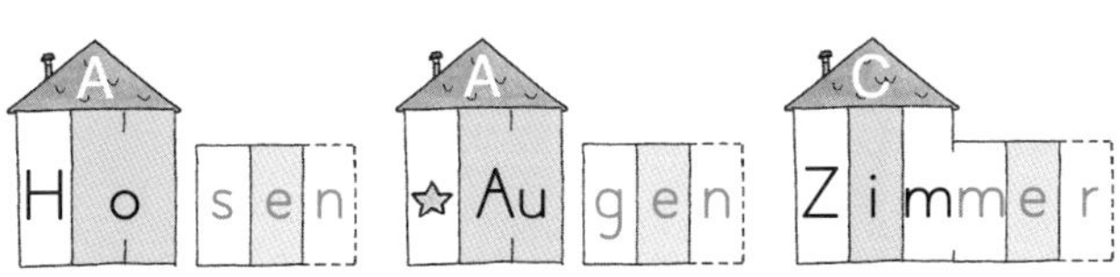

5) Sprechschreiben – Sätze

Die Sätze werden einzeln diktiert. Das Kind wiederholt den Satz und klatscht gleichzeitig dazu die Silben. Dann spricht es den Satz wie in Aufgabe 3) und schreibt mit zwei Farben auf das Schreibblatt:

Die Kinder sind im Klassenzimmer.

Die Hose ist blau.

Die Augen sind grün.

Die falsch geschriebenen Wörter werden korrigiert und auf Karteikarten geschrieben.
Sie werden mit der 5-Fächer-Lernbox wiederholt, bis sie richtig geschrieben werden.

Silben-Training 10: Ich – Du – Wir 1

1)

2)

a) d)

b) e)

c) f)

3)

4)

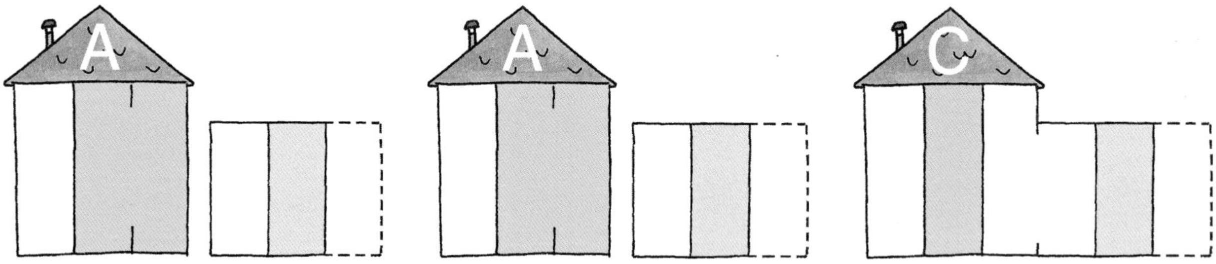

5)

Silben-Training 11: Ich – Du – Wir 2

1) Klatschwörter

Das Kind spricht die Klatschwörter und klatscht gleichzeitig dazu die Silben.

a) Persönliches Lieblingsklatschwort (individuell)

b) Themenbezogenes Klatschwort: Klassengemeinschaft

2) Schlangenwörter

Variante 1: Jedes Wort wird einzeln vorgelesen (kein Dehnsprechen!).
Das Kind wiederholt das Wort und klatscht gleichzeitig dazu die Silben. Dann spricht es das Wort silbiert mit Pausen und notiert gleichzeitig die Silbenbögen auf dem Schreibblatt.

Variante 2: Partnerübung – gleichzeitiges Sprechen der Silbe und Werfen eines Balls.

a) Erzählkreis
b) Klassenzimmer
c) Klassendienste
d) Klassenregeln
e) Stundenpläne
f) Klassenkameraden

3) Sprechschreiben – Wörter

Die Wörter werden einzeln vorgelesen (kein Dehnsprechen!).
Das Kind wiederholt das Wort und klatscht gleichzeitig dazu die Silben. Dann spricht es die einzelnen Silben des Wortes und schreibt sie unmittelbar danach auf das Schreibblatt. Es benutzt abwechselnd zwei Farben.

Kinderzimmer

Suppenteller

Hausaufgaben

4) Häuschenschreibung

Die folgenden Wörter werden vorgelesen und vom Kind in das passende Häuschen auf dem Schreibblatt eingetragen. Es benutzt abwechselnd zwei Farben.

Suppe, Teller, saugen

5) Sprechschreiben – Sätze

Die Sätze werden einzeln diktiert. Das Kind wiederholt den Satz und klatscht gleichzeitig dazu die Silben. Dann spricht es den Satz wie in Aufgabe 3) und schreibt mit zwei Farben auf das Schreibblatt:

Ich sauge das Zimmer.

Ich koche eine Suppe.

Ich hole die Teller.

Die falsch geschriebenen Wörter werden korrigiert und auf Karteikarten geschrieben.
Sie werden mit der 5-Fächer-Lernbox wiederholt, bis sie richtig geschrieben werden.

Silben-Training 11: Ich – Du – Wir 2

1)

2)

a)

b)

c)

d)

e)

f)

3)

4)

5)

Silben-Training 12: Ich – Du – Wir 3

1) Klatschwörter

Das Kind spricht die Klatschwörter und klatscht gleichzeitig dazu die Silben.

a) Persönliches Lieblingsklatschwort (individuell)

b) Themenbezogenes Klatschwort: Familienmitglieder

2) Schlangenwörter

Variante 1: Jedes Wort wird einzeln vorgelesen (kein Dehnsprechen!).
Das Kind wiederholt das Wort und klatscht gleichzeitig dazu die Silben. Dann spricht es das Wort silbiert mit Pausen und notiert gleichzeitig die Silbenbögen auf dem Schreibblatt.

Variante 2: Partnerübung – gleichzeitiges Sprechen der Silbe und Werfen eines Balls.

a) Badezimmer	c) Wohnzimmer	e) Staubsauger
b) Kinderzimmer	d) Suppenteller	f) Kleiderbügel

3) Sprechschreiben – Wörter

Die Wörter werden einzeln vorgelesen (kein Dehnsprechen!).
Das Kind wiederholt das Wort und klatscht gleichzeitig dazu die Silben. Dann spricht es die einzelnen Silben des Wortes und schreibt sie unmittelbar danach auf das Schreibblatt. Es benutzt abwechselnd zwei Farben.

Kleider
bügeln
kochen

4) Häuschenschreibung

Die folgenden Wörter werden vorgelesen und vom Kind in das passende Häuschen auf dem Schreibblatt eingetragen. Es benutzt abwechselnd zwei Farben.

Bruder, Vater, Mutter

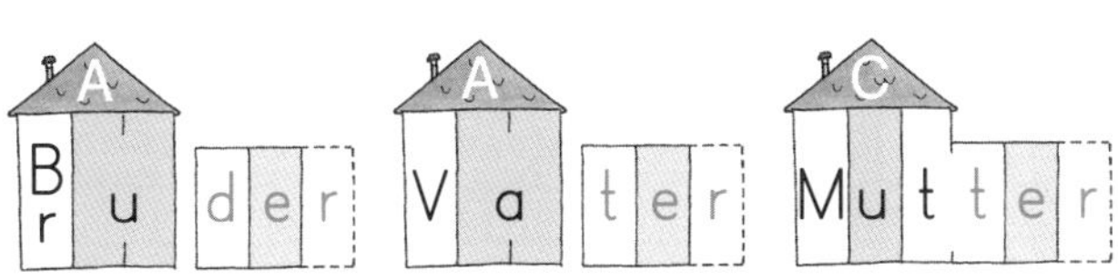

5) Sprechschreiben – Sätze

Die Sätze werden einzeln diktiert. Das Kind wiederholt den Satz und klatscht gleichzeitig dazu die Silben. Dann spricht es den Satz wie in Aufgabe 3) und schreibt mit zwei Farben auf das Schreibblatt:

Meine Mutter bügelt die Kleider.
Mein Vater kocht eine Suppe.
Mein Bruder saugt das Zimmer.

Die falsch geschriebenen Wörter werden korrigiert und auf Karteikarten geschrieben.
Sie werden mit der 5-Fächer-Lernbox wiederholt, bis sie richtig geschrieben werden.

Silben-Training 12: Ich – Du – Wir 3

1)

2)

a)

b)

c)

d)

e)

f)

3)

4)

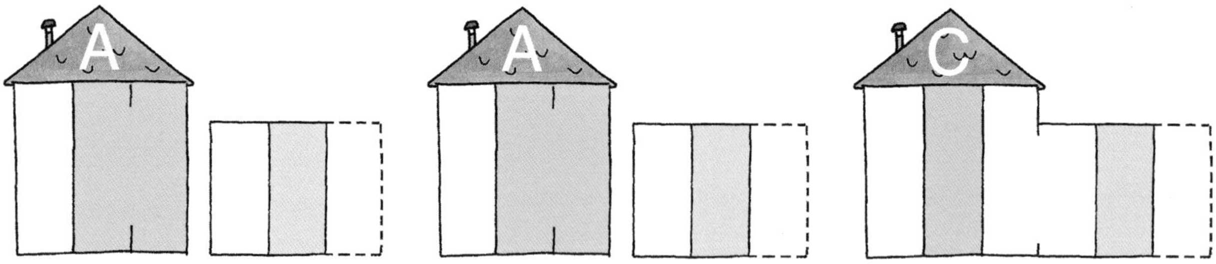

5)

Silben-Training 13: Advent – Weihnachten 1

1) Klatschwörter

Das Kind spricht die Klatschwörter und klatscht gleichzeitig dazu die Silben.

a) Persönliches Lieblingsklatschwort (individuell)

b) Themenbezogenes Klatschwort: Adventskalendertürchen

2) Schlangenwörter

Variante 1: Jedes Wort wird einzeln vorgelesen (kein Dehnsprechen!).
Das Kind wiederholt das Wort und klatscht gleichzeitig dazu die Silben. Dann spricht es das Wort silbiert mit Pausen und notiert gleichzeitig die Silbenbögen auf dem Schreibblatt.

Variante 2: Partnerübung – gleichzeitiges Sprechen der Silbe und Werfen eines Balls.

a) Weihnachtsbasteleien
b) Weihnachtsbäckerei
c) Bastelpapier
d) Kinderschere
e) Ausstechformen
f) Musikinstrumente

3) Sprechschreiben – Wörter

Die Wörter werden einzeln vorgelesen (kein Dehnsprechen!).
Das Kind wiederholt das Wort und klatscht gleichzeitig dazu die Silben. Dann spricht es die einzelnen Silben des Wortes und schreibt sie unmittelbar danach auf das Schreibblatt. Es benutzt abwechselnd zwei Farben.

Liederbücher

Fensterbilder

Krippenfiguren

4) Häuschenschreibung

Die folgenden Wörter werden vorgelesen und vom Kind in das passende Häuschen auf dem Schreibblatt eingetragen. Es benutzt abwechselnd zwei Farben.

Lieder, Krippe, Bilder

5) Sprechschreiben – Sätze

Die Sätze werden einzeln diktiert. Das Kind wiederholt den Satz und klatscht gleichzeitig dazu die Silben. Dann spricht es den Satz wie in Aufgabe 3) und schreibt mit zwei Farben auf das Schreibblatt:

Die Mädchen singen Lieder.

Die Jungen basteln Fensterbilder.

Die Krippenfiguren stehen am Fenster.

Die falsch geschriebenen Wörter werden korrigiert und auf Karteikarten geschrieben.
Sie werden mit der 5-Fächer-Lernbox wiederholt, bis sie richtig geschrieben werden.

Silben-Training 13: Advent – Weihnachten 1

1)

2)

a)

b)

c)

d)

e)

f)

3)

4)

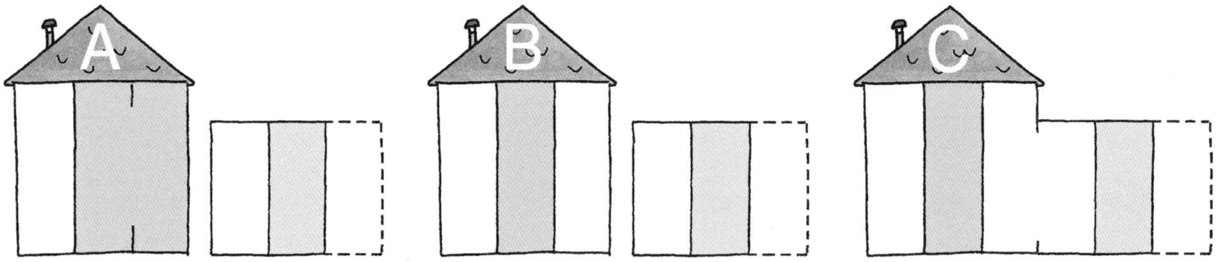

5)

Silben-Training 14: Advent – Weihnachten 2

1) Klatschwörter

Das Kind spricht die Klatschwörter und klatscht gleichzeitig dazu die Silben.

a) Persönliches Lieblingsklatschwort (individuell)

b) Themenbezogenes Klatschwort: Bienenwachskerzen

2) Schlangenwörter

Variante 1: Jedes Wort wird einzeln vorgelesen (kein Dehnsprechen!).
Das Kind wiederholt das Wort und klatscht gleichzeitig dazu die Silben. Dann spricht es das Wort silbiert mit Pausen und notiert gleichzeitig die Silbenbögen auf dem Schreibblatt.

Variante 2: Partnerübung – gleichzeitiges Sprechen der Silbe und Werfen eines Balls.

a) Adventskranz
b) Adventszeit
c) Adventskerze
d) Adventslieder
e) Adventskalender
f) Adventsgedicht

3) Sprechschreiben – Wörter

Die Wörter werden einzeln vorgelesen (kein Dehnsprechen!).
Das Kind wiederholt das Wort und klatscht gleichzeitig dazu die Silben. Dann spricht es die einzelnen Silben des Wortes und schreibt sie unmittelbar danach auf das Schreibblatt. Es benutzt abwechselnd zwei Farben.

Sterne
Nikolaus
scheinen

4) Häuschenschreibung

Die folgenden Wörter werden vorgelesen und vom Kind in das passende Häuschen auf dem Schreibblatt eingetragen. Es benutzt abwechselnd zwei Farben.

kommen, Kerzen, Himmel

5) Sprechschreiben – Sätze

Die Sätze werden einzeln diktiert. Das Kind wiederholt den Satz und klatscht gleichzeitig dazu die Silben. Dann spricht es den Satz wie in Aufgabe 3) und schreibt mit zwei Farben auf das Schreibblatt:

Die Sterne leuchten am Himmel.
Der Nikolaus kommt ins Haus.
Die Kerzen scheinen am Fenster.

Die falsch geschriebenen Wörter werden korrigiert und auf Karteikarten geschrieben.
Sie werden mit der 5-Fächer-Lernbox wiederholt, bis sie richtig geschrieben werden.

Silben-Training 14: Advent – Weihnachten 2

1)

2)

a)

b)

c)

d)

e)

f)

3)

4)

5)

Silben-Training 15: Advent – Weihnachten 3

1) Klatschwörter

Das Kind spricht die Klatschwörter und klatscht gleichzeitig dazu die Silben.

a) Persönliches Lieblingsklatschwort (individuell)

b) Themenbezogenes Klatschwort: Weihnachtswünsche

2) Schlangenwörter

Variante 1: Jedes Wort wird einzeln vorgelesen (kein Dehnsprechen!).

Das Kind wiederholt das Wort und klatscht gleichzeitig dazu die Silben. Dann spricht es das Wort silbiert mit Pausen und notiert gleichzeitig die Silbenbögen auf dem Schreibblatt.

Variante 2: Partnerübung – gleichzeitiges Sprechen der Silbe und Werfen eines Balls.

a) Weihnachtsbaum c) Weihnachtsschmuck e) Weihnachtskarte

b) Weihnachtsengel d) Weihnachtsfreude f) Weihnachtsfest

3) Sprechschreiben – Wörter

Die Wörter werden einzeln vorgelesen (kein Dehnsprechen!).
Das Kind wiederholt das Wort und klatscht gleichzeitig dazu die Silben. Dann spricht es die einzelnen Silben des Wortes und schreibt sie unmittelbar danach auf das Schreibblatt. Es benutzt abwechselnd zwei Farben.

Wunschzettel

Weihnachtssterne

Weihnachtsgeschenke

4) Häuschenschreibung

Die folgenden Wörter werden vorgelesen und vom Kind in das passende Häuschen auf dem Schreibblatt eingetragen. Es benutzt abwechselnd zwei Farben.

Zettel, Lieder, Sterne

5) Sprechschreiben – Sätze

Die Sätze werden einzeln diktiert. Das Kind wiederholt den Satz und klatscht gleichzeitig dazu die Silben. Dann spricht es den Satz wie in Aufgabe 3) und schreibt mit zwei Farben auf das Schreibblatt:

Ich schreibe einen Wunschzettel.

Wir basteln Weihnachtssterne.

Wir bekommen Weihnachtsgeschenke.

Die falsch geschriebenen Wörter werden korrigiert und auf Karteikarten geschrieben.
Sie werden mit der 5-Fächer-Lernbox wiederholt, bis sie richtig geschrieben werden.

Silben-Training 15: Advent – Weihnachten 3

1)

2)

a) d)

b) e)

c) f)

3)

4)

5)

Silben-Training 16: Durch das Jahr 1

1) Klatschwörter

Das Kind spricht die Klatschwörter und klatscht gleichzeitig dazu die Silben.

a) Persönliches Lieblingsklatschwort (individuell)

b) Themenbezogenes Klatschwort: Jahreskalender

2) Schlangenwörter

Variante 1: Jedes Wort wird einzeln vorgelesen (kein Dehnsprechen!).

Das Kind wiederholt das Wort und klatscht gleichzeitig dazu die Silben. Dann spricht es das Wort silbiert mit Pausen und notiert gleichzeitig die Silbenbögen auf dem Schreibblatt.

Variante 2: Partnerübung – gleichzeitiges Sprechen der Silbe und Werfen eines Balls.

a) Herbststürme

b) Winterfreuden

c) Frühlingsfarben

d) Sommerspiele

e) Jahreszeiten

f) Wetterkarte

3) Sprechschreiben – Wörter

Die Wörter werden einzeln vorgelesen (kein Dehnsprechen!).
Das Kind wiederholt das Wort und klatscht gleichzeitig dazu die Silben. Dann spricht es die einzelnen Silben des Wortes und schreibt sie unmittelbar danach auf das Schreibblatt. Es benutzt abwechselnd zwei Farben.

Jahreszeiten

Sommertage

Winterabende

4) Häuschenschreibung

Die folgenden Wörter werden vorgelesen und vom Kind in das passende Häuschen auf dem Schreibblatt eingetragen. Es benutzt abwechselnd zwei Farben.

Sommer, Winter, Zeiten

5) Sprechschreiben – Sätze

Die Sätze werden einzeln diktiert. Das Kind wiederholt den Satz und klatscht gleichzeitig dazu die Silben. Dann spricht es den Satz wie in Aufgabe 3) und schreibt mit zwei Farben auf das Schreibblatt:

Es gibt vier Jahreszeiten.

Im Winter ist es kalt.

Im Sommer ist es heiß.

Die falsch geschriebenen Wörter werden korrigiert und auf Karteikarten geschrieben.
Sie werden mit der 5-Fächer-Lernbox wiederholt, bis sie richtig geschrieben werden.

Silben-Training 16: Durch das Jahr 1

1)

2)

a)

b)

c)

d)

e)

f)

3)

4)

5)

Silben-Training 17: Durch das Jahr 2

1) Klatschwörter

Das Kind spricht die Klatschwörter und klatscht gleichzeitig dazu die Silben.

a) Persönliches Lieblingsklatschwort (individuell)

b) Themenbezogenes Klatschwort: Monatsnamen

2) Schlangenwörter

Variante 1: Jedes Wort wird einzeln vorgelesen (kein Dehnsprechen!).

Das Kind wiederholt das Wort und klatscht gleichzeitig dazu die Silben. Dann spricht es das Wort silbiert mit Pausen und notiert gleichzeitig die Silbenbögen auf dem Schreibblatt.

Variante 2: Partnerübung – gleichzeitiges Sprechen der Silbe und Werfen eines Balls.

a) September
b) November
c) Oktober
d) Februar
e) Januar
f) Dezember

3) Sprechschreiben – Wörter

Die Wörter werden einzeln vorgelesen (kein Dehnsprechen!).
Das Kind wiederholt das Wort und klatscht gleichzeitig dazu die Silben. Dann spricht es die einzelnen Silben des Wortes und schreibt sie unmittelbar danach auf das Schreibblatt. Es benutzt abwechselnd zwei Farben.

Eichhörnchen

Tiere

Winterruhe

4) Häuschenschreibung

Die folgenden Wörter werden vorgelesen und vom Kind in das passende Häuschen auf dem Schreibblatt eingetragen. Es benutzt abwechselnd zwei Farben.

halten, schlafen, füttern

5) Sprechschreiben – Sätze

Die Sätze werden einzeln diktiert. Das Kind wiederholt den Satz und klatscht gleichzeitig dazu die Silben. Dann spricht es den Satz wie in Aufgabe 3) und schreibt mit zwei Farben auf das Schreibblatt:

Das Eichhörnchen schläft im Kobel.

Das Eichhörnchen hält seine Winterruhe.

Der Jäger füttert die Tiere.

Die falsch geschriebenen Wörter werden korrigiert und auf Karteikarten geschrieben.
Sie werden mit der 5-Fächer-Lernbox wiederholt, bis sie richtig geschrieben werden.

Silben-Training 17: Durch das Jahr 2

1)

2)

a)

b)

c)

d)

e)

f)

3)

4)

5)

Silben-Training 18: Durch das Jahr 3

1) Klatschwörter

Das Kind spricht die Klatschwörter und klatscht gleichzeitig dazu die Silben.

a) Persönliches Lieblingsklatschwort (individuell)

b) Themenbezogenes Klatschwort: Wintergeschichten

2) Schlangenwörter

Variante 1: Jedes Wort wird einzeln vorgelesen (kein Dehnsprechen!).
Das Kind wiederholt das Wort und klatscht gleichzeitig dazu die Silben. Dann spricht es das Wort silbiert mit Pausen und notiert gleichzeitig die Silbenbögen auf dem Schreibblatt.

Variante 2: Partnerübung – gleichzeitiges Sprechen der Silbe und Werfen eines Balls.

a) Winterausflug
b) Winterzeit
c) Wintertag
d) Unglücksrabe
e) Pechvogel
f) Holzstöckchen

3) Sprechschreiben – Wörter

Die Wörter werden einzeln vorgelesen (kein Dehnsprechen!).
Das Kind wiederholt das Wort und klatscht gleichzeitig dazu die Silben. Dann spricht es die einzelnen Silben des Wortes und schreibt sie unmittelbar danach auf das Schreibblatt. Es benutzt abwechselnd zwei Farben.

Wintertage
spielen
werfen

4) Häuschenschreibung

Die folgenden Wörter werden vorgelesen und vom Kind in das passende Häuschen auf dem Schreibblatt eingetragen. Es benutzt abwechselnd zwei Farben.

Stöcke, Hunde, retten

5) Sprechschreiben – Sätze

Die Sätze werden einzeln diktiert. Das Kind wiederholt den Satz und klatscht gleichzeitig dazu die Silben. Dann spricht es den Satz wie in Aufgabe 3) und schreibt mit zwei Farben auf das Schreibblatt:

Die Kinder spielen am See.
Die Kinder werfen ein Stöckchen.
Die Kinder retten den Hund.

Die falsch geschriebenen Wörter werden korrigiert und auf Karteikarten geschrieben.
Sie werden mit der 5-Fächer-Lernbox wiederholt, bis sie richtig geschrieben werden.

Silben-Training 18: Durch das Jahr 3

1)

2)

a)

b)

c)

d)

e)

f)

3)

4)

5)

Silben-Training 19: Märchen 1

1) Klatschwörter

Das Kind spricht die Klatschwörter und klatscht gleichzeitig dazu die Silben.

a) Persönliches Lieblingsklatschwort (individuell)

b) Themenbezogenes Klatschwort: Märchenvorlesezeit

2) Schlangenwörter

Variante 1: Jedes Wort wird einzeln vorgelesen (kein Dehnsprechen!).
Das Kind wiederholt das Wort und klatscht gleichzeitig dazu die Silben. Dann spricht es das Wort silbiert mit Pausen und notiert gleichzeitig die Silbenbögen auf dem Schreibblatt.

Variante 2: Partnerübung – gleichzeitiges Sprechen der Silbe und Werfen eines Balls.

a) Märchenstunde
c) Märchenfee
e) Märchenerzählung
b) Märchenfiguren
d) Märchengarten
f) Märchenkönig

3) Sprechschreiben – Wörter

Die Wörter werden einzeln vorgelesen (kein Dehnsprechen!).
Das Kind wiederholt das Wort und klatscht gleichzeitig dazu die Silben. Dann spricht es die einzelnen Silben des Wortes und schreibt sie unmittelbar danach auf das Schreibblatt. Es benutzt abwechselnd zwei Farben.

Apfelbaum
Federkissen
Blumenwiese

4) Häuschenschreibung

Die folgenden Wörter werden vorgelesen und vom Kind in das passende Häuschen auf dem Schreibblatt eingetragen. Es benutzt abwechselnd zwei Farben.

qualmen, liegen, schütteln

5) Sprechschreiben – Sätze

Die Sätze werden einzeln diktiert. Das Kind wiederholt den Satz und klatscht gleichzeitig dazu die Silben. Dann spricht es den Satz wie in Aufgabe 3) und schreibt mit zwei Farben auf das Schreibblatt:

Das Mädchen liegt auf einer Wiese.
Das Mädchen schüttelt den Apfelbaum.
Der Ofen qualmt.

Die falsch geschriebenen Wörter werden korrigiert und auf Karteikarten geschrieben.
Sie werden mit der 5-Fächer-Lernbox wiederholt, bis sie richtig geschrieben werden.

Silben-Training 19: Märchen 1

1)

2)

a)

b)

c)

d)

e)

f)

3)

4)

5)

Silben-Training 20: Märchen 2

1) Klatschwörter

Das Kind spricht die Klatschwörter und klatscht gleichzeitig dazu die Silben.

a) Persönliches Lieblingsklatschwort (individuell)

b) Themenbezogenes Klatschwort: Schneewittchen

2) Schlangenwörter

Variante 1: Jedes Wort wird einzeln vorgelesen (kein Dehnsprechen!).
Das Kind wiederholt das Wort und klatscht gleichzeitig dazu die Silben. Dann spricht es das Wort silbiert mit Pausen und notiert gleichzeitig die Silbenbögen auf dem Schreibblatt.

Variante 2: Partnerübung – gleichzeitiges Sprechen der Silbe und Werfen eines Balls.

a) Zwergenzimmerchen c) Zwergenstühlchen e) Zwergenbettchen

b) Zwergenhäuschen d) Zwergenlaternchen f) Zwergentischchen

3) Sprechschreiben – Wörter

Die Wörter werden einzeln vorgelesen (kein Dehnsprechen!).
Das Kind wiederholt das Wort und klatscht gleichzeitig dazu die Silben. Dann spricht es die einzelnen Silben des Wortes und schreibt sie unmittelbar danach auf das Schreibblatt. Es benutzt abwechselnd zwei Farben.

Tische

Mädchen

Mütze

4) Häuschenschreibung

Die folgenden Wörter werden vorgelesen und vom Kind in das passende Häuschen auf dem Schreibblatt eingetragen. Es benutzt abwechselnd zwei Farben.

helfen, tragen, essen

5) Sprechschreiben – Sätze

Die Sätze werden einzeln diktiert. Das Kind wiederholt den Satz und klatscht gleichzeitig dazu die Silben. Dann spricht es den Satz wie in Aufgabe 3) und schreibt mit zwei Farben auf das Schreibblatt:

Die Zwerge tragen rote Mützen.

Die Zwerge helfen dem Mädchen.

Die Zwerge essen am Tisch.

Die falsch geschriebenen Wörter werden korrigiert und auf Karteikarten geschrieben.
Sie werden mit der 5-Fächer-Lernbox wiederholt, bis sie richtig geschrieben werden.

Silben-Training 20: Märchen 2

1)

2)

a)

b)

c)

d)

e)

f)

3)

4)

5)

Silben-Training 21: Märchen 3

1) Klatschwörter

Das Kind spricht die Klatschwörter und klatscht gleichzeitig dazu die Silben.

a) Persönliches Lieblingsklatschwort (individuell)

b) Themenbezogenes Klatschwort: Märchengestalten

2) Schlangenwörter

Variante 1: Jedes Wort wird einzeln vorgelesen (kein Dehnsprechen!).
Das Kind wiederholt das Wort und klatscht gleichzeitig dazu die Silben. Dann spricht es das Wort silbiert mit Pausen und notiert gleichzeitig die Silbenbögen auf dem Schreibblatt.

Variante 2: Partnerübung – gleichzeitiges Sprechen der Silbe und Werfen eines Balls.

a) Hexenhaus
b) Backofen
c) Edelsteine
d) Perlenkette
e) Gitterstäbe
f) Hosentaschen

3) Sprechschreiben – Wörter

Die Wörter werden einzeln vorgelesen (kein Dehnsprechen!).
Das Kind wiederholt das Wort und klatscht gleichzeitig dazu die Silben. Dann spricht es die einzelnen Silben des Wortes und schreibt sie unmittelbar danach auf das Schreibblatt. Es benutzt abwechselnd zwei Farben.

wandern
treffen
heulen

4) Häuschenschreibung

Die folgenden Wörter werden vorgelesen und vom Kind in das passende Häuschen auf dem Schreibblatt eingetragen. Es benutzt abwechselnd zwei Farben.

wandern, treffen, heulen

5) Sprechschreiben – Sätze

Die Sätze werden einzeln diktiert. Das Kind wiederholt den Satz und klatscht gleichzeitig dazu die Silben. Dann spricht es den Satz wie in Aufgabe 3) und schreibt mit zwei Farben auf das Schreibblatt:

Die Kinder wandern durch den Wald.
Die Kinder treffen eine Hexe.
Die Hexe heult im Ofen.

Die falsch geschriebenen Wörter werden korrigiert und auf Karteikarten geschrieben.
Sie werden mit der 5-Fächer-Lernbox wiederholt, bis sie richtig geschrieben werden.

Silben-Training 21: Märchen 3

1)

2)

a)

b)

c)

d)

e)

f)

3)

4)

5)

Silben-Training 22: Frühling 1

1) Klatschwörter

Das Kind spricht die Klatschwörter und klatscht gleichzeitig dazu die Silben.

a) Persönliches Lieblingsklatschwort (individuell)

b) Themenbezogenes Klatschwort: Frühlingsanfang

2) Schlangenwörter

Variante 1: Jedes Wort wird einzeln vorgelesen (kein Dehnsprechen!).
Das Kind wiederholt das Wort und klatscht gleichzeitig dazu die Silben. Dann spricht es das Wort silbiert mit Pausen und notiert gleichzeitig die Silbenbögen auf dem Schreibblatt.

Variante 2: Partnerübung – gleichzeitiges Sprechen der Silbe und Werfen eines Balls.

a) Gänseblümchen c) Schneeglöckchen e) Traubenhyazinthe

b) Schlüsselblume d) Osterglocke f) Frühlingswiese

3) Sprechschreiben – Wörter

Die Wörter werden einzeln vorgelesen (kein Dehnsprechen!).
Das Kind wiederholt das Wort und klatscht gleichzeitig dazu die Silben. Dann spricht es die einzelnen Silben des Wortes und schreibt sie unmittelbar danach auf das Schreibblatt. Es benutzt abwechselnd zwei Farben.

Vogelfeder

Gänseblümchen

Tierfutter

4) Häuschenschreibung

Die folgenden Wörter werden vorgelesen und vom Kind in das passende Häuschen auf dem Schreibblatt eingetragen. Es benutzt abwechselnd zwei Farben.

Tiere, Futter, Gänse

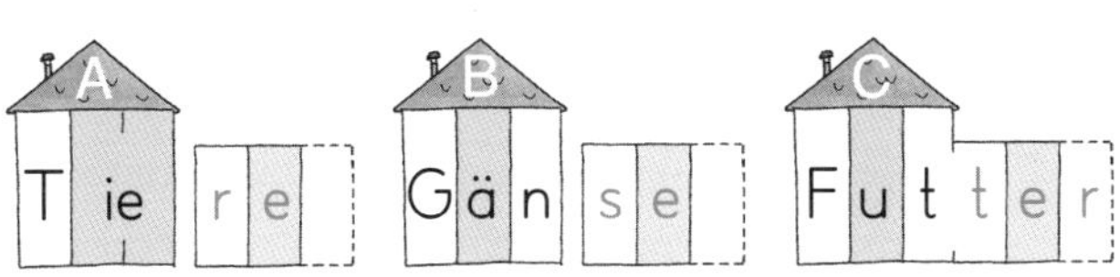

5) Sprechschreiben – Sätze

Die Sätze werden einzeln diktiert. Das Kind wiederholt den Satz und klatscht gleichzeitig dazu die Silben. Dann spricht es den Satz wie in Aufgabe 3) und schreibt mit zwei Farben auf das Schreibblatt:

Die Kinder sammeln Vogelfedern.

Die Kinder füttern die Tiere.

Die Gänse schnattern auf der Wiese.

Die falsch geschriebenen Wörter werden korrigiert und auf Karteikarten geschrieben.
Sie werden mit der 5-Fächer-Lernbox wiederholt, bis sie richtig geschrieben werden.

Silben-Training 22: Frühling 1

1)

2)

a)

b)

c)

d)

e)

f)

3)

4)

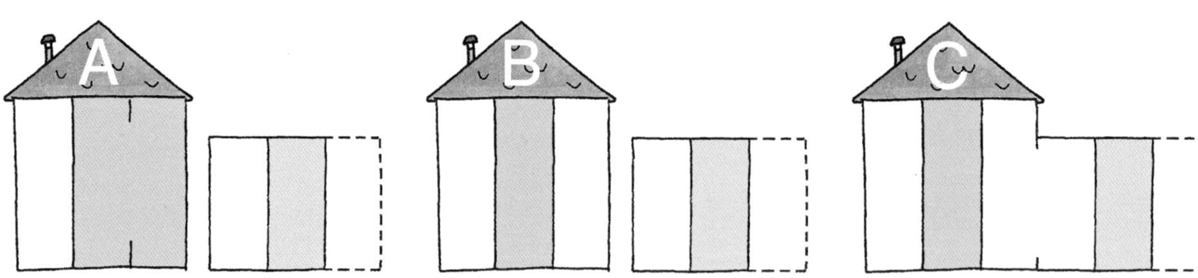

5)

Silben-Training 23: Frühling 2

1) Klatschwörter

Das Kind spricht die Klatschwörter und klatscht gleichzeitig dazu die Silben.

a) Persönliches Lieblingsklatschwort (individuell)

b) Themenbezogenes Klatschwort: Osterwerkstatt

2) Schlangenwörter

Variante 1: Jedes Wort wird einzeln vorgelesen (kein Dehnsprechen!).
Das Kind wiederholt das Wort und klatscht gleichzeitig dazu die Silben. Dann spricht es das Wort silbiert mit Pausen und notiert gleichzeitig die Silbenbögen auf dem Schreibblatt.

Variante 2: Partnerübung – gleichzeitiges Sprechen der Silbe und Werfen eines Balls.

a) Seidenpapierstücke c) Streichholzschachtel e) Weidenkätzchenzweig

b) Ostereier d) Eierschalen f) Frühlingsblumenstrauß

3) Sprechschreiben – Wörter

Die Wörter werden einzeln vorgelesen (kein Dehnsprechen!).
Das Kind wiederholt das Wort und klatscht gleichzeitig dazu die Silben. Dann spricht es die einzelnen Silben des Wortes und schreibt sie unmittelbar danach auf das Schreibblatt. Es benutzt abwechselnd zwei Farben.

basteln

kleben

schmücken

4) Häuschenschreibung

Die folgenden Wörter werden vorgelesen und vom Kind in das passende Häuschen auf dem Schreibblatt eingetragen. Es benutzt abwechselnd zwei Farben.

schmücken, kleben, basteln

5) Sprechschreiben – Sätze

Die Sätze werden einzeln diktiert. Das Kind wiederholt den Satz und klatscht gleichzeitig dazu die Silben. Dann spricht es den Satz wie in Aufgabe 3) und schreibt mit zwei Farben auf das Schreibblatt:

Wir basteln bunte Eier.

Wir bekleben die Eier.

Wir schmücken den Ast.

Die falsch geschriebenen Wörter werden korrigiert und auf Karteikarten geschrieben.
Sie werden mit der 5-Fächer-Lernbox wiederholt, bis sie richtig geschrieben werden.

Silben-Training 23: Frühling 2

1)

2)

a) d)

b) e)

c) f)

3)

4)

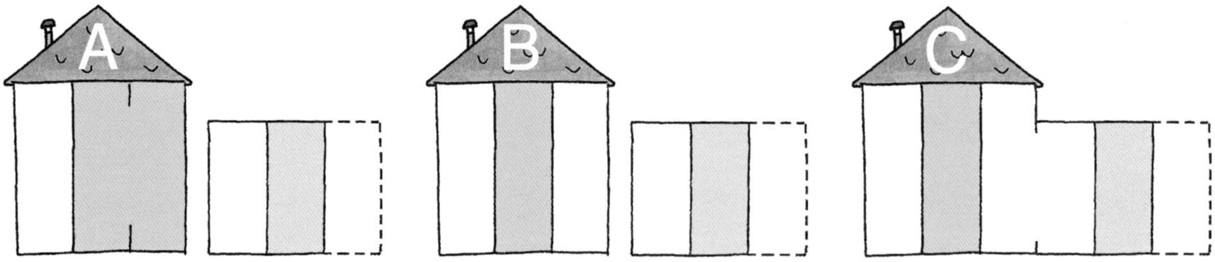

5)

Silben-Training 24: Frühling 3

1) Klatschwörter

Das Kind spricht die Klatschwörter und klatscht gleichzeitig dazu die Silben.

a) Persönliches Lieblingsklatschwort (individuell)

b) Themenbezogenes Klatschwort: Blumenwiese

2) Schlangenwörter

Variante 1: Jedes Wort wird einzeln vorgelesen (kein Dehnsprechen!).

Das Kind wiederholt das Wort und klatscht gleichzeitig dazu die Silben. Dann spricht es das Wort silbiert mit Pausen und notiert gleichzeitig die Silbenbögen auf dem Schreibblatt.

Variante 2: Partnerübung – gleichzeitiges Sprechen der Silbe und Werfen eines Balls.

a) Hängematte
b) Gartenbänke
c) Seerosenteich
d) Apfelbaumblüten
e) Ameisenstraße
f) Gartenmauer

3) Sprechschreiben – Wörter

Die Wörter werden einzeln vorgelesen (kein Dehnsprechen!).
Das Kind wiederholt das Wort und klatscht gleichzeitig dazu die Silben. Dann spricht es die einzelnen Silben des Wortes und schreibt sie unmittelbar danach auf das Schreibblatt. Es benutzt abwechselnd zwei Farben.

Ameisen
Schneckenhaus
Raupenfutter

4) Häuschenschreibung

Die folgenden Wörter werden vorgelesen und vom Kind in das passende Häuschen auf dem Schreibblatt eingetragen. Es benutzt abwechselnd zwei Farben.

folgen, kriechen, fressen

5) Sprechschreiben – Sätze

Die Sätze werden einzeln diktiert. Das Kind wiederholt den Satz und klatscht gleichzeitig dazu die Silben. Dann spricht es den Satz wie in Aufgabe 3) und schreibt mit zwei Farben auf das Schreibblatt:

Ameisen folgen der Ameisenstraße.
Schnecken kriechen über den Boden.
Raupen fressen zarte Blätter.

Die falsch geschriebenen Wörter werden korrigiert und auf Karteikarten geschrieben.
Sie werden mit der 5-Fächer-Lernbox wiederholt, bis sie richtig geschrieben werden.

Silben-Training 24: Frühling 3

1)

2)

a)

b)

c)

d)

e)

f)

3)

4)

5)

Silben-Training 25: Frühling 4

1) Klatschwörter

Das Kind spricht die Klatschwörter und klatscht gleichzeitig dazu die Silben.

a) Persönliches Lieblingsklatschwort (individuell)

b) Themenbezogenes Klatschwort: Stangenbohnen

2) Schlangenwörter

Variante 1: Jedes Wort wird einzeln vorgelesen (kein Dehnsprechen!).
Das Kind wiederholt das Wort und klatscht gleichzeitig dazu die Silben. Dann spricht es das Wort silbiert mit Pausen und notiert gleichzeitig die Silbenbögen auf dem Schreibblatt.

Variante 2: Partnerübung – gleichzeitiges Sprechen der Silbe und Werfen eines Balls.

a) Bohnenpflanze
c) Bohnenblüte
e) Fensterbänke
b) Bohnenblätter
d) Keimblätter
f) Gießkanne

3) Sprechschreiben – Wörter

Die Wörter werden einzeln vorgelesen (kein Dehnsprechen!).
Das Kind wiederholt das Wort und klatscht gleichzeitig dazu die Silben. Dann spricht es die einzelnen Silben des Wortes und schreibt sie unmittelbar danach auf das Schreibblatt. Es benutzt abwechselnd zwei Farben.

legen

stellen

Erde

4) Häuschenschreibung

Die folgenden Wörter werden vorgelesen und vom Kind in das passende Häuschen auf dem Schreibblatt eingetragen. Es benutzt abwechselnd zwei Farben.

legen, stellen, Erde

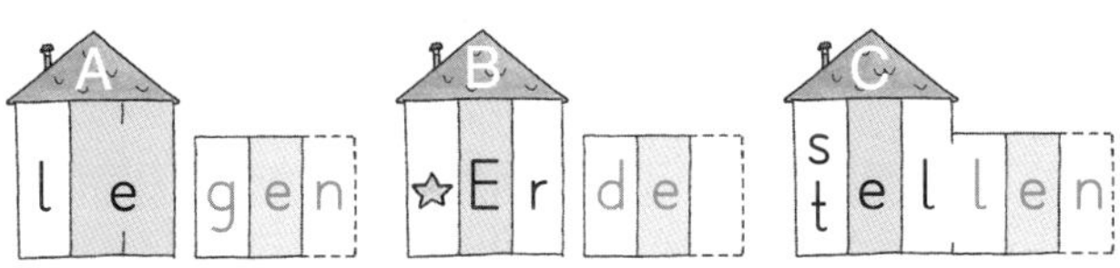

5) Sprechschreiben – Sätze

Die Sätze werden einzeln diktiert. Das Kind wiederholt den Satz und klatscht gleichzeitig dazu die Silben. Dann spricht es den Satz wie in Aufgabe 3) und schreibt mit zwei Farben auf das Schreibblatt:

Ich fülle Erde in ein Glas.

Ich lege Bohnen in die Erde.

Ich stelle das Glas an das Fenster.

Die falsch geschriebenen Wörter werden korrigiert und auf Karteikarten geschrieben.
Sie werden mit der 5-Fächer-Lernbox wiederholt, bis sie richtig geschrieben werden.

Silben-Training 25: Frühling 4

1)

2)

a)

b)

c)

d)

e)

f)

3)

4)

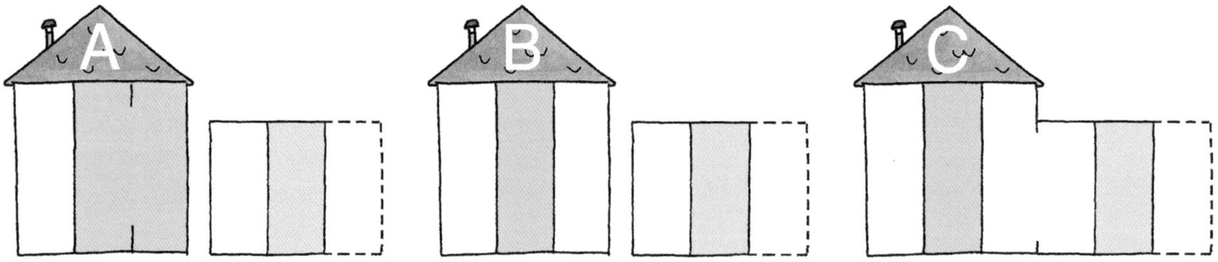

5)

Silben-Training 26: Frühling 5

1) Klatschwörter

Das Kind spricht die Klatschwörter und klatscht gleichzeitig dazu die Silben.

a) Persönliches Lieblingsklatschwort (individuell)

b) Themenbezogenes Klatschwort: Waldspaziergang

2) Schlangenwörter

Variante 1: Jedes Wort wird einzeln vorgelesen (kein Dehnsprechen!).
Das Kind wiederholt das Wort und klatscht gleichzeitig dazu die Silben. Dann spricht es das Wort silbiert mit Pausen und notiert gleichzeitig die Silbenbögen auf dem Schreibblatt.

Variante 2: Partnerübung – gleichzeitiges Sprechen der Silbe und Werfen eines Balls.

a) Kuckucksweibchen c) Kuckucksei e) Kuckucksjunges

b) Kuckucksnest d) Kuckucksruf f) Kuckucksuhr

3) Sprechschreiben – Wörter

Die Wörter werden einzeln vorgelesen (kein Dehnsprechen!).
Das Kind wiederholt das Wort und klatscht gleichzeitig dazu die Silben. Dann spricht es die einzelnen Silben des Wortes und schreibt sie unmittelbar danach auf das Schreibblatt. Es benutzt abwechselnd zwei Farben.

Vogelfutter

Vogeleltern

Vogelnest

4) Häuschenschreibung

Die folgenden Wörter werden vorgelesen und vom Kind in das passende Häuschen auf dem Schreibblatt eingetragen. Es benutzt abwechselnd zwei Farben.

Futter, Vogel, Eltern

5) Sprechschreiben – Sätze

Die Sätze werden einzeln diktiert. Das Kind wiederholt den Satz und klatscht gleichzeitig dazu die Silben. Dann spricht es den Satz wie in Aufgabe 3) und schreibt mit zwei Farben auf das Schreibblatt:

Die Vogelkinder sitzen im Vogelnest.

Die Vogeleltern fliegen zum Vogelnest.

Die Vogeleltern bringen Futter.

Die falsch geschriebenen Wörter werden korrigiert und auf Karteikarten geschrieben.
Sie werden mit der 5-Fächer-Lernbox wiederholt, bis sie richtig geschrieben werden.

Silben-Training 26: Frühling 5

1)

2)

a)

b)

c)

d)

e)

f)

3)

4)

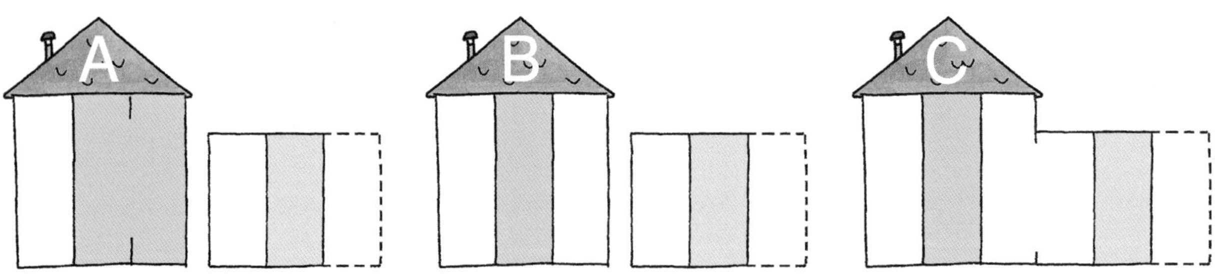

5)

Silben-Training 27: Welt der Bücher 1

1) Klatschwörter

Das Kind spricht die Klatschwörter und klatscht gleichzeitig dazu die Silben.

a) Persönliches Lieblingsklatschwort (individuell)

b) Themenbezogenes Klatschwort: Fantasiegeschichten

2) Schlangenwörter

Variante 1: Jedes Wort wird einzeln vorgelesen (kein Dehnsprechen!).
Das Kind wiederholt das Wort und klatscht gleichzeitig dazu die Silben. Dann spricht es das Wort silbiert mit Pausen und notiert gleichzeitig die Silbenbögen auf dem Schreibblatt.

Variante 2: Partnerübung – gleichzeitiges Sprechen der Silbe und Werfen eines Balls.

a) Abenteuerbücher c) Geschichtenschreiber e) Tierlexikon

b) Leseratte d) Wörterbücher f) Märchenbücher

3) Sprechschreiben – Wörter

Die Wörter werden einzeln vorgelesen (kein Dehnsprechen!).
Das Kind wiederholt das Wort und klatscht gleichzeitig dazu die Silben. Dann spricht es die einzelnen Silben des Wortes und schreibt sie unmittelbar danach auf das Schreibblatt. Es benutzt abwechselnd zwei Farben.

Bilderbücher

Lesebücher

Kinderbücher

4) Häuschenschreibung

Die folgenden Wörter werden vorgelesen und vom Kind in das passende Häuschen auf dem Schreibblatt eingetragen. Es benutzt abwechselnd zwei Farben.

wollen, sollen, können

5) Sprechschreiben – Sätze

Die Sätze werden einzeln diktiert. Das Kind wiederholt den Satz und klatscht gleichzeitig dazu die Silben. Dann spricht es den Satz wie in Aufgabe 3) und schreibt mit zwei Farben auf das Schreibblatt:

Pippi will essen.

Pippi soll schlafen.

Pippi kann reiten.

Die falsch geschriebenen Wörter werden korrigiert und auf Karteikarten geschrieben.
Sie werden mit der 5-Fächer-Lernbox wiederholt, bis sie richtig geschrieben werden.

Silben-Training 27: Welt der Bücher 1

1)

2)

a)

b)

c)

d)

e)

f)

3)

4)

5)

Silben-Training 28: Welt der Bücher 2

1) Klatschwörter

Das Kind spricht die Klatschwörter und klatscht gleichzeitig dazu die Silben.

a) Persönliches Lieblingsklatschwort (individuell)

b) Themenbezogenes Klatschwort: Buchvorstellung

2) Schlangenwörter

Variante 1: Jedes Wort wird einzeln vorgelesen (kein Dehnsprechen!).
Das Kind wiederholt das Wort und klatscht gleichzeitig dazu die Silben. Dann spricht es das Wort silbiert mit Pausen und notiert gleichzeitig die Silbenbögen auf dem Schreibblatt.

Variante 2: Partnerübung – gleichzeitiges Sprechen der Silbe und Werfen eines Balls.

a) Wildgänse
c) Lebensgefahr
e) Lieblingsbuch
b) Entschuldigung
d) Badewanne
f) Hauptfiguren

3) Sprechschreiben – Wörter

Die Wörter werden einzeln vorgelesen (kein Dehnsprechen!).
Das Kind wiederholt das Wort und klatscht gleichzeitig dazu die Silben. Dann spricht es die einzelnen Silben des Wortes und schreibt sie unmittelbar danach auf das Schreibblatt. Es benutzt abwechselnd zwei Farben.

erkennen
entdecken
erblicken

4) Häuschenschreibung

Die folgenden Wörter werden vorgelesen und vom Kind in das passende Häuschen auf dem Schreibblatt eingetragen. Es benutzt abwechselnd zwei Farben.

Decke, kennen, blicken

5) Sprechschreiben – Sätze

Die Sätze werden einzeln diktiert. Das Kind wiederholt den Satz und klatscht gleichzeitig dazu die Silben. Dann spricht es den Satz wie in Aufgabe 3) und schreibt mit zwei Farben auf das Schreibblatt:

Nils erkennt das Meer.
Nils erblickt den Himmel.
Nils entdeckt die Welt.

Die falsch geschriebenen Wörter werden korrigiert und auf Karteikarten geschrieben.
Sie werden mit der 5-Fächer-Lernbox wiederholt, bis sie richtig geschrieben werden.

Silben-Training 28: Welt der Bücher 2

1)

2)

a)

b)

c)

d)

e)

f)

3)

4)

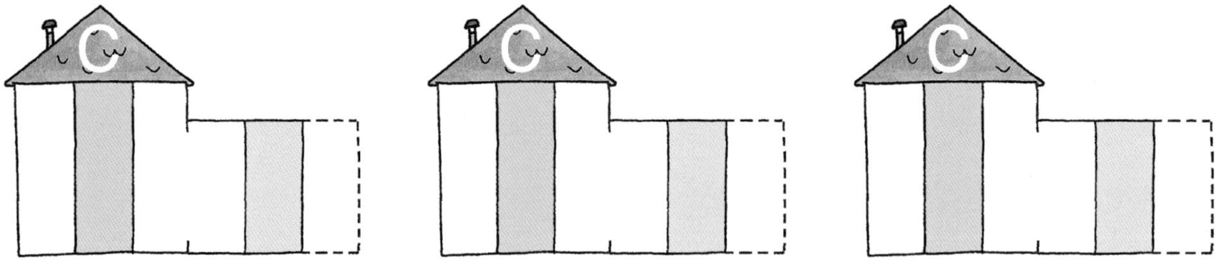

5)

Silben-Training 29: Welt der Bücher 3

1) Klatschwörter

Das Kind spricht die Klatschwörter und klatscht gleichzeitig dazu die Silben.

a) Persönliches Lieblingsklatschwort (individuell)

b) Themenbezogenes Klatschwort: Lesezeit

2) Schlangenwörter

Variante 1: Jedes Wort wird einzeln vorgelesen (kein Dehnsprechen!).
Das Kind wiederholt das Wort und klatscht gleichzeitig dazu die Silben. Dann spricht es das Wort silbiert mit Pausen und notiert gleichzeitig die Silbenbögen auf dem Schreibblatt.

Variante 2: Partnerübung – gleichzeitiges Sprechen der Silbe und Werfen eines Balls.

a) Kinderschaukel
b) Stuhlkissen
c) Schraubenzieher
d) Spielfiguren
e) Haifischflosse
f) Quatschmacher

3) Sprechschreiben – Wörter

Die Wörter werden einzeln vorgelesen (kein Dehnsprechen!).
Das Kind wiederholt das Wort und klatscht gleichzeitig dazu die Silben. Dann spricht es die einzelnen Silben des Wortes und schreibt sie unmittelbar danach auf das Schreibblatt. Es benutzt abwechselnd zwei Farben.

Buchstaben
Wörterbuch
Reimwörter

4) Häuschenschreibung

Die folgenden Wörter werden vorgelesen und vom Kind in das passende Häuschen auf dem Schreibblatt eingetragen. Es benutzt abwechselnd zwei Farben.

sparen, schreiben, reimen

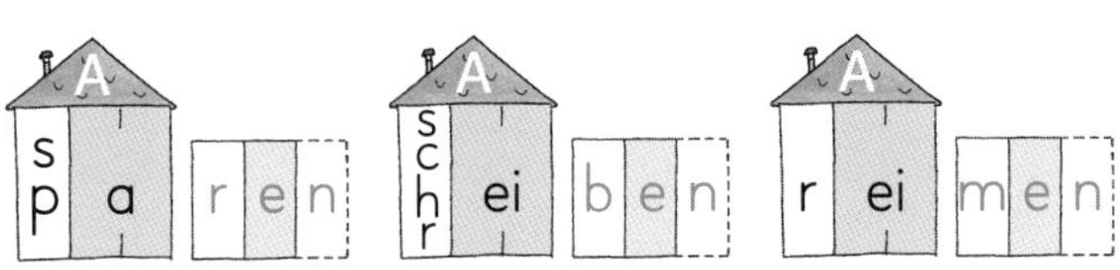

5) Sprechschreiben – Sätze

Die Sätze werden einzeln diktiert. Das Kind wiederholt den Satz und klatscht gleichzeitig dazu die Silben. Dann spricht es den Satz wie in Aufgabe 3) und schreibt mit zwei Farben auf das Schreibblatt:

Das Sams spart Buchstaben.
Das Sams schreibt Wörter.
Das Sams reimt gerne.

Die falsch geschriebenen Wörter werden korrigiert und auf Karteikarten geschrieben.
Sie werden mit der 5-Fächer-Lernbox wiederholt, bis sie richtig geschrieben werden.

Silben-Training 29: Welt der Bücher 3

1)

2)

a)

b)

c)

d)

e)

f)

3)

4)

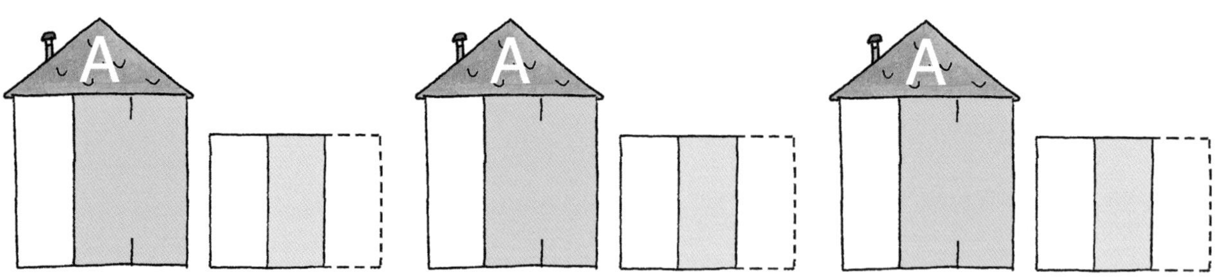

5)

1) Klatschwörter

Das Kind spricht die Klatschwörter und klatscht gleichzeitig dazu die Silben.

a) Persönliches Lieblingsklatschwort (individuell)

b) Themenbezogenes Klatschwort: Büchereibesuch

2) Schlangenwörter

Variante 1: Jedes Wort wird einzeln vorgelesen (kein Dehnsprechen!).
Das Kind wiederholt das Wort und klatscht gleichzeitig dazu die Silben. Dann spricht es das Wort silbiert mit Pausen und notiert gleichzeitig die Silbenbögen auf dem Schreibblatt.

Variante 2: Partnerübung – gleichzeitiges Sprechen der Silbe und Werfen eines Balls.

a) Regenwetter
c) Leseprobe
e) Parkbank
b) Abenteuerbuch
d) Regenschirm
f) Sonnenschirm

3) Sprechschreiben – Wörter

Die Wörter werden einzeln vorgelesen (kein Dehnsprechen!).
Das Kind wiederholt das Wort und klatscht gleichzeitig dazu die Silben. Dann spricht es die einzelnen Silben des Wortes und schreibt sie unmittelbar danach auf das Schreibblatt. Es benutzt abwechselnd zwei Farben.

ausleihen

aufspannen

aufhören

4) Häuschenschreibung

Die folgenden Wörter werden vorgelesen und vom Kind in das passende Häuschen auf dem Schreibblatt eingetragen. Es benutzt abwechselnd zwei Farben.

leihen, spannen, hören

5) Sprechschreiben – Sätze

Die Sätze werden einzeln diktiert. Das Kind wiederholt den Satz und klatscht gleichzeitig dazu die Silben. Dann spricht es den Satz wie in Aufgabe 3) und schreibt mit zwei Farben auf das Schreibblatt:

Sie leihen das Buch aus.

Sie spannen den Regenschirm auf.

Sie hören nicht auf zu lesen.

Die falsch geschriebenen Wörter werden korrigiert und auf Karteikarten geschrieben.
Sie werden mit der 5-Fächer-Lernbox wiederholt, bis sie richtig geschrieben werden.

Silben-Training 30: Welt der Bücher 4

1)

2)

a)

b)

c)

d)

e)

f)

3)

4)

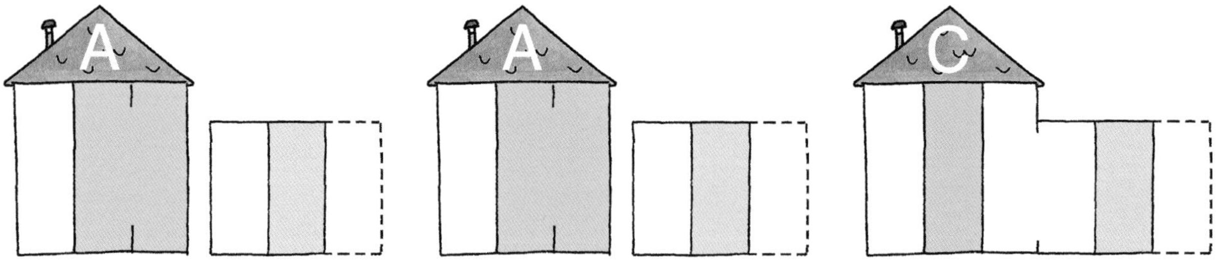

5)

Silben-Training 31: Tiere als Freunde 1

1) Klatschwörter

Das Kind spricht die Klatschwörter und klatscht gleichzeitig dazu die Silben.

a) Persönliches Lieblingsklatschwort (individuell)

b) Themenbezogenes Klatschwort: Lieblingstiere

2) Schlangenwörter

Variante 1: Jedes Wort wird einzeln vorgelesen (kein Dehnsprechen!).
Das Kind wiederholt das Wort und klatscht gleichzeitig dazu die Silben. Dann spricht es das Wort silbiert mit Pausen und notiert gleichzeitig die Silbenbögen auf dem Schreibblatt.

Variante 2: Partnerübung – gleichzeitiges Sprechen der Silbe und Werfen eines Balls.

a) Haustiere c) Ponykoppel e) Streichelzoo

b) Ziegenstall d) Wellensittich f) Meerschweinchen

3) Sprechschreiben – Wörter

Die Wörter werden einzeln vorgelesen (kein Dehnsprechen!).
Das Kind wiederholt das Wort und klatscht gleichzeitig dazu die Silben. Dann spricht es die einzelnen Silben des Wortes und schreibt sie unmittelbar danach auf das Schreibblatt. Es benutzt abwechselnd zwei Farben.

Hundehütte

Hundefutter

Hundeleine

4) Häuschenschreibung

Die folgenden Wörter werden vorgelesen und vom Kind in das passende Häuschen auf dem Schreibblatt eingetragen. Es benutzt abwechselnd zwei Farben.

Hunde, Hütte, Leine

5) Sprechschreiben – Sätze

Die Sätze werden einzeln diktiert. Das Kind wiederholt den Satz und klatscht gleichzeitig dazu die Silben.
Dann spricht es den Satz wie in Aufgabe 3) und schreibt mit zwei Farben auf das Schreibblatt:

Der Hund ist ein Haustier.

Der Hund liegt in seiner Hütte.

Der Hund braucht eine Leine.

Die falsch geschriebenen Wörter werden korrigiert und auf Karteikarten geschrieben.
Sie werden mit der 5-Fächer-Lernbox wiederholt, bis sie richtig geschrieben werden.

Silben-Training 31: Tiere als Freunde 1

1)

2)

a)

b)

c)

d)

e)

f)

3)

4)

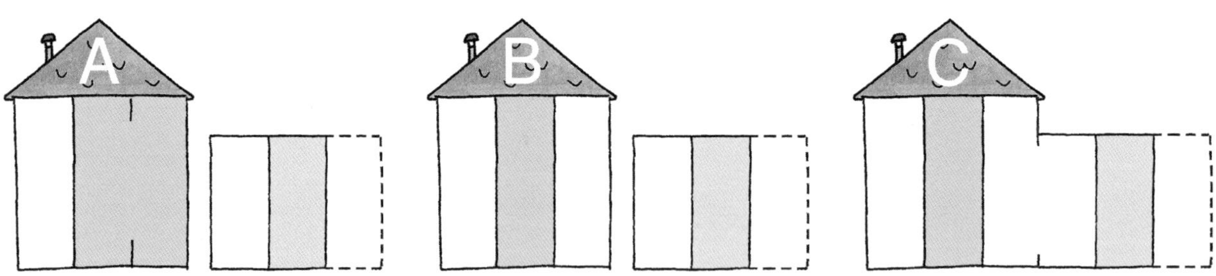

5)

Silben-Training 32: Tiere als Freunde 2

1) Klatschwörter

Das Kind spricht die Klatschwörter und klatscht gleichzeitig dazu die Silben.

a) Persönliches Lieblingsklatschwort (individuell)

b) Themenbezogenes Klatschwort: Hundeexperten

2) Schlangenwörter

Variante 1: Jedes Wort wird einzeln vorgelesen (kein Dehnsprechen!).
Das Kind wiederholt das Wort und klatscht gleichzeitig dazu die Silben. Dann spricht es das Wort silbiert mit Pausen und notiert gleichzeitig die Silbenbögen auf dem Schreibblatt.

Variante 2: Partnerübung – gleichzeitiges Sprechen der Silbe und Werfen eines Balls.

a) Rettungshund　　c) Blindenhund　　e) Polizeihund

b) Hundezüchter　　d) Hundeberufe　　f) Hundezubehör

3) Sprechschreiben – Wörter

Die Wörter werden einzeln vorgelesen (kein Dehnsprechen!).
Das Kind wiederholt das Wort und klatscht gleichzeitig dazu die Silben. Dann spricht es die einzelnen Silben des Wortes und schreibt sie unmittelbar danach auf das Schreibblatt. Es benutzt abwechselnd zwei Farben.

Hundeberufe

Schlittenhunde

Rettungshunde

4) Häuschenschreibung

Die folgenden Wörter werden vorgelesen und vom Kind in das passende Häuschen auf dem Schreibblatt eingetragen. Es benutzt abwechselnd zwei Farben.

retten, helfen, ziehen

5) Sprechschreiben – Sätze

Die Sätze werden einzeln diktiert. Das Kind wiederholt den Satz und klatscht gleichzeitig dazu die Silben. Dann spricht es den Satz wie in Aufgabe 3) und schreibt mit zwei Farben auf das Schreibblatt:

Hunde können den Menschen helfen.

Hunde ziehen Schlitten.

Hunde retten Menschen.

Die falsch geschriebenen Wörter werden korrigiert und auf Karteikarten geschrieben.
Sie werden mit der 5-Fächer-Lernbox wiederholt, bis sie richtig geschrieben werden.

Silben-Training 32: Tiere als Freunde 2

1)

2)

a) d)

b) e)

c) f)

3)

4)

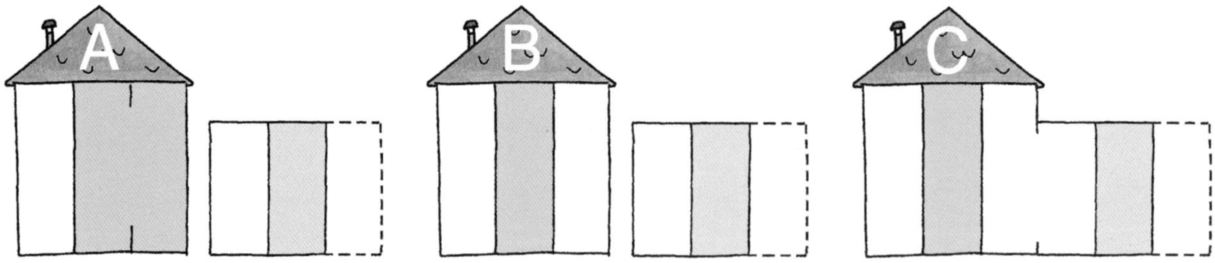

5)

Silben-Training 33: Tiere als Freunde 3

1) Klatschwörter

Das Kind spricht die Klatschwörter und klatscht gleichzeitig dazu die Silben.

a) Persönliches Lieblingsklatschwort (individuell)

b) Themenbezogenes Klatschwort: Pflegepony

2) Schlangenwörter

Variante 1: Jedes Wort wird einzeln vorgelesen (kein Dehnsprechen!).
Das Kind wiederholt das Wort und klatscht gleichzeitig dazu die Silben. Dann spricht es das Wort silbiert mit Pausen und notiert gleichzeitig die Silbenbögen auf dem Schreibblatt.

Variante 2: Partnerübung – gleichzeitiges Sprechen der Silbe und Werfen eines Balls.

a) Reiterwettbewerb c) Koppelzaun e) Reithose

b) Pflanzenreste d) Fellpflege f) Katzenbuckel

3) Sprechschreiben – Wörter

Die Wörter werden einzeln vorgelesen (kein Dehnsprechen!).
Das Kind wiederholt das Wort und klatscht gleichzeitig dazu die Silben. Dann spricht es die einzelnen Silben des Wortes und schreibt sie unmittelbar danach auf das Schreibblatt. Es benutzt abwechselnd zwei Farben.

Pflegepferd

Fellpflege

Hufpflege

4) Häuschenschreibung

Die folgenden Wörter werden vorgelesen und vom Kind in das passende Häuschen auf dem Schreibblatt eingetragen. Es benutzt abwechselnd zwei Farben.

Felle, Pferde, Hufe

5) Sprechschreiben – Sätze

Die Sätze werden einzeln diktiert. Das Kind wiederholt den Satz und klatscht gleichzeitig dazu die Silben. Dann spricht es den Satz wie in Aufgabe 3) und schreibt mit zwei Farben auf das Schreibblatt:

Max hat ein Pflegepferd.

Max bürstet das Fell.

Max kratzt die Hufe aus.

Die falsch geschriebenen Wörter werden korrigiert und auf Karteikarten geschrieben.
Sie werden mit der 5-Fächer-Lernbox wiederholt, bis sie richtig geschrieben werden.

Silben-Training 33: Tiere als Freunde 3

1)

2)

a)

b)

c)

d)

e)

f)

3)

4)

5)

Silben-Training 34: Tiere als Freunde 4

1) Klatschwörter

Das Kind spricht die Klatschwörter und klatscht gleichzeitig dazu die Silben.

a) Persönliches Lieblingsklatschwort (individuell)

b) Themenbezogenes Klatschwort: Hundegeschichte

2) Schlangenwörter

Variante 1: Jedes Wort wird einzeln vorgelesen (kein Dehnsprechen!).
Das Kind wiederholt das Wort und klatscht gleichzeitig dazu die Silben. Dann spricht es das Wort silbiert mit Pausen und notiert gleichzeitig die Silbenbögen auf dem Schreibblatt.

Variante 2: Partnerübung – gleichzeitiges Sprechen der Silbe und Werfen eines Balls.

a) Tageszeit
c) Kerzenschein
e) Schlafenszeit
b) Zeitungsleser
d) Müdigkeit
f) Rauchgeruch

3) Sprechschreiben – Wörter

Die Wörter werden einzeln vorgelesen (kein Dehnsprechen!).
Das Kind wiederholt das Wort und klatscht gleichzeitig dazu die Silben. Dann spricht es die einzelnen Silben des Wortes und schreibt sie unmittelbar danach auf das Schreibblatt. Es benutzt abwechselnd zwei Farben.

einschlafen

sitzen

leise

4) Häuschenschreibung

Die folgenden Wörter werden vorgelesen und vom Kind in das passende Häuschen auf dem Schreibblatt eingetragen. Es benutzt abwechselnd zwei Farben.

winseln, schlafen, sitzen

5) Sprechschreiben – Sätze

Die Sätze werden einzeln diktiert. Das Kind wiederholt den Satz und klatscht gleichzeitig dazu die Silben. Dann spricht es den Satz wie in Aufgabe 3) und schreibt mit zwei Farben auf das Schreibblatt:

Herr Schneider sitzt am Tisch.

Er schläft ein.

Der Hund winselt leise.

Die falsch geschriebenen Wörter werden korrigiert und auf Karteikarten geschrieben.
Sie werden mit der 5-Fächer-Lernbox wiederholt, bis sie richtig geschrieben werden.

Silben-Training 34: Tiere als Freunde 4

1)

2)

a)

b)

c)

d)

e)

f)

3)

4)

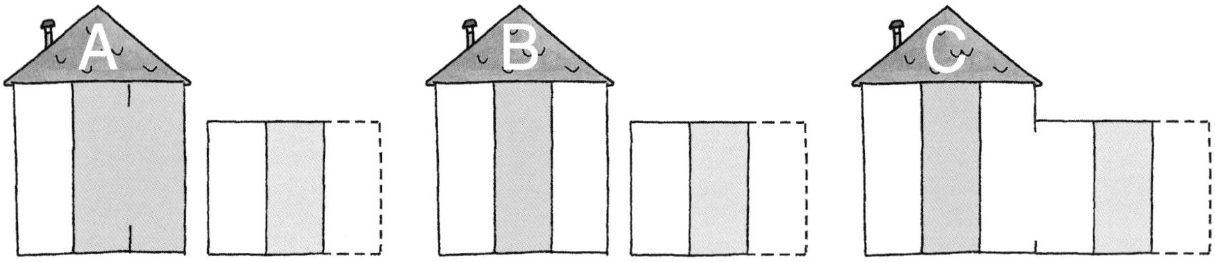

5)

Silben-Training 35: Sommerzeit – Piratenzeit 1

1) Klatschwörter

Das Kind spricht die Klatschwörter und klatscht gleichzeitig dazu die Silben.

a) Persönliches Lieblingsklatschwort (individuell)

b) Themenbezogenes Klatschwort: Lieblingsvorschläge

2) Schlangenwörter

Variante 1: Jedes Wort wird einzeln vorgelesen (kein Dehnsprechen!).
Das Kind wiederholt das Wort und klatscht gleichzeitig dazu die Silben. Dann spricht es das Wort silbiert mit Pausen und notiert gleichzeitig die Silbenbögen auf dem Schreibblatt.

Variante 2: Partnerübung – gleichzeitiges Sprechen der Silbe und Werfen eines Balls.

a) Piratenfest c) Piratenmahlzeit e) Überraschungen

b) Sommerzeit d) Partnerklasse f) Flaschenpost

3) Sprechschreiben – Wörter

Die Wörter werden einzeln vorgelesen (kein Dehnsprechen!).
Das Kind wiederholt das Wort und klatscht gleichzeitig dazu die Silben. Dann spricht es die einzelnen Silben des Wortes und schreibt sie unmittelbar danach auf das Schreibblatt. Es benutzt abwechselnd zwei Farben.

aufschneiden

belegen

aufstecken

4) Häuschenschreibung

Die folgenden Wörter werden vorgelesen und vom Kind in das passende Häuschen auf dem Schreibblatt eingetragen. Es benutzt abwechselnd zwei Farben.

stecken, legen, schneiden

5) Sprechschreiben – Sätze

Die Sätze werden einzeln diktiert. Das Kind wiederholt den Satz und klatscht gleichzeitig dazu die Silben. Dann spricht es den Satz wie in Aufgabe 3) und schreibt mit zwei Farben auf das Schreibblatt:

Wir schneiden Brötchen auf.

Wir belegen sie mit Wurst.

Wir stecken ein Segel auf das Brötchen.

Die falsch geschriebenen Wörter werden korrigiert und auf Karteikarten geschrieben.
Sie werden mit der 5-Fächer-Lernbox wiederholt, bis sie richtig geschrieben werden.

Silben-Training 35: Sommerzeit – Piratenzeit 1

1)

2)

a)

b)

c)

d)

e)

f)

3)

4)

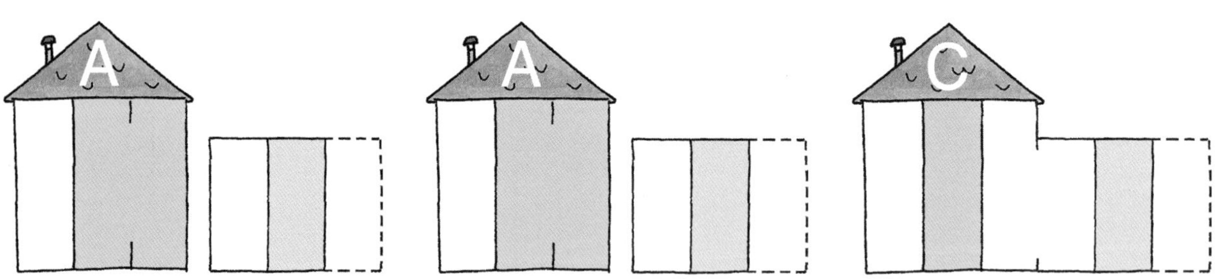

5)

Silben-Training 36: Sommerzeit – Piratenzeit 2

1) Klatschwörter

Das Kind spricht die Klatschwörter und klatscht gleichzeitig dazu die Silben.

a) Persönliches Lieblingsklatschwort (individuell)

b) Themenbezogenes Klatschwort: Piratengeschichten

2) Schlangenwörter

Variante 1: Jedes Wort wird einzeln vorgelesen (kein Dehnsprechen!).
Das Kind wiederholt das Wort und klatscht gleichzeitig dazu die Silben. Dann spricht es das Wort silbiert mit Pausen und notiert gleichzeitig die Silbenbögen auf dem Schreibblatt.

Variante 2: Partnerübung – gleichzeitiges Sprechen der Silbe und Werfen eines Balls.

a) Piratenschätze

c) Seeräuberkapitän

e) Paddelboote

b) Schatzinsel

d) Fernrohr

f) Strickleiter

3) Sprechschreiben – Wörter

Die Wörter werden einzeln vorgelesen (kein Dehnsprechen!).
Das Kind wiederholt das Wort und klatscht gleichzeitig dazu die Silben. Dann spricht es die einzelnen Silben des Wortes und schreibt sie unmittelbar danach auf das Schreibblatt. Es benutzt abwechselnd zwei Farben.

Schiffsjunge

Schiffsmast

Schiffsdeck

4) Häuschenschreibung

Die folgenden Wörter werden vorgelesen und vom Kind in das passende Häuschen auf dem Schreibblatt eingetragen. Es benutzt abwechselnd zwei Farben.

klettern, steigen, hinken

5) Sprechschreiben – Sätze

Die Sätze werden einzeln diktiert. Das Kind wiederholt den Satz und klatscht gleichzeitig dazu die Silben. Dann spricht es den Satz wie in Aufgabe 3) und schreibt mit zwei Farben auf das Schreibblatt:

Der Schiffsjunge steigt auf die Leiter.

Er klettert den Mast hinauf.

Der Kapitän hinkt über das Deck.

Die falsch geschriebenen Wörter werden korrigiert und auf Karteikarten geschrieben.
Sie werden mit der 5-Fächer-Lernbox wiederholt, bis sie richtig geschrieben werden.

Silben-Training 36: Sommerzeit – Piratenzeit 2

1)

2)

a)

b)

c)

d)

e)

f)

3)

4)

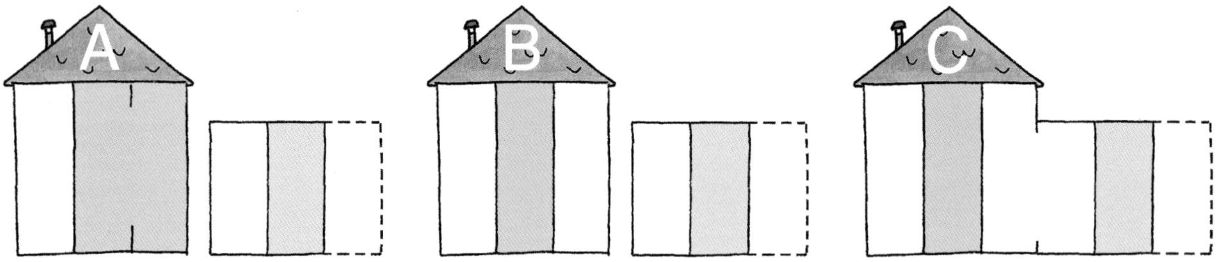

5)

1) Klatschwörter

Das Kind spricht die Klatschwörter und klatscht gleichzeitig dazu die Silben.

a) Persönliches Lieblingsklatschwort (individuell)

b) Themenbezogenes Klatschwort: Blumenwiese

2) Schlangenwörter

Variante 1: Jedes Wort wird einzeln vorgelesen (kein Dehnsprechen!).
Das Kind wiederholt das Wort und klatscht gleichzeitig dazu die Silben. Dann spricht es das Wort silbiert mit Pausen und notiert gleichzeitig die Silbenbögen auf dem Schreibblatt.

Variante 2: Partnerübung – gleichzeitiges Sprechen der Silbe und Werfen eines Balls.

a) Blumen
b) Hasen
c) Rosen
d) Ofen
e) Leiter
f) Schwäne

3) Sprechschreiben – Wörter

Die Wörter werden einzeln vorgelesen (kein Dehnsprechen!).
Das Kind wiederholt das Wort und klatscht gleichzeitig dazu die Silben. Dann spricht es die einzelnen Silben des Wortes und schreibt sie unmittelbar danach auf das Schreibblatt. Es benutzt abwechselnd zwei Farben.

Blumen
Ofen
Leiter

4) Häuschenschreibung

Die folgenden Wörter werden vorgelesen und vom Kind in das passende Häuschen auf dem Schreibblatt eingetragen. Es benutzt abwechselnd zwei Farben.

Blumen, Ofen, Leiter

5) Sprechschreiben – Sätze

Die Sätze werden einzeln diktiert. Das Kind wiederholt den Satz und klatscht gleichzeitig dazu die Silben. Dann spricht es den Satz wie in Aufgabe 3) und schreibt mit zwei Farben auf das Schreibblatt:

Das ist eine Blume.
Das ist ein Ofen.
Das ist eine Leiter.

Die falsch geschriebenen Wörter werden korrigiert und auf Karteikarten geschrieben.
Sie werden mit der 5-Fächer-Lernbox wiederholt, bis sie richtig geschrieben werden.

Silben-Training 37: Häuschen A

1)

2)

a)

b)

c)

d)

e)

f)

3)

4)

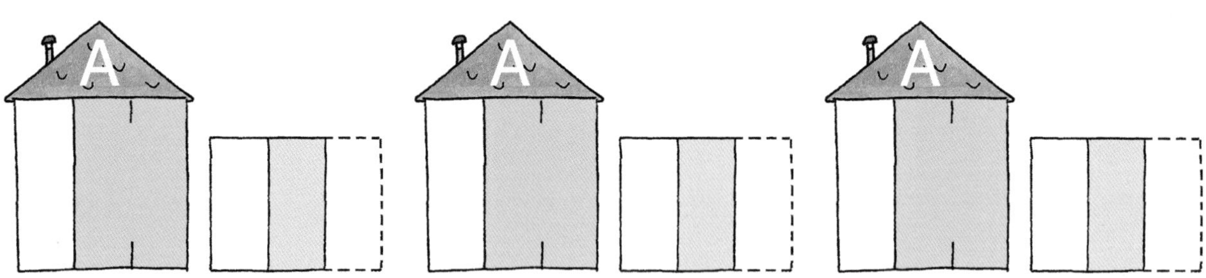

5)

Silben-Training 38: Häuschen B

1) Klatschwörter

Das Kind spricht die Klatschwörter und klatscht gleichzeitig dazu die Silben.

a) Persönliches Lieblingsklatschwort (individuell)

b) Themenbezogenes Klatschwort: Kindergarten

2) Schlangenwörter

Variante 1: Jedes Wort wird einzeln vorgelesen (kein Dehnsprechen!).

Das Kind wiederholt das Wort und klatscht gleichzeitig dazu die Silben. Dann spricht es das Wort silbiert mit Pausen und notiert gleichzeitig die Silbenbögen auf dem Schreibblatt.

Variante 2: Partnerübung – gleichzeitiges Sprechen der Silbe und Werfen eines Balls.

a) Kinder
c) Pflanzen
e) Hunde
b) lernen
d) welken
f) winseln

3) Sprechschreiben – Wörter

Die Wörter werden einzeln vorgelesen (kein Dehnsprechen!).
Das Kind wiederholt das Wort und klatscht gleichzeitig dazu die Silben. Dann spricht es die einzelnen Silben des Wortes und schreibt sie unmittelbar danach auf das Schreibblatt. Es benutzt abwechselnd zwei Farben.

Kinder
Pflanzen
Hunde

4) Häuschenschreibung

Die folgenden Wörter werden vorgelesen und vom Kind in das passende Häuschen auf dem Schreibblatt eingetragen. Es benutzt abwechselnd zwei Farben.

lernen, welken, winseln

5) Sprechschreiben – Sätze

Die Sätze werden einzeln diktiert. Das Kind wiederholt den Satz und klatscht gleichzeitig dazu die Silben. Dann spricht es den Satz wie in Aufgabe 3) und schreibt mit zwei Farben auf das Schreibblatt:

Die Kinder lernen.
Die Pflanzen welken.
Die Hunde winseln.

Die falsch geschriebenen Wörter werden korrigiert und auf Karteikarten geschrieben.
Sie werden mit der 5-Fächer-Lernbox wiederholt, bis sie richtig geschrieben werden.

Silben-Training 38: Häuschen B

1)

2)

a)

b)

c)

d)

e)

f)

3)

4)

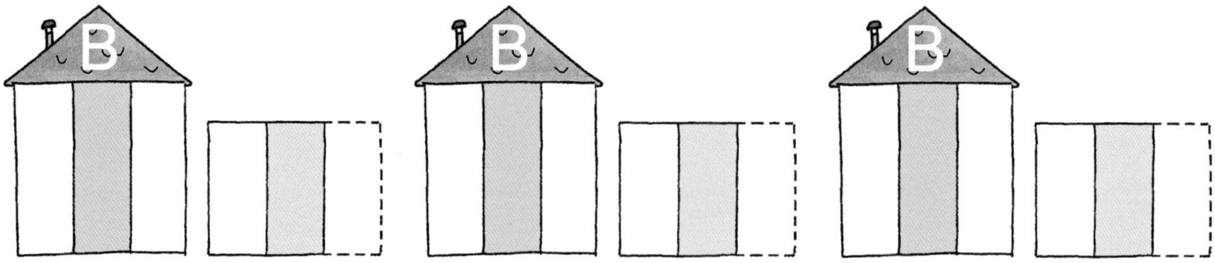

5)

Silben-Training 39: Häuschen C

1) Klatschwörter

Das Kind spricht die Klatschwörter und klatscht gleichzeitig dazu die Silben.

a) Persönliches Lieblingsklatschwort (individuell)

b) Themenbezogenes Klatschwort: Rummelplätze

2) Schlangenwörter

Variante 1: Jedes Wort wird einzeln vorgelesen (kein Dehnsprechen!).
Das Kind wiederholt das Wort und klatscht gleichzeitig dazu die Silben. Dann spricht es das Wort silbiert mit Pausen und notiert gleichzeitig die Silbenbögen auf dem Schreibblatt.

Variante 2: Partnerübung – gleichzeitiges Sprechen der Silbe und Werfen eines Balls.

a) Affen
c) Busse
e) Blätter
b) klettern
d) rollen
f) fallen

3) Sprechschreiben – Wörter

Die Wörter werden einzeln vorgelesen (kein Dehnsprechen!).
Das Kind wiederholt das Wort und klatscht gleichzeitig dazu die Silben. Dann spricht es die einzelnen Silben des Wortes und schreibt sie unmittelbar danach auf das Schreibblatt. Es benutzt abwechselnd zwei Farben.

Affen
Busse
Blätter

4) Häuschenschreibung

Die folgenden Wörter werden vorgelesen und vom Kind in das passende Häuschen auf dem Schreibblatt eingetragen. Es benutzt abwechselnd zwei Farben.

klettern, rollen, fallen

5) Sprechschreiben – Sätze

Die Sätze werden einzeln diktiert. Das Kind wiederholt den Satz und klatscht gleichzeitig dazu die Silben. Dann spricht es den Satz wie in Aufgabe 3) und schreibt mit zwei Farben auf das Schreibblatt:

Die Affen klettern.
Die Busse rollen.
Die Blätter fallen.

Die falsch geschriebenen Wörter werden korrigiert und auf Karteikarten geschrieben.
Sie werden mit der 5-Fächer-Lernbox wiederholt, bis sie richtig geschrieben werden.

Silben-Training 39: Häuschen C

1)

2)

a)

b)

c)

d)

e)

f)

3)

4)

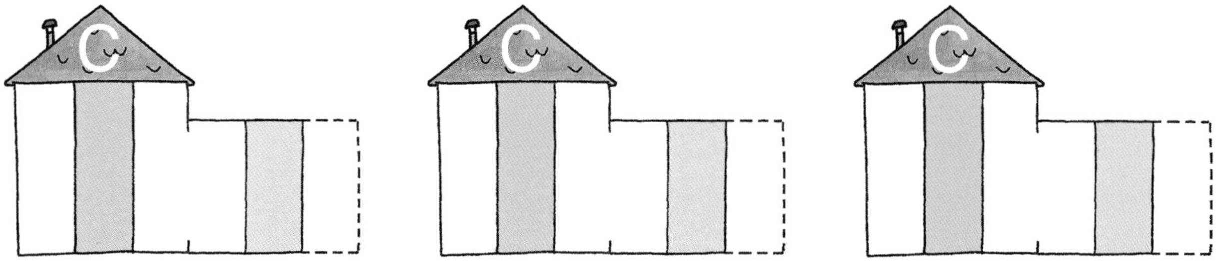

5)

Silben-Training 40: Wörter mit Ä/ä

1) Klatschwörter

Das Kind spricht die Klatschwörter und klatscht gleichzeitig dazu die Silben.

a) Persönliches Lieblingsklatschwort (individuell)

b) Themenbezogenes Klatschwort: Schwimmbäder

2) Schlangenwörter

Variante 1: Jedes Wort wird einzeln vorgelesen (kein Dehnsprechen!).
Das Kind wiederholt das Wort und klatscht gleichzeitig dazu die Silben. Dann spricht es das Wort silbiert mit Pausen und notiert gleichzeitig die Silbenbögen auf dem Schreibblatt.

Variante 2: Partnerübung – gleichzeitiges Sprechen der Silbe und Werfen eines Balls.

a) Blätterhaufen
c) Gläserschrank
e) Fußbälle
b) Gästezimmer
d) Männerhosen
f) Tannenwälder

3) Sprechschreiben – Wörter

Die Wörter werden einzeln vorgelesen (kein Dehnsprechen!).
Das Kind wiederholt das Wort und klatscht gleichzeitig dazu die Silben. Dann spricht es die einzelnen Silben des Wortes und schreibt sie unmittelbar danach auf das Schreibblatt. Es benutzt abwechselnd zwei Farben.

Blatt – Blätter
Gast – Gäste
Glas – Gläser

4) Häuschenschreibung

Die folgenden Wörter werden vorgelesen und vom Kind in das passende Häuschen auf dem Schreibblatt eingetragen. Es benutzt abwechselnd zwei Farben.

Blätter, Gäste, Gläser

5) Sprechschreiben – Sätze

Die Sätze werden einzeln diktiert. Das Kind wiederholt den Satz und klatscht gleichzeitig dazu die Silben. Dann spricht es den Satz wie in Aufgabe 3) und schreibt mit zwei Farben auf das Schreibblatt:

Wir sammeln Blätter.
Wir erwarten Gäste.
Wir holen Gläser.

Die falsch geschriebenen Wörter werden korrigiert und auf Karteikarten geschrieben.
Sie werden mit der 5-Fächer-Lernbox wiederholt, bis sie richtig geschrieben werden.

Silben-Training 40: Wörter mit Ä/ä

1)

2)

a)

b)

c)

d)

e)

f)

3)

4)

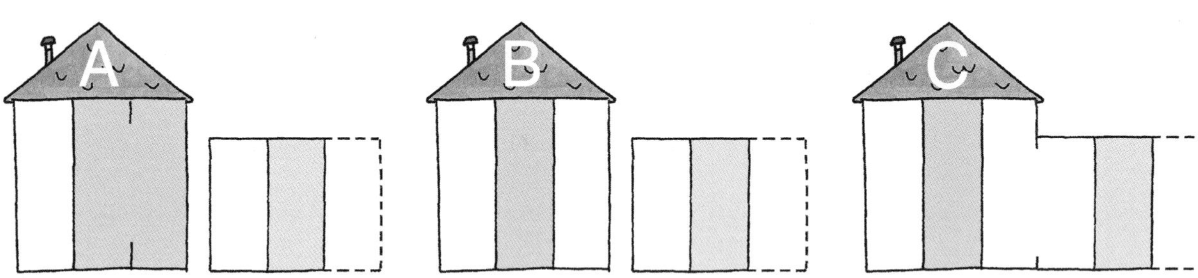

5)

Silben-Training 41: Wörter mit Äu / äu

1) Klatschwörter

Das Kind spricht die Klatschwörter und klatscht gleichzeitig dazu die Silben.

a) Persönliches Lieblingsklatschwort (individuell)

b) Themenbezogenes Klatschwort: Räuberhöhle

2) Schlangenwörter

Variante 1: Jedes Wort wird einzeln vorgelesen (kein Dehnsprechen!).
Das Kind wiederholt das Wort und klatscht gleichzeitig dazu die Silben. Dann spricht es das Wort silbiert mit Pausen und notiert gleichzeitig die Silbenbögen auf dem Schreibblatt.

Variante 2: Partnerübung – gleichzeitiges Sprechen der Silbe und Werfen eines Balls.

a) Lattenzäune
c) Mäuseschwänzchen
e) Maibäume
b) Albträume
d) Rosensträucher
f) Hochhäuser

3) Sprechschreiben – Wörter

Die Wörter werden einzeln vorgelesen (kein Dehnsprechen!).
Das Kind wiederholt das Wort und klatscht gleichzeitig dazu die Silben. Dann spricht es die einzelnen Silben des Wortes und schreibt sie unmittelbar danach auf das Schreibblatt. Es benutzt abwechselnd zwei Farben.

Zaun – Zäune

Maus – Mäuse

Traum – Träume

4) Häuschenschreibung

Die folgenden Wörter werden vorgelesen und vom Kind in das passende Häuschen auf dem Schreibblatt eingetragen. Es benutzt abwechselnd zwei Farben.

Zäune, Mäuse, Träume

5) Sprechschreiben – Sätze

Die Sätze werden einzeln diktiert. Das Kind wiederholt den Satz und klatscht gleichzeitig dazu die Silben. Dann spricht es den Satz wie in Aufgabe 3) und schreibt mit zwei Farben auf das Schreibblatt:

Wir klettern über Zäune.

Wir sehen Mäuse.

Wir haben Träume.

Die falsch geschriebenen Wörter werden korrigiert und auf Karteikarten geschrieben.
Sie werden mit der 5-Fächer-Lernbox wiederholt, bis sie richtig geschrieben werden.

Silben-Training 41: Wörter mit Äu / äu

1)

2)

a) d)

b) e)

c) f)

3)

4)

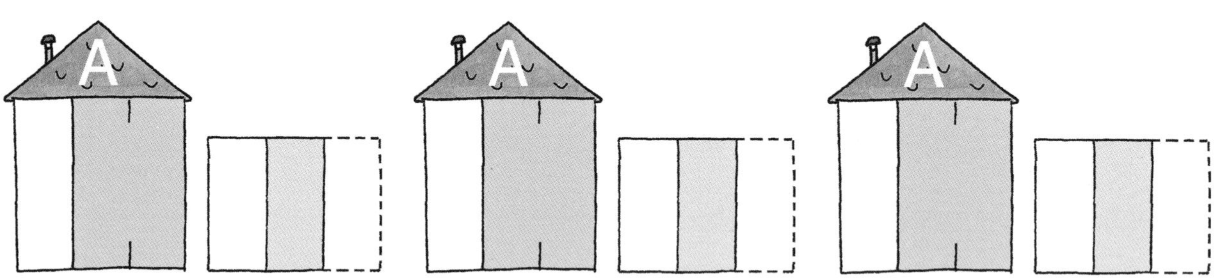

5)

Silben-Training 42: Wörter mit ß

1) Klatschwörter

Das Kind spricht die Klatschwörter und klatscht gleichzeitig dazu die Silben.

a) Persönliches Lieblingsklatschwort (individuell)

b) Themenbezogenes Klatschwort: Fußballspieler

2) Schlangenwörter

Variante 1: Jedes Wort wird einzeln vorgelesen (kein Dehnsprechen!).
Das Kind wiederholt das Wort und klatscht gleichzeitig dazu die Silben. Dann spricht es das Wort silbiert mit Pausen und notiert gleichzeitig die Silbenbögen auf dem Schreibblatt.

Variante 2: Partnerübung – gleichzeitiges Sprechen der Silbe und Werfen eines Balls.

a) Fußballtore c) Straßenlaterne e) Grußkarte

b) Spaßmacher d) Gießkanne f) Heißluftballon

3) Sprechschreiben – Wörter

Die Wörter werden einzeln vorgelesen (kein Dehnsprechen!).
Das Kind wiederholt das Wort und klatscht gleichzeitig dazu die Silben. Dann spricht es die einzelnen Silben des Wortes und schreibt sie unmittelbar danach auf das Schreibblatt. Es benutzt abwechselnd zwei Farben.

schießen

gießen

schließen

4) Häuschenschreibung

Die folgenden Wörter werden vorgelesen und vom Kind in das passende Häuschen auf dem Schreibblatt eingetragen. Es benutzt abwechselnd zwei Farben.

schießen, gießen, schließen

5) Sprechschreiben – Sätze

Die Sätze werden einzeln diktiert. Das Kind wiederholt den Satz und klatscht gleichzeitig dazu die Silben. Dann spricht es den Satz wie in Aufgabe 3) und schreibt mit zwei Farben auf das Schreibblatt:

Ich schieße ein Tor.

Ich gieße die Blumen.

Ich schließe die Tür leise.

Die falsch geschriebenen Wörter werden korrigiert und auf Karteikarten geschrieben.
Sie werden mit der 5-Fächer-Lernbox wiederholt, bis sie richtig geschrieben werden.

Silben-Training 42: Wörter mit ß

1)

2)

a)

b)

c)

d)

e)

f)

3)

4)

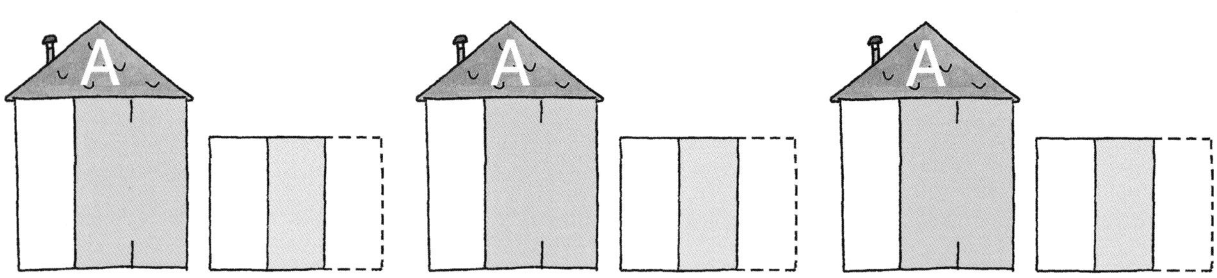

5)

Silben-Training 43: Wörter mit ck

1) Klatschwörter

Das Kind spricht die Klatschwörter und klatscht gleichzeitig dazu die Silben.

a) Persönliches Lieblingsklatschwort (individuell)

b) Themenbezogenes Klatschwort: Schneeflockentanz

2) Schlangenwörter

Variante 1: Jedes Wort wird einzeln vorgelesen (kein Dehnsprechen!).
Das Kind wiederholt das Wort und klatscht gleichzeitig dazu die Silben. Dann spricht es das Wort silbiert mit Pausen und notiert gleichzeitig die Silbenbögen auf dem Schreibblatt.

Variante 2: Partnerübung – gleichzeitiges Sprechen der Silbe und Werfen eines Balls.

a) Schneeflocken
b) Faltenröcke
c) Rucksäcke
d) Jackenärmel
e) Schneckenhäuser
f) Nussknacker

3) Sprechschreiben – Wörter

Die Wörter werden einzeln vorgelesen (kein Dehnsprechen!).
Das Kind wiederholt das Wort und klatscht gleichzeitig dazu die Silben. Dann spricht es die einzelnen Silben des Wortes und schreibt sie unmittelbar danach auf das Schreibblatt. Es benutzt abwechselnd zwei Farben.

Wecker

Zucker

Fackel

4) Häuschenschreibung

Die folgenden Wörter werden vorgelesen und vom Kind in das passende Häuschen auf dem Schreibblatt eingetragen. Es benutzt abwechselnd zwei Farben.

ticken, backen, stecken

5) Sprechschreiben – Sätze

Die Sätze werden einzeln diktiert. Das Kind wiederholt den Satz und klatscht gleichzeitig dazu die Silben. Dann spricht es den Satz wie in Aufgabe 3) und schreibt mit zwei Farben auf das Schreibblatt:

Die Wecker ticken.

Wir backen Zuckerschnecken.

Wir stecken Fackeln.

Die falsch geschriebenen Wörter werden korrigiert und auf Karteikarten geschrieben.
Sie werden mit der 5-Fächer-Lernbox wiederholt, bis sie richtig geschrieben werden.

Silben-Training 43: Wörter mit ck

1)

2)

a)

b)

c)

d)

e)

f)

3)

4)

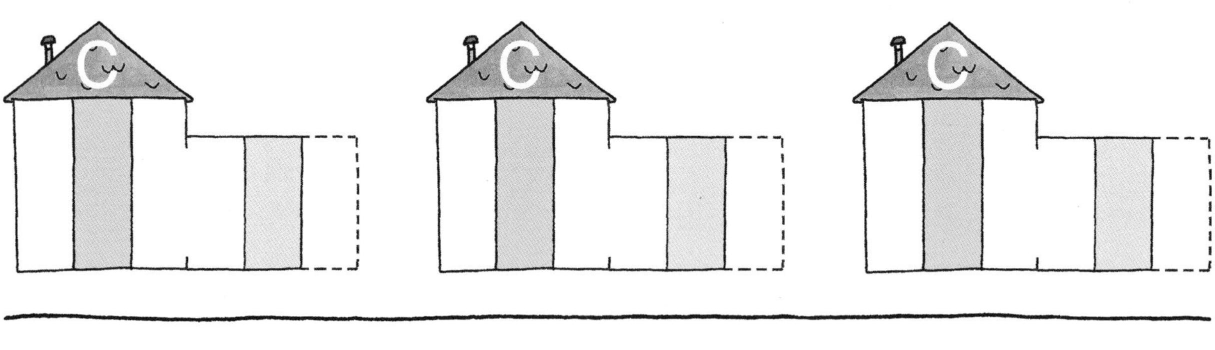

5)

Silben-Training 44: Wörter mit nk

1) Klatschwörter

Das Kind spricht die Klatschwörter und klatscht gleichzeitig dazu die Silben.

a) Persönliches Lieblingsklatschwort (individuell)

b) Themenbezogenes Klatschwort: Trinkschokolade

2) Schlangenwörter

Variante 1: Jedes Wort wird einzeln vorgelesen (kein Dehnsprechen!).
Das Kind wiederholt das Wort und klatscht gleichzeitig dazu die Silben. Dann spricht es das Wort silbiert mit Pausen und notiert gleichzeitig die Silbenbögen auf dem Schreibblatt.

Variante 2: Partnerübung – gleichzeitiges Sprechen der Silbe und Werfen eines Balls.

a) Dankbarkeit   c) Trinkhalme   e) Tankstelle

b) Geschenkpapier   d) Trinkflasche   f) Gartenbänke

3) Sprechschreiben – Wörter

Die Wörter werden einzeln vorgelesen (kein Dehnsprechen!).
Das Kind wiederholt das Wort und klatscht gleichzeitig dazu die Silben. Dann spricht es die einzelnen Silben des Wortes und schreibt sie unmittelbar danach auf das Schreibblatt. Es benutzt abwechselnd zwei Farben.

trinken

Bänke

Schränke

4) Häuschenschreibung

Die folgenden Wörter werden vorgelesen und vom Kind in das passende Häuschen auf dem Schreibblatt eingetragen. Es benutzt abwechselnd zwei Farben.

trinken, Bänke, Schränke

5) Sprechschreiben – Sätze

Die Sätze werden einzeln diktiert. Das Kind wiederholt den Satz und klatscht gleichzeitig dazu die Silben. Dann spricht es den Satz wie in Aufgabe 3) und schreibt mit zwei Farben auf das Schreibblatt:

Ich trinke aus dem Glas.

Ich sitze auf der Bank.

Ich räume den Schrank auf.

Die falsch geschriebenen Wörter werden korrigiert und auf Karteikarten geschrieben.
Sie werden mit der 5-Fächer-Lernbox wiederholt, bis sie richtig geschrieben werden.

Silben-Training 44: Wörter mit nk

1)

2)

a)

b)

c)

d)

e)

f)

3)

4)

5)

Silben-Training 45: einsilbige Wörter mit b / d / g

1) Klatschwörter

Das Kind spricht die Klatschwörter und klatscht gleichzeitig dazu die Silben.

a) Persönliches Lieblingsklatschwort (individuell)

b) Themenbezogenes Klatschwort: Zugbegleiter

2) Schlangenwörter

Variante 1: Jedes Wort wird einzeln vorgelesen (kein Dehnsprechen!).
Das Kind wiederholt das Wort und klatscht gleichzeitig dazu die Silben. Dann spricht es das Wort silbiert mit Pausen und notiert gleichzeitig die Silbenbögen auf dem Schreibblatt.

Variante 2: Partnerübung – gleichzeitiges Sprechen der Silbe und Werfen eines Balls.

a) Kleiderhaken
c) Händedruck
e) Hundegebell
b) Freundebuch
d) Henkelkörbe
f) Kindergarten

3) Sprechschreiben – Wörter

Die Wörter werden einzeln vorgelesen (kein Dehnsprechen!).
Das Kind wiederholt das Wort und klatscht gleichzeitig dazu die Silben. Dann spricht es die einzelnen Silben des Wortes und schreibt sie unmittelbar danach auf das Schreibblatt. Es benutzt abwechselnd zwei Farben.

Hände – Hand
Hunde – Hund
Freunde – Freund

4) Häuschenschreibung

Die folgenden Wörter werden vorgelesen und vom Kind in das passende Häuschen auf dem Schreibblatt eingetragen. Es benutzt abwechselnd zwei Farben.

geben, Körbe, runde

5) Sprechschreiben – Sätze

Die Sätze werden einzeln diktiert. Das Kind wiederholt den Satz und klatscht gleichzeitig dazu die Silben. Dann spricht es den Satz wie in Aufgabe 3) und schreibt mit zwei Farben auf das Schreibblatt:

Mein Freund gibt mir die Hand.
Der Korb ist rund.
Der Hund ist blind.

Die falsch geschriebenen Wörter werden korrigiert und auf Karteikarten geschrieben.
Sie werden mit der 5-Fächer-Lernbox wiederholt, bis sie richtig geschrieben werden.

Silben-Training 45: einsilbige Wörter mit b / d / g

1)

2)

a)

b)

c)

d)

e)

f)

3)

4)

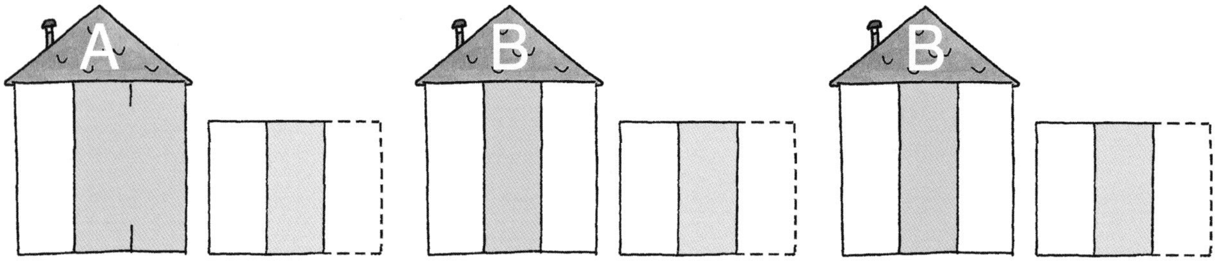

5)

Silben-Training 46: Wörter mit ie

1) Klatschwörter

Das Kind spricht die Klatschwörter und klatscht gleichzeitig dazu die Silben.

a) Persönliches Lieblingsklatschwort (individuell)

b) Themenbezogenes Klatschwort: Riesenbiene

2) Schlangenwörter

Variante 1: Jedes Wort wird einzeln vorgelesen (kein Dehnsprechen!).
Das Kind wiederholt das Wort und klatscht gleichzeitig dazu die Silben. Dann spricht es das Wort silbiert mit Pausen und notiert gleichzeitig die Silbenbögen auf dem Schreibblatt.

Variante 2: Partnerübung – gleichzeitiges Sprechen der Silbe und Werfen eines Balls.

a) Spiegel
c) Riese
e) Liebe
b) Wiese
d) Biene
f) Spiele

3) Sprechschreiben – Wörter

Die Wörter werden einzeln vorgelesen (kein Dehnsprechen!).
Das Kind wiederholt das Wort und klatscht gleichzeitig dazu die Silben. Dann spricht es die einzelnen Silben des Wortes und schreibt sie unmittelbar danach auf das Schreibblatt. Es benutzt abwechselnd zwei Farben.

fliegen
liegen
spielen

4) Häuschenschreibung

Die folgenden Wörter werden vorgelesen und vom Kind in das passende Häuschen auf dem Schreibblatt eingetragen. Es benutzt abwechselnd zwei Farben.

fliegen, liegen, spielen

5) Sprechschreiben – Sätze

Die Sätze werden einzeln diktiert. Das Kind wiederholt den Satz und klatscht gleichzeitig dazu die Silben. Dann spricht es den Satz wie in Aufgabe 3) und schreibt mit zwei Farben auf das Schreibblatt:

Der Riese liegt auf der Wiese.
Die Biene fliegt in der Luft.
Spiele spielen macht Spaß.

Die falsch geschriebenen Wörter werden korrigiert und auf Karteikarten geschrieben.
Sie werden mit der 5-Fächer-Lernbox wiederholt, bis sie richtig geschrieben werden.

Silben-Training 46: Wörter mit ie

1)

2)

a)

b)

c)

d)

e)

f)

3)

4)

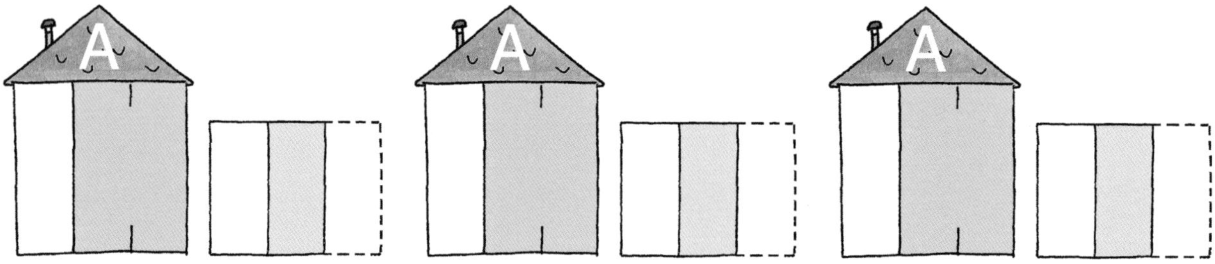

5)

Silben-Training 47: Wörter mit v

1) Klatschwörter

Das Kind spricht die Klatschwörter und klatscht gleichzeitig dazu die Silben.

a) Persönliches Lieblingsklatschwort (individuell)

b) Themenbezogenes Klatschwort: Blumenvase

2) Schlangenwörter

Variante 1: Jedes Wort wird einzeln vorgelesen (kein Dehnsprechen!).
Das Kind wiederholt das Wort und klatscht gleichzeitig dazu die Silben. Dann spricht es das Wort silbiert mit Pausen und notiert gleichzeitig die Silbenbögen auf dem Schreibblatt.

Variante 2: Partnerübung – gleichzeitiges Sprechen der Silbe und Werfen eines Balls.

a) Verkehrschaos c) Vulkanausbruch e) Vampirgeschichten

b) Klavierspieler d) Novemberwetter f) Veilchen

3) Sprechschreiben – Wörter

Die Wörter werden einzeln vorgelesen (kein Dehnsprechen!).
Das Kind wiederholt das Wort und klatscht gleichzeitig dazu die Silben. Dann spricht es die einzelnen Silben des Wortes und schreibt sie unmittelbar danach auf das Schreibblatt. Es benutzt abwechselnd zwei Farben.

versprechen
vorspielen
viele

4) Häuschenschreibung

Die folgenden Wörter werden vorgelesen und vom Kind in das passende Häuschen auf dem Schreibblatt eingetragen. Es benutzt abwechselnd zwei Farben.

Vogel, Kurve, Vater

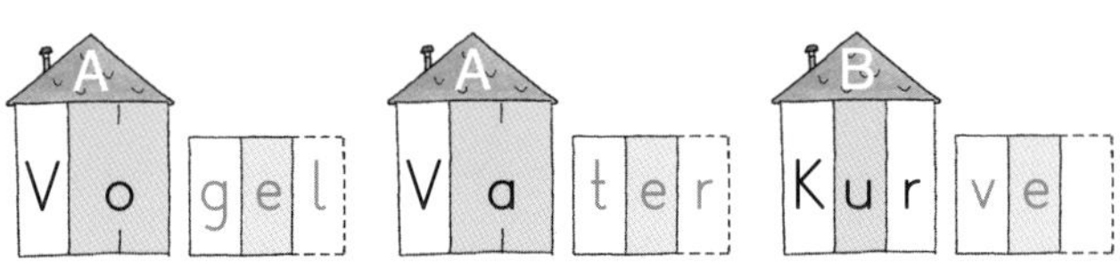

5) Sprechschreiben – Sätze

Die Sätze werden einzeln diktiert. Das Kind wiederholt den Satz und klatscht gleichzeitig dazu die Silben. Dann spricht es den Satz wie in Aufgabe 3) und schreibt mit zwei Farben auf das Schreibblatt:

Auf dem Baum sind viele Vögel.
Die Straße hat viele Kurven.
Vater spielt mit den Kindern.

Die falsch geschriebenen Wörter werden korrigiert und auf Karteikarten geschrieben.
Sie werden mit der 5-Fächer-Lernbox wiederholt, bis sie richtig geschrieben werden.

Silben-Training 47: Wörter mit v

1)

2)

a)

b)

c)

d)

e)

f)

3)

4)

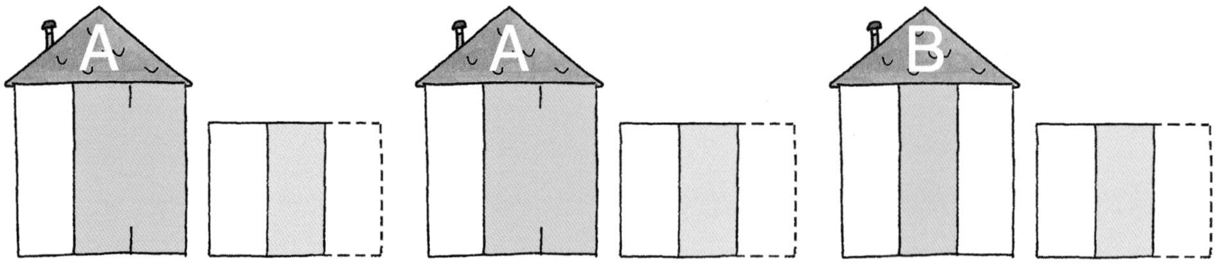

5)

Silben-Training 48: Wörter mit st/sp

1) Klatschwörter

Das Kind spricht die Klatschwörter und klatscht gleichzeitig dazu die Silben.

a) Persönliches Lieblingsklatschwort (individuell)

b) Themenbezogenes Klatschwort: Sternenhimmel

2) Schlangenwörter

Variante 1: Jedes Wort wird einzeln vorgelesen (kein Dehnsprechen!).
Das Kind wiederholt das Wort und klatscht gleichzeitig dazu die Silben. Dann spricht es das Wort silbiert mit Pausen und notiert gleichzeitig die Silbenbögen auf dem Schreibblatt.

Variante 2: Partnerübung – gleichzeitiges Sprechen der Silbe und Werfen eines Balls.

a) Spinnennetz c) Farbstift e) Stachelschwein

b) Würfelspiel d) Spiegelbild f) Sprungbrett

3) Sprechschreiben – Wörter

Die Wörter werden einzeln vorgelesen (kein Dehnsprechen!).
Das Kind wiederholt das Wort und klatscht gleichzeitig dazu die Silben. Dann spricht es die einzelnen Silben des Wortes und schreibt sie unmittelbar danach auf das Schreibblatt. Es benutzt abwechselnd zwei Farben.

Spinne
Steine
Sterne

4) Häuschenschreibung

Die folgenden Wörter werden vorgelesen und vom Kind in das passende Häuschen auf dem Schreibblatt eingetragen. Es benutzt abwechselnd zwei Farben.

Spinne, Steine, Sterne

5) Sprechschreiben – Sätze

Die Sätze werden einzeln diktiert. Das Kind wiederholt den Satz und klatscht gleichzeitig dazu die Silben. Dann spricht es den Satz wie in Aufgabe 3) und schreibt mit zwei Farben auf das Schreibblatt:

Spinnen bauen Netze.
Steine liegen auf der Straße.
Sterne funkeln am Himmel.

Die falsch geschriebenen Wörter werden korrigiert und auf Karteikarten geschrieben.
Sie werden mit der 5-Fächer-Lernbox wiederholt, bis sie richtig geschrieben werden.

Silben-Training 48: Wörter mit st/sp

1)

2)

a)

b)

c)

d)

e)

f)

3)

4)

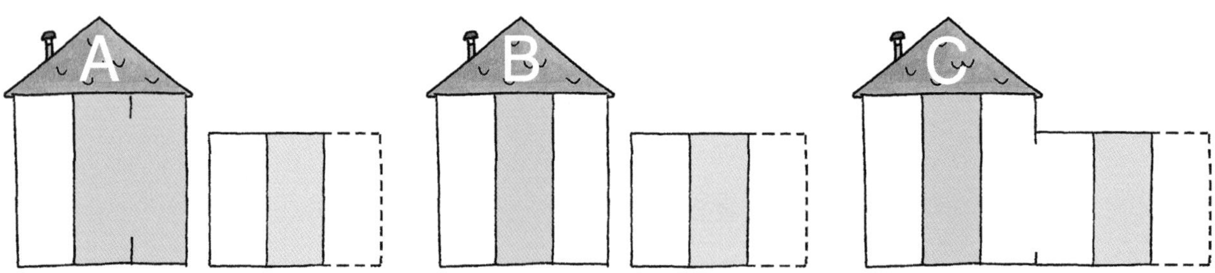

5)

Silben-Training 49: Wörter mit tz

1) Klatschwörter

Das Kind spricht die Klatschwörter und klatscht gleichzeitig dazu die Silben.

a) Persönliches Lieblingsklatschwort (individuell)

b) Themenbezogenes Klatschwort: Feuerwehrspritze

2) Schlangenwörter

Variante 1: Jedes Wort wird einzeln vorgelesen (kein Dehnsprechen!).
Das Kind wiederholt das Wort und klatscht gleichzeitig dazu die Silben. Dann spricht es das Wort silbiert mit Pausen und notiert gleichzeitig die Silbenbögen auf dem Schreibblatt.

Variante 2: Partnerübung – gleichzeitiges Sprechen der Silbe und Werfen eines Balls.

a) Schwitzkasten
b) Blitzgewitter
c) Wollmützen
d) Schnitzmesser
e) Spatzennest
f) Hitzewelle

3) Sprechschreiben – Wörter

Die Wörter werden einzeln vorgelesen (kein Dehnsprechen!).
Das Kind wiederholt das Wort und klatscht gleichzeitig dazu die Silben. Dann spricht es die einzelnen Silben des Wortes und schreibt sie unmittelbar danach auf das Schreibblatt. Es benutzt abwechselnd zwei Farben.

sitzen
spitzen
Witze

4) Häuschenschreibung

Die folgenden Wörter werden vorgelesen und vom Kind in das passende Häuschen auf dem Schreibblatt eingetragen. Es benutzt abwechselnd zwei Farben.

sitzen, spitzen, Witze

5) Sprechschreiben – Sätze

Die Sätze werden einzeln diktiert. Das Kind wiederholt den Satz und klatscht gleichzeitig dazu die Silben. Dann spricht es den Satz wie in Aufgabe 3) und schreibt mit zwei Farben auf das Schreibblatt:

Wir sitzen im Auto.
Ich spitze meine Stifte.
Ich mache gerne Witze.

Die falsch geschriebenen Wörter werden korrigiert und auf Karteikarten geschrieben.
Sie werden mit der 5-Fächer-Lernbox wiederholt, bis sie richtig geschrieben werden.

Silben-Training 49: Wörter mit tz

1)

2)

a)

b)

c)

d)

e)

f)

3)

4)

5)

Silben-Training 50: Wörter mit Pf/pf

1) Klatschwörter

Das Kind spricht die Klatschwörter und klatscht gleichzeitig dazu die Silben.

a) Persönliches Lieblingsklatschwort (individuell)

b) Themenbezogenes Klatschwort: Kopfsteinpflaster

2) Schlangenwörter

Variante 1: Jedes Wort wird einzeln vorgelesen (kein Dehnsprechen!).
Das Kind wiederholt das Wort und klatscht gleichzeitig dazu die Silben. Dann spricht es das Wort silbiert mit Pausen und notiert gleichzeitig die Silbenbögen auf dem Schreibblatt.

Variante 2: Partnerübung – gleichzeitiges Sprechen der Silbe und Werfen eines Balls.

a) Hundepfote c) Kopfläuse e) Wasserpfützen

b) Pferdeboxen d) Zaunpfosten f) Indianerzöpfe

3) Sprechschreiben – Wörter

Die Wörter werden einzeln vorgelesen (kein Dehnsprechen!).
Das Kind wiederholt das Wort und klatscht gleichzeitig dazu die Silben. Dann spricht es die einzelnen Silben des Wortes und schreibt sie unmittelbar danach auf das Schreibblatt. Es benutzt abwechselnd zwei Farben.

pfeifen

Pfosten

pflücken

4) Häuschenschreibung

Die folgenden Wörter werden vorgelesen und vom Kind in das passende Häuschen auf dem Schreibblatt eingetragen. Es benutzt abwechselnd zwei Farben.

pfeifen, Pfosten, pflücken

5) Sprechschreiben – Sätze

Die Sätze werden einzeln diktiert. Das Kind wiederholt den Satz und klatscht gleichzeitig dazu die Silben. Dann spricht es den Satz wie in Aufgabe 3) und schreibt mit zwei Farben auf das Schreibblatt:

Die Spatzen sitzen auf Pfosten.

Die Spatzen pfeifen.

Lena und Malte pflücken Äpfel.

Die falsch geschriebenen Wörter werden korrigiert und auf Karteikarten geschrieben.
Sie werden mit der 5-Fächer-Lernbox wiederholt, bis sie richtig geschrieben werden.

Silben-Training 50: Wörter mit Pf/pf

1)

2)

a)

b)

c)

d)

e)

f)

3)

4)

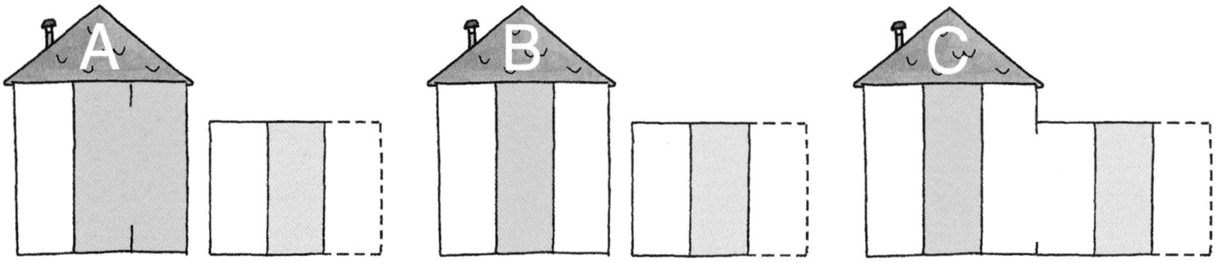

5)

IV. Kontrastpaare

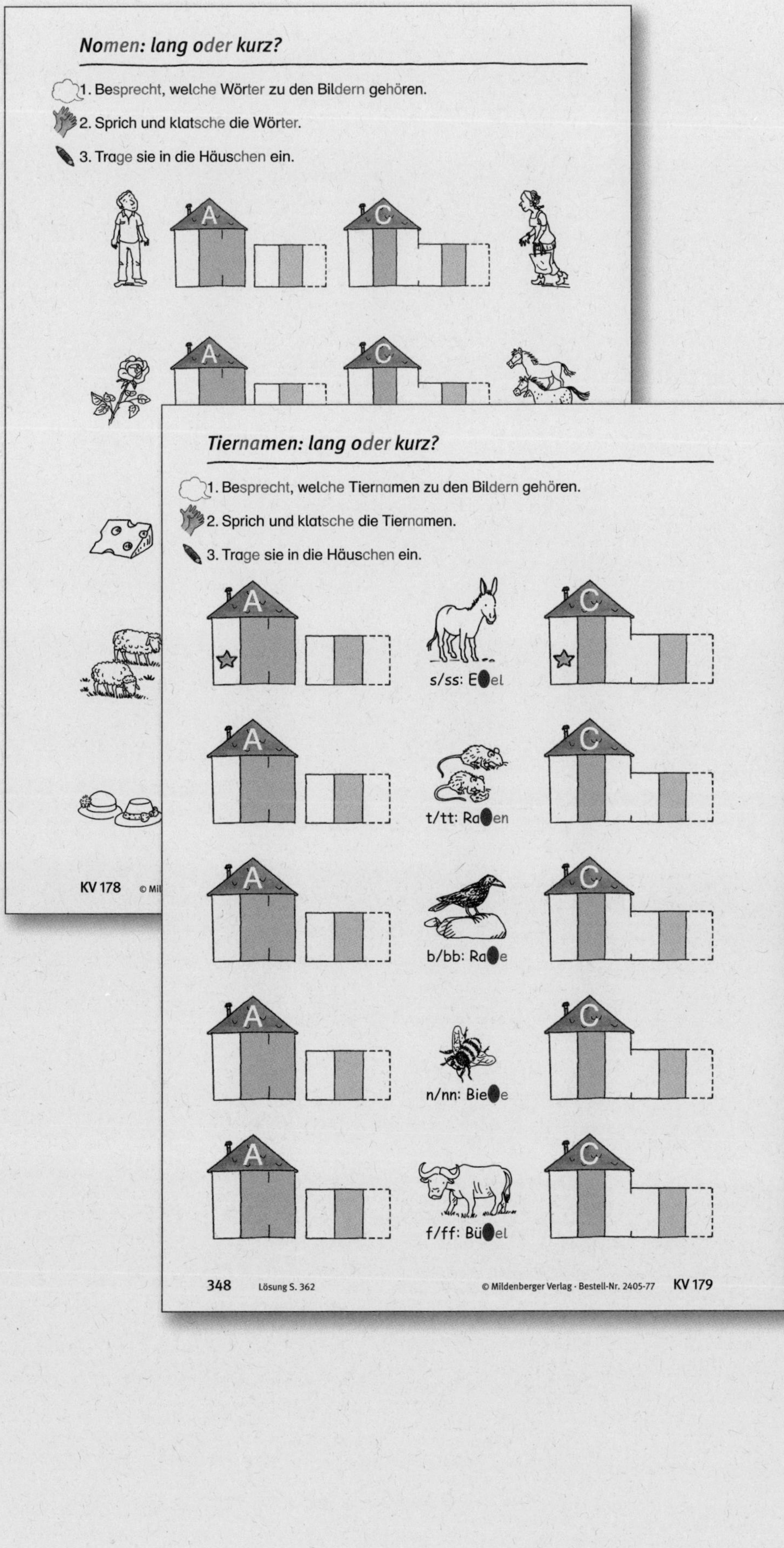

Inhaltsverzeichnis ab Seite

1. Einleitung

Die Kontrastpaare sind eine eigene Übungsform zur Schreibung der Doppelkonsonanten einschließlich ck und tz sowie zur Unterscheidung der Schreibung von ie und i. Die Kontrastpaare nutzen hierzu den rhythmischen Kontrast der Wörter in den Häuschentypen A und C (vgl. Kapitel III, Häuschenschreibung, S. 229). Nur diese beiden Typen – „langsame" und „schnelle" Wörter – werden kontrastiert.

langsame und schnelle Wörter

Die spontane Schreibung der Orthografie gelingt, wenn die Schüler den losen und festen Anschluss in den Wörtern unterscheiden und den beiden Häuschen zuordnen können. Die nachhaltigen Übungen mit den Kontrastpaaren befähigen sie dazu.

Minimalpaare

Kontrastpaare

Wir beschränken uns dabei nicht auf die sogenannten Minimalpaare: Schote – Schotte, Hüte – Hütte, Rate – Ratte, Miete – Mitte usw., sondern beziehen alle Wörter, die rhythmisch kontrastieren, mit ein: Jäger – Jacke, Nase – Nüsse, Regen – Rücken, Kater – Kette, Vater – Mutter usw. Die vorgegebenen Paare können jederzeit durch eigene ersetzt werden, vorausgesetzt sie erfüllen diese Bedingungen. Die gewählten Wörter sind größtenteils aus dem Grundwortschatz und sind so auch als Wortschatzarbeit zu verstehen.

Sollte dem Schüler kein kontrastierendes Wortpaar einfallen, bildet er sogenannte paradoxe Kontrastpaare: Tase – Tasse, Hose – Hosse und entscheidet sich für diejenige Schreibung, die ein sinnvolles Wort ergibt (s. u. paradoxe Kontrastpaare).

spontane Schreibung der Doppelkonsonanten

Diese rhythmische Erfahrung wird durch die spielerische Wiederholung zu einem „Ohrwurm" und ermöglicht die spontane Schreibung der Doppelkonsonanten. Es macht den Kindern Spaß, lockert auf und ist von entscheidender Bedeutung für die Orthografie. Je nach den Möglichkeiten der Kinder und der Lehrerin bzw. des Lehrers können diese Übungen mit unterlegtem Beat begleitet werden. Als Instrumente bieten sich Klanghölzer, Trommel, Gitarre oder Klavier an. Mit Musikbegleitung ist die Motivation und auch der Lernerfolg erheblich größer.

In diesem Kapitel finden sich Arbeitsblätter mit Kontrastpaaren und mit paradoxen Kontrastpaaren.
Diese Übungen verlangen ein präzises Vorgehen. Deshalb sind sie in erster Linie nicht für den Einsatz zu Hause gedacht. Selbstverständlich können die Übungen aber auch am Elternabend mit den Eltern eingeübt werden. Wenn die Eltern die Übungen korrekt umsetzen können, ist es sehr sinnvoll, wenn diese auch zu Hause durchgeführt werden.

2. Die Methodik der Kontrastpaare

rhythmischer Kontrast

Die spontane Schreibung der Doppelkonsonanten ist erst möglich, wenn den Schülerinnen und Schülern die sichere Unterscheidung von losem und festem Anschluss (vgl. Kapitel III, S. 231) gelingt. Unsere gesamten Wahrnehmungsleistungen sind an Kontrasten orientiert, z. B. heiß – kalt, hart – weich, laut – leise, groß – klein oder schnell – langsam. Deshalb stellen wir immer zwei Wörter, welche im Rhythmus kontrastieren, einander gegenüber. So ist die Entscheidung immer eindeutig zu treffen, welches Wort „langsam" und welches „schnell" ist.

Der zweisilbige trochäische Aufbau der deutschen Wörter legt eine Übung im 4/4-Takt nahe. Die Rhythmisierung im 4/4-Takt ist wichtig, da die Betonung auf der 1. und 3. Zählzeit mit der natürlichen Wortbetonung (Trochäus) zusammentrifft. Die Kinder lernen einen einfachen Rhythmus klatschen, der auf 1 und 2 das „langsame“ und auf 3 das „schnelle“ Wort aufnimmt. Die 4. Zählzeit wird mit „U“ belegt, damit das „schnelle“ Wort nicht falsch silbiert werden kann: z. B. Ko-fer. Dieser Fehler würde die Übung wertlos machen. Im fortgeschrittenen Stadium führen wir diese Sprechspiele im Gehen durch. Wir schreiten die vier Grundschläge und sprechen und klatschen die Kontrastpaare im Takt.

Im Optimalfall haben die Kinder schon im Kindergarten geübt. Die Übungen werden zur Verfestigung und Automatisierung bis in die Sekundarstufe regelmäßig durchgeführt.

rhythmische Übungen

Kontrastpaare im 4/4-Takt

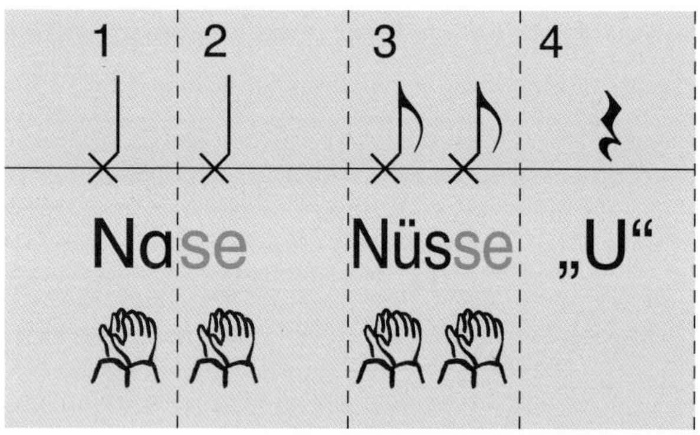

Auf **www.abc-der-tiere.de/rhythmus** finden Sie Beispielvideos.

Paradoxe Kontrastpaare: Welches Häuschen ist das richtige?

Auf einigen Arbeitsblättern wird mit „paradoxen“ Kontrastpaaren gearbeitet. Jetzt entscheiden die Kinder, in welches Häuschen das abgebildete Wort geschrieben wird. Im Sprachgebrauch der Kinder werden folgende Fragen gestellt:

Hat „Tasse“ einen Stopper? Ist „Tasse“ ein langsames oder schnelles Wort? Hat „Tasse“ einen Zwilling im dritten Zimmer? Wird das „a“ gestoppt? usw.

Nagelprobe: schnell oder langsam

Nach den bisherigen Vorübungen können die Kinder die Aufgabenstellungen meist fehlerfrei lösen. Manchen Kindern macht es auch Spaß, die Wörter mit ihrem falschen Kontrastpartner zu kombinieren: Tase mit Tasse, Tube mit Tubbe usw., um dann die Entscheidung für die richtige Schreibung noch sicherer treffen zu können.

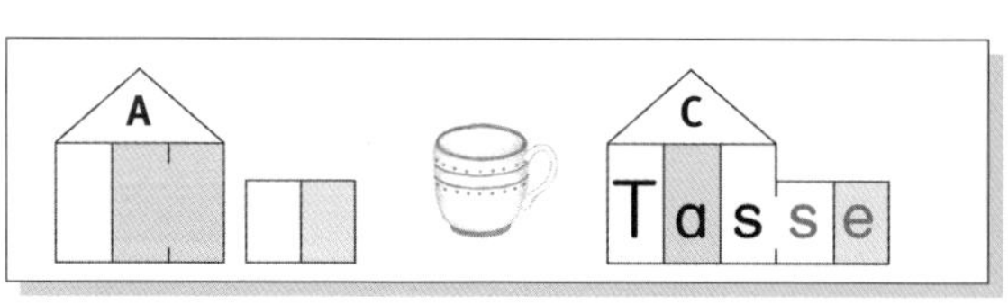

Das Wort der Abbildung wird in das entsprechende Häuschen geschrieben.

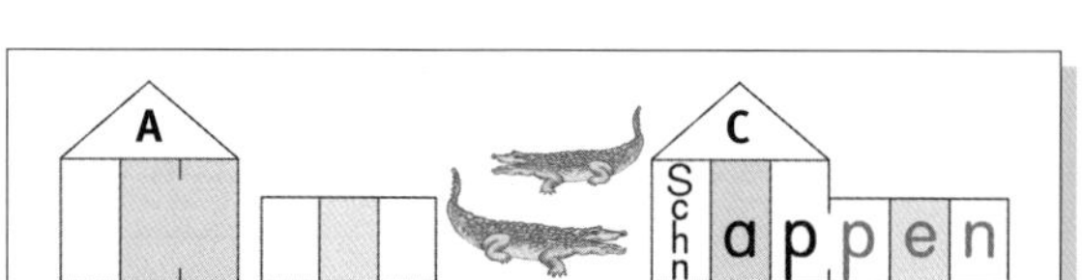

3. Der Einsatz der Kontrastpaare (KV 178, 187)

Beim Einsatz mit mehreren Schülern kann mit der KV eine Folie erstellt werden. Wenn nur mit einem Schüler gearbeitet wird, kann direkt auf dem Arbeitsblatt gearbeitet werden.

Schritt 1 Der Schüler/die Schüler und der Lehrer betrachten das Arbeitsblatt/die Folie und klären die Begriffe für die einzelnen Abbildungen.

Impuls: „Was sehen wir auf der Seite?“

Schritt 2 Der Lehrer spricht wiederholt und flüssig das erste Kontrastpaar „Vater – Mutter“ vor und klatscht synchron dazu die Sprechsilben.

Wichtig: Hier ist nicht das orthografienahe Sprechen wie beim Silbenlesen (z. B.: Kof-fer) aus dem Anfangsunterricht gemeint. (Beispiele als Video finden sich auf der Homepage **www.abc-der-tiere.de/rhythmus** unter dem Stichwort „Silbe und Rhythmus im Anfangsunterricht“.)

Schritt 3 Nachdem der Schüler/die Schüler zunehmend durch das Nachahmen das Verständnis des Ablaufes vermuten lassen, zählt der Lehrer bis vier (um der Klasse einen geschlossenen Einsatz zu geben). Der Schüler spricht/alle Kinder sprechen jetzt (gemeinsam) einmal „Vater – Mutter“ im vorgegebenen Rhythmus. Gleichzeitig tippt der Lehrer im Sprechrhythmus auf die zugehörigen Abbildungen (Vater – Mutter).

In gleicher Weise werden die weiteren vier Kontrastpaare eingeübt.

Schritt 4 Danach führt der Lehrer sprechend und klatschend alle Kontrastpaare im Zusammenhang vor. Die Pause zwischen den Kontrastpaaren (4. Zählzeit) wird mit „U“ ausgefüllt, um den Rap im **4/4**-Takt zum Ausdruck zu bringen.

Impuls: „Wir wollen jetzt gemeinsam rappen (gemeinsamer Start): eins – zwei – drei – vier ...“ Der Schüler/die Klasse spricht und klatscht die Kontrastpaare, während der Lehrer die Einhaltung von Takt und Rhythmus durch gleichzeitiges Tippen auf die jeweilige Abbildung unterstützt.

Bei weiteren Durchgängen können der Schüler/die Schüler den Ausruf „U“ auf der 4. Zählzeit mit einer beidseitigen Armbewegung begleiten. (Beispiel im Video zu „Nase – Nüsse“, Phase 3 auf **www.abc-der-tiere.de/rhythmus** unter dem Stichwort „Silbe und Rhythmus im Anfangsunterricht“.)

Die Bewegungen können auch beliebig erweitert werden.
Impuls: „Nun bewegen wir uns wie in der Disco.“

Schritt 5 Die Kinder schreiben die Wörter in die Häuschen.

Impuls: „Die Wörter wohnen in Häuschen. Ihr seid jetzt Sprachforscher und wollt herausfinden, in welchen Häuschen die Rap-Wörter wohnen.“

4. Der Einsatz der paradoxen Kontrastpaare (KV 179 – 186, 188 – 192)

Schritt 1 Im Klassengespräch werden zuerst die Namen der Tiere geklärt.

Impuls: „In welches Häuschen schreiben wir die Namen der Tiere?“

Schritt 2 Die Schüler versuchen einmal langsam „Esel“ und einmal schnell „Essel“ zu sprechen. Die Konsequenz für die Verschriftung („In welchem Häuschen wohnt das Wort?“) wird besprochen.

Impuls: „Das langsame Wort wohnt im Häuschen mit abgetrennter Garage (langer Weg).“

Schritt 3 Die Schüler versuchen einmal langsam „Rate“ und einmal schnell „Ratte“ zu sprechen.

Impuls: „Das schnelle Wort wohnt im Häuschen mit angebauter Garage (kurzer Weg). Im dritten Zimmer dieses Hauses wohnt der Zwilling, ich schreibe also ein zweites „t“. Das höre ich zwar nicht, aber es verhindert, dass sich das „a“ breitmacht.“

usw.

Nomen: lang oder kurz?

1. Besprecht, welche Wörter zu den Bildern gehören.
2. Sprich und klatsche die Wörter.
3. Trage sie in die Häuschen ein.

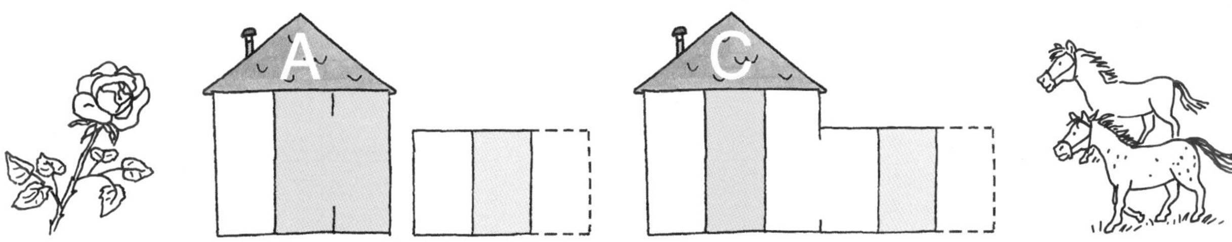

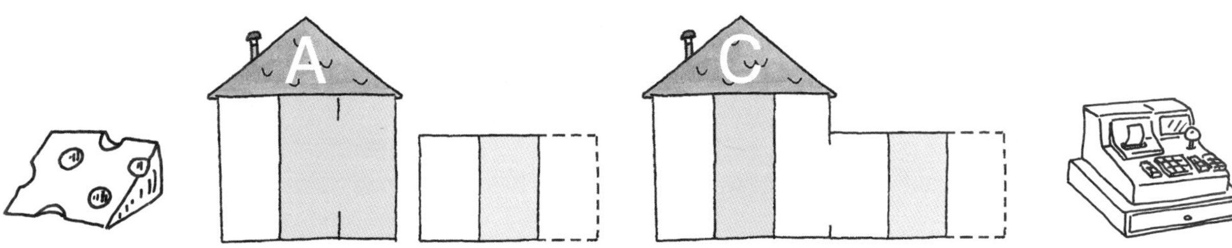

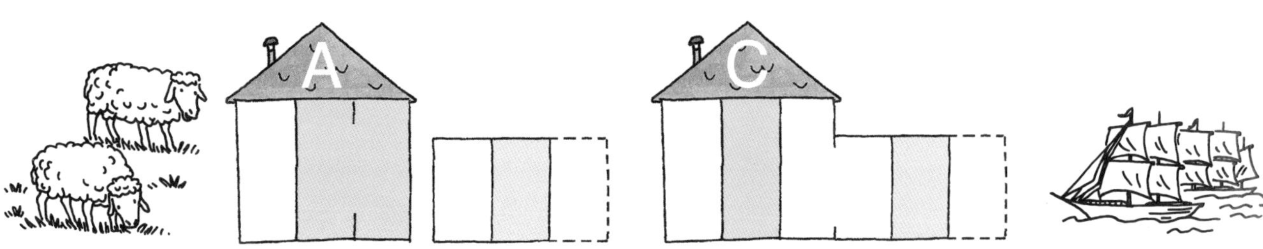

Vater – Mutter, Rose – Rosse, Käse – Kasse, Schafe – Schiffe, Hüte – Hütte (Lösung S. 362)

Tiernamen: lang oder kurz?

1. Besprecht, welche Tiernamen zu den Bildern gehören.
2. Sprich und klatsche die Tiernamen.
3. Trage sie in die Häuschen ein.

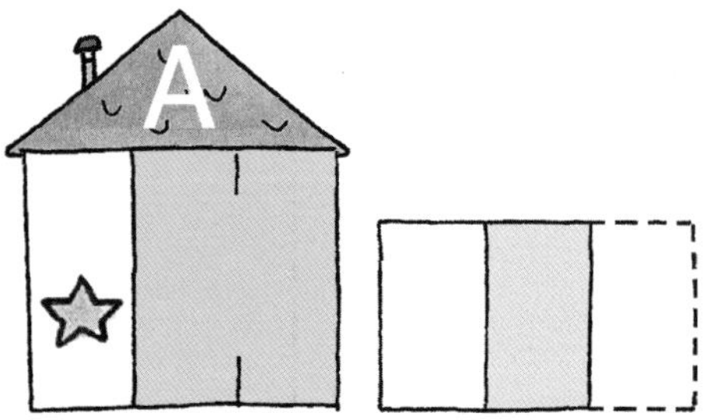

s/ss: E●el

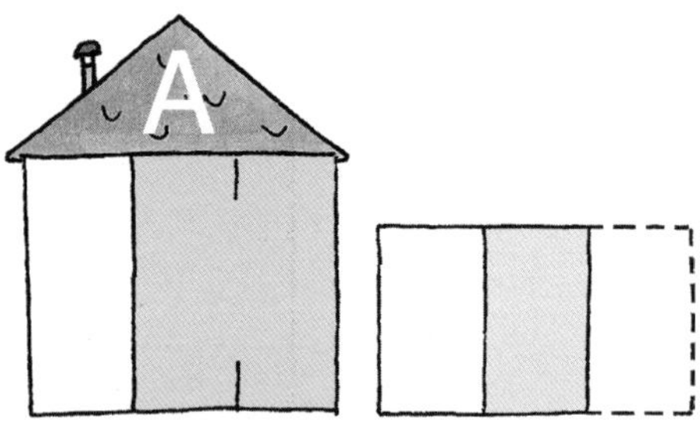

t/tt: Ra●en

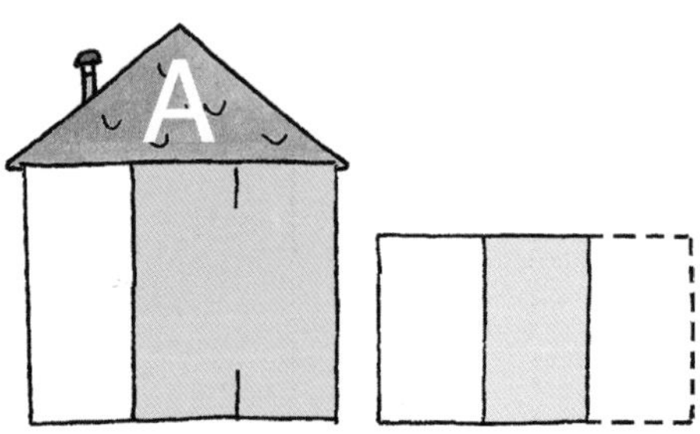

b/bb: Ra●e

n/nn: Bie●e

f/ff: Bü●el

Tiernamen: lang oder kurz?

1. Besprecht, welche Tiernamen zu den Bildern gehören.
2. Sprich und klatsche die Tiernamen.
3. Trage sie in die Häuschen ein.

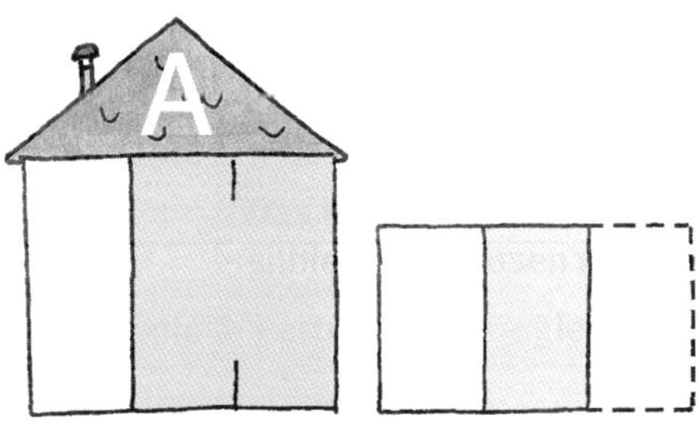

g/gg: Flie●e

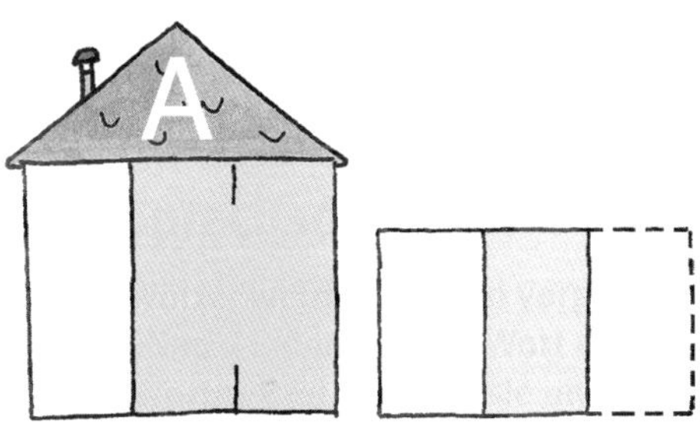

k/ck: Schne●e

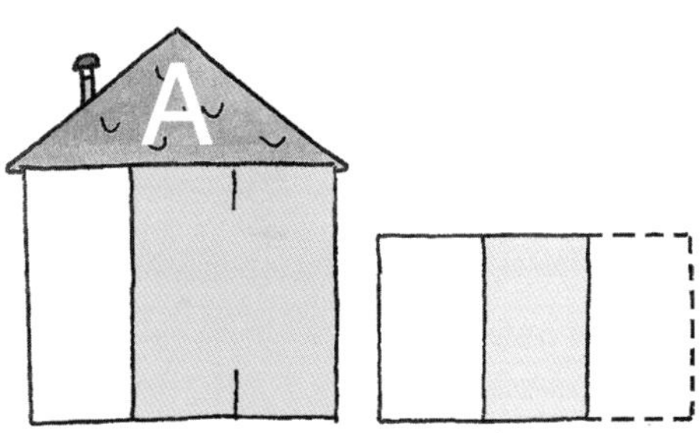

w/ww: Lö●e

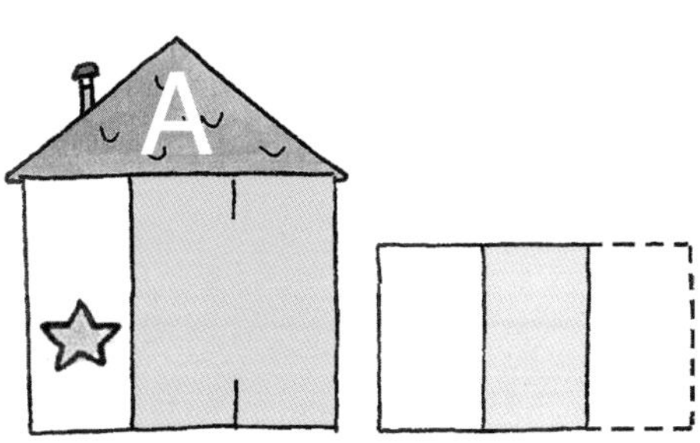

f/ff: A●en

l/ll: Qua●e

  Lösung S. 362

Was die Tiere tun: lang oder kurz?

1. Besprecht, was die Tiere tun.
2. Sprich und klatsche die Verben.
3. Trage sie in die Häuschen ein.

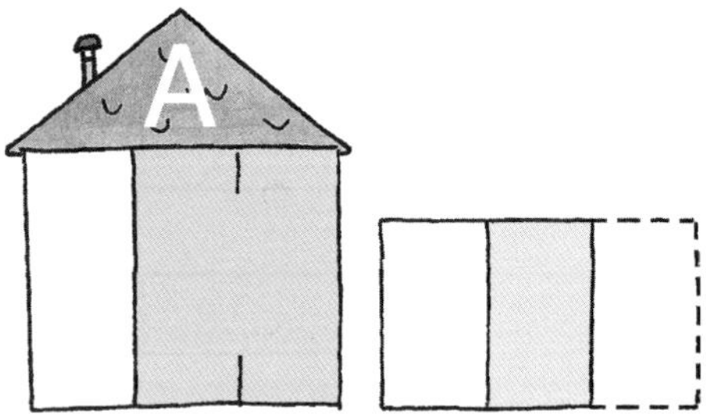

g/gg: na●en

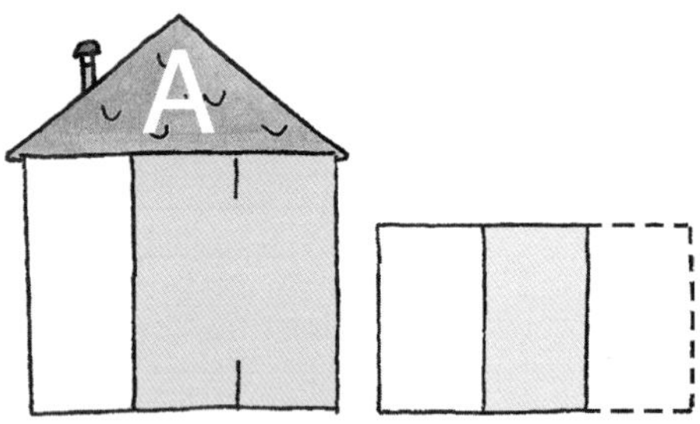

p/pp: schna●en

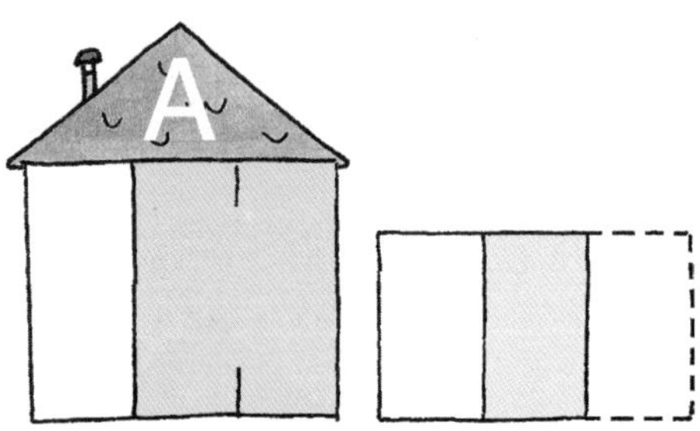

b/bb: tra●en

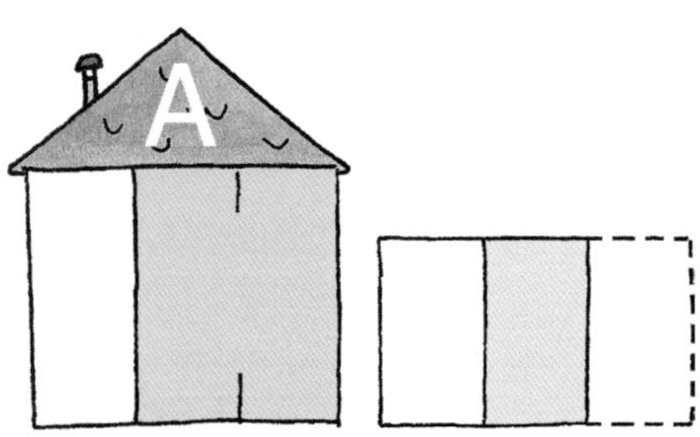

r/rr: gu●en

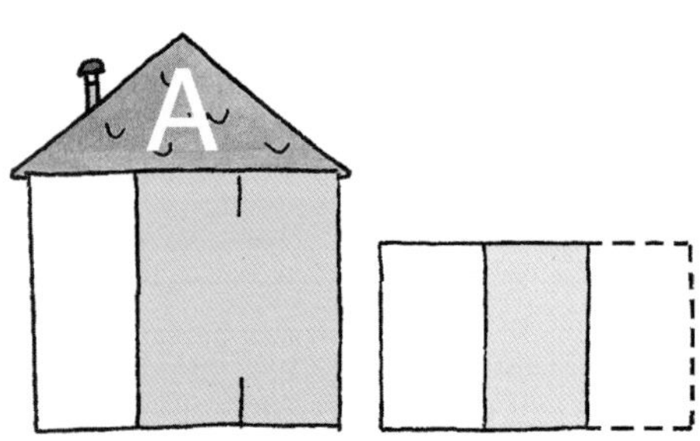

r/rr: schnu●en

Was die Tiere tun: lang oder kurz?

1. Besprecht, was die Tiere tun.
2. Sprich und klatsche die Verben.
3. Trage sie in die Häuschen ein.

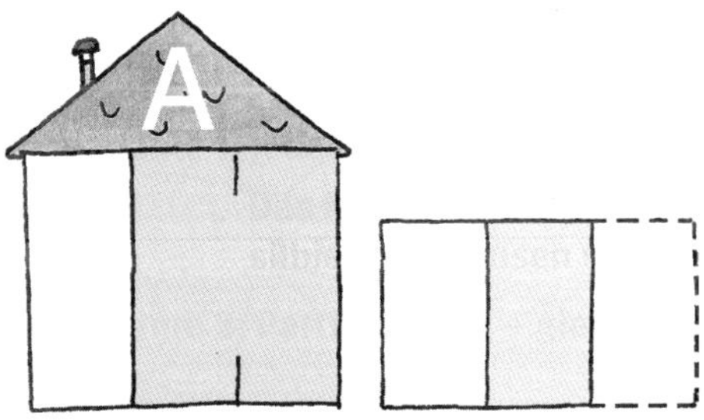

l/ll: spie●en

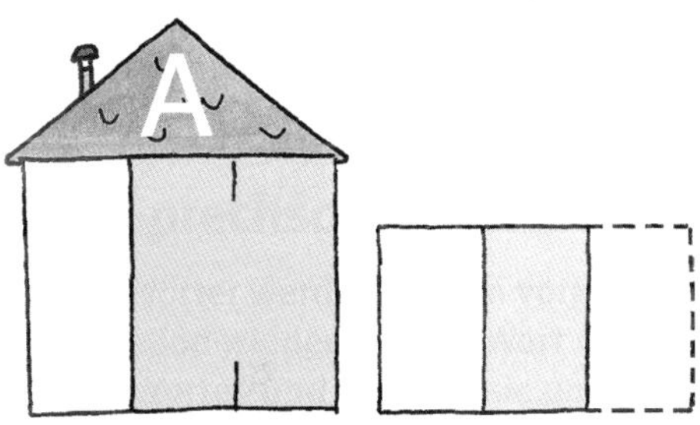

t/tt: kle●ern

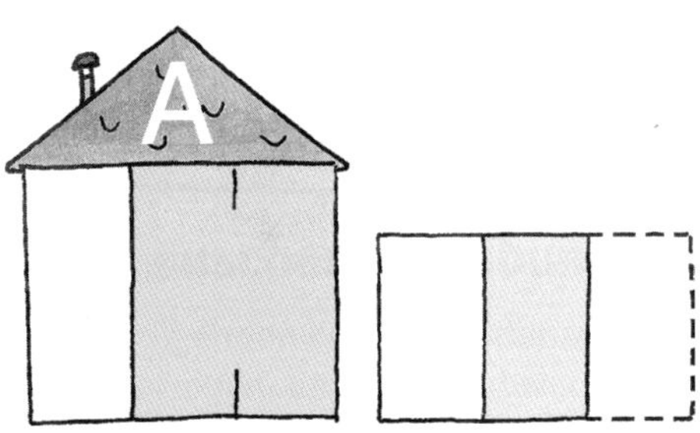

m/mm: bru●en

s/ss: fre●en

h/ch: krie●en

  Lösung S. 363

Was Menschen alles tun: lang oder kurz?

1. Besprecht, was die Menschen tun.
2. Sprich und klatsche die Verben.
3. Trage sie in die Häuschen ein.

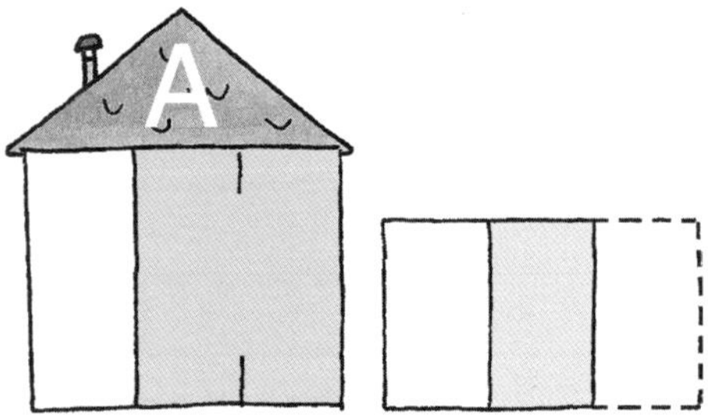

l/ll: ste●en

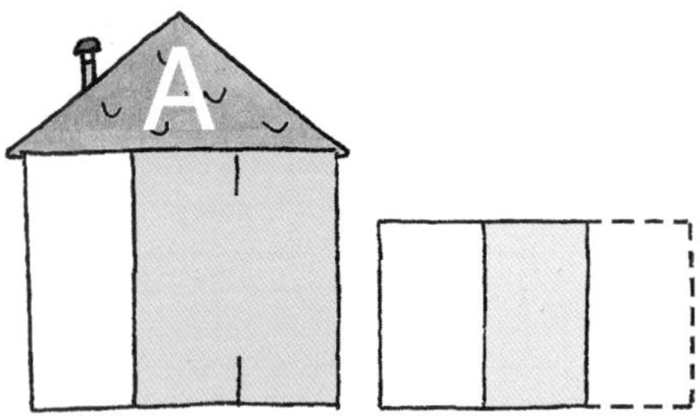

g/gg: fra●en

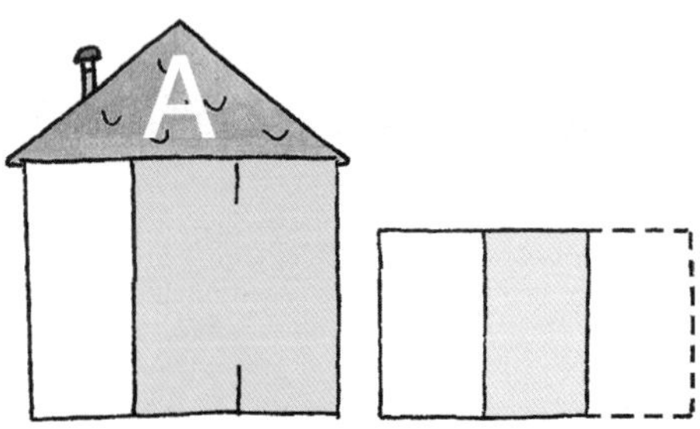

p/pp: ki●en

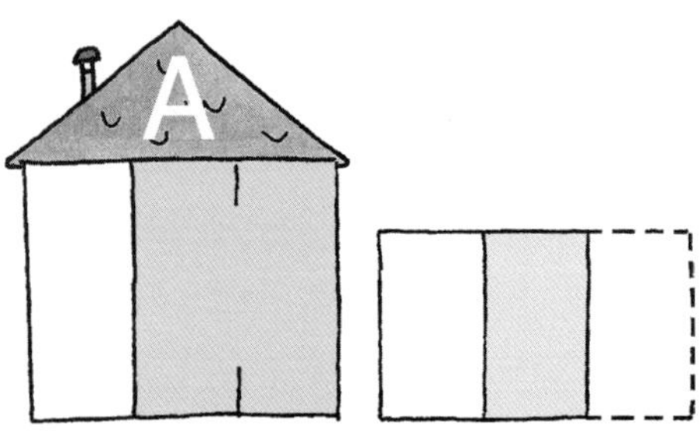

l/ll: ma●en

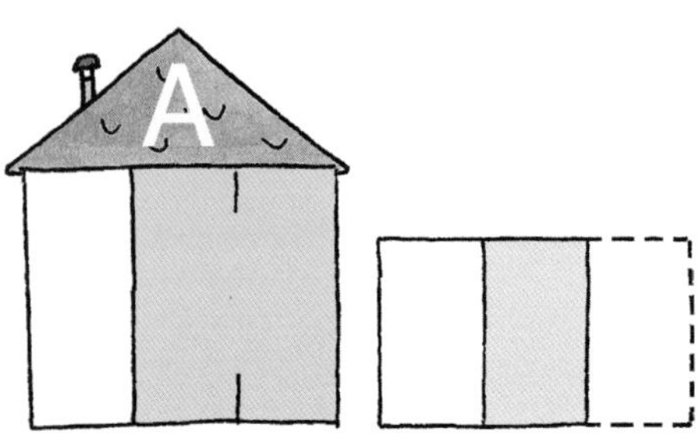

b/bb: kle●en

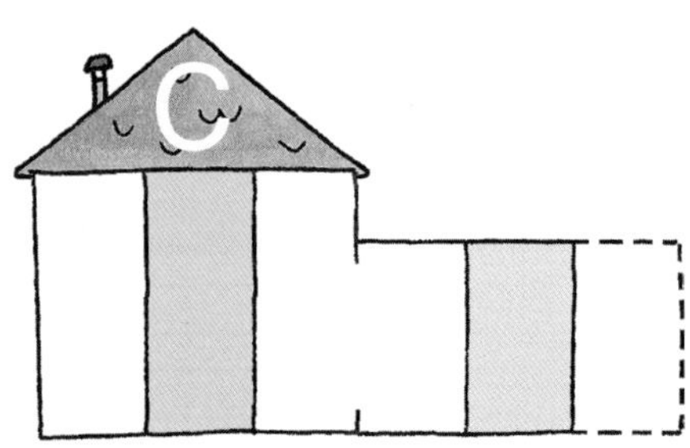

Was Menschen alles tun: lang oder kurz?

1. Besprecht, was die Menschen tun.
2. Sprich und klatsche die Verben.
3. Trage sie in die Häuschen ein.

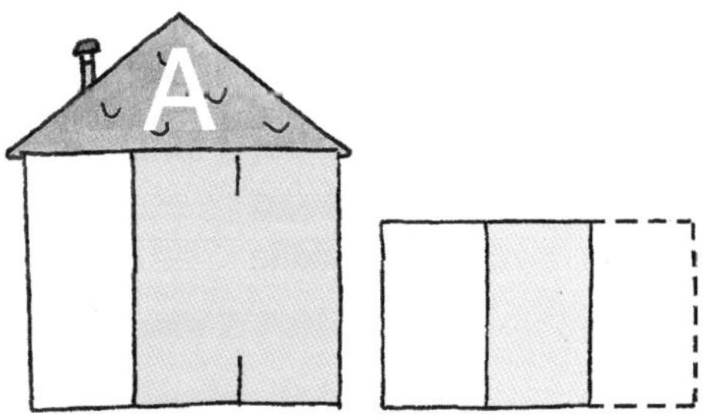

l/ll: fü●en

n/nn: re●en

g/gg: le●en

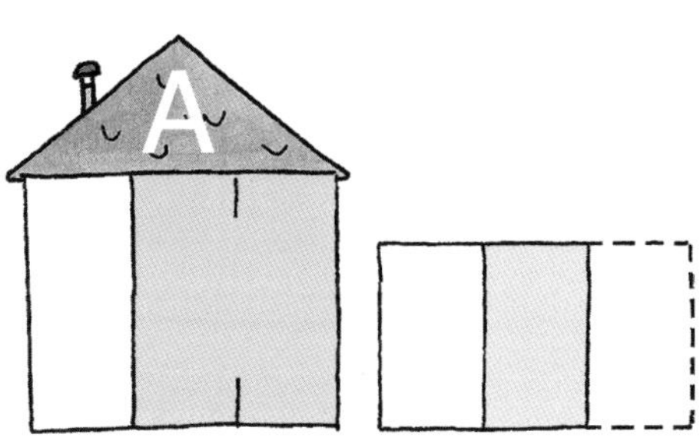

n/nn: ke●en

l/ll: ho●en

Nomen: lang oder kurz?

1. Besprecht, welche Nomen abgebildet sind.

2. Sprich und klatsche die Nomen.

3. Trage sie in die Häuschen ein.

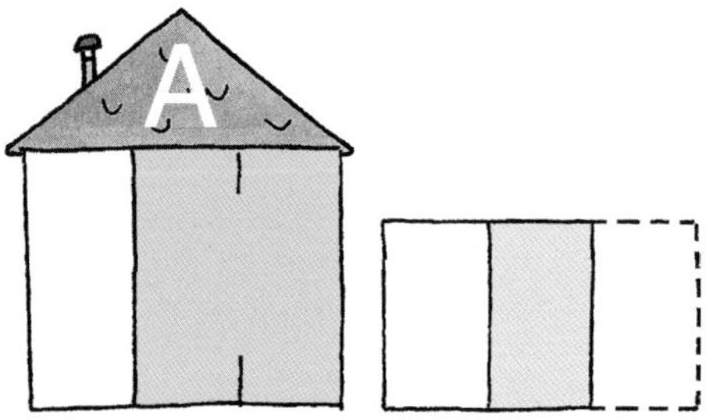

n/nn: So●e

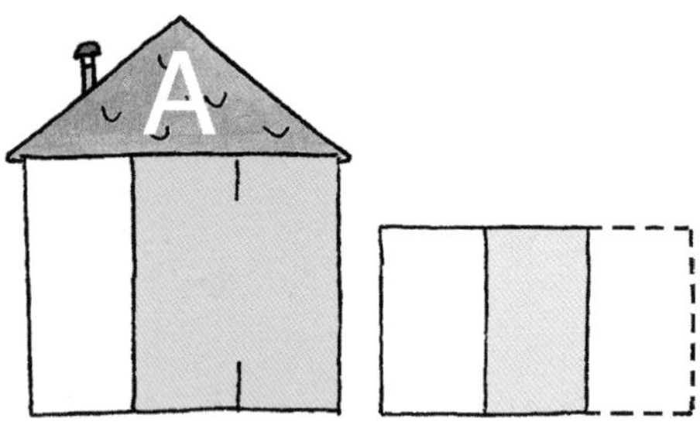

n/nn: To●e

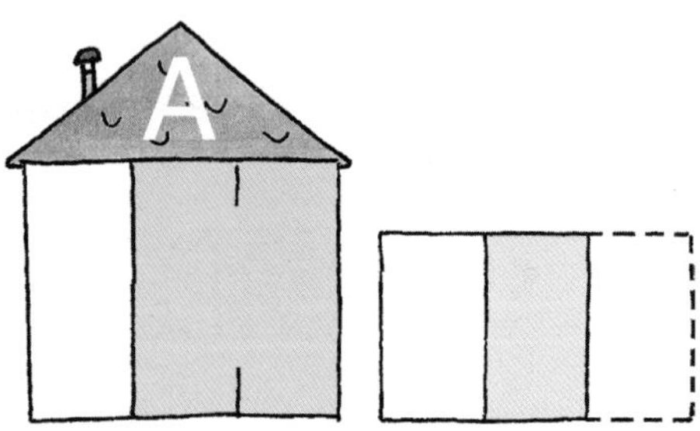

l/ll: Ke●e

t/tt: Blü●e

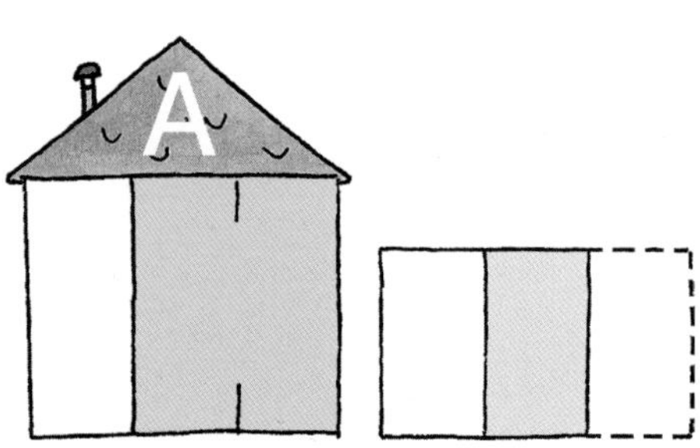

s/ss: Schlü●el

Nomen: lang oder kurz?

1. Besprecht, welche Nomen abgebildet sind.
2. Sprich und klatsche die Nomen.
3. Trage sie in die Häuschen ein.

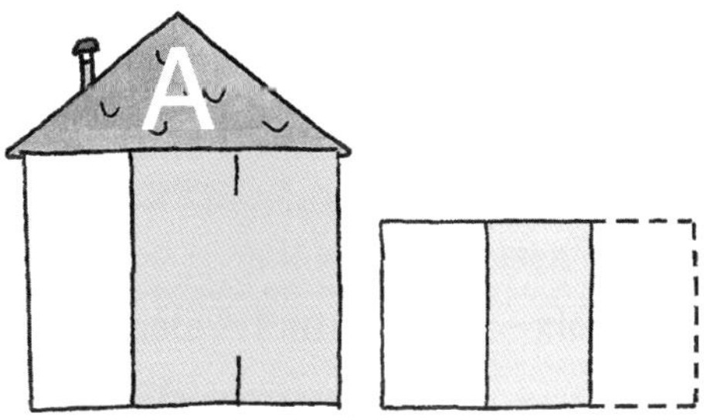

t/tt: Schli●en

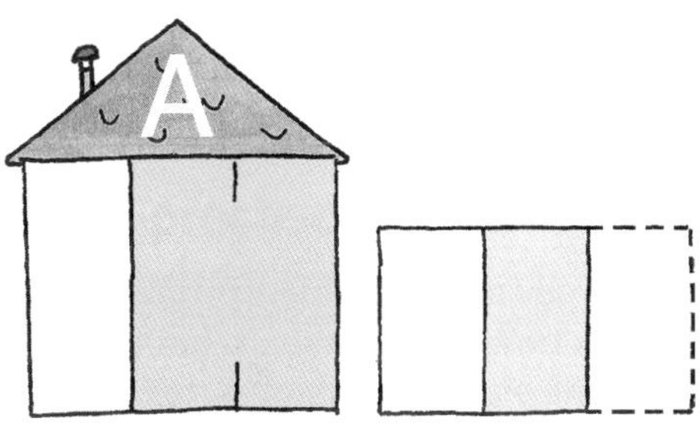

t/tt: Hü●e

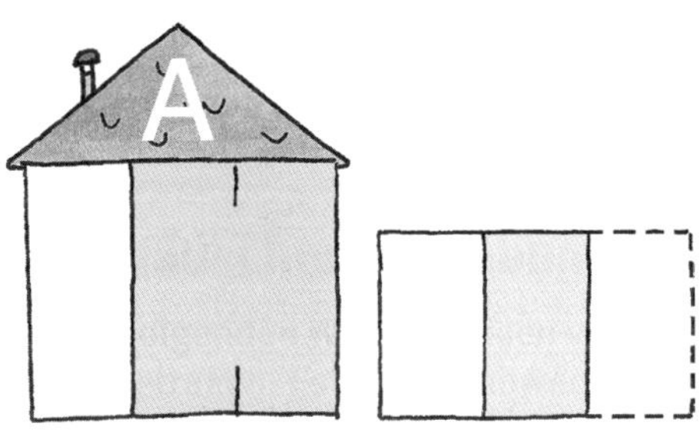

s/ss: Do●e

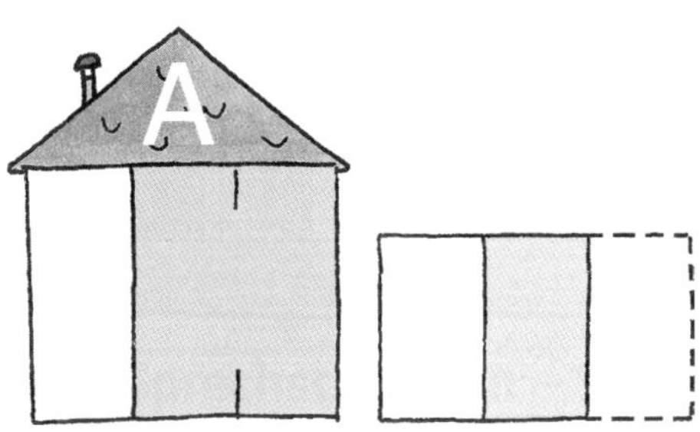

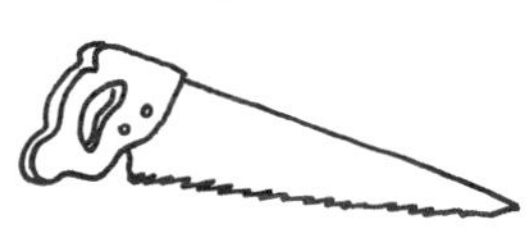

g/gg: Sä●e

r/rr: Ka●en

  Lösung S. 364

Lang oder kurz?

1. Besprecht, welche Wörter zu den Bildern gehören.
2. Sprich und klatsche die Wörter.
3. Trage sie in die Häuschen ein.

Ofen – offen, Töne – Tonne, Schemel – Schimmel,
beten – Betten, schieben – schippen (Lösung S. 365)

Nomen: lang oder kurz?

1. Besprecht, welche Nomen zu den Bildern gehören.
2. Sprich und klatsche die Nomen.
3. Trage sie in die Häuschen ein.

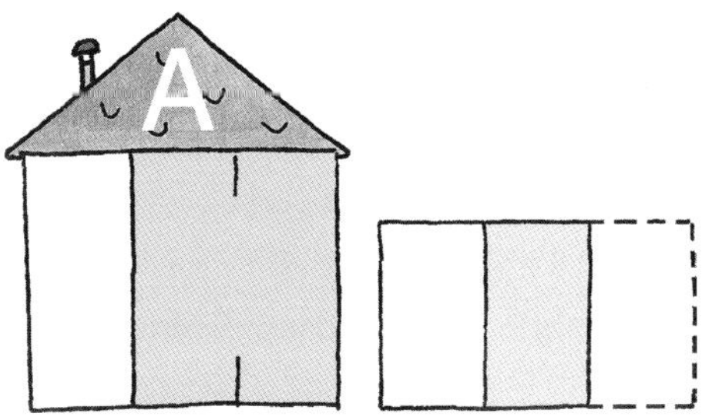

l/ll: Te●er

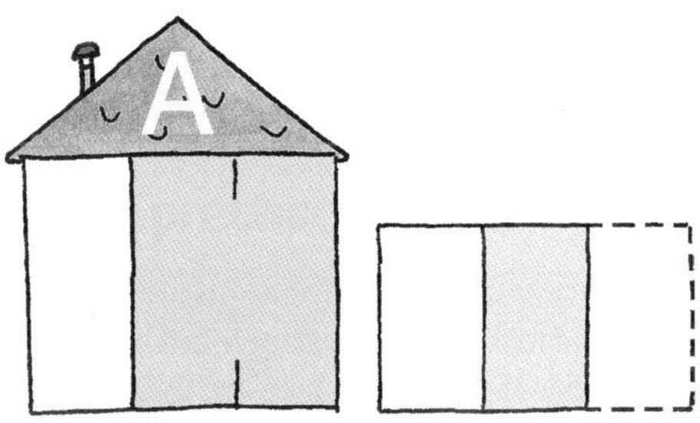

b/bb: Ga●el

s/ss: Ta●e

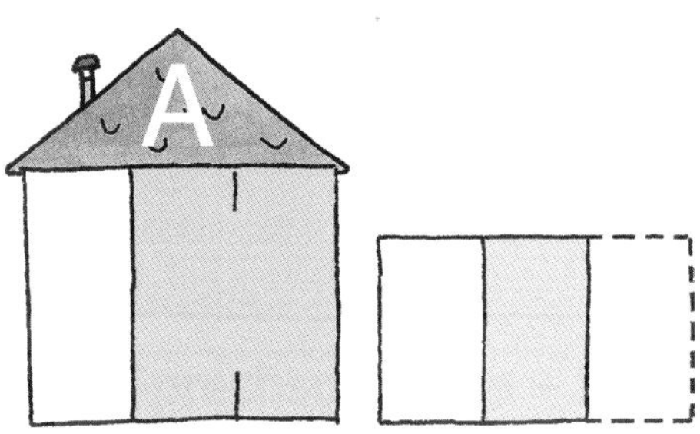

t/tt: Ka●er

d/dd: Fe●er

  Lösung S. 365

Nomen: lang oder kurz?

1. Besprecht, welche Nomen zu den Bildern gehören.

2. Sprich und klatsche die Nomen.

3. Trage sie in die Häuschen ein.

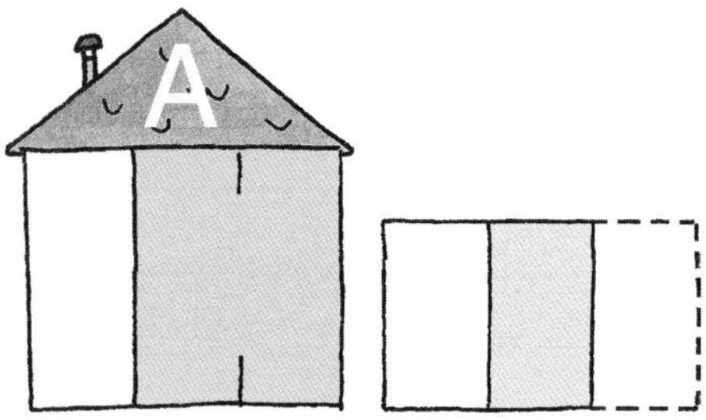

b/bb: Schna●el

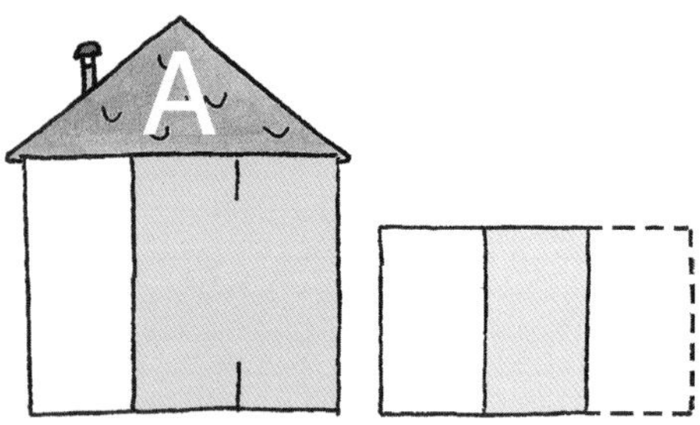

k/ck: De●e

g/gg: Ku●el

n/nn: Kro●e

f/ff: Lö●el

Lang oder kurz – ie oder i?

1. Besprecht, welche Nomen zu den Bildern gehören.

2. Sprich und klatsche die Nomen.

3. Trage sie in die Häuschen ein.

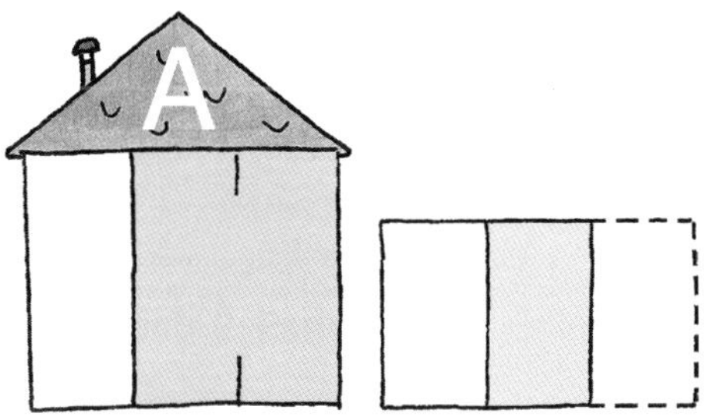

n/nn: Bie●e

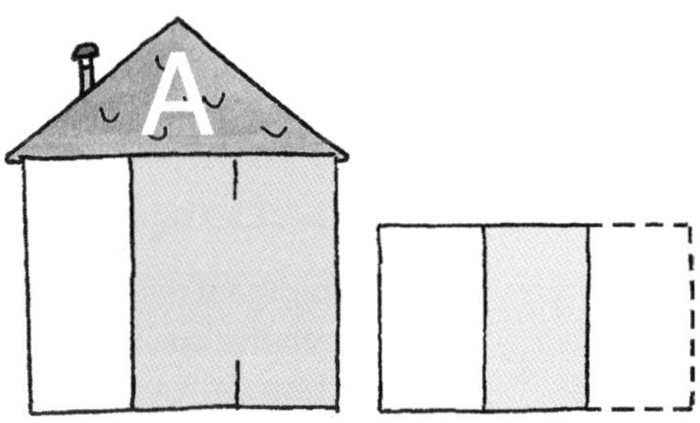

t/tt: Ri●er

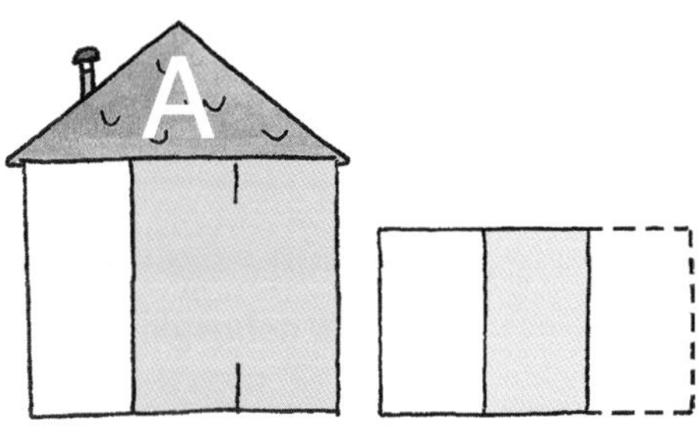

g/gg: Zie●el

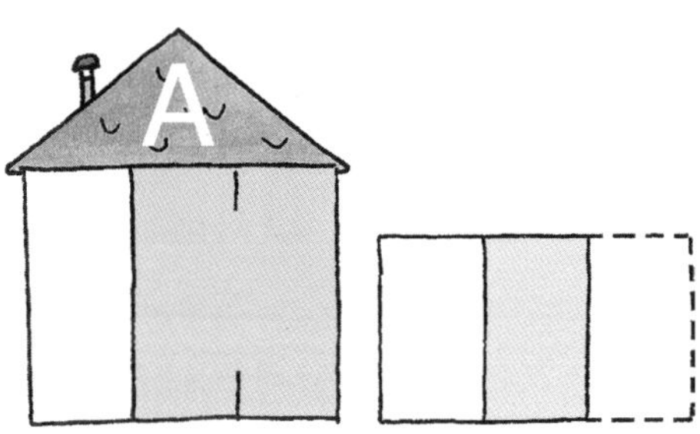

g/gg: Wie●e

g/gg: Flie●e

  Lösung S. 366

Lang oder kurz – ie oder i?

1. Besprecht, welche Wörter zu den Bildern gehören.
2. Sprich und klatsche die Wörter.
3. Trage sie in die Häuschen ein.

A

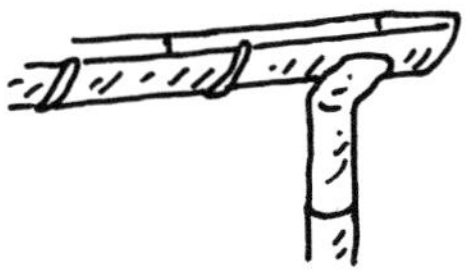

n/nn: Ri●e

C

A

n/nn: Schie●e

C

A

s/ss: Wie●el

C

A

b/bb: Die●e

C

A

b/bb: sie●en

C

 Lösung S. 366

Lang oder kurz?

1. Besprecht, welche Wörter zu den Bildern gehören.

2. Sprich und klatsche die Wörter.

3. Trage sie in die Häuschen ein.

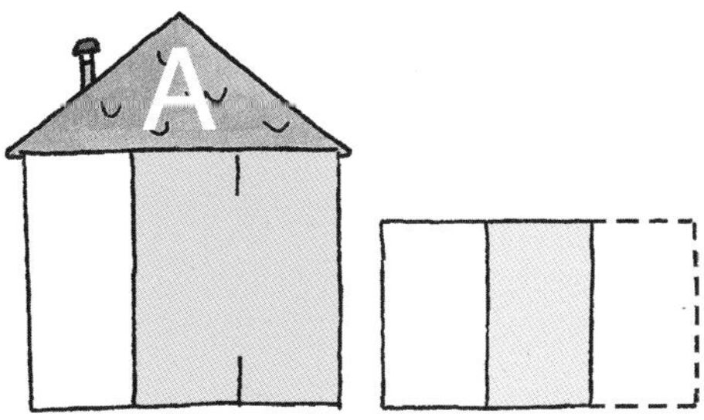

m/mm: Sti●e

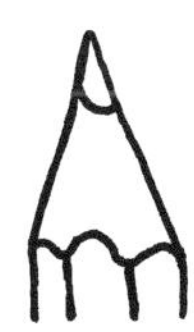

z/tz: Spi●e

t/tt: spo●en

l/ll: Spu●e

m/mm: Stä●e

  Lösung S. 366

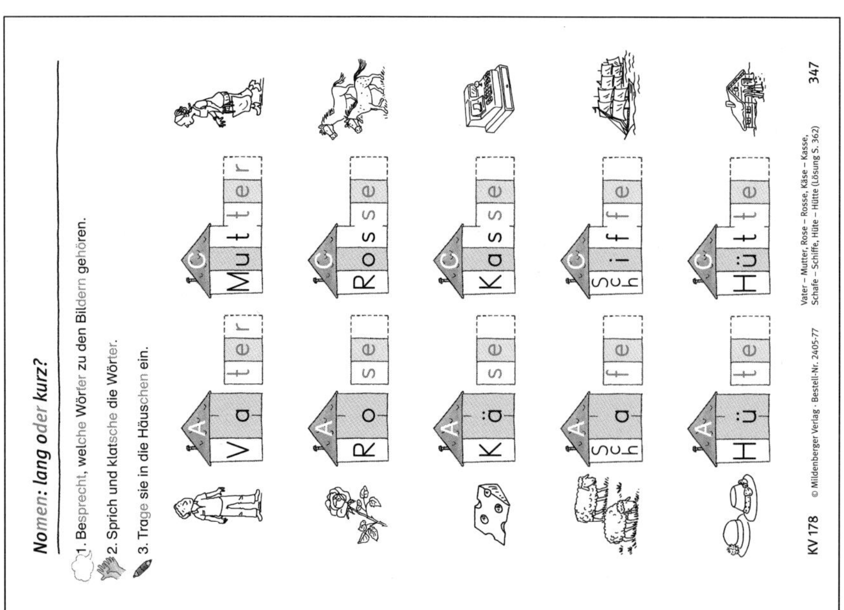

Nomen: lang oder kurz?

1. Besprecht, welche Wörter zu den Bildern gehören.
2. Sprich und klatsche die Wörter.
3. Trage sie in die Häuschen ein.

A	C
Va ter	Mut ter
Ro se	Ros se
Kä se	Kas se
Scha fe	Schif fe
Hü te	Hüt te

KV 178 © Mildenberger Verlag · Bestell-Nr. 2405-77 Vater – Mutter, Rose – Rosse, Käse – Kasse, Schafe – Schiffe, Hüte – Hütte (Lösung S. 362) 347

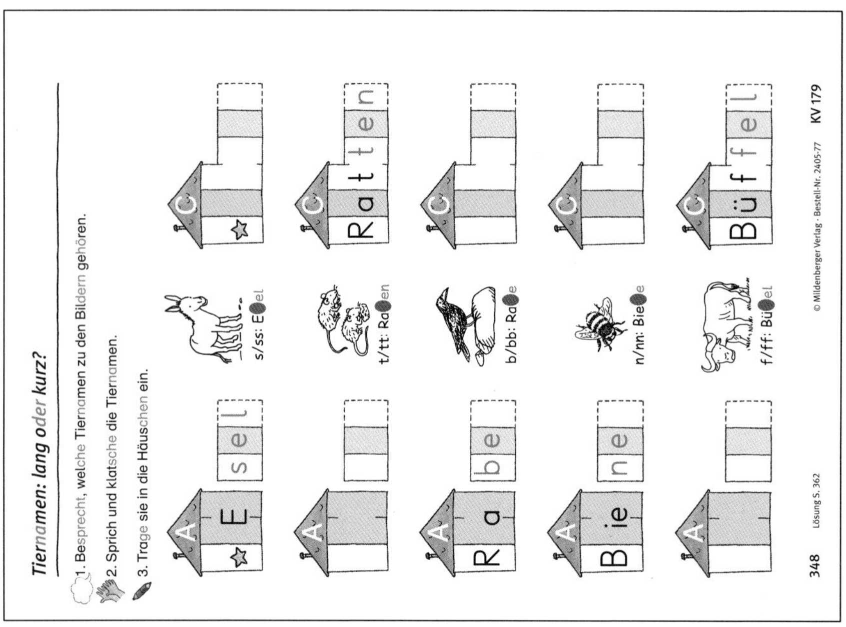

Tiernamen: lang oder kurz?

1. Besprecht, welche Tiernamen zu den Bildern gehören.
2. Sprich und klatsche die Tiernamen.
3. Trage sie in die Häuschen ein.

A		C
☆E sel	s/ss: E●el	☆
	t/tt: Ra●en	Rat ten
Ra be	b/bb: Ra●e	
Bie ne	n/nn: Bie●e	
	f/ff: Bü●el	Büf fel

348 Lösung S. 362 © Mildenberger Verlag · Bestell-Nr. 2405-77 KV 179

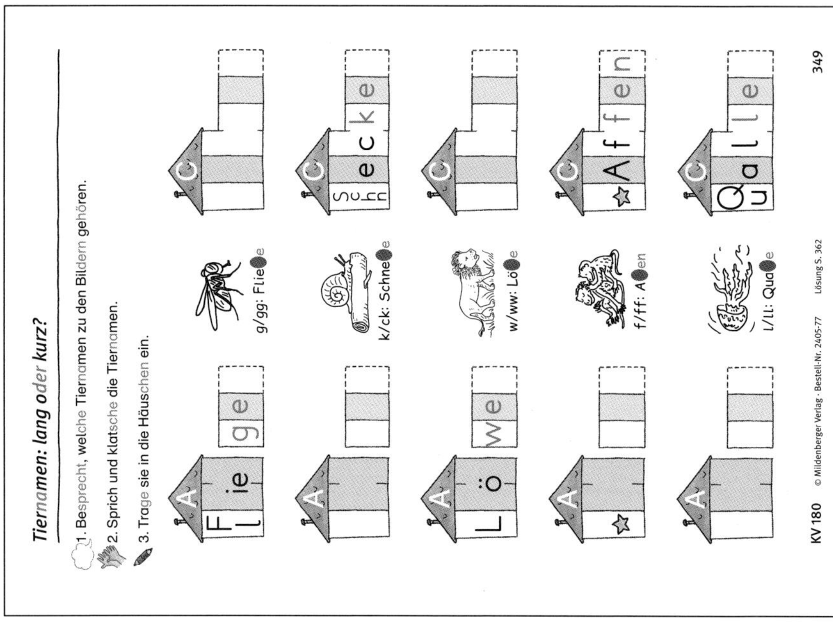

Tiernamen: lang oder kurz?

1. Besprecht, welche Tiernamen zu den Bildern gehören.
2. Sprich und klatsche die Tiernamen.
3. Trage sie in die Häuschen ein.

A		C
Flie ge	g/gg: Flie●e	
	k/ck: Schne●e	Schnec ke
Lö we	w/ww: Lö●e	
☆	f/ff: A●en	☆Af fen
	l/ll: Qua●e	Qual le

KV 180 © Mildenberger Verlag · Bestell-Nr. 2405-77 Lösung S. 362 349

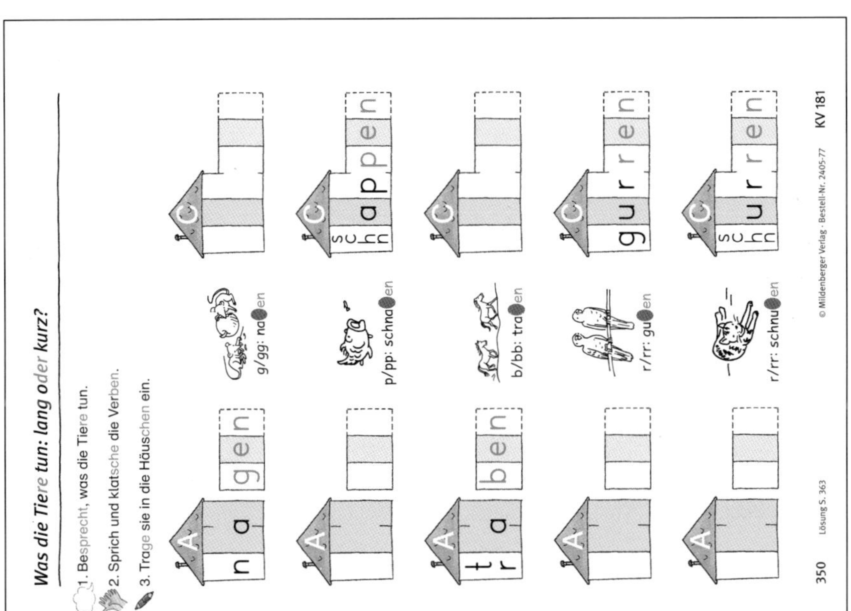

Was die Tiere tun: lang oder kurz?

1. Besprecht, was die Tiere tun.
2. Sprich und klatsche die Verben.
3. Trage sie in die Häuschen ein.

A: n a gen — g/gg: na●en — C

A — p/pp: schna●en — C: schn a p pen

A: t r a ben — b/bb: tra●en — C

A — r/rr: gu●en — C: g u r ren

A — r/rr: schnu●en — C: schn u r ren

350 Lösung S. 363 © Mildenberger Verlag · Bestell-Nr. 2405-77 KV 181

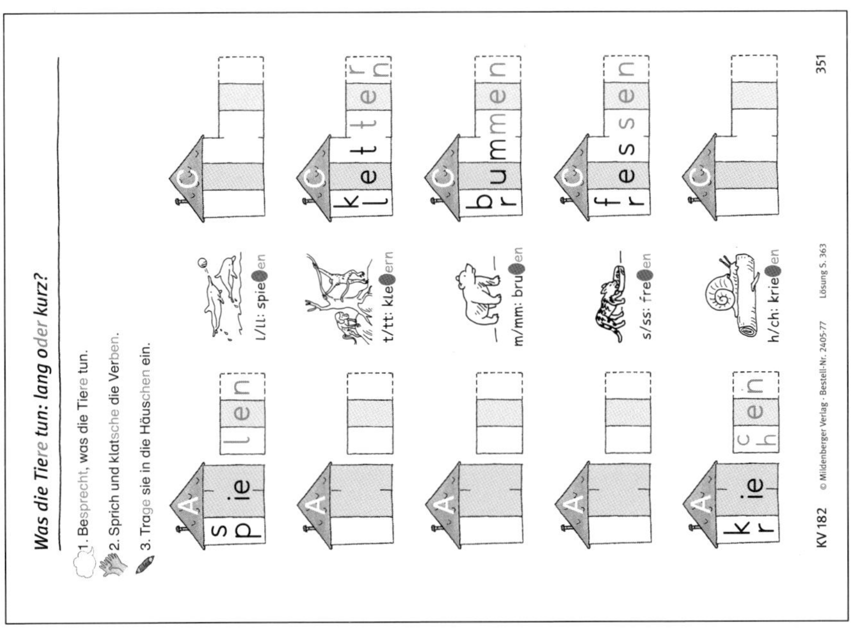

Was die Tiere tun: lang oder kurz?

1. Besprecht, was die Tiere tun.
2. Sprich und klatsche die Verben.
3. Trage sie in die Häuschen ein.

A: s p ie len — l/ll: spie●en — C

A — t/tt: kle●ern — C: k l e t tern

A — m/mm: bru●en — C: b r u m men

A — s/ss: fre●en — C: f r e s sen

A: k r ie ch h en — h/ch: krie●en — C

KV 182 © Mildenberger Verlag · Bestell-Nr. 2405-77 Lösung S. 363 351

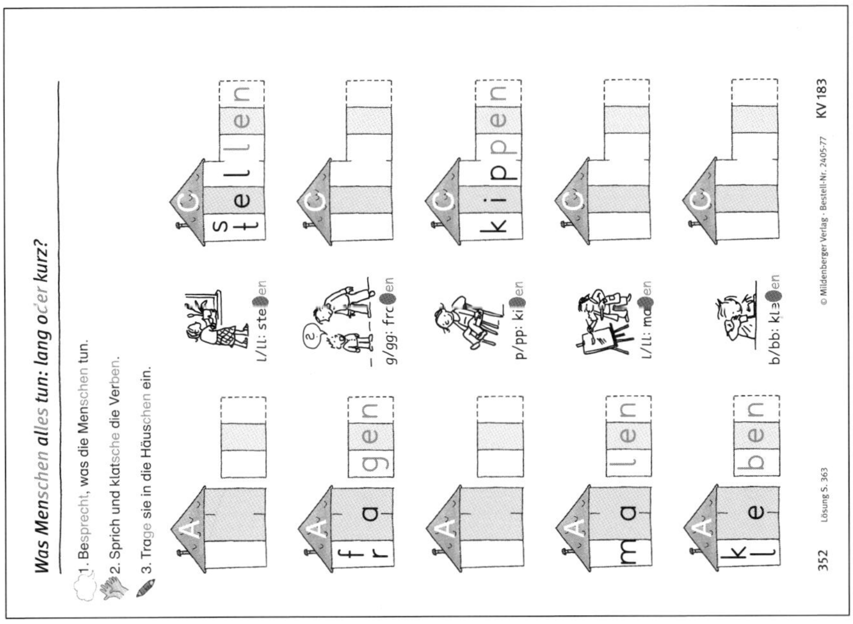

Was Menschen alles tun: lang oder kurz?

1. Besprecht, was die Menschen tun.
2. Sprich und klatsche die Verben.
3. Trage sie in die Häuschen ein.

A — l/ll: ste●en — C: s t e l len

A: f r a gen — g/gg: fra●en — C

A — p/pp: ki●en — C: k i p pen

A: m a len — l/ll: ma●en — C

A: k l e ben — b/bb: kle●en — C

352 Lösung S. 363 © Mildenberger Verlag · Bestell-Nr. 2405-77 KV 183

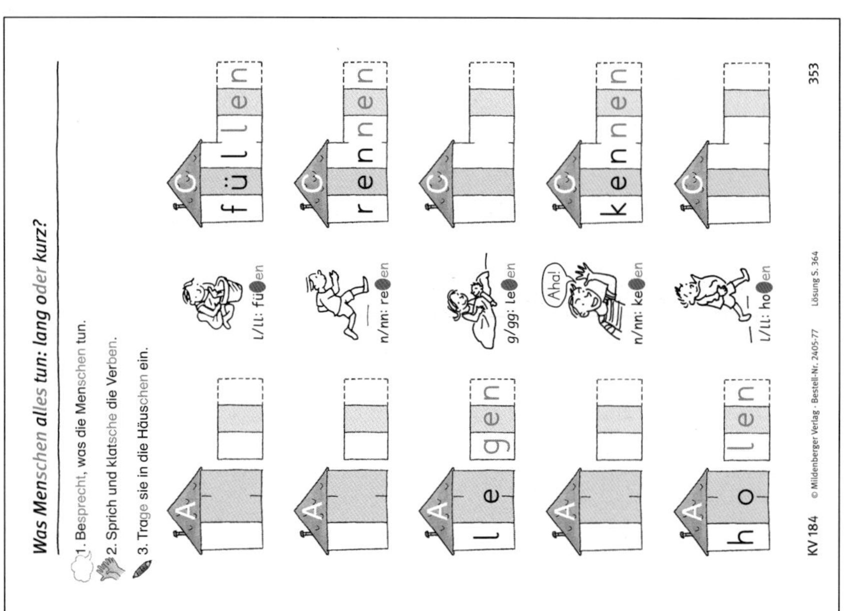
Was Menschen alles tun: lang oder kurz?
1. Besprecht, was die Menschen tun.
2. Sprich und klatsche die Verben.
3. Trage sie in die Häuschen ein.
A
C
l/ll: fü●en
f ü l l e n
n/nn: re●en
r e n n e n
g/gg: le●en
l e g e n
Aha!
n/nn: ke●en
k e n n e n
l/ll: ho●en
h o l e n
KV 184
© Mildenberger Verlag · Bestell-Nr. 2405-77
Lösung S. 364
353

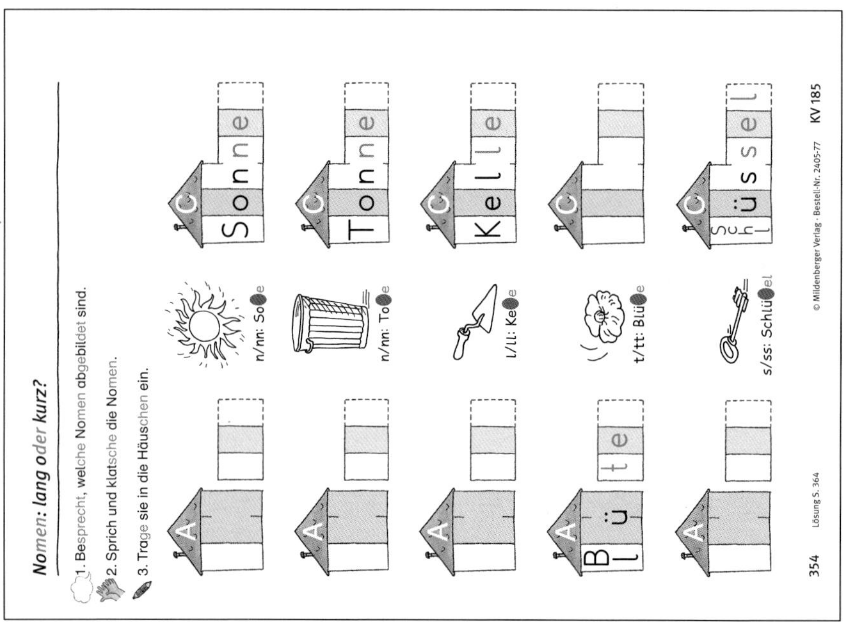
Nomen: lang oder kurz?
1. Besprecht, welche Nomen abgebildet sind.
2. Sprich und klatsche die Nomen.
3. Trage sie in die Häuschen ein.
A
C
n/nn: So●e
S o n n e
n/nn: To●e
T o n n e
l/ll: Ke●e
K e l l e
t/tt: Blü●e
B l ü t e
s/ss: Schlü●el
S c h l ü s s e l
354
Lösung S. 364
© Mildenberger Verlag · Bestell-Nr. 2405-77
KV 185

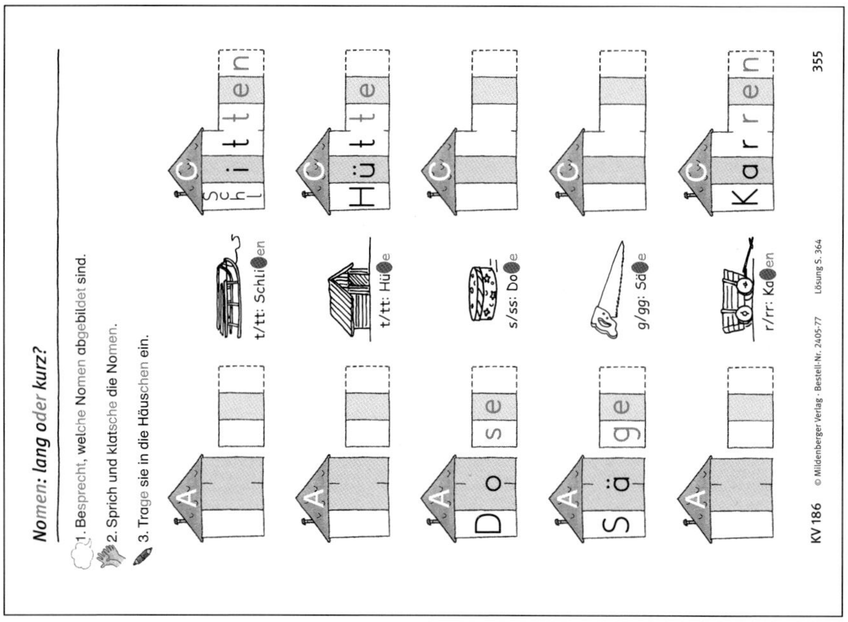
Nomen: lang oder kurz?
1. Besprecht, welche Nomen abgebildet sind.
2. Sprich und klatsche die Nomen.
3. Trage sie in die Häuschen ein.
A
C
t/tt: Schli●en
S c h l i t t e n
t/tt: Hü●e
H ü t t e
s/ss: Do●e
D o s e
g/gg: Sä●e
S ä g e
r/rr: Ka●en
K a r r e n
KV 186
© Mildenberger Verlag · Bestell-Nr. 2405-77
Lösung S. 364
355

Lösungen

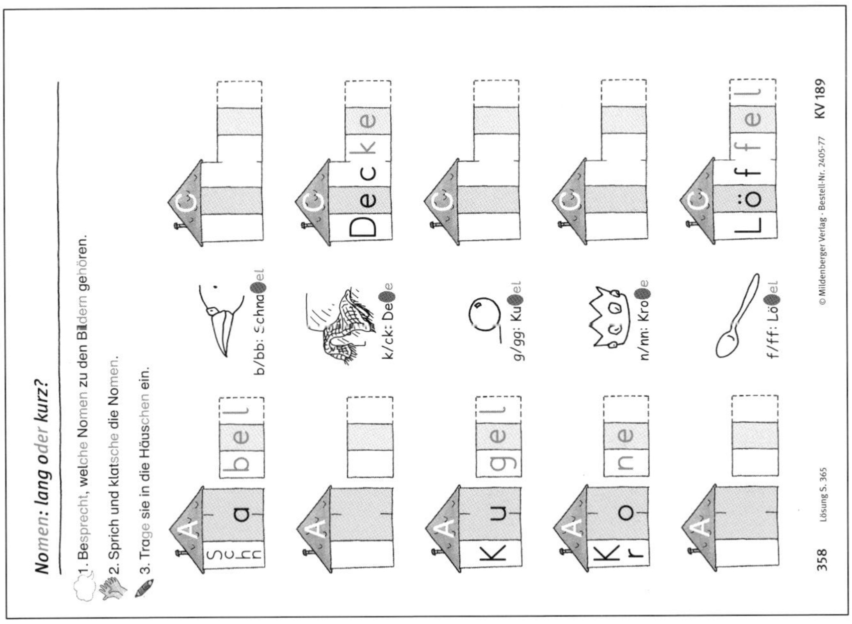
Nomen: lang oder kurz?
1. Besprecht, welche Nomen zu den Bildern gehören.
2. Sprich und klatsche die Nomen.
3. Trage sie in die Häuschen ein.
Sch n a b e l
b/bb: Schna●el
K u g e l
g/gg: Ku●el
D e c k e
k/ck: De●e
K r o n e
n/nn: Kro●e
L ö f f e l
f/ff: Lö●el
358
Lösung S. 365
© Mildenberger Verlag · Bestell-Nr. 2405-77
KV 189

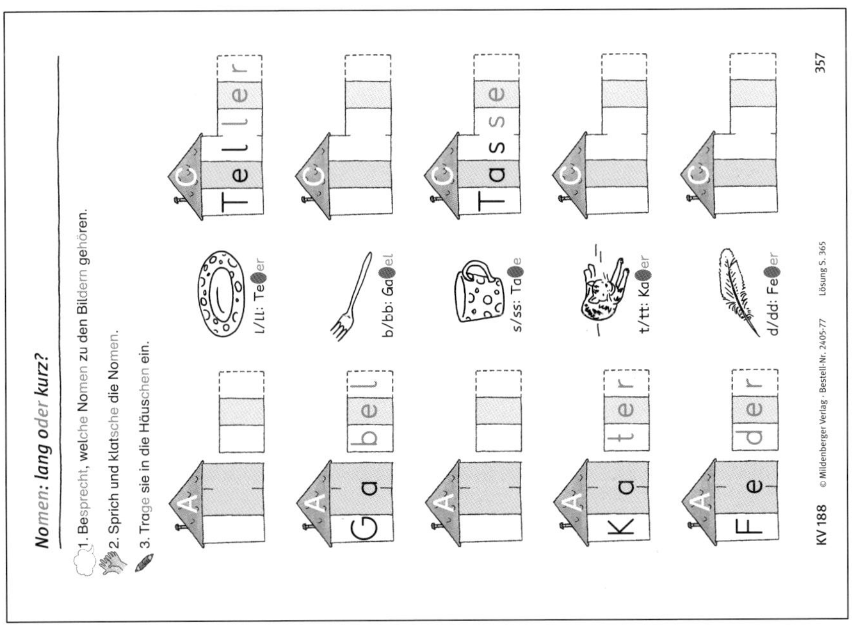
Nomen: lang oder kurz?
1. Besprecht, welche Nomen zu den Bildern gehören.
2. Sprich und klatsche die Nomen.
3. Trage sie in die Häuschen ein.
T e l l e r
l/ll: Te●er
G a b e l
b/bb: Ga●el
T a s s e
s/ss: Ta●e
K a t e r
t/tt: Ka●er
F e d e r
d/dd: Fe●er
KV 188
© Mildenberger Verlag · Bestell-Nr. 2405-77
Lösung S. 365
357

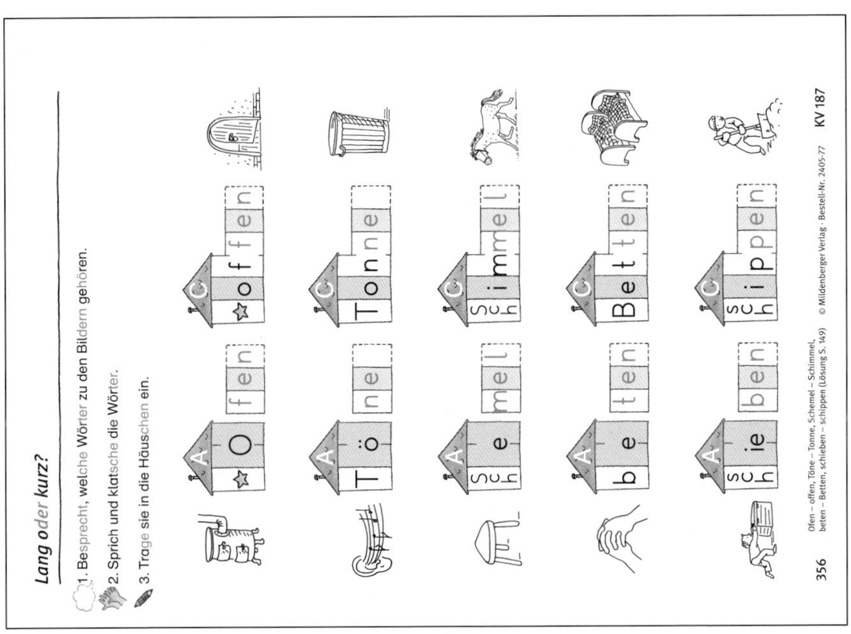
Lang oder kurz?
1. Besprecht, welche Wörter zu den Bildern gehören.
2. Sprich und klatsche die Wörter.
3. Trage sie in die Häuschen ein.
O f e n
o f f e n
T ö n e
T o n n e
Sch e m e l
Sch i m m e l
b e t e n
B e t t e n
sch ie b e n
sch i p p e n
356
Ofen – offen, Töne – Tonne, Schemel – Schimmel,
beten – Betten, schieben – schippen (Lösung S. 149)
© Mildenberger Verlag · Bestell-Nr. 2405-77
KV 187

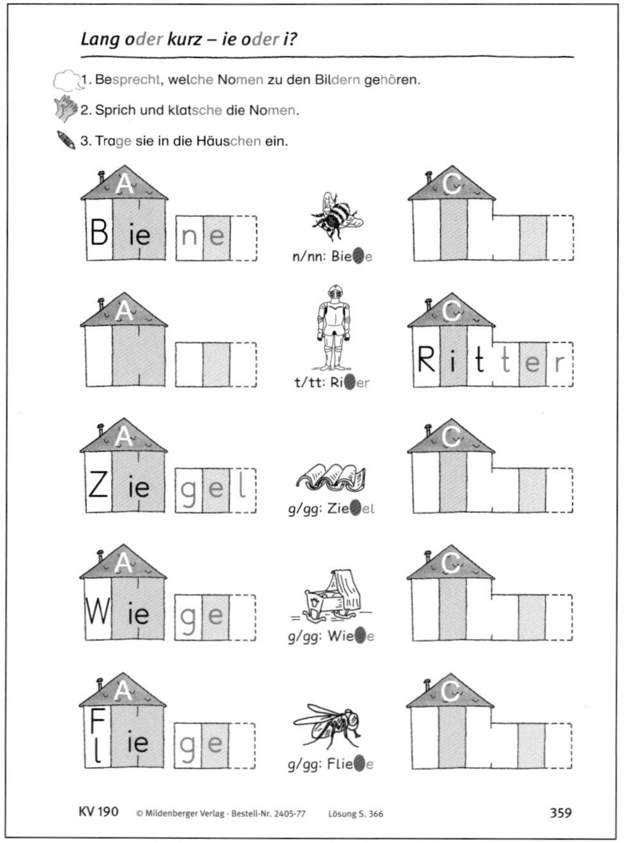
Lang oder kurz – ie oder i?

1. Besprecht, welche Nomen zu den Bildern gehören.
2. Sprich und klatsche die Nomen.
3. Trage sie in die Häuschen ein.

KV 190 © Mildenberger Verlag · Bestell-Nr. 2405-77 Lösung S. 366 359

Lang oder kurz – ie oder i?

1. Besprecht, welche Wörter zu den Bildern gehören.
2. Sprich und klatsche die Wörter.
3. Trage sie in die Häuschen ein.

360 Lösung S. 366 © Mildenberger Verlag · Bestell-Nr. 2405-77 KV 191

Lang oder kurz?

1. Besprecht, welche Wörter zu den Bildern gehören.
2. Sprich und klatsche die Wörter.
3. Trage sie in die Häuschen ein.

KV 192 © Mildenberger Verlag · Bestell-Nr. 2405-77 Lösung S. 366 361

V. Nomen-Kärtchen

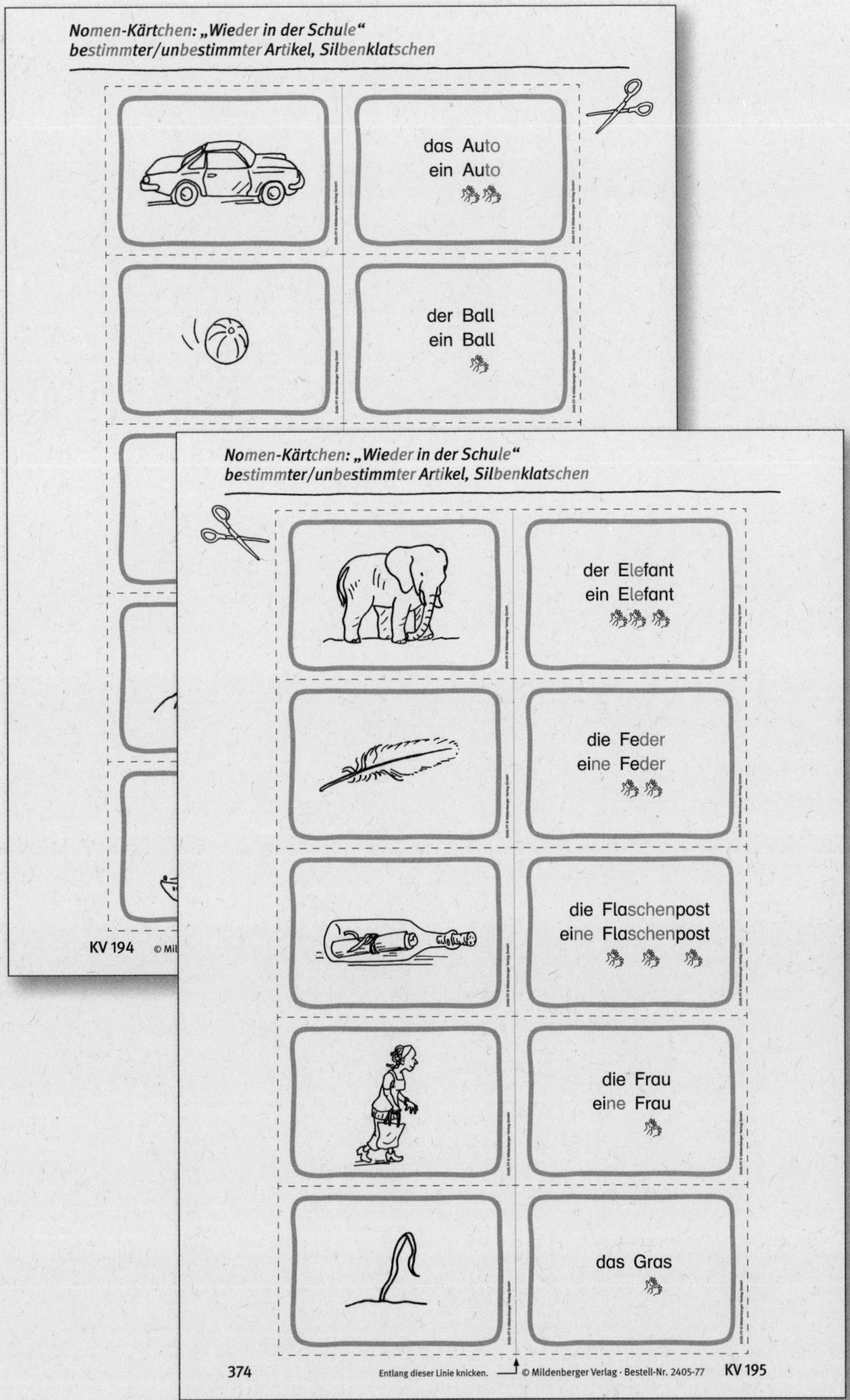

Nomen-Kärtchen: „Wieder in der Schule“
bestimmter/unbestimmter Artikel, Silbenklatschen

das Auto
ein Auto

der Ball
ein Ball

KV 194

Nomen-Kärtchen: „Wieder in der Schule“
bestimmter/unbestimmter Artikel, Silbenklatschen

der Elefant
ein Elefant

die Feder
eine Feder

die Flaschenpost
eine Flaschenpost

die Frau
eine Frau

das Gras

374 Entlang dieser Linie knicken. © Mildenberger Verlag · Bestell-Nr. 2405-77 KV 195

Nomen-Kärtchen

Inhaltsverzeichnis Seite

1. Einleitung

Lernen mit Kärtchen – vielseitig und effektiv

Überschaubarer Lerninhalt

Kärtchen sind ein gutes und bei den Kindern beliebtes Lernmaterial. Sie sind klein und übersichtlich und beinhalten jeweils einen kurzen und überschaubaren Lerninhalt. Damit sind sie auch sehr gut für die Förderung geeignet.

Kärtchen können auf ganz unterschiedliche Weise eingesetzt und genutzt werden:
- zum selbstständigen Lernen allein (hier bietet sich besonders das Verfahren mit der 5-Fächer-Lernbox an),
- zum Lernen mit Partner oder
- für die Gruppenarbeit.

Ideal sind sie:
- für Freiarbeitsphasen im Unterricht,
- als Einstieg in die Unterrichtsstunde,
- in der Vertiefungsphase einer Unterrichtseinheit,
- zum Stationenlernen oder
- als Angebot für eine Lerntheke.

Nomen-Kärtchen – Die Kopiervorlagen

Die Nomen-Kärtchen beinhalten wichtige Nomen des Grundwortschatzes von Klasse 2. Sie behandeln die Lerninhalte:
- Bestimmter/unbestimmter Artikel/Silbenklatschen (KV 194 – 211)
- Umlaute (KV 212 – 217)

Die Kopiervorlagen zeigen auf der Vorderseite das Bild des jeweiligen Gegenstands oder Lebewesens, auf der Rückseite das geschriebene Wort.

Blanko-Vorlagen

Zum 1. Kapitel „Wieder in der Schule“ liegen 35 Kärtchen als Grundstock für den Einstieg vor. Zu den anderen Kapiteln gibt es jeweils fünf weitere inhaltlich abgestimmte Nomen-Kärtchen. In allen Fällen sollen die Kinder weitere Kärtchen mit den Blanko-Vorlagen (KV 218/219) erstellen. Es ist eine sehr sinnvolle, weil handlungsorientierte und die Kinder begeisternde Aufgabe, sie selbst weitere Kärtchen schreiben und malen zu lassen (siehe auch unter „Arbeiten mit der 5-Fächer-Lernbox“).

Download

Unter www.abc-der-tiere.de/nomen-kaertchen können Sie kostenlos Kärtchen-Vorlagen in Word® herunterladen.

Tipp zum Basteln

Tipp zum schnellen Basteln der Kärtchen auf den KVs: Zuerst einmal rundum entlang der äußeren gestrichelten Linie ausschneiden. Dann entlang der Mittellinie knicken und die beiden inneren Flächen aneinanderkleben.
Zuletzt durch vier Schnitte die fünf Kärtchen auseinanderschneiden.

Deutsch als Zweitsprache

Nomen-Kärtchen für Kinder mit Deutsch als zweiter Sprache
Bei Kindern mit Deutsch als zweiter Sprache bedarf die Zuordnung von Substantiv zu Artikel eines besonderen Trainings. Dies gelingt mit den Wortkärtchen besonders gut: Das Bild wird betrachtet, das Kind nennt das Wort mit den beiden (bestimmten und unbestimmten) Artikeln und klatscht die Silben des Nomens, also z.B.

das Au – to, ein Au – to

Solche Übungen mithilfe der Kärtchen sind für den speziellen Förderunterricht für Nicht-Deutsch-Muttersprachler ideal.

Die folgenden Anregungen zum Umgang mit Kärtchen beziehen sich auf die Nomen-Kärtchen auf KV 194 – 217 der Arbeitsblätter zur individuellen Förderung, gelten aber natürlich auch für Lernkärtchen mit anderen Lerninhalten.

2. Allein/selbstständig mit den Nomen-Kärtchen lernen

Arbeiten mit der 5-Fächer-Lernbox

Für das selbstständige Arbeiten bietet sich besonders das Lernprinzip der 5-Fächer-Lernbox an. Grundlage ist die Erkenntnis, dass ein Wissensbaustein – eine Information – häufig wiederholt werden muss, damit sie verinnerlicht wird und automatisch abgerufen werden kann. Die neue Information soll schrittweise den Weg vom Kurzzeitgedächtnis zum Langzeitgedächtnis durchlaufen.

Auf jedem Kärtchen befindet sich eine kleine Lerneinheit, z.B. Nomen und Artikel. Diese kleinen Lerneinheiten werden ständig wiederholt. Durch die stetige Wiederholung kleiner Lerneinheiten kann das Gehirn diese Informationen besonders gut verarbeiten. Die zeitlichen Intervalle führen dazu, dass die Information vom Kurzzeitgedächtnis in das Langzeitgedächtnis übergeht. Je größer die Schwierigkeiten beim Lernen für ein Kind sind, desto wichtiger ist die Effektivität. Lernschwache Kinder, die mit den üblichen Lernmethoden überfordert sind, haben mit den Kärtchen die Möglichkeit, besonders effizient und systematisch zu lernen.

Das Lernen mit den Kärtchen sollte in diesem Alter noch von den Eltern begleitet werden (siehe Elternbrief S. 371). Meist haben die Kinder noch nicht sofort die nötige Selbstorganisation, die diese Methode erfordert. Ist das Vorgehen mit den Kärtchen und der Box mit den Kindern ausreichend eintrainiert worden (oft genug wiederholt worden), kann das Kind zunehmend eigenständig agieren.

Kärtchen selbst erstellen

Besonders effektiv und nachhaltig lernen Kinder mit Kärtchen, deren Inhalte sie selbst auf die Kärtchen geschrieben haben: Zum einen müssen sie sich dabei genau überlegen, was sie aufschreiben wollen und wie sie den Lerninhalt auf die doppelseitige kleine Karte bringen wollen, zum anderen haben sie auf diese Weise den Lernbaustein schon einmal selbst geschrieben, was für viele Kinder eine gute Lernhilfe ist.

Mithilfe von Lernkärtchen und der 5-Fächer-Lernbox funktioniert das Arbeiten mit den Kärtchen in der Box so: Die ausgewählten Kärtchen (z. B. 10 Stück) werden in das erste Fach gesteckt.

Ein richtig bearbeitetes Kärtchen wird danach in das zweite Fach der Box gesteckt. Jedes Mal, wenn das Kind mit den Kärtchen arbeitet, greift wieder dieses Prinzip: Wird das Kärtchen richtig bearbeitet, darf es in das nächste Fach gesteckt werden (wenn nicht, kommt es wieder zurück in Fach 1). So werden auch die Kärtchen in den Fächern 2–4 bearbeitet, bis alle im letzten Fach angekommen sind (und damit im Langzeitgedächtnis).

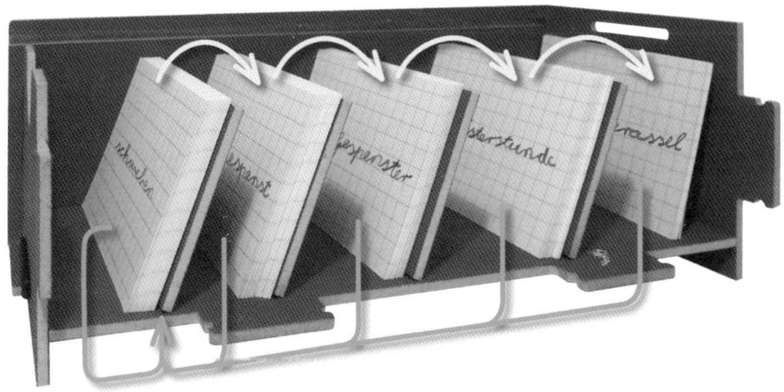

Im Fall der Nomen-Kärtchen kann das zum Beispiel so aussehen, dass die Wörter zuerst gelesen und dann in Silben geklatscht werden. Oder es wird zuerst die Bildseite betrachtet, dann das richtige Wort zum Bild gesucht. Zuletzt wird durch Umdrehen der Karte das Ergebnis überprüft.

Sowohl Blanko-Karteikärtchen (DIN A8) als auch die 5-Fächer-Lernbox finden Sie beim Mildenberger Verlag: www.mildenberger-verlag.de/5-faecher-lernbox.

Dosendiktat Zu Hause oder in Einzelarbeit kann mit den Kärtchen auch ein Dosendiktat geschrieben werden. Zehn Kärtchen werden gezogen oder ausgewählt. Das erste Kärtchen wird gelesen, gemerkt und in eine Dose mit Schlitz an der Oberseite gesteckt. Dann wird das Wort, das auf dem Kärtchen stand, aufgeschrieben. So werden nach und nach alle Kärtchen bearbeitet. Am Ende werden sämtliche Kärtchen wieder aus der Dose geholt und mit dem Geschriebenen verglichen.

3. In Partnerarbeit mit den Nomen-Kärtchen lernen

Gegenseitig (ab)fragen Ein Kind fragt und überprüft mit den Kärtchen, das andere antwortet. Die Kinder tauschen die Rollen, damit beide fragen und antworten dürfen.

Gemeinsam sortieren Die beiden Partner ordnen die Kärtchen gemeinsam nach bestimmten Merkmalen, z.B.

- nach dem Artikel (männl., weibl., sächl.),
- nach den Anlauten,
- danach, ob die Nomen Dinge, Tiere, Pflanzen oder Menschen benennen,
- danach, aus wie vielen Silben die Nomen bestehen (eine, zwei, drei oder vier Silben)
- danach, ob die Nomen aus einem oder aus zwei Teilen (Komposita) bestehen.

Partnerdiktat Die Kärtchen können prima für ein Partnerdiktat benutzt werden. Es werden zehn Kärtchen gezogen oder ausgewählt und dem Partner in Silben diktiert. Später kann gemeinsam anhand der Kärtchen überprüft und verbessert werden.

Variante: Wenn der Schreibende einen Fehler macht, klopft das diktierende Kind sofort auf den Tisch. In diesem Moment kann das schreibende Kind überlegen, was es falsch gemacht hat, und gleich verbessern.
Nach einem Durchgang werden die Rollen getauscht.

Fühldiktat Zehn Kärtchen werden von einem der Partner ausgewählt oder gezogen; der andere darf sie nicht sehen. Das Wort der ersten Karte wird dem anderen Partner langsam auf den Rücken geschrieben; er oder sie muss das Wort „erspüren“ und dann laut in Silbensprechweise sagen. Dann kommt das nächste Kärtchen an die Reihe usw.

4. Freiarbeit/In der Gruppe mit den Nomen-Kärtchen lernen

Die Kärtchen sind besonders geeignet für Freiarbeitsphasen im Unterricht oder für das Stationenlernen. Beim Arbeiten in der Gruppe kommen vor allem die spielerischen Möglichkeiten beim Einsatz der Kärtchen zum Tragen.

Memo-Spiel

Zur Vorbereitung müssen mithilfe der Kopiervorlagen (KV 194 bis 217) einzelne Kärtchen erstellt werden (also einmal z.B. die Abbildung des Autos, einmal das Wort „Das Auto/ein Auto“, diese beiden Kärtchen bilden dann ein Paar), die Rückseite ist dann neutral. Diese Kärtchen können evtl. laminiert werden.

Alle Kärtchen werden gemischt und verdeckt auf dem Tisch ausgebreitet. Es geht darum, möglichst viele Kartenpaare aus Bild- und Wortkarte aufzudecken und zu sammeln. Dieses Spiel eignet sich besonders gut für die Arbeit mit Kindern, die Deutsch als zweite Sprache gelernt haben.

Silben-Memo-Spiel

Mit den Bildkärtchen aus dem Memo-Spiel und den Klatschhände-Kärtchen (KV 220) kann das Silben-Memo-Spiel gespielt werden. Je nach Anzahl der verwendeten Wörter muss die gleiche Anzahl an passenden Klatschhände-Kärtchen vorbereitet werden, z.B. zu dem Wort „Feder“ ein Klatschhände-Kärtchen mit zwei Klatschhänden, zu dem Wort „Flaschenpost“ ein Klatschhände-Kärtchen mit drei Klatschhänden. Wie im Memo-Spiel müssen die passenden Paare gefunden werden. Gewonnen hat am Ende, wer am meisten Paare aus Bildkärtchen und Klatschhände-Kärtchen aufgedeckt und gesammelt hat.

Quatschgeschichten erfinden

Die Nomen-Kärtchen werden gemischt und verdeckt auf einen Stapel gelegt. Dann zieht das erste Kind der Gruppe ein Kärtchen und denkt sich einen Satz aus, in dem dieses Wort vorkommt. Das nächste Kind, das an die Reihe kommt, muss ebenfalls einen Satz mit dem von ihm gezogenen Wort bilden.
Er sollte aber in irgendeiner Form an den Satz des vorherigen Kindes anknüpfen. Am Ende entsteht so eine witzige Nonsens-Geschichte.

Wörterklatschen für die ganze Klasse

Hier geht es ums schnelle Lesen und Erfassen der Wörter auf den Kärtchen. Dazu müssen die Kärtchen laminiert und auf der Rückseite mit einem Magnetstreifen versehen werden. Die Kärtchen hängen so an der Tafel, dass die Kinder sie noch mit der Hand erreichen können. Es werden zwei Teams gebildet. Aus jedem Team kommt ein Kind nach vorn. Die Lehrerin/der Lehrer liest ein Wort (Nomen) vor. Wer als Erstes das richtige Kärtchen an der Tafel abklatscht, bekommt für sein Team einen Punkt. Dann kommt jeweils ein anderes Kind aus jedem Team an die Tafel usw. Das Team mit den meisten Punkten hat am Ende gewonnen.

Elternbrief zu den Nomen-Kärtchen

Liebe Eltern,

Ihre Kinder erarbeiten im Unterricht gerade die Namenwörter, die Nomen. Sie lernen, dass Nomen Menschen, Tiere, Pflanzen und Dinge bezeichnen und dass wir Nomen großschreiben.

Die Nomen-Kärtchen

Eine besonders gute Methode, mit den neuen Wörtern zu arbeiten und ihre Schreibung einzuüben, sind Bild-Wort-Kärtchen mit dem Bild des Gegenstands auf der Vorderseite des Kärtchens und dem geschriebenen Nomen mit Artikel (der, die, das; einer, eine, ein) auf der Rückseite.

Die Kärtchen haben den Vorteil, dass die Kinder sich gut auf den kleinen und überschaubaren Inhalt konzentrieren können, dass sie sie anfassen, mit ihnen im handelnden Sinn arbeiten und sie am Ende als erledigt ablegen können.

Die Nomen auf der einen Seite der Kärtchen sind durch abwechselnd schwarz-graue Schreibweise in Silben gegliedert und die einzelnen Silben mit dem Symbol klatschender Hände gekennzeichnet.

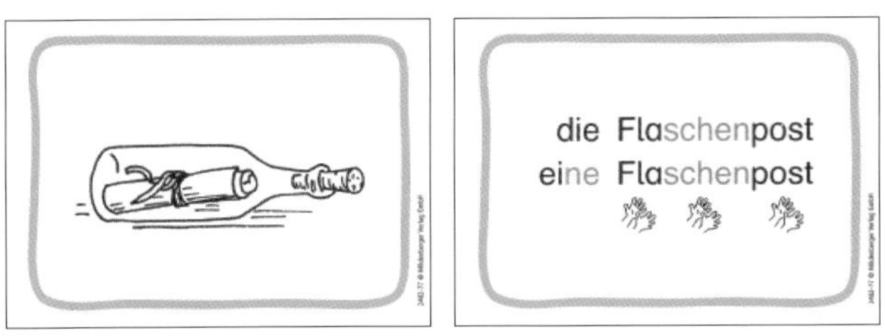

So haben die Kinder eine zusätzliche Hilfe, wie sie die Wörter in Silben klatschen und sprechen. Dieses von praktischer Handlung unterstützte Silbieren hilft ihnen später auch bei der richtigen Schreibung der Wörter.

Die Nomen sind mit ihrem dazugehörigen Artikel auf den Kärtchen abgebildet, so dass dieser automatisch immer mitgelesen wird und sich so zum jeweiligen Wort gehörend einprägt.

Das Lernprinzip

Eine kleine Lerneinheit – z.B. die Schreibweise eines Wortes – muss häufig wiederholt werden, damit sie verinnerlicht wird und automatisch abgerufen werden kann.

Auf jedem Kärtchen befindet sich eine kleine Lerneinheit, z.B. Nomen und Artikel. Diese kleinen Lerneinheiten werden ständig wiederholt. Durch die stetige Wiederholung kleiner Lerneinheiten kann das Gehirn diese Informationen besonders gut verarbeiten. Die zeitlichen Abstände führen dazu, dass die Information vom Kurzzeitgedächtnis in das Langzeitgedächtnis übergeht: Ihr Kind hat mit den Kärtchen die Möglichkeit, besonders effektiv und systematisch zu lernen.

Zu Beginn des Arbeitens mit den Kärtchen hilft es Ihrem Kind, wenn Sie es noch begleiten. Ist das Vorgehen mit den Kärtchen eintrainiert worden (oft genug wiederholt worden), kann Ihr Kind zunehmend eigenständig üben.

Weitere Kärtchen selber machen

Zum ersten Kapitel im Spracharbeitsheft „Wieder in der Schule" gibt es 35 Nomen-Kärtchen, die als Grundstock zum Arbeiten mit den Kärtchen dienen. Zu den weiteren Kapiteln kommen dann pro Kapitel je 5 Kärtchen dazu. Dieser Grundstock soll aber von den Kindern selbst erweitert werden, indem sie im Lauf der Zeit neue Wörter selbst in Silbenschreibweise auf Kärtchen schreiben und die dazugehörigen Gegenstände, Personen, Tiere oder Pflanzen auf die Rückseite der Karte malen.

Der zusätzliche positive Effekt beim Selberschreiben und Gestalten der Kärtchen ist, dass die Kinder sich genau überlegen müssen, welches Wort sie auf das Kärtchen schreiben wollen, und es dann selbst schreiben, was für viele Kinder eine gute Lernhilfe ist.

Unter www.abc-der-tiere.de/nomen-kaertchen finden Sie hierzu Kärtchen-Vorlagen in Word®, die genauso aussehen wie die bedruckten, die Ihr Kind erhalten hat.

Wie Ihr Kind mit den Kärtchen arbeiten kann

Sie können Ihr Kind beim Arbeiten mit den Kärtchen unterstützen.

Fertige und selbst geschriebene und gemalte Kärtchen werden gesammelt und idealerweise

Elternbrief zu den Nomen-Kärtchen

in einer kleinen Schachtel o. Ä. aufbewahrt. Bewährt hat sich beim Arbeiten mit Kärtchen auch eine Lernbox mit mehreren Fächern. Sowohl die 5-Fächer-Lernbox als auch Karteikärtchen (DIN A8) finden Sie beim Mildenberger Verlag: www.mildenberger-verlag.de/5-faecher-lernbox.

Ihr Kind sollte immer nur mit einem kleineren Teil der Kärtchen arbeiten, z.B. mit 10 Stück. Diese sollten vom Kind oder von Ihnen ausgewählt werden.

Ein einfaches Vorgehen ist es, wenn Ihr Kind die Kärtchen in die Hand nimmt, zunächst die Seite mit dem Bild betrachtet und das passende Wort in Silben gegliedert spricht, z.B. „E-le-fant“. Unterstützend dazu kann Ihr Kind die Silben auch gleichzeitig klatschen. Zur Kontrolle wird das Kärtchen dann umgedreht und überprüft, ob das Wort richtig gesprochen und geklatscht wurde. Ist das Kärtchen richtig bearbeitet worden, kann es zur Seite gelegt werden, gab es noch Unsicherheit, kommt das Kärtchen am Ende der Übungseinheit noch einmal an die Reihe.

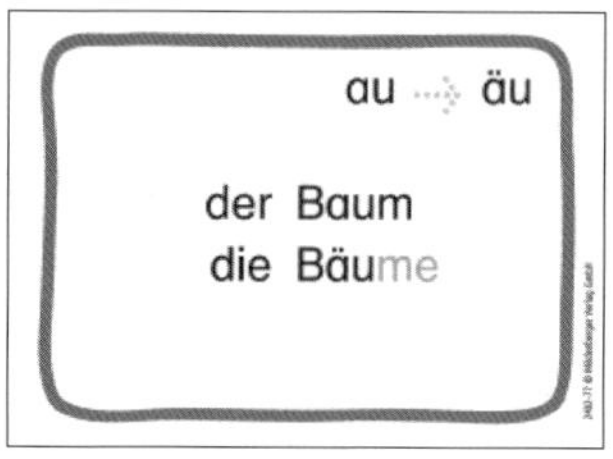

Es gibt auch Kärtchen mit Nomen, die in ihrer Einzahlform (Singular) und in ihrer Pluralform abgebildet sind (der Apfel, die Äpfel; der Fuß, die Füße). Hier kann Ihr Kind im Prinzip genauso verfahren wie bei den oben beschriebenen Nomen-Kärtchen zum Silbenklatschen. Bei diesen Kärtchen ist es wichtig, dass die Kinder auf den folgenden Zusammenhang aufmerksam werden: „a“ im Singular wird „ä“ im Plural (das Gras, die Gräser), „au“ wird „äu“ (das Haus, die Häuser) „u“ wird „ü“ (der Hut, die Hüte) und „o“ wird „ö“ (der Zopf, die Zöpfe). Das hilft ihnen später bei der Rechtschreibung und der Frage, ob beispielsweise Bäume mit „eu“ oder „äu“ geschrieben wird.

Der spielerische Umgang mit den Kärtchen

Die Kärtchen eignen sich sehr gut für einen spielerischen Umgang und ein abwechslungsreiches Üben. Hier einige Anregungen:

Dosendiktat: Auch als Material für ein sogenanntes Dosendiktat eignen sich die Kärtchen. So ein Dosendiktat kann Ihr Kind ganz selbstständig machen. Zehn Kärtchen werden gezogen oder ausgewählt. Ihr Kind nimmt das erste Kärtchen, liest das Wort, merkt es sich und steckt dann das Kärtchen in eine Dose mit Schlitz an der Oberseite. Nun wird das gemerkte Wort aufgeschrieben. So werden nach und nach alle Kärtchen bearbeitet. Am Ende werden sämtliche Kärtchen wieder aus der Dose geholt und mit dem Geschriebenen verglichen.

Kärtchen sortieren: Ihr Kind kann einen größeren Stapel an Nomen-Kärtchen (ca. 50 Stück) nach bestimmten Merkmalen sortieren, z.B.

- nach dem gleichen Artikel (der, die, das),
- nach dem gleichen Anfangsbuchstaben,
- danach, ob die Nomen Dinge, Tiere, Pflanzen oder Menschen benennen,
- danach, aus wie vielen Silben die Nomen bestehen (eine, zwei, drei oder vier Silben).

Zu zweit mit den Kärtchen spielen: Es macht besonders viel Spaß, wenn Sie gemeinsam mit Ihrem Kind mit den Kärtchen arbeiten und spielen.

Sie können z.B. ein Memo-Spiel daraus basteln (jeweils Bild- und Wortseite der Kärtchen zu einer eigenen Memo-Karte machen). Dann muss im Spiel Bild und Wort als Paar gefunden werden.

Oder Sie lesen abwechselnd mit Ihrem Kind immer ein Nomen-Kärtchen vor und der andere muss das Wort dann in Silben sprechen und klatschen, ohne die Karte zu sehen. Bei richtigem Silbieren bekommt der Betreffende das Kärtchen. Wer am Ende am meisten Kärtchen hat, hat gewonnen.

Ihrer Fantasie sind beim Erfinden von Spielen mit den Nomen-Kärtchen keine Grenzen gesetzt!

Viel Spaß und Erfolg beim Arbeiten und Spielen mit den Nomen-Kärtchen!

das Auto
ein Auto

der Ball
ein Ball

der Baum
ein Baum

der Berg
ein Berg

das Boot
ein Boot

der Elefant
ein Elefant

die Feder
eine Feder

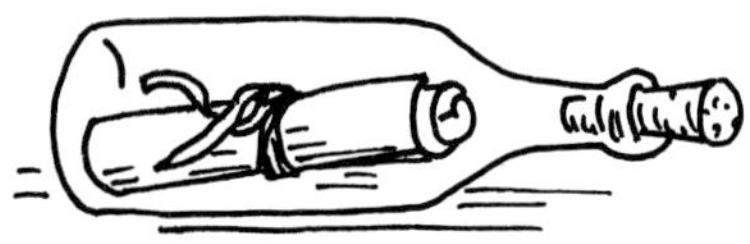

die Flaschenpost
eine Flaschenpost

die Frau
eine Frau

das Gras

Entlang dieser Linie knicken.

das Haus
ein Haus

die Hose
eine Hose

der Hund
ein Hund

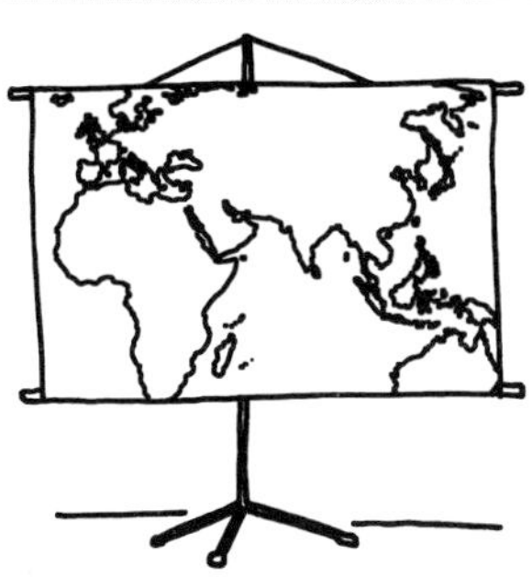

die Karte
eine Karte

das Kind
ein Kind

 Entlang dieser Linie knicken.

die Katze
eine Katze

der Mann
ein Mann

die Muschel
eine Muschel

die Rose
eine Rose

der Sand

Entlang dieser Linie knicken.

das Schiff
ein Schiff

die Schnecke
eine Schnecke

das Schneckenhaus
ein Schneckenhaus

der Seeigel
ein Seeigel

der Seestern
ein Seestern

Entlang dieser Linie knicken.

das Seil
ein Seil

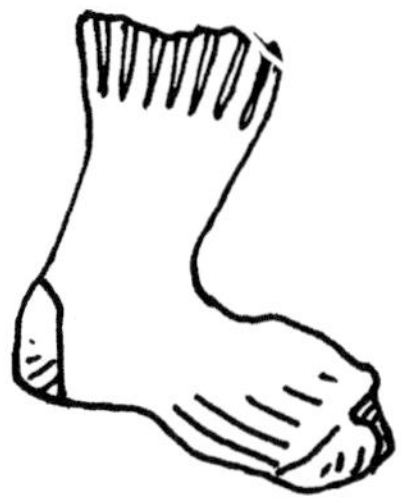

die Socke
eine Socke

die Sonne
eine Sonne

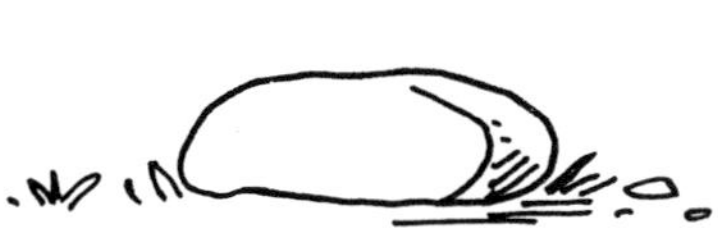

der Stein
ein Stein

der Strand
ein Strand

Entlang dieser Linie knicken.

der Strandkorb
ein Strandkorb

der Tisch
ein Tisch

die Tulpe
eine Tulpe

das Wasser

der Zug
ein Zug

Entlang dieser Linie knicken.

die Ente
eine Ente

die Fledermaus
eine Fledermaus

die Insel
eine Insel

die Maus
eine Maus

der See
ein See

der Apfel
ein Apfel

2405-77 © Mildenberger Verlag GmbH

2405-77 © Mildenberger Verlag GmbH

der Ast
ein Ast

2405-77 © Mildenberger Verlag GmbH

2405-77 © Mildenberger Verlag GmbH

das Blatt
ein Blatt

2405-77 © Mildenberger Verlag GmbH

2405-77 © Mildenberger Verlag GmbH

der Drachen
ein Drachen

2405-77 © Mildenberger Verlag GmbH

2405-77 © Mildenberger Verlag GmbH

das Glas
ein Glas

2405-77 © Mildenberger Verlag GmbH

  Entlang dieser Linie knicken.

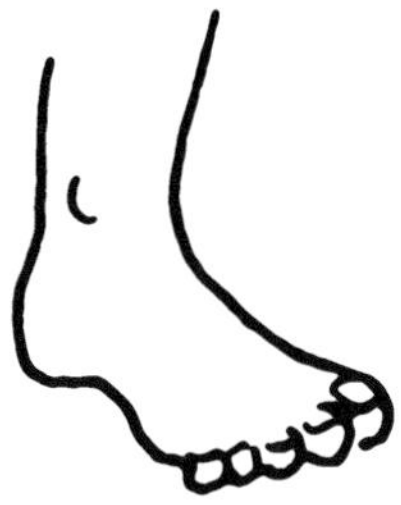

der Fuß
ein Fuß

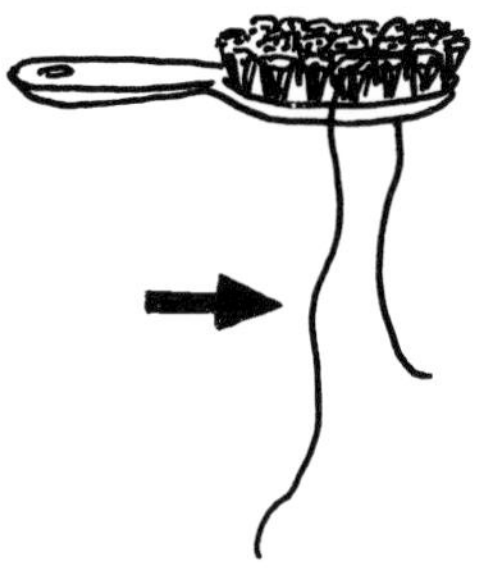

das Haar
ein Haar

die Puppe
eine Puppe

der Schuh
ein Schuh

die Treppe
eine Treppe

Entlang dieser Linie knicken.

die Bank
eine Bank

das Buch
ein Buch

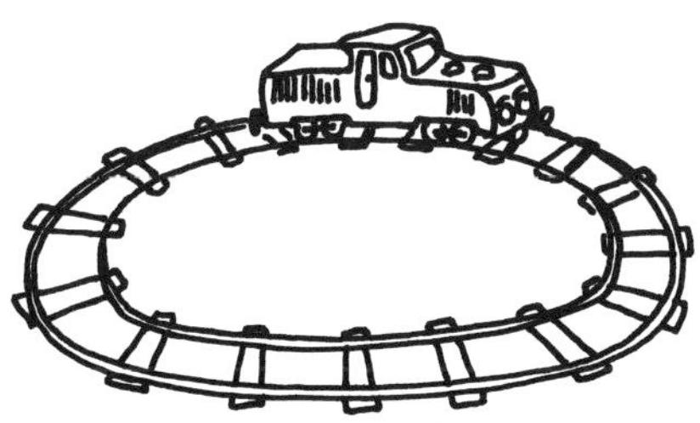

die Eisenbahn
eine Eisenbahn

die Jacke
eine Jacke

der Schrank
ein Schrank

Entlang dieser Linie knicken.

die Dose
eine Dose

die Hand
eine Hand

der Pilz
ein Pilz

die Tüte
eine Tüte

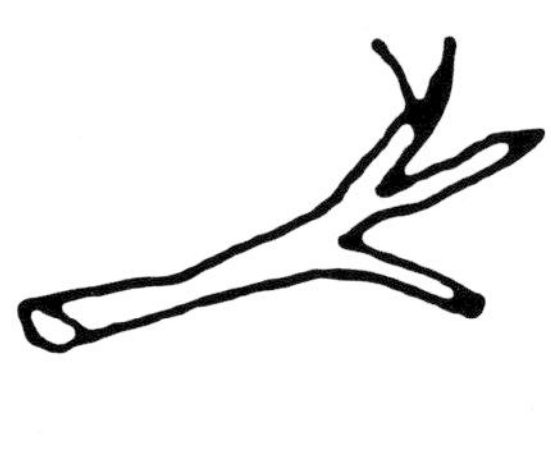

der Zweig
ein Zweig

der Bach
ein Bach

das Eichhörnchen
ein Eichhörnchen

das Eis
ein Eis

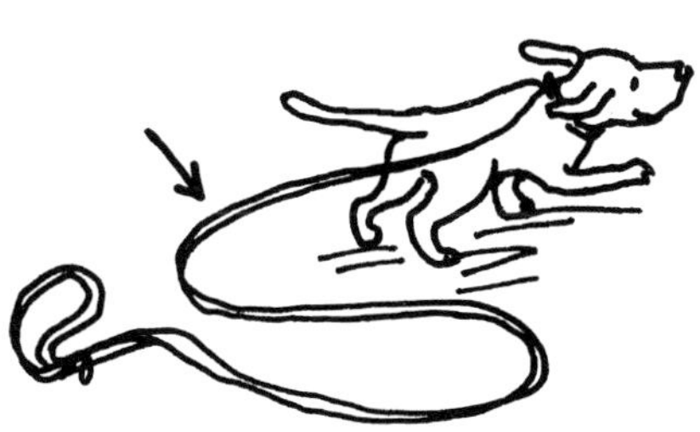

die Hundeleine
eine Hundeleine

das Reh
ein Reh

Entlang dieser Linie knicken.

das Brot
ein Brot

die Gabel
eine Gabel

das Kissen
ein Kissen

der Strauß
ein Strauß

die Wiese
eine Wiese

Entlang dieser Linie knicken.

die Blüte
eine Blüte

das Fenster
ein Fenster

der Käfer
ein Käfer

der Schlüssel
ein Schlüssel

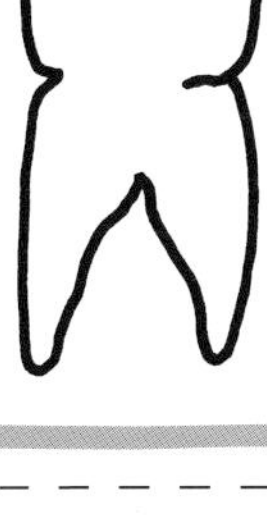

der Zahn
ein Zahn

Entlang dieser Linie knicken.

das Herz
ein Herz

2405-77 © Mildenberger Verlag GmbH

2405-77 © Mildenberger Verlag GmbH

das Klavier
ein Klavier

2405-77 © Mildenberger Verlag GmbH

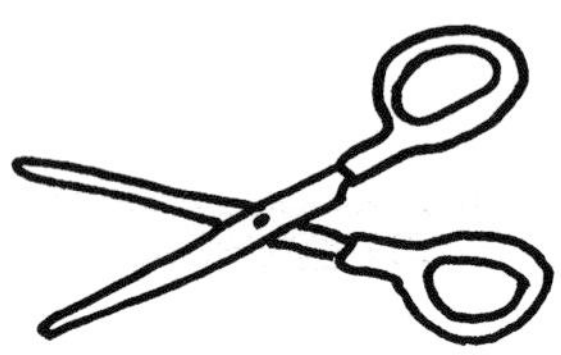

2405-77 © Mildenberger Verlag GmbH

die Schere
eine Schere

2405-77 © Mildenberger Verlag GmbH

2405-77 © Mildenberger Verlag GmbH

der Stuhl
ein Stuhl

2405-77 © Mildenberger Verlag GmbH

2405-77 © Mildenberger Verlag GmbH

der Vulkan
ein Vulkan

2405-77 © Mildenberger Verlag GmbH

 Entlang dieser Linie knicken.

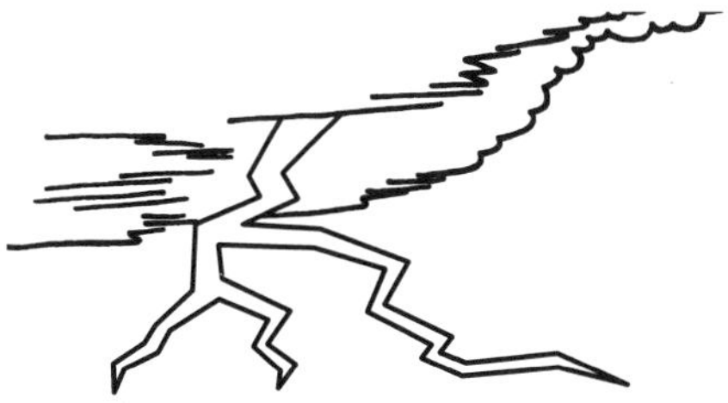

der Blitz
ein Blitz

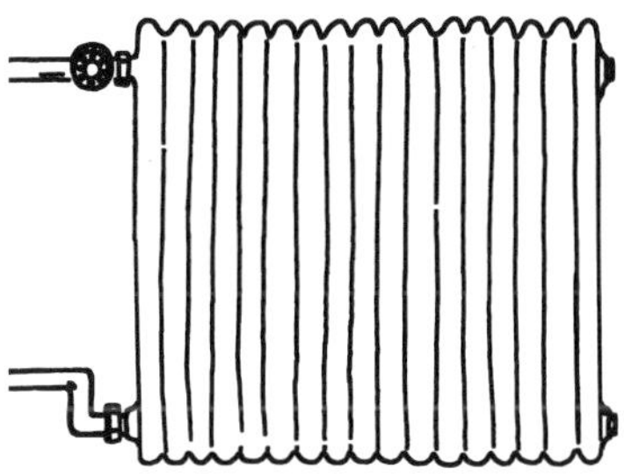

die Heizung
eine Heizung

die Mütze
eine Mütze

das Ohr
ein Ohr

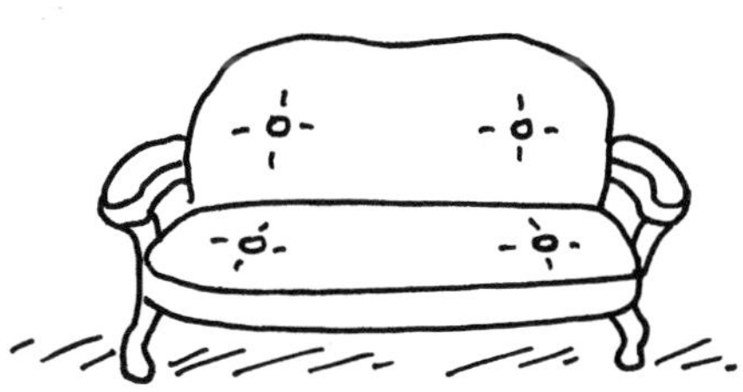

das Sofa
ein Sofa

die Ananas
eine Ananas

die Banane
eine Banane

das Fernrohr
ein Fernrohr

der Käse
ein Käse

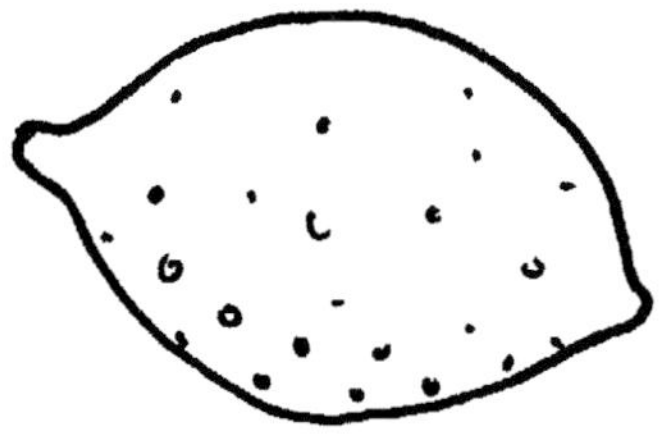

die Zitrone
eine Zitrone

Nomen-Kärtchen: Umlaute

a → ä

der Apfel
die Äpfel

a → ä

der Ast
die Äste

a → ä

der Ball
die Bälle

a → ä

das Blatt
die Blätter

a → ä

das Fass
die Fässer

Entlang dieser Linie knicken.

a → ä

die Gans
die Gänse

a → ä

das Glas
die Gläser

a → ä

das Gras
die Gräser

a → ä

die Hand
die Hände

a → ä

das Kalb
die Kälber

Entlang dieser Linie knicken.

Nomen-Kärtchen: Umlaute

o → ö

das Nashorn
die Nashörner

a → ä

der Sack
die Säcke

a → ä

der Schrank
die Schränke

au → äu

der Baum
die Bäume

au → äu

das Haus
die Häuser

Entlang dieser Linie knicken.

au → äu

die Maus
die Mäuse

au → äu

der Strauch
die Sträucher

au → äu

der Strauß
die Sträuße

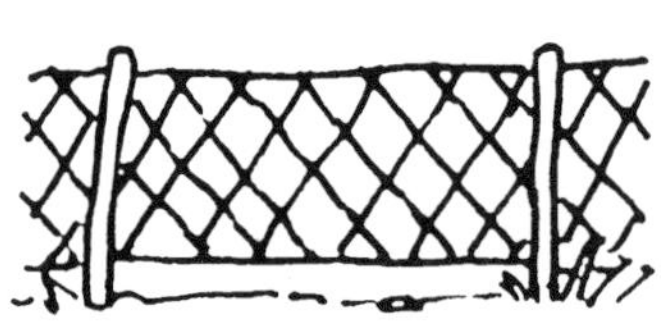

au → äu

der Zaun
die Zäune

o → ö

der Frosch
die Frösche

Entlang dieser Linie knicken.

o → ö

der Korb
die Körbe

o → ö

der Ofen
die Öfen

o → ö

der Rock
die Röcke

o → ö

der Vogel
die Vögel

o → ö

der Zopf
die Zöpfe

 Entlang dieser Linie knicken.

u → ü

der Hut
die Hüte

u → ü

der Fluss
die Flüsse

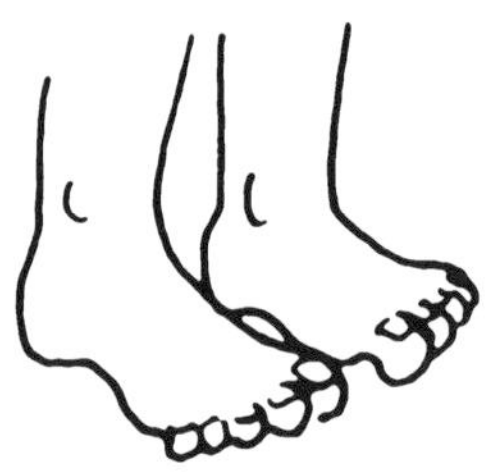

u → ü

der Fuß
die Füße

u → ü

der Stuhl
die Stühle

u → ü

der Zug
die Züge

Entlang dieser Linie knicken.

Kärtchen-Vorlage: bestimmter/unbestimmter Artikel, Silbenklatschen

Entlang dieser Linie knicken.

Kärtchen-Vorlage: Umlaute

Entlang dieser Linie knicken.

Silben-Memo-Spiel: Klatschhände-Kärtchen

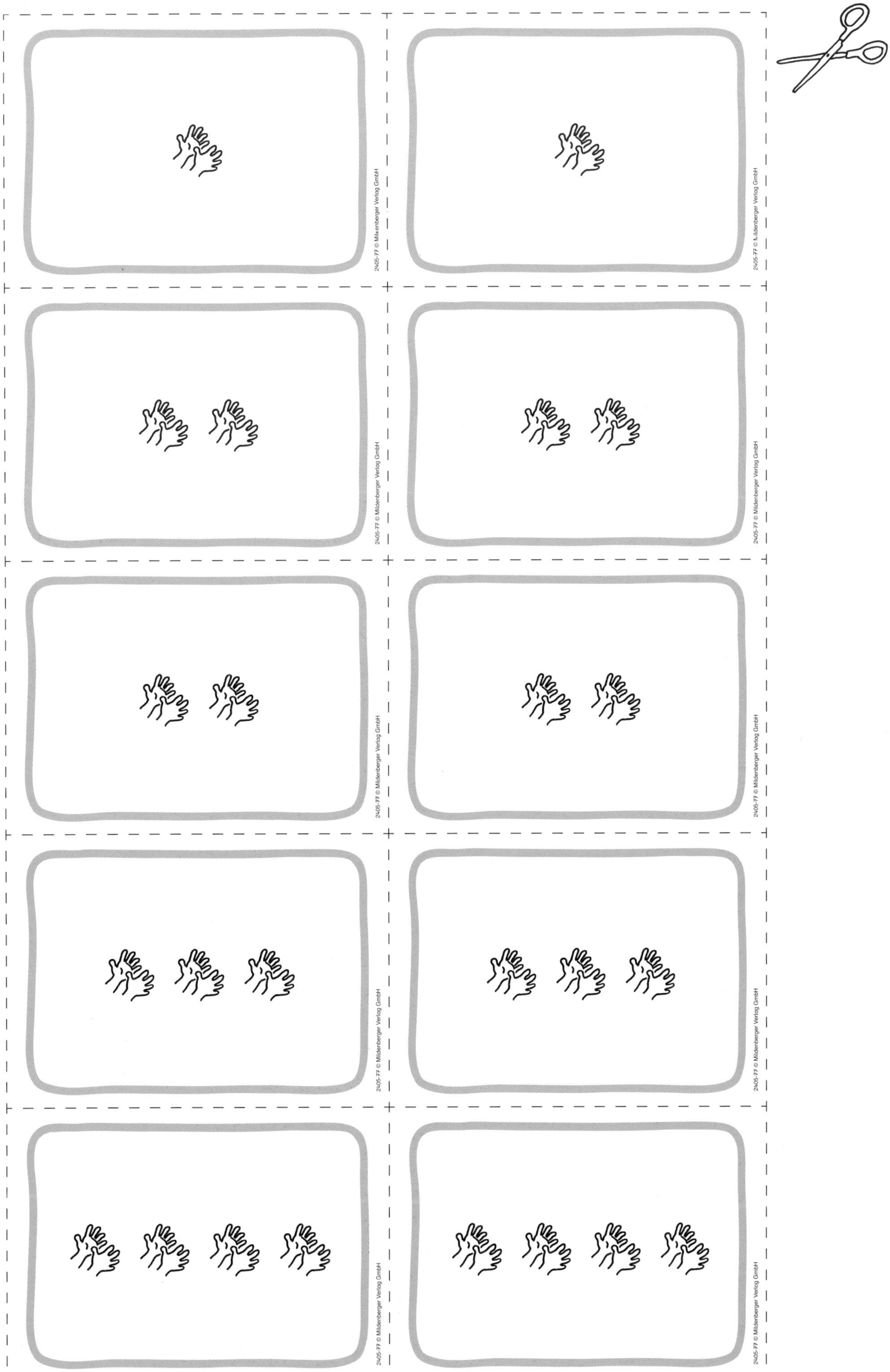

VI. Buchstaben-Karten

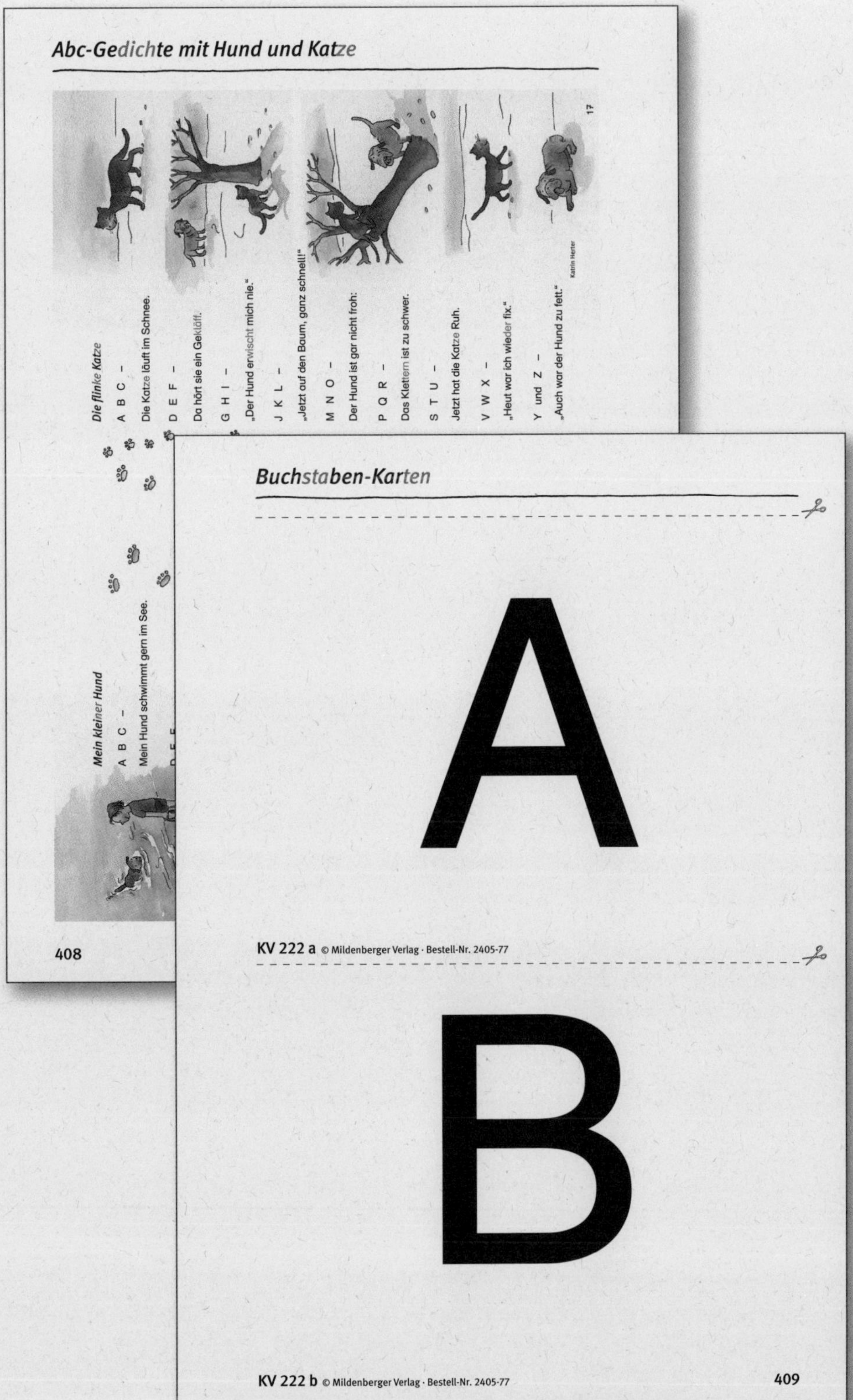
Abc-Gedichte mit Hund und Katze

Die flinke Katze

A B C –
Die Katze läuft im Schnee.
D E F –
Da hört sie ein Gekläff.
G H I –
„Der Hund erwischt mich nie.“
J K L –
„Jetzt auf den Baum, ganz schnell!“
M N O –
Der Hund ist gar nicht froh:
P Q R –
Das Klettern ist zu schwer.
S T U –
Jetzt hat die Katze Ruh.
V W X –
„Heut war ich wieder fix.“
Y und Z –
„Auch war der Hund zu fett.“

Katrin Herter

17

Mein kleiner Hund

A B C –
Mein Hund schwimmt gern im See.

408

Buchstaben-Karten

A

KV 222 a © Mildenberger Verlag · Bestell-Nr. 2405-77

B

KV 222 b © Mildenberger Verlag · Bestell-Nr. 2405-77

409

Buchstaben-Karten

Inhaltsverzeichnis

1. Einleitung

Das Kennenlernen der Buchstaben und darauffolgend des Alphabets ist ein wichtiger Grundstein einer erfolgreichen Schulbiografie. Diese Grundlage muss gegebenenfalls in der Förderung gelegt werden. Mithilfe von Buchstaben-Karten – jeder Buchstabe des Alphabets auf einer DIN-A5-Karte – lässt sich nicht nur die Reihenfolge des Alphabets oder die Navigation darin trainieren, sondern u. a. auch der Wortschatz und die Kreativität. Aber auch das einfache Kennenlernen der Formen eines jeden Buchstabens, die „Aneignung der Buchstaben" kann so erarbeitet werden.

Ein weiterer wichtiger Schritt in Richtung sichere Rechtschreibung ist die bewusste Wahrnehmung der Buchstaben in Wörtern, das „Buchstaben-Bewusstsein". Nur wenn ein Kind einen Buchstaben in einem geschriebenen Wort wirklich wahrnimmt, kann es ihn sicher beim eigenen Schreiben reproduzieren. Auch diese Kompetenz lässt sich gut mit den Buchstaben-Karten einüben.

Die Karten sind vielseitig einsetzbar und eine tolle Ergänzung für jeden Deutschunterricht für Anfänger.

Übersicht: Welche Kompetenzen werden mit welchem Spiel gefördert?

	Abc-Reihenfolge	Kreativität	Aneignung der Buchstaben	Vorgänger – Nachfolger	Buchstaben-Bewusstsein	Wortschatz
Das Abc	x					
Abc-Gedichte	x					
Buchstaben-Tabu	x	x	x			
Das Museum		x	x			
Es war einmal	x					
Verstecken	x					
Da stimmt doch was nicht	x					
Die richtige Reihenfolge	x					
Tauschgeschäft	x					
An welcher Stelle komme ich	x					
An welcher Stelle komme ich – Spezial	x			x		
Vorgänger – Nachfolger	x			x		
Das zusammengeklappte Alphabet	x			x		
Hier kommt die Ansage!	x			x		
1, 2 oder 3					x	
Ich mag besonders ...		x			x	x
Faugummi		x			x	
Wortbilden		x			x	x

Im Folgenden sind einige Spielideen aufgelistet, die verschiedene Kompetenzen trainieren. Grundsätzlich sind diese Spiele für eine ganze Klasse gedacht, allerdings sind einige auch in Kleingruppen (3 bis 6 Kinder) spielbar oder sogar in der individuellen Einzelförderung nutzbar. Dies ist bei den betroffenen Spielen notiert.

Das Abc

Abc-Reihenfolge
Bei der einfachsten Nutzung der Buchstaben-Karten müssen die Karten nach dem Alphabet sortiert werden. Das kann einzeln oder in Gruppenarbeit an der Tafel oder auf dem Boden erfolgen. Es kann auch jedes Kind eine Karte bekommen und die Kinder müssen sich dann in der richtigen Reihenfolge im Kreis aufstellen. Hier sind viele Möglichkeiten denkbar.

Auch für individuelle Förderung geeignet.

Abc-Gedichte

Abc-Reihenfolge
Die Karten können in Verbindung mit einem Abc-Gedicht verwendet werden (KV 221). Dabei erhält jeder Schüler eine Buchstaben-Karte, bei weniger als 26 Schülern auch zwei aufeinanderfolgende. Die Kinder stellen sich im Kreis nach dem Abc auf. Sie sprechen gemeinsam ein Abc-Gedicht („Mein kleiner Hund“ oder „Die flinke Katze“, KV 221) und halten jeweils die entsprechenden Buchstaben hoch.

Buchstaben-Tabu

Kreativität; Aneignung der Buchstaben; Abc-Reihenfolge
Die Kinder bekommen jeweils einen Buchstaben, dürfen ihn aber nicht den anderen zeigen. Jeder muss sich überlegen, wie er den Buchstaben beschreibt, ohne ihn zu nennen. Es geht reihum. Wer den Buchstaben errät, bekommt die Karte. Gewonnen hat der Spieler mit den meisten Karten.

Auch für Kleingruppen geeignet.

Das Museum

Kreativität; Aneignung der Buchstaben
Zwei Kinder gehen vor die Tür. Die anderen bilden allein, zu zweit oder in kleinen Gruppen Buchstaben mit ihren Körpern. Die Kinder kommen wieder herein und müssen die Buchstaben-Karten wie Info-Tafeln vor den Kunstwerken verteilen. Erst wenn alle Skulpturen ein Schild haben, dürfen sie sich bewegen.

Es war einmal

Abc-Reihenfolge
Die Kinder bekommen einen Buchstaben oder in Kleingruppen mehrere, sodass das Alphabet komplett abgedeckt wird. Es wird ein kurzer Text vorgelesen (z.B. ein Witz). Jedes Mal, wenn ein Wort mit dem eigenen Buchstaben beginnt, muss man aufstehen und den Buchstaben hochhalten.

Auch für Kleingruppen geeignet.

Verstecken

Abc-Reihenfolge
Die Karten werden im Raum versteckt. Die Schüler müssen sie finden und an der Tafel/auf dem Boden in die alphabetische Reihenfolge bringen.

Auch für Kleingruppen geeignet.

Da stimmt doch was nicht

Abc-Reihenfolge
Zwei Kinder gehen vor die Tür. Sie sind die Detektive. Zwei andere Kinder sind „Hacker". Alle anderen Kinder bekommen jeweils einen Buchstaben und stehen in einer Reihe in der richtigen Reihenfolge. Das Alphabet muss für dieses Spiel nicht komplett sein. Es sollte aber möglichst eine zusammenhängende Buchstabenfolge verwendet werden. Die „Hacker" verändern einige Buchstaben, z.B. indem sie die Buchstaben um 90° drehen, auf den Kopf stellen oder die Reihenfolge durcheinanderbringen. Die Detektive haben dann eine Minute Zeit, die Fehler zu finden und zu korrigieren. Schaffen sie es in der vorgegebenen Zeit, werden sie in der nächsten Runde zu „Hackern" und zwei andere Kinder werden Detektive. Falls es ihnen nicht gelingt, werden die „Hacker" zufällig aus der Spielergruppe bestimmt. Der Spielleiter sollte hier auf eine gerechte und gleichmäßige Aufgabenverteilung achten.

Die richtige Reihenfolge

Abc-Reihenfolge
Die Kinder bekommen jeweils einen Buchstaben und stellen sich in eine Reihe, dabei aber *nicht* in die Reihenfolge des Alphabets. Jeder muss zum richtigen Moment seinen Buchstaben nennen und die Karte hochhalten.
Es gibt folgende Varianten:
- Das Alphabet wird aufgesagt.
- Das Alphabet wird rückwärts aufgesagt.
- Das Alphabet wird irgendwo in der Mitte beginnend aufgesagt.
- Das Alphabet wird irgendwo in der Mitte beginnend rückwärts aufgesagt.

Falls Fehler passieren:
1 Fehler: Das Kind muss in die Hocke.
2 Fehler: Das Kind muss auf dem Boden sitzen.
3 Fehler: Das Kind ist raus.

Tauschgeschäft

Abc-Reihenfolge
Die Kinder bekommen jeweils einen Buchstaben und sitzen in einem Stuhlkreis oder stehen in einer Reihe. Das Alphabet ist nicht in der richtigen Reihenfolge. Die Spielvariante in der Reihe ist schwieriger, da es beim Spielen zwei „Sackgassen" gibt. Nun sollen die Buchstaben getauscht werden, sodass die Reihenfolge stimmt.
Es gibt folgende Varianten:
- Es darf nur mit den direkten Nachbarn getauscht werden.
- Es darf nur in eine Richtung getauscht werden.
- Es wird gegen die Zeit gespielt.

An welcher Stelle komme ich

Abc-Reihenfolge
Die Kinder sitzen im Stuhlkreis und bekommen jeweils einen Buchstaben.
Die Buchstaben sind dabei in der Reihenfolge des Alphabets. Jeder Buchstabe entspricht seiner Position im Alphabet, also z.B. A = 1 und P = 16.
Zur Einstimmung nennt jedes Kind seinen Buchstaben und seine Position.
Nun ruft der Spielleiter eine Position und alle Spieler müssen aufstehen, nur derjenige mit dem richtigen Buchstaben nicht.
Wird z.B. 3 angesagt, muss C sitzen bleiben.
Nach einer Runde setzen sich anschließend alle wieder hin.

Falls Fehler passieren:
1 Fehler: Das Kind muss seinen Buchstaben abgeben.
2 Fehler: Das Kind ist raus.

1	2	3	4	5	6	7	8	9	10	11	12	13
A	B	C	D	E	F	G	H	I	J	K	L	M

14	15	16	17	18	19	20	21	22	23	24	25	26
N	O	P	Q	R	S	T	U	V	W	X	Y	Z

An welcher Stelle komme ich – Spezial

Abc-Reihenfolge; Vorgänger – Nachfolger
Das Spiel wird wie die normale Variante gespielt. Aber anstatt der Ansage der Position wird ein Buchstabe gerufen. Der Vorgänger und der Nachfolger müssen nun sitzen bleiben. Alle, auch der aufgerufene Buchstabe stehen auf!

Vorgänger – Nachfolger

Abc-Reihenfolge; Vorgänger – Nachfolger
Im Sitzkreis wird ein Buchstabe gezeigt. Wer den Vorgänger und den Nachfolger des Buchstabens nennen kann, darf den Buchstaben behalten. Der nächste Buchstabe wird gezeigt. Ist der Vorgänger oder der Nachfolger ein Buchstabe, der schon „vergeben“ ist, muss zusätzlich zum Buchstaben noch der Besitzer genannt werden, z.B. „Vorgänger: R; Nachfolger T, Kevin“.

Auch für Kleingruppen geeignet.

Das zusammengeklappte Alphabet

Abc-Reihenfolge; Vorgänger – Nachfolger
Beim zusammengeklappten Alphabet sind der erste und der letzte Buchstabe, der zweite und der vorletzte Buchstabe etc. Partner, also z.B. A und Z gehören zusammen, B und Y, C und X usw. Die Kinder bekommen jeweils einen Buchstaben und müssen ihren Partner finden.

Alternativ kann es auch mit einer Regelverschärfung gespielt werden: Die Stühle stehen im Kreis, die Kinder stehen auf ihren Stühlen. Es dürfen sich nur jeweils zwei gleichzeitig auf dem Boden befinden, um die Plätze zu tauschen. Gegenseitige Hilfe ist erlaubt.

Hier kommt die Ansage!

Abc-Reihenfolge; Vorgänger – Nachfolger
Die Kinder bekommen jeweils einen Buchstaben. Da Buchstaben wie C, J, Q, V, W, Y, X, Z eher schwierig sind, sollten diese, wenn die Klassenstärke es zulässt, weggelassen werden. Aus den übrigen 18 Buchstaben lassen sich schnell die Wörter bzw. Silben mit zwei oder 3 Buchstaben bilden: A, B, D, E, F, G, H, I, K, L, M, N, O, P, R, S, T, U. Die Buchstaben V, W und Z sind bei dreibuchstabigen Wörtern ebenfalls einsetzbar.
Bei Berücksichtigung dieser Buchstabenreihe kann gewährleistet werden, dass alle Buchstaben auch einmal Verwendung gefunden haben.
Die Spieler gehen durch den Raum. „Ihren" Buchstaben halten sie dabei gut sichtbar vor ihrem Bauch.

Die Lehrkraft macht eine Ansage bestehend aus mehreren Wörtern oder Silben aus zwei Buchstaben, z.B. „an, im, er, du". Die Kinder mit den jeweiligen Buchstaben müssen sich so schnell wie möglich finden. Das Paar, das zuletzt zueinander findet, muss seine Buchstaben tauschen. Bei den Spielrunden müssen nicht für alle Spieler Ansagen gemacht werden. Im Verlauf der Spielrunden sollten aber alle Buchstaben bedacht werden.
Bei fortgeschrittenen Spielern können auch Wörter mit mehr als zwei Buchstaben angesagt werden.

Hinweis: Bei den Ansagen muss darauf geachtet werden, dass die Buchstaben jeweils nur einmal genannt werden.

Beispiele für Runden mit 2 Buchstaben:
- ab, er, im, so, du
- da, fu, Po, in, le
- ka, tu, go, he, ni
- mo, ra, be, nu, fi

Beispiele für Runden mit 3 Buchstaben:
- Uhr, Wal, ein, Dom
- Reh, von, Mut, Bad
- Wen, Amt, ihr, Bus, Klo
- Tor, was, dem, buk, Pin

1, 2 oder 3

Buchstaben-Bewusstsein
Die Kinder bekommen jeweils einen Buchstaben.
Es liegen drei Zettel auf dem Boden: Anfang – Mitte – Ende. Der Spielleiter nennt ein kurzes Wort und die Kinder müssen entscheiden, ob ihr Buchstabe am Anfang, in der Mitte oder am Ende des Wortes vorkommt.
Ein Beispiel: Das Wort „Tor" wird genannt. Das Kind mit dem T stellt sich vor das „Anfang"-Schild, das Kind mit dem O in die Mitte, das Kind mit dem R an das „Ende"-Schild.
Falls längere Wörter genannt werden, können auch mehrere Kinder bei der Wortmitte stehen. So stehen beispielsweise beim Wort „Buch" die Kinder mit dem U und dem C beim „Mitte"-Schild.

Einige Buchstaben sind bei kurzen deutschen Wörtern relativ ungebräuchlich und sollten der Einfachheit halber aussortiert werden: C, J, Q, V, W, Y, X, Z.

Weitere Beispielwörter:

Anfang	Mitte	Ende
A	r	m
B	a	u
d	e	r
e	i	n
f	a	d
G	e	l
H	u	t

Anfang	Mitte	Ende
k	a	m
l	o	g
m	i	t
n	u	r
p	u	r
r	o	t
S	a	u

Auch für Kleingruppen geeignet.

Auch für individuelle Förderung geeignet.

Ich mag besonders ...

Wortschatz; Kreativität; Buchstaben-Bewusstsein
Die Kinder bekommen jeweils einen Buchstaben. Ungeeignete oder schwere Buchstaben wie C, J, Q, V, W, Y, X, Z werden aussortiert.
Einer ist Ansager und gibt eine Kategorie vor, z.B. Obst. Jedes Kind muss nun mit „seinem" Buchstaben ein Obst nennen; z.B. hat Ole den Buchstaben A.
Er sagt also: „Ich mag besonders Äpfel." Falls einem Kind nichts Geeignetes einfällt, dürfen die anderen Kinder natürlich helfen.
Weitere mögliche Kategorien wären Spielzeug, Bücher, Namen, Essen, Süßigkeiten, Farben, TV-Serien ...

Alternativ lässt sich dieses Spiel auch mit „Kofferpacken" kombinieren. Bei dieser Variante muss der Spieler nicht nur ein eigenes Wort finden, sondern auch die Antworten der Kinder vor ihm wiederholen: „Ich mag besonders Äpfel und Mandarinen." Der Nächste sagt dann: „Ich mag besonders Äpfel, Mandarinen und Birnen." usw.

Auch für Kleingruppen geeignet.

Auch für individuelle Förderung geeignet.

Faugummi

Kreativität; Buchstaben-Bewusstsein
In vorgegebenen Sätzen sollen die Anfangslaute aller Wörter durch einen Buchstaben ersetzt werden, wenn es Konsonanten sind, und ergänzt werden, wenn es Vokale sind, z.B. „Ich mag Eis mit Erdbeeren." mit dem Buchstaben F wird zu: „Fich fag Feis fit Ferdbeeren.".

Die Kinder bekommen jeweils einen Buchstaben. Ein Schüler bekommt vom Spielleiter einen Satz genannt, in dem alle Anfangslaute mit „ihrem" Buchstaben ersetzt oder ergänzt werden sollen.

Wenn es nicht auf Anhieb klappt, dürfen die Spieler es gerne mehrmals probieren und sich auch helfen lassen.

Falls es Schwierigkeiten in der Satzfindung gibt, kann auch jeder beliebige Text, z.B. aus der Sibenfibel® satzweise vorgegeben werden.

Weitere Beispiele für Sätze und ihre Verwandlung:

Ich spiele gerne Fußball. ➔ F: Fich fiele ferne Fußball.
➔ B: Bich biele berne Bußball.
➔ A: Ach aspiele agerne Afußball.

Spaghetti sind unser Leibgericht. ➔ F: Faghetti find funser Feibgericht.
➔ B: Baghetti bind bunser Beibgericht.
➔ A: Aspaghetti asind aunser Aleibgericht.

Variante: Ist der eigentliche Spielverlauf zu schwierig, kann auch alternativ dies gespielt werden. Der Spielleiter nennt einen verwandelten Satz, den der Schüler rückverwandeln soll. Ein Beispiel: Kim hat den Buchstaben L und bekommt den Satz „Lu lachst las lichtig.". Kim muss daraus „Du machst das richtig." bilden.

Auch für individuelle Förderung geeignet.

Wortbilden

Buchstaben-Bewusstsein; Wortschatz; Kreativität
Die Buchstaben-Karten werden am Boden ausgelegt oder an die Tafel gehängt. Die Kinder sollen nun versuchen, daraus Wörter zu bilden. Der Clou: Jeder Buchstabe kann nur einmal vorkommen.

Dieses Spiel ist in verschiedenen Varianten spielbar. So kann man vorher festlegen, ob ein einzelnes, möglichst langes Wort gebildet werden soll oder viele kurze. Es spielen üblicherweise 2 bis 3 Kinder in einem Team zusammen.

Variante 1: Alle Kinder beraten sich, welches Wort bzw. welche Wörter mit den vorhandenen Buchstaben gebildet werden können. Das kann in einem Sitzkreis geschehen oder auch an der Tafel stehend.

Gemeinsam wird das Wort/werden die Wörter an der Tafel gebildet.

Variante 2: Es kann auch im Duell-Modus gespielt werden: Zwei Kinder stehen an der Tafel und dürfen wechselseitig je einen Buchstaben in ihrem Wort/ihren Wörtern verbauen. Buchstaben, die „eingebaut" sind, dürfen nicht wieder entfernt werden. Gewonnen hat derjenige mit dem längsten sinnvollen Wort bzw. mit den meisten verbauten Buchstaben.

Auch für Kleingruppen geeignet.

Auch für individuelle Förderung geeignet.

Abc-Gedichte mit Hund und Katze

Mein kleiner Hund

A B C –
Mein Hund schwimmt gern im See.

D E F –
Ich bin sein lieber Chef.

G H I –
Bei „Klatsch“ springt er aufs Knie.

J K L –
Mit Würstchen lernt er schnell.

M N O –
Holt’s Stöckchen irgendwo.

P Q R –
Da ist ein fremder Herr.

S T U –
Er bellt und knurrt dazu.

V W X –
Nein, unser Hund macht nichts.

Y und Z –
Ach, so ein Hund ist nett!

Katrin Herter

16

Die flinke Katze

A B C –
Die Katze läuft im Schnee.

D E F –
Da hört sie ein Gekläff.

G H I –
„Der Hund erwischt mich nie.“

J K L –
„Jetzt auf den Baum, ganz schnell!“

M N O –
Der Hund ist gar nicht froh:

P Q R –
Das Klettern ist zu schwer.

S T U –
Jetzt hat die Katze Ruh.

V W X –
„Heut war ich wieder fix.“

Y und Z –
„Auch war der Hund zu fett.“

Katrin Herter

17

A

KV 222 a

B

C

 KV 223 a

D

 KV 223 b

E

F

G

 KV 225 a

H

 KV 225 b

I

KV 226 a

J

KV 226 b

K

L

M

N

O

 KV 229 a

P

 KV 229 b

Q

R

S

 KV 231 a

T

 KV 231 b

U

KV 232 a

V

KV 232 b

W

 KV 233 a

X

 KV 233 b

Y

Z

VII. Lösungen differenzierte Arbeitsblätter

Nomen

A

Malte macht am Strand viele Entdeckungen.

Eimer	Fisch	Oma
Stein	Opa	Gras
Vogel	Baum	

1. Trage die Nomen in die Tabelle ein.

Menschen	Tiere	Pflanzen	Dinge
Opa	Fisch	Baum	Eimer
Oma	Vogel	Gras	Stein

Nomen

B

Malte macht am Strand viele Entdeckungen.

1. Trage die Nomen in die Tabelle ein.

Menschen	Tiere	Pflanzen	Dinge
Opa	Fisch	Baum	Schuh
Oma	Schnecke	Blume	Stein
Junge	Möwe	Gras	Eimer
Eltern	Vogel	Busch	Schiff

Nomen

C

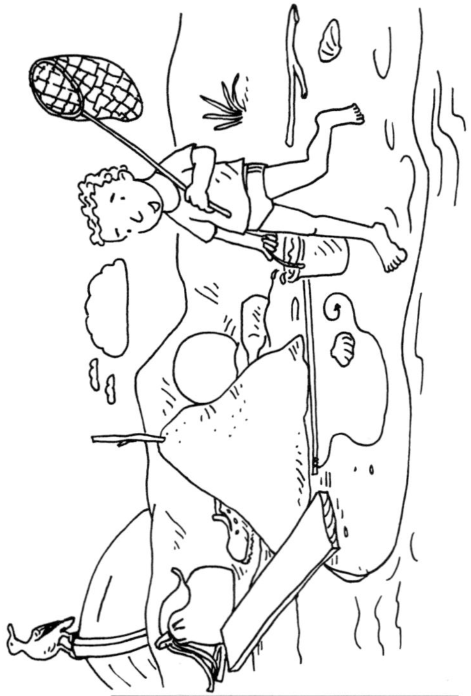

Malte macht am Strand viele Entdeckungen.

1. Finde die 16 Nomen und kreise sie ein.

R	O	P	A	L	A	M	Ö	W	E	S	B
J	A	F	I	S	C	H	Z	S	O	T	G
U	L	B	A	U	M	S	A	C	M	E	R
N	N	L	W	X	V	C	R	H	T	I	A
G	T	U	S	N	O	H	S	N	W	N	S
E	I	M	E	R	G	I	K	E	I	Z	A
A	V	E	T	N	E	F	S	C	H	U	H
B	U	S	C	H	L	F	P	K	C	R	X
E	L	T	E	R	N	B	L	E	O	M	A

2. Trage die Nomen in die Tabelle ein.

Menschen	Tiere	Pflanzen	Dinge
Opa	Fisch	Baum	Schuh
Oma	Schnecke	Blume	Stein
Junge	Möwe	Gras	Eimer
Eltern	Vogel	Busch	Schiff

KV 1 C zu SAH A S. 8 / SB S. 8

Nomen

A

1. Male die Felder mit den Nomen so an:

Tiere: rot Dinge: gelb Pflanzen: grau

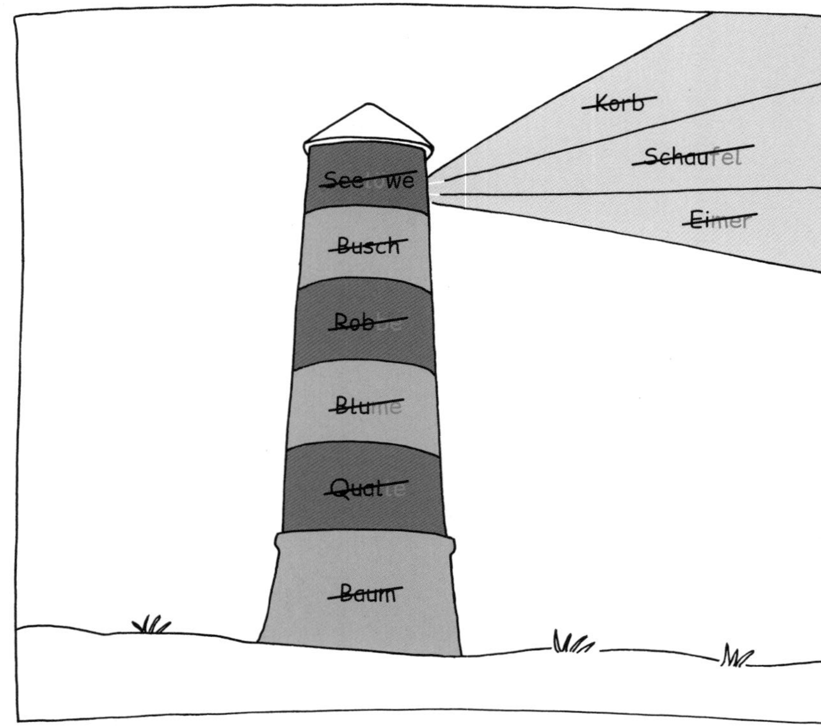

2. Trage die Nomen in die Tabelle ein.

Tiere	Pflanzen	Dinge
Seelöwe	Busch	Korb
Robbe	Blume	Schaufel
Qualle	Baum	Eimer

KV 2 A zu SAH A S. 7 / SB S. 8

Nomen

B

1. Male die Felder mit den Tiernamen rot, mit den Pflanzennamen grau und mit den Dingen gelb an.
2. Male alle anderen Felder in der angegebenen Farbe an.

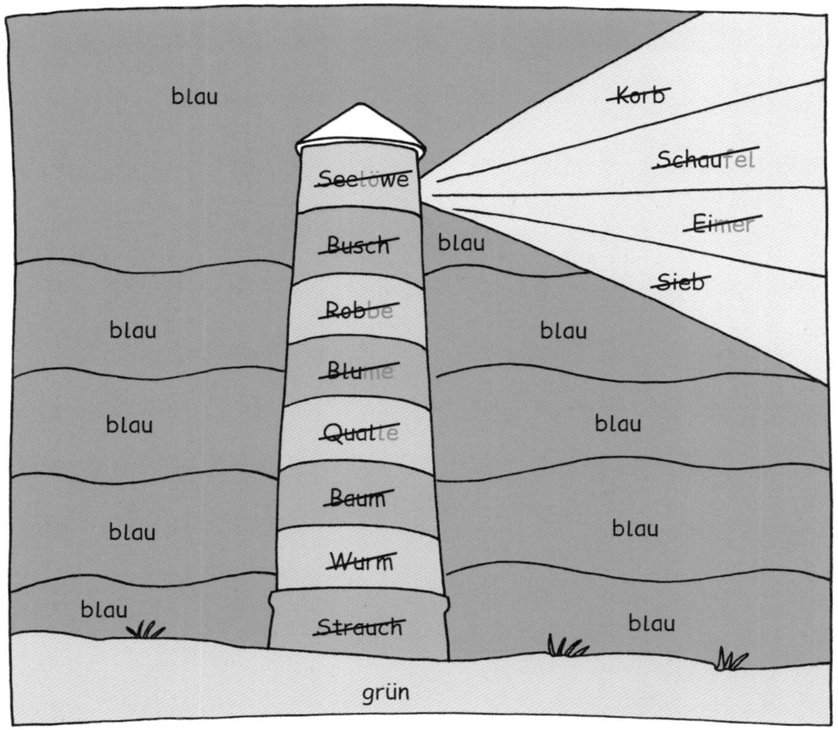

3. Trage die Nomen in die Tabelle ein.

Tiere	Pflanzen	Dinge
Seelöwe	Busch	Korb
Robbe	Blume	Schaufel
Qualle	Baum	Eimer
Wurm	Strauch	Sieb

Nomen

C

1. Male die Felder mit den Tiernamen rot, mit den Pflanzennamen grau und mit den Dingen gelb an.
2. Male alle anderen Felder blau an.

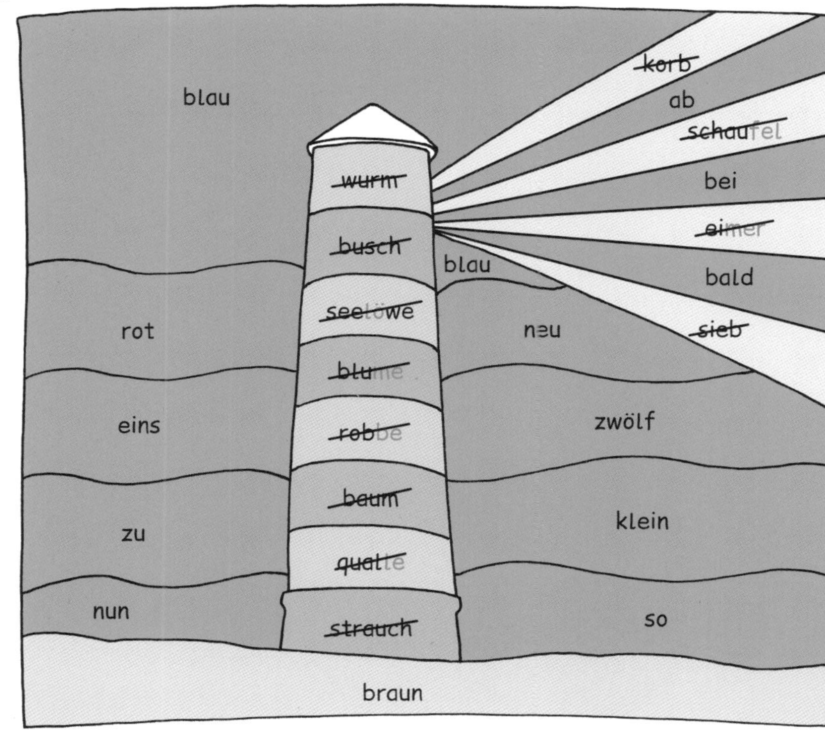

3. Trage die Nomen in die Tabelle ein.

Tiere	Pflanzen	Dinge
Wurm	Busch	Korb
Seelöwe	Blume	Schaufel
Robbe	Baum	Eimer
Qualle	Strauch	Sieb

Silben – Häuschen A und B

A

1. Schreibe die Nomen mit zwei Farben in Häuschen A und B.

Hose

Mantel

Wolke

Vogel

Pfeife

Hunde

A: H o | s e

B: M a n | t e l

A: V o | g e l

B: W o l | k e

A: P f ei | f e

B: H u n | d e

Silben – Häuschen A und B

B

1. Schreibe die Nomen mit zwei Farben in Häuschen A und B.

Hose	Mantel	Wolke	Ofen
Vogel	Pfeife	Schirme	Hunde

A: H o | s e

A: ★ O | f e n

A: V o | g e l

A: P f ei | f e

B: M a n | t e l

B: W o l | k e

B: S c h i r | m e

B: H u n | d e

Silben – Häuschen A und B C

1. Schreibe die Nomen zu den Bildern mit zwei Farben in Häuschen A und B.

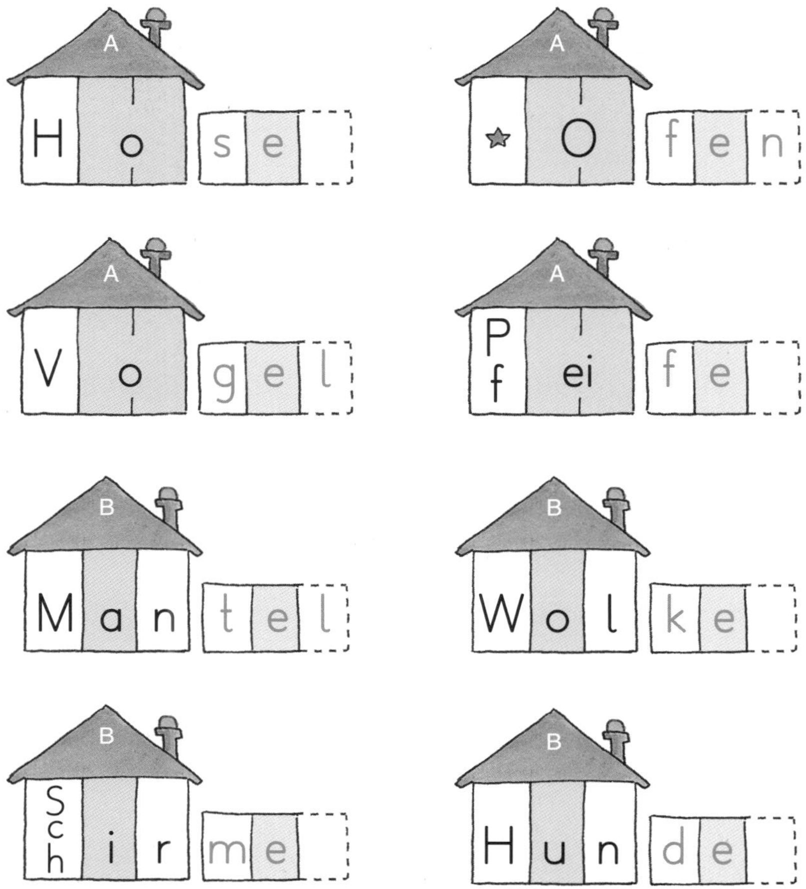

Bestimmter Artikel A

der	Eimer	Karton	Bach	Dampfer
die	Schaufel	Kiste	Welle	Jacht
das	Sieb	Glas	Meer	Schiff

1. Schreibe die Nomen mit Artikel auf:
der Eimer

der

der Eimer — der Karton
der Bach — der Dampfer

die

die Schaufel — die Kiste
die Welle — die Jacht

das

das Sieb — das Glas
das Meer — das Schiff

Bestimmter Artikel B

1. Schreibe die Nomen einer Welle mit Artikel auf.

Bilde immer eine der-die-das-Reihe: der Seehund – die Robbe – das Walross

Seehund – Robbe – Walross — Bach – Welle – Meer
Eimer – Schaufel – Sieb
Seeigel – Schnecke – Seepferdchen — Dampfer – Jacht – Schiff
Karton – Kiste – Glas — Strandkorb – Luftmatratze – Schlauchboot

der Seehund – die Robbe – das Walross
der Bach – die Welle – das Meer
der Eimer – die Schaufel – das Sieb
der Seeigel – die Schnecke – das Seepferdchen
der Dampfer – die Jacht – das Schiff
der Strandkorb – die Luftmatratze –
das Schlauchboot
der Karton – die Kiste – das Glas

Bestimmter Artikel C

1. Schreibe die Nomen einer Welle mit Artikel auf.

Bilde immer eine der-die-das-Reihe: der Seehund – die Robbe – das Walross

Seehund – Robbe – Walross — Bach – Meer – Welle
Sieb – Schaufel – Eimer
Seepferdchen – Seeigel – Schnecke — Jacht – Schiff – Dampfer
Kiste – Karton – Glas — Strandkorb – Luftmatratze – Schlauchboot

der Seehund – die Robbe – das Walross
der Bach – die Welle – das Meer
der Eimer – die Schaufel – das Sieb
der Seeigel – die Schnecke – das Seepferdchen
der Dampfer – die Jacht – das Schiff
der Strandkorb – die Luftmatratze –
das Schlauchboot
der Karton – die Kiste – das Glas

Unbestimmter Artikel — A

1. Schreibe **ein** oder **eine** in die Lücken.

Im Wasser schwimmt ein Fisch.

Im Sand liegt eine Muschel.

Malte findet eine Flasche.

Vater sieht ein Schiff.

~~ein~~ ~~ein~~ ~~eine~~ ~~eine~~

2. Schreibe die Nomen in den Steinen mit dem unbestimmten und dem bestimmten Artikel auf: ein Fisch – der Fisch

ein/eine		der/die/das
ein Fisch	–	der Fisch
eine Muschel	–	die Muschel
eine Flasche	–	die Flasche
ein Schiff	–	das Schiff

Unbestimmter Artikel — B

1. Schreibe **ein** oder **eine** in die Lücken.

Im Wasser schwimmt ein Fisch.

Im Sand liegt eine Muschel.

Malte findet eine Flasche.

Am Strand sitzt eine Möwe.

Im Sand krabbelt ein Käfer.

Vater sieht ein Schiff.

2. Schreibe die Nomen in den Steinen mit dem unbestimmten und dem bestimmten Artikel auf: ein Fisch – der Fisch

ein Fisch – der Fisch

eine Muschel – die Muschel

eine Flasche – die Flasche

eine Möwe – die Möwe

ein Käfer – der Käfer

ein Schiff – das Schiff

Unbestimmter Artikel

C

1. Ergänze die Sätze mit dem passenden Nomen und dem richtigen Artikel:

Im Wasser schwimmt **ein Fisch**.
Der Fisch ist klein.

Im Wasser schwimmt ein Fisch.
Der Fisch ist klein.

Im Sand liegt eine Muschel.
Die Muschel ist herzförmig.

Im Sand krabbelt ein Käfer.
Der Käfer ist schwarz.

Über das Meer fährt ein Schiff.
Das Schiff ist weiß.

Am Strand liegt eine Flasche.
Die Flasche ist leer.

Am Wasser läuft ein Jogger.
Der Jogger läuft schnell.

~~Muschel~~ ~~Fisch~~ ~~Schiff~~ ~~Käfer~~ ~~Jogger~~ ~~Flasche~~

Nomen-Probe

A

1. Male die Felder mit den Nomen rot an. Wende die Nomen-Probe an.

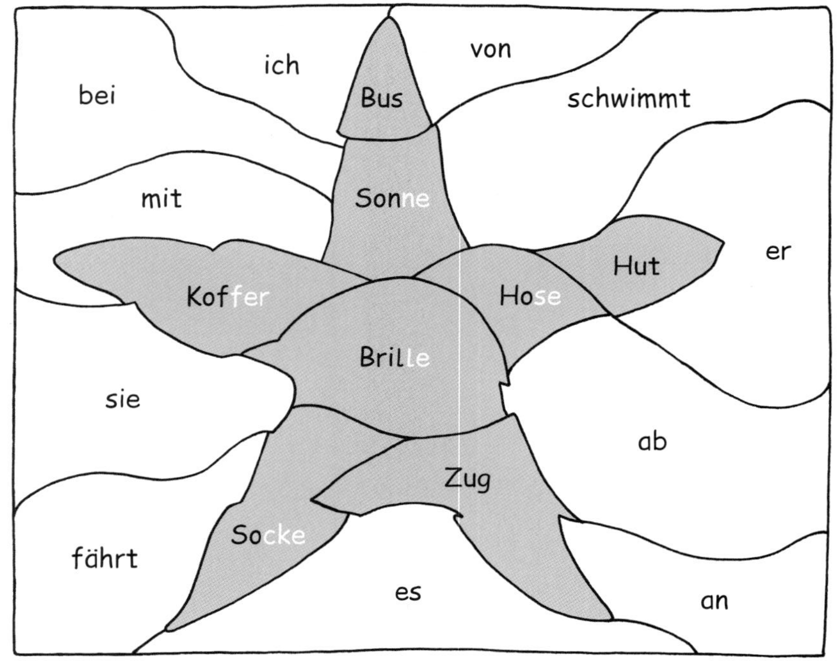

2. Schreibe alle Nomen mit dem Artikel der, die oder das auf: der Bus

der Bus	die Hose
die Sonne	der Hut
der Koffer	die Socke
die Brille	der Zug

Nomen-Probe

B

1. Hier sind alle Wörter kleingeschrieben, auch die Nomen.
   Male die Felder mit den Nomen rot an. Wende die Nomen-Probe an.

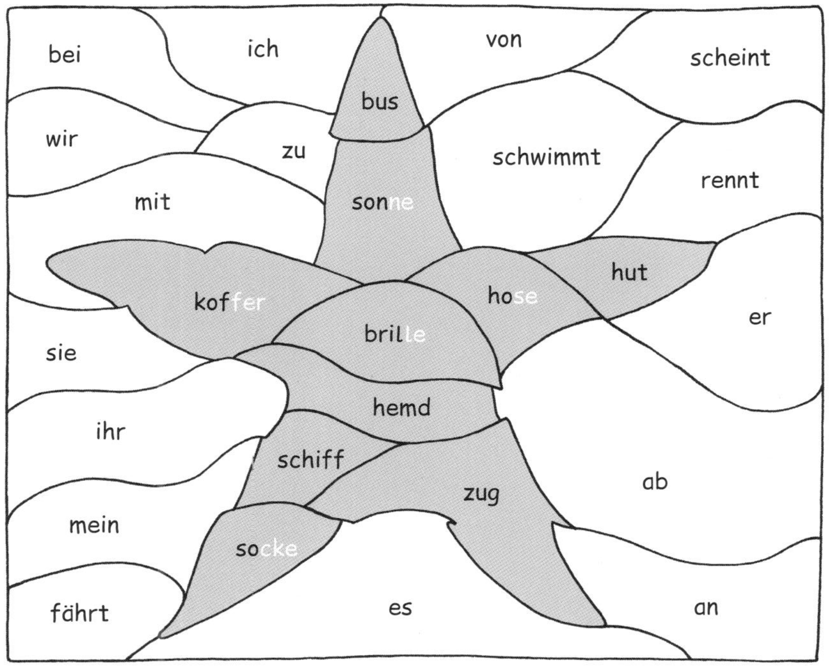

2. Schreibe alle Nomen mit dem Artikel der, die oder das auf: der Bus

der Bus	der Hut
die Sonne	das Hemd
der Koffer	das Schiff
die Brille	der Zug
die Hose	die Socke

KV 6 B zu SAH A S. 13 / SB S. 13

Nomen-Probe

C

1. Hier sind alle Wörter kleingeschrieben, auch die Nomen.
   Male die Felder mit den Nomen rot an. Wende die Nomen-Probe an.

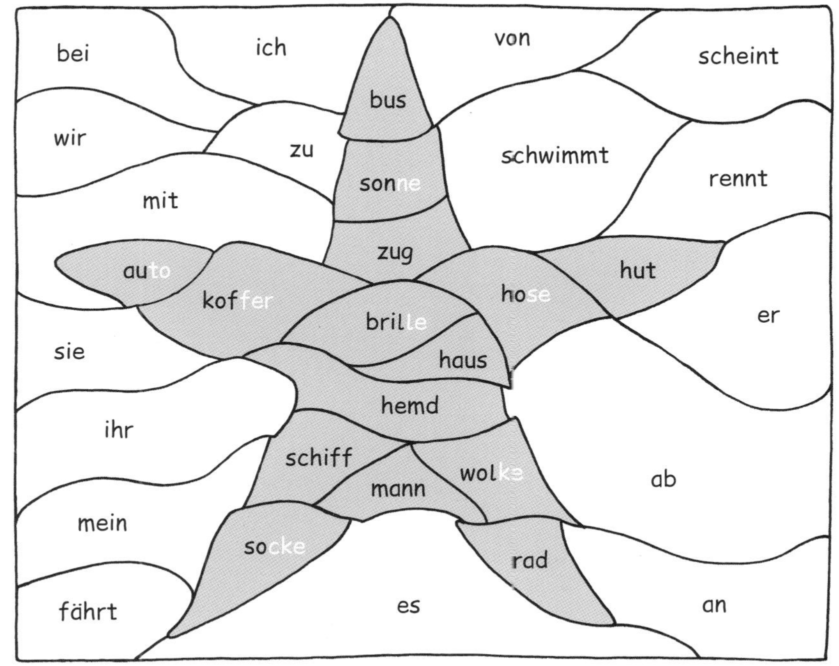

2. Schreibe alle Nomen in die richtige Spalte.

der	die	das
der Bus	die Sonne	das Auto
der Zug	die Brille	das Haus
der Koffer	die Hose	das Hemd
der Hut	die Socke	das Schiff
der Mann	die Wolke	das Rad

KV 6 C zu SAH A S. 13 / SB S. 13

Einzahl – Mehrzahl A

1. Verbinde die Nomen in der Einzahl mit dem passenden Nomen in der Mehrzahl.

Einzahl	Mehrzahl
Schule	Türme
Turm	Wälder
Wald	Straßen
Baum	Schulen
Straße	Bäume

2. Schreibe die Nomen mit dem bestimmten Artikel auf:
die Schule – die Schulen

Einzahl		Mehrzahl
die Schule	–	die Schulen
der Turm	–	die Türme
der Wald	–	die Wälder
der Baum	–	die Bäume
die Straße	–	die Straßen

Einzahl – Mehrzahl B

1. Verbinde die Nomen in der Einzahl mit dem passenden Nomen in der Mehrzahl.

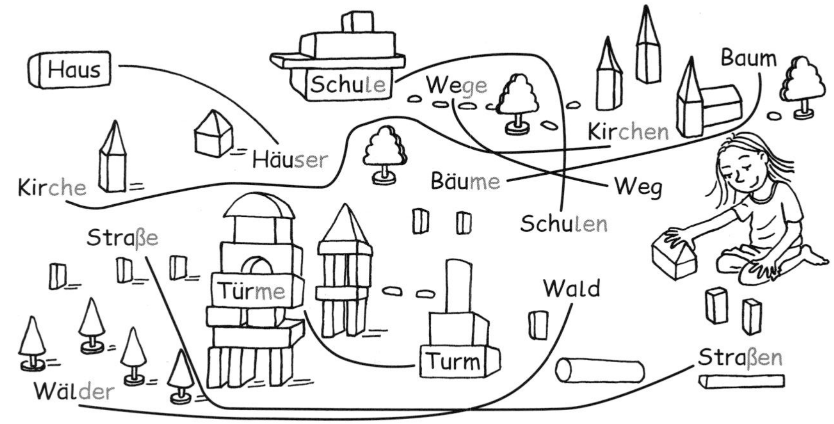

2. Schreibe die Nomen mit dem bestimmten Artikel auf:
die Schule – die Schulen

Einzahl		Mehrzahl
das Haus	–	die Häuser
die Schule	–	die Schulen
der Weg	–	die Wege
die Kirche	–	die Kirchen
der Baum	–	die Bäume
die Straße	–	die Straßen
der Turm	–	die Türme
der Wald	–	die Wälder

Einzahl – Mehrzahl C

Finde zu jedem Nomen in der Einzahl das passende Nomen in der Mehrzahl.

1. Schreibe die Nomen mit dem bestimmten Artikel auf: der Wald – die Wälder

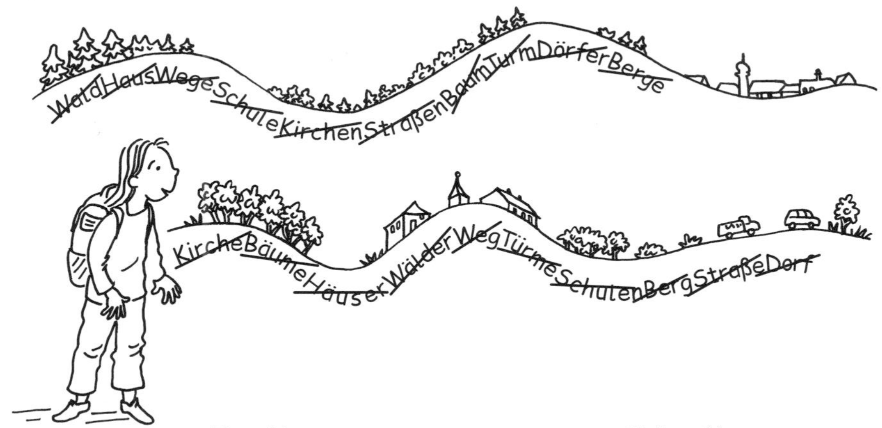

Einzahl		Mehrzahl
der Wald	–	die Wälder
das Haus	–	die Häuser
der Weg	–	die Wege
die Schule	–	die Schulen
die Kirche	–	die Kirchen
die Straße	–	die Straßen
der Baum	–	die Bäume
der Turm	–	die Türme
das Dorf	–	die Dörfer
der Berg	–	die Berge

Abc A

1. Zeige Hanna und Malte den Weg durch den Zoo zum Ausgang. Du findest den Weg, wenn du dem Abc folgst.

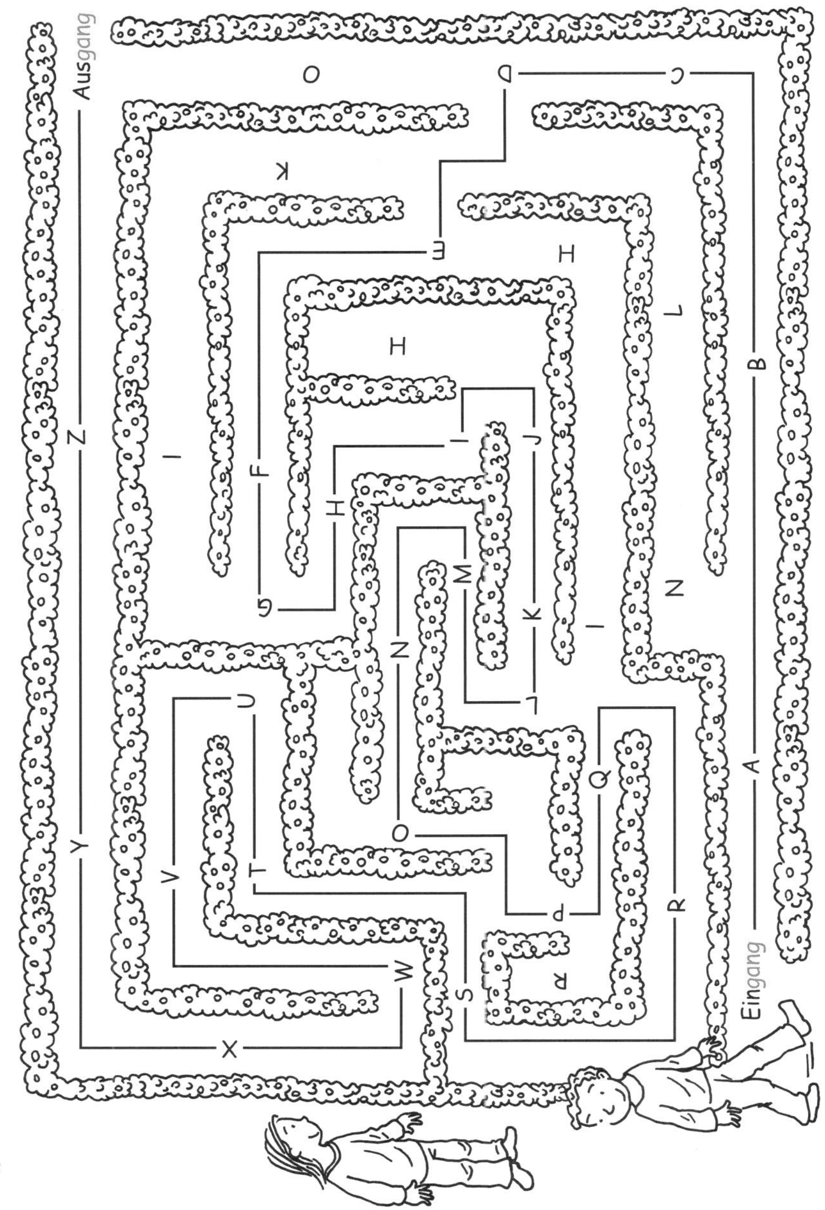

Abc

B

1. Zeige Hanna und Malte den Weg durch den Zoo zum Ausgang. Du findest den Weg, wenn du dem Abc folgst.

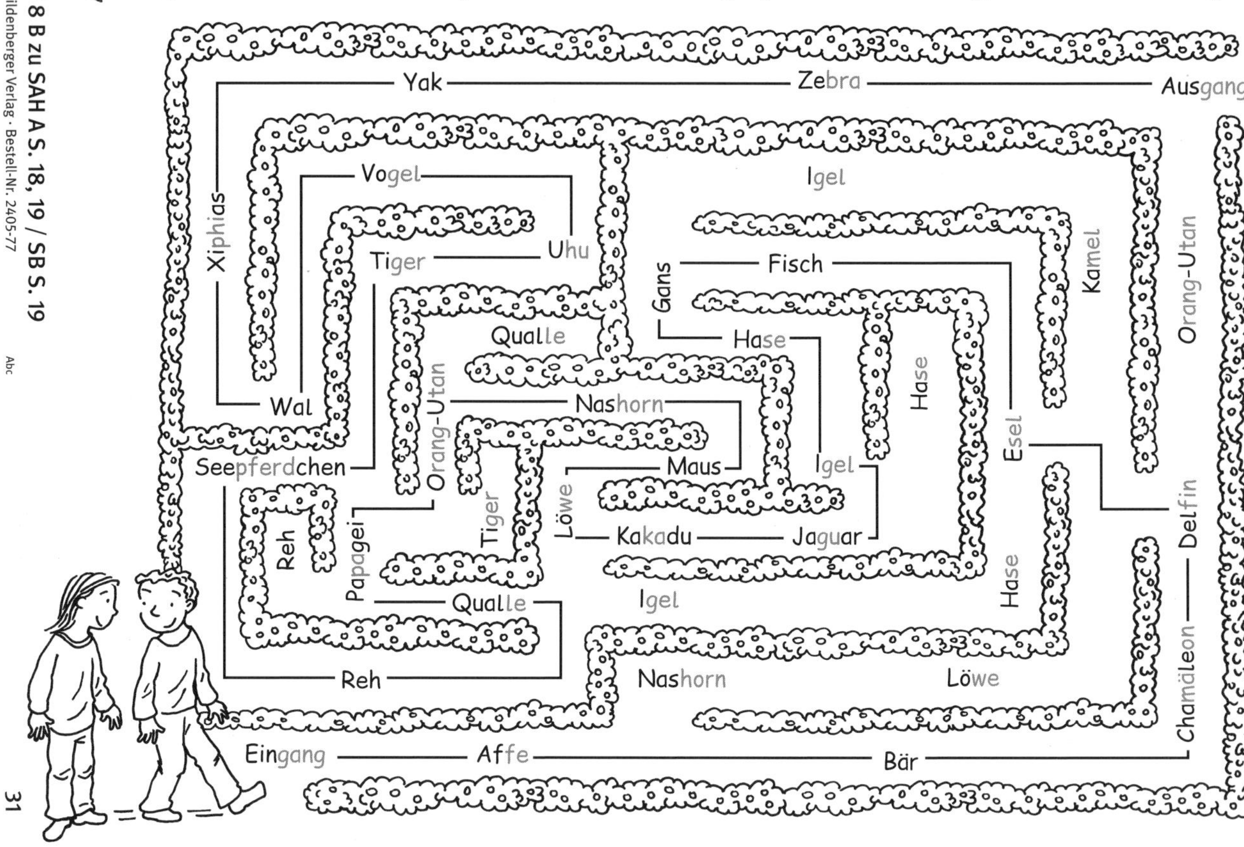

KV 8 B zu SAH A S. 18, 19 / SB S. 19

© Mildenberger Verlag · Bestell-Nr. 2405-77

Abc

31

C

1. Zeige Hanna und Malte den Weg durch den Zoo zum Ausgang. Du findest den Weg, wenn du dem Abc folgst.

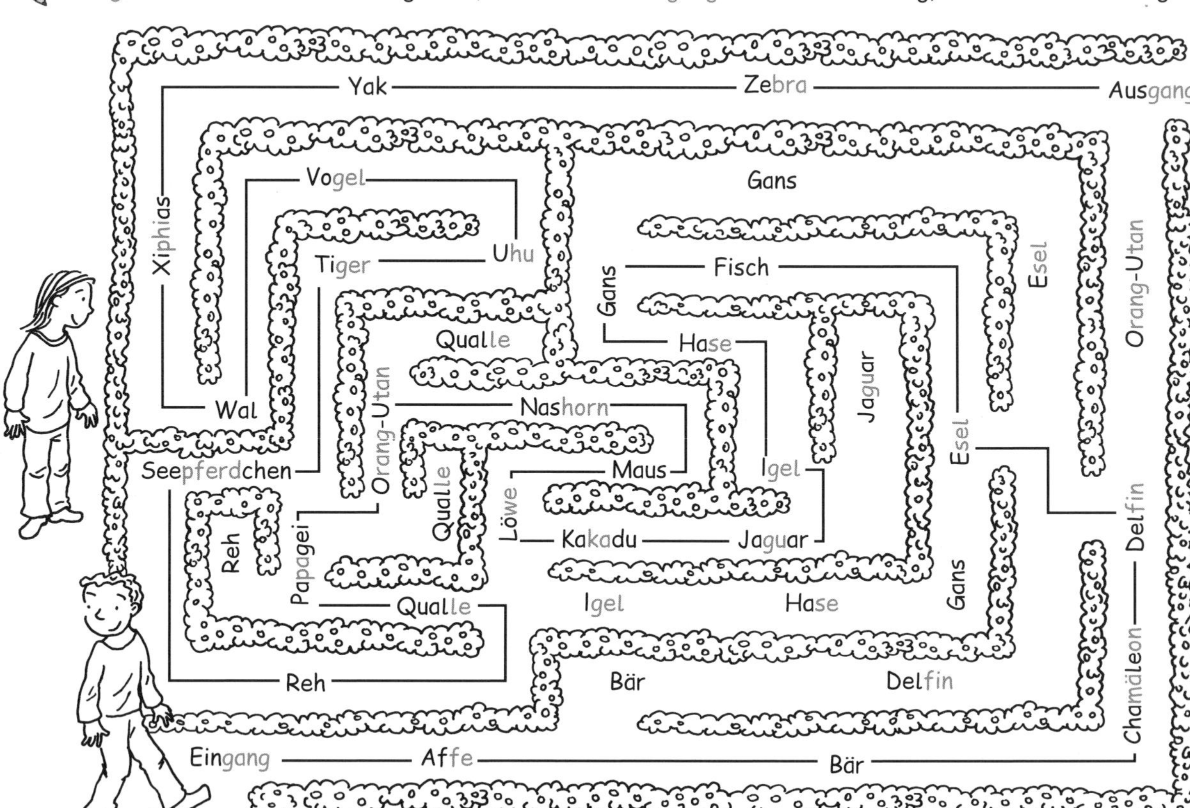

KV 8 C zu SAH A S. 18, 19 / SB S. 19

© Mildenberger Verlag · Bestell-Nr. 2405-77

Abc

32

Nach dem Abc ordnen A

1. Markiere die beiden ersten Buchstaben der Tiernamen.
2. Ordne die Tiernamen nach dem Abc.
   Beachte den zweiten Buchstaben.

Boxer Biene

1) Biene 2) Boxer

Muli Maus

1) Maus 2) Muli

Affe Ameise

1) Affe 2) Ameise

KV 9 A zu SAH A S. 22 / SB S. 22

Nach dem Abc ordnen B

1. Markiere die beiden ersten Buchstaben der Tiernamen.
2. Ordne die Tiernamen nach dem Abc. Beachte den zweiten Buchstaben.

Biene Boxer

1) Biene
2) Boxer

Muli Maus

1) Maus
2) Muli

Ameise Affe

1) Affe
2) Ameise

Falter Fisch

1) Falter
2) Fisch

Seepferdchen Schlange

1) Schlange
2) Seepferdchen

KV 9 B zu SAH A S. 22 / SB S. 22

Nach dem Abc ordnen

C

1. Ordne die Tiernamen nach dem Abc.

1) Biber
2) Biene
3) Boxer

1) Marder
2) Maus
3) Muli

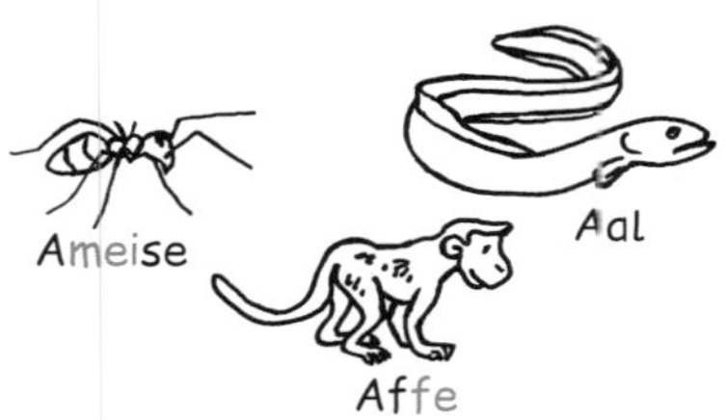

1) Aal
2) Affe
3) Ameise

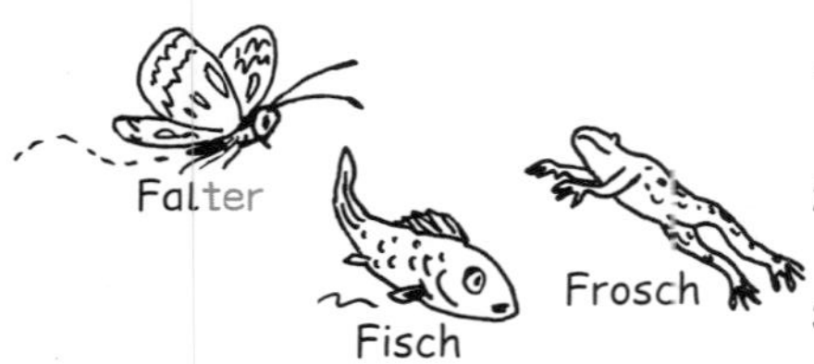

1) Falter
2) Fisch
3) Frosch

Nach dem Abc ordnen

A

1. Markiere die Anfangsbuchstaben der Kindernamen gelb.
2. Ordne die Namen der Kinder nach dem Abc.

1) Anne
2) Jan
3) Paul
4) Timo
5) Vera

Nach dem Abc ordnen — B

1. Markiere die Anfangsbuchstaben der Kindernamen gelb.
2. Ordne die Namen der Kinder nach dem Abc.

1) Anne 2) Elena
3) Jan 4) Laura
5) Marius 6) Paul
7) Timo 8) Vera

Nach dem Abc ordnen — C

1. Markiere die Anfangsbuchstaben der Kindernamen gelb.
2. Ordne die Namen der Kinder nach dem Abc.

1) Anne 2) Charlotte
3) Dominik 4) Elena
5) Jan 6) Karin
7) Laura 8) Marius
9) Paul 10) Simon
11) Timo 12) Vera

Im Wörterbuch nachschlagen (A)

1. Schreibe die Zahlwörter und die Seitenzahlen des Wörterbuches auf.

		Seite			Seite
1	eins		6	sechs	
3	drei		10	zehn	

2. Wer hat sich unter dem Blätterhaufen versteckt?

Trage die Nomen ein und schreibe die Seitenzahlen auf.

F L I E G E (1) — Seite: ___

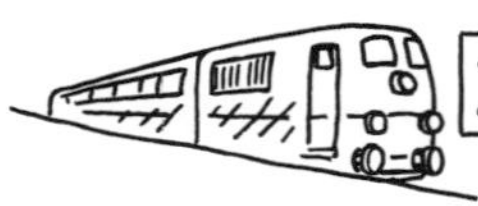
Z U G (2) — Seite: ___

B E T T (3) — Seite: ___

K L E I D (4) — Seite: ___

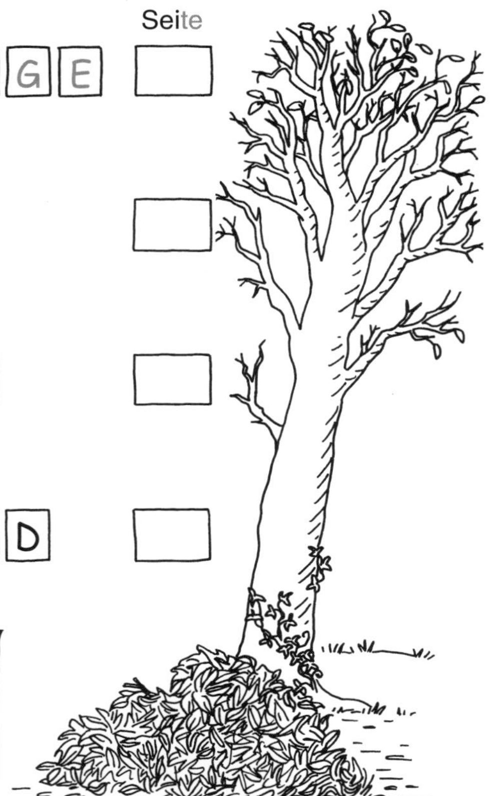

~~Bett~~ ~~Zug~~ ~~Fliege~~ ~~Kleid~~

Lösung: I G E L (1 2 3 4)

KV 11 A zu SAH A S. 23 / SB S. 23

Im Wörterbuch nachschlagen (B)

1. Schreibe die Zahlwörter und die Seitenzahlen des Wörterbuches auf.

		Seite			Seite
1	eins		6	sechs	
3	drei		8	acht	
4	vier		10	zehn	

2. Wer hat sich unter dem Blätterhaufen versteckt?

Schreibe die Nomen und die Seitenzahlen auf.

F L I E G E (1) — Seite: ___

Z U G (2) — Seite: ___

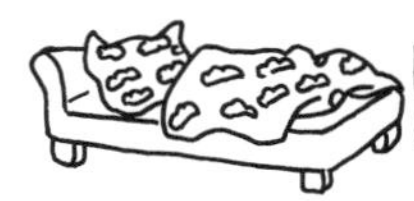
B E T T (3) — Seite: ___

K L E I D (4) — Seite: ___

Lösung: I G E L (1 2 3 4)

KV 11 B zu SAH A S. 23 / SB S. 23

Im Wörterbuch nachschlagen

C

1. Schreibe die Zahlwörter und die Seitenzahlen des Wörterbuches auf.

	Zahlwort	Seite		Zahlwort	Seite
1	eins		6	sechs	
3	drei		8	acht	
4	vier		10	zehn	

2. Wer hat sich unter dem Blätterhaufen versteckt?

Schreibe die Nomen und die Seitenzahlen auf. Die markierten Buchstaben ergeben geordnet das Lösungswort.

	Wort	Seite
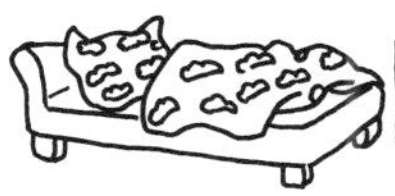	B [E] T T	
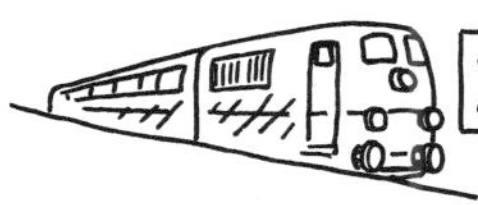	Z U [G]	
	K [L] E I D	
	F L [I] E G E	

Lösung: I G E L

Nomen oder Verb?

A

1. Male die Felder mit den Nomen gelb und die Felder mit den Verben grün an.

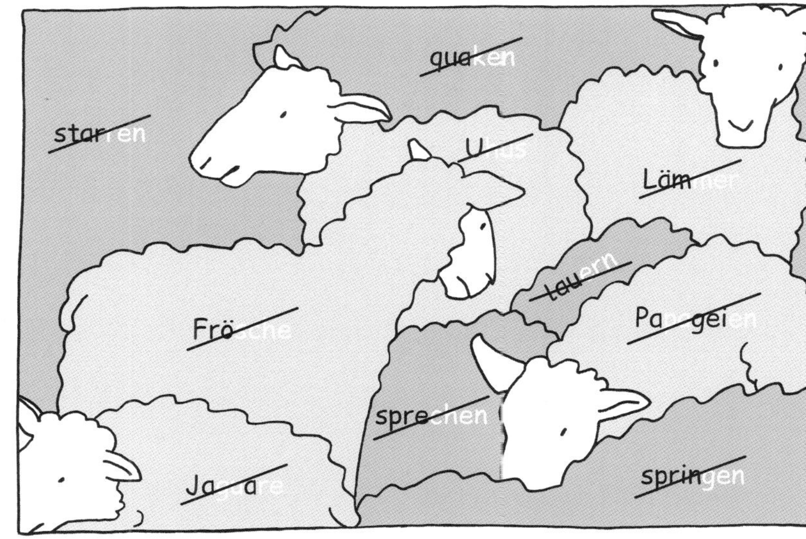

2. Trage die Wörter in die richtige Spalte ein.

Nomen	Verben
Uhus	starren
Frösche	quaken
Jaguare	lauern
Lämmer	springen
Papageien	sprechen

Nomen oder Verb? B

1. Male die Felder mit den Nomen gelb und die Felder mit den Verben grün an.

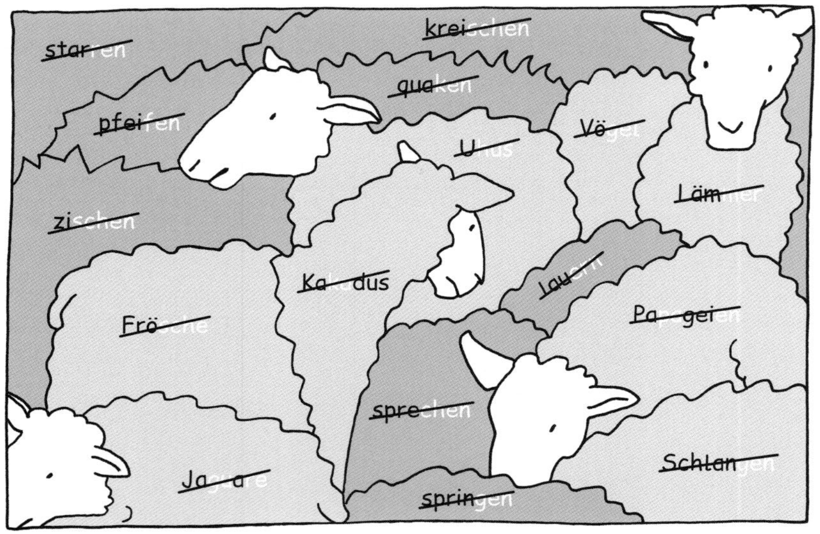

2. Trage die Wörter in die richtige Spalte ein.

Nomen	Verben
Frösche	quaken
Kakadus	kreischen
Jaguare	lauern
Uhus	starren
Vögel	pfeifen
Lämmer	springen
Papageien	sprechen
Schlangen	zischen

Nomen oder Verb? C

1. Male die Felder mit den Nomen gelb und die Felder mit den Verben grün an.

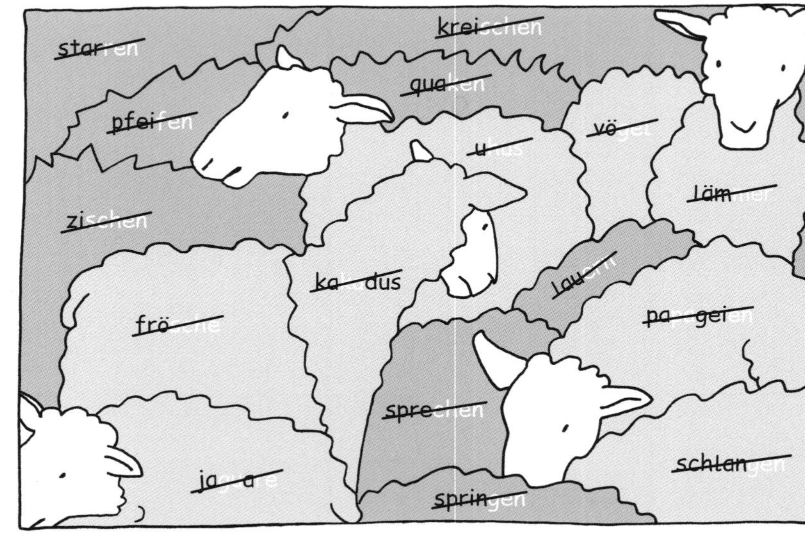

2. Trage die Wörter in die richtige Spalte ein.

Nomen	Verben
Frösche	quaken
Kakadus	kreischen
Jaguare	lauern
Uhus	starren
Vögel	pfeifen
Lämmer	springen
Papageien	sprechen
Schlangen	zischen

Nomen oder Verb? A

~~Igel~~ ~~Laubhaufen~~ ~~Winter~~ ~~Garten~~ ~~Igel~~

1. Schreibe den Text ab und ersetze die Bildwörter durch die Nomen.

Der kleine Igel

Der kleine Igel läuft durch den

Garten.

Dort findet er einen Laubhaufen.

Hier schläft er im Winter.

Nomen oder Verb? B

In dieser Geschichte sind alle Nomen kleingeschrieben.

1. Unterstreiche die sechs weiteren Nomen und schreibe den großen Anfangsbuchstaben darüber.
2. Schreibe die Geschichte richtig auf.

Der kleine Igel

Der kleine Igel läuft in den Garten.

Er findet einen Laubhaufen.

Darin rollt er sich zusammen.

Das ist ein guter Platz für den Winter.

Nun hält er seinen Winterschlaf.

Nomen oder Verb?

C

1. Zeichne die Wortgrenzen ein.
2. Unterstreiche die sechs weiteren Nomen und schreibe den großen Anfangsbuchstaben darüber.
3. Schreibe die Geschichte richtig auf.

Der kleine Igel

Der kleine Igel läuft in den Garten.

Er findet einen Laubhaufen.

Darin rollt er sich zusammen.

Das ist ein guter Platz für den Winter.

Nun hält er seinen Winterschlaf.

KV 13 C zu SAH A S. 29 / SB S. 27

Aussagesatz

A

1. Ordne die Verben den Tiernamen zu.
   Bilde Sätze: Die Delfine spielen.

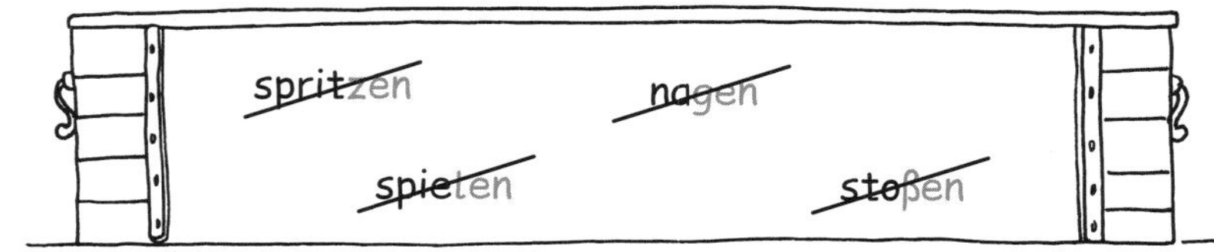

Delfine

Die Delfine spielen.

Elefanten

Die Elefanten spritzen.

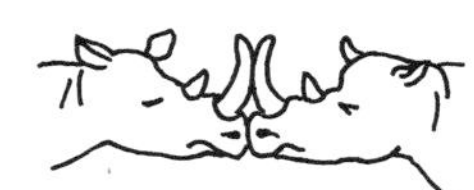

Nashörner

Die Nashörner stoßen.

Mäuse

Die Mäuse nagen.

KV 14 A zu SAH A S. 32 / SB S. 30

Aussagesatz

B

1. Hier sind sechs Verben versteckt. Kreise sie ein.

a t (spritzen) t u b n a (trinken) s		
g e (nagen) l o w b i (gurren) s a l f		
(stoßen) t c h s (spielen) r i h k j g		

2. Ordne die Verben den Tiernamen zu. Bilde Sätze: Die Delfine spielen.

Delfine

Die Delfine spielen.

Elefanten

Die Elefanten spritzen.

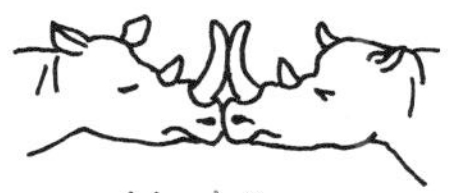
Nashörner

Die Nashörner stoßen.

Mäuse

Die Mäuse nagen.

Kamele

Die Kamele trinken.

Tauben

Die Tauben gurren.

Aussagesatz

C

Hier sind neun Tiernamen und neun Verben versteckt.

1. Kreise die Nomen [gelb] und die Verben (grün) ein.

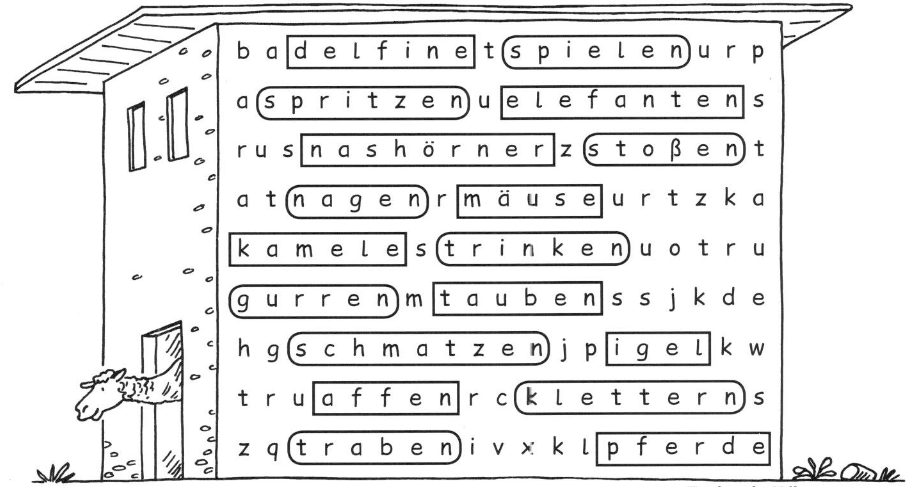

b a [delfine] t (spielen) u r p				
a (spritzen) u [elefanten] s				
r u s [nashörner] z (stoßen) t				
a t (nagen) r [mäuse] u r t z k a				
[kamele] s (trinken) u o t r u				
(gurren) m [tauben] s s j k d e				
h g (schmatzen) j p [igel] k w				
t r u [affen] r c (klettern) s				
z q (traben) i v x k l [pferde]				

Beispiellösung

2. Bilde Sätze mit den markierten Nomen und Verben: Die Delfine spielen.

Die Delfine spielen.

Die Elefanten spritzen.

Die Nashörner stoßen.

Die Mäuse nagen.

Die Kamele trinken.

Die Tauben gurren.

Die Igel schmatzen.

Die Affen klettern.

Die Pferde traben.

Die er-Form A

Zu jedem Wort in den Äpfeln passt ein Wort im Korb.

1. Verbinde die Wörter, die zusammengehören.

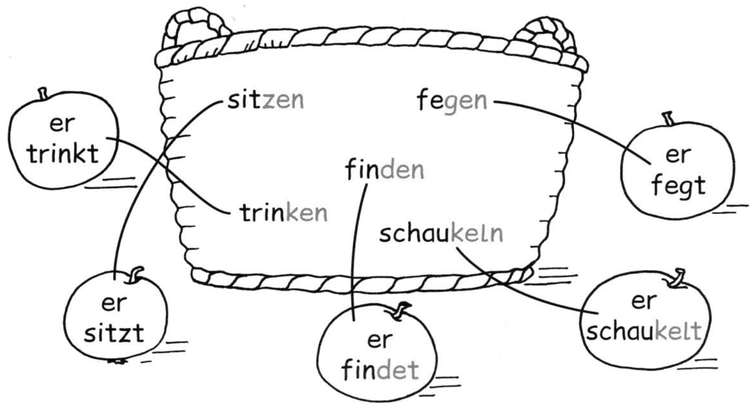

2. Schreibe die Verben in der er-Form und in der Grundform auf.

er-Form	Grundform
er trinkt	trinken
er sitzt	sitzen
er findet	finden
er schaukelt	schaukeln
er fegt	fegen

KV 15 A zu SAH A S. 37, 38 / SB S. 37

Verben: Grundform, 3. Person Einzahl

Die er-Form B

Zu jedem Wort in den Äpfeln passt ein Wort im Korb.

1. Verbinde die Wörter, die zusammengehören.

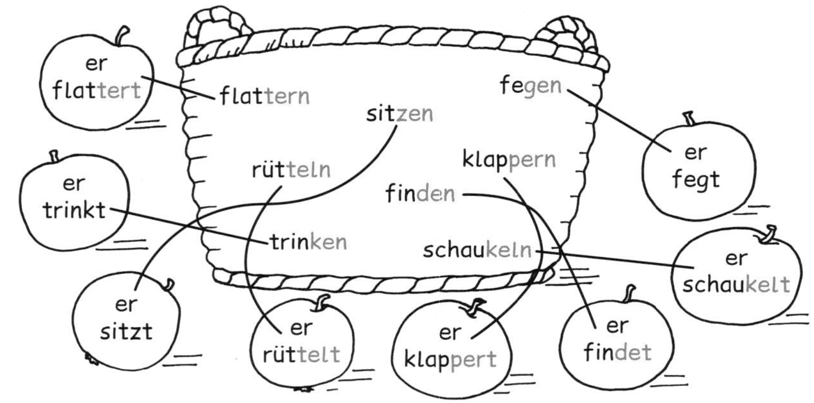

2. Schreibe die Verben in der er-Form und in der Grundform auf.

er-Form	Grundform
er flattert	flattern
er trinkt	trinken
er sitzt	sitzen
er rüttelt	rütteln
er klappert	klappern
er findet	finden
er schaukelt	schaukeln
er fegt	fegen

Verben: Grundform, 3. Person Einzahl

KV 15 B zu SAH A S. 37, 38 / SB S. 37

Die er-Form C

1. Schreibe zu jedem Verb in der Grundform die er-Form: er sitzt

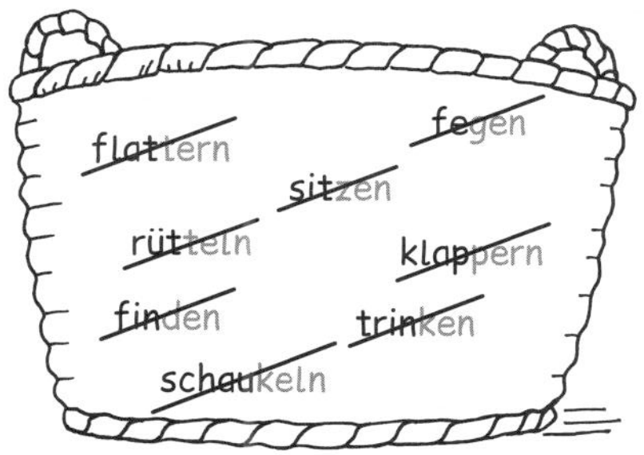

er flattert
er fegt
er sitzt
er rüttelt
er findet
er schaukelt
er klappert
er trinkt

2. Bilde Sätze und schreibe sie auf.

Timo | im Wald | sammeln | viele Eicheln

Timo sammelt viele Eicheln im Wald.

Hanna | mit Kastanien | kleine Figuren | basteln

Hanna bastelt kleine Figuren mit Kastanien.

Lisa | im Park | zwei Eichhörnchen | beobachten

Lisa beobachtet zwei Eichhörnchen im Park.

Die er-Form mit doppeltem Mitlaut A

1. Sprich und klatsche. Welche Schreibweise ist richtig?
2. Setze ein und schreibe in der er-Form.
Kreise jeweils den Wortstamm ein: bellen – er bellt

Grundform | er-Form

be ll en

Er bellt.

fa ll en

Er fällt.

bru mm en

Er brummt.

schnu rr en

Er schnurrt.

fre ss en

Er frisst.

ki pp en

Er kippt.

Die er-Form mit doppeltem Mitlaut (B)

1. Sprich und klatsche. Welche Schreibweise ist richtig?
2. Setze ein und schreibe in der er-Form.
   Kreise jeweils den Wortstamm ein: (bell)en – er (bell)t

	Grundform	er-Form
l/ll	be ll en	Er bellt.
l/ll	ro ll en	Er rollt.
l/ll	fa ll en	Er fällt.
m/mm	bru mm en	Er brummt.
r/rr	schnu rr en	Er schnurrt.
r/rr	kna rr en	Er knarrt.
p/pp	schna pp en	Er schnappt.
l/ll	ste ll en	Er stellt.
s/ss	fre ss en	Er frisst.
p/pp	ki pp en	Er kippt.

Die er-Form mit doppeltem Mitlaut (C)

1. Sprich und klatsche. Welche Schreibweise ist richtig?
2. Setze ein und schreibe in der er-Form.
   Kreise jeweils den Wortstamm ein: (brumm)en – er (brumm)t

	Grundform	er-Form
m/mm	bru mm en	Er brummt.
r/rr	schnu rr en	Er schnurrt.
s/ss	fre ss en	Er frisst.
l/ll	ste ll en	Er stellt.
p/pp	schna pp en	Er schnappt.
l/ll	ro ll en	Er rollt.

3. Ergänze die Sätze mit den Verben in der er-Form.

Der Hund bellt an der Tür.
Malte kennt viele Witze.
Hanna rennt schnell nach Hause.
Sara schwimmt über den See.

schwimmen
rennen
betten
kennen

Die er-Form mit doppeltem Mitlaut — A

1. Klatsche beide Schreibweisen. Welche ist richtig?
2. Streiche die falsche Schreibweise durch.
3. Bilde die er-Form: Er kommt.

Das machen die Kinder: | Das macht Malte:

Die Kinder ~~komen.~~ / kommen.

Er kommt.

Die Kinder rennen. / ~~renen.~~

Er rennt.

Die Kinder ~~schwimen.~~ / schwimmen.

Er schwimmt.

Die Kinder summen. / ~~sumen.~~

Er summt.

Die Kinder ~~wipen.~~ / wippen.

Er wippt.

KV 17 A zu SAH A S. 39 / SB S. 38

Die er-Form mit doppeltem Mitlaut — B

1. Klatsche beide Schreibweisen. Welche ist richtig?
2. Streiche die falsche Schreibweise durch.
3. Bilde die er-Form: Er kommt.

Das machen die Kinder: | Das macht Malte:

Die Kinder ~~komen.~~ / kommen.

Er kommt.

Die Kinder rennen. / ~~renen.~~

Er rennt.

Die Kinder ~~schwimen.~~ / schwimmen.

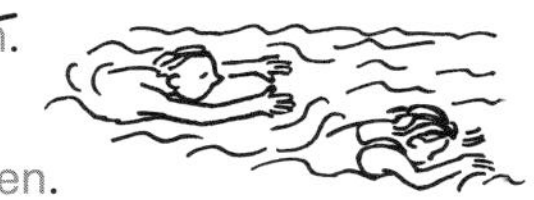

Er schwimmt.

Die Kinder ~~brülen.~~ / brüllen.

Er brüllt.

Die Kinder summen. / ~~sumen.~~

Er summt.

Die Kinder gewinnen. / ~~gewinen.~~

Er gewinnt.

Die Kinder ~~wipen.~~ / wippen.

Er wippt.

KV 17 B zu SAH A S. 39 / SB S. 38

Die er-Form mit doppeltem Mitlaut

C

1. Klatsche beide Schreibweisen. Welche ist richtig?
2. Streiche die falsche Schreibweise durch.
3. Bilde die er-Form: Er kommt.

Das machen die Kinder: | Das macht Malte:

Die Kinder ~~komen~~. / kommen.

Er kommt.

Die Kinder rennen. / ~~renen~~.

Er rennt.

Die Kinder ~~schwimen~~. / schwimmen.

Er schwimmt.

Die Kinder ~~brülen~~. / brüllen.

Er brüllt.

4. Richtig oder falsch?
Streiche die falschen Verben durch und schreibe sie richtig auf.

Die Bienen ~~sumen~~ um die Blüten. summen

Sara und Mio ~~gewinen~~ das Spiel. gewinnen

Max ~~wipt~~ auf und ab. wippt

Der Löwe ~~brült~~ im Gehege. brüllt

Verbformen

A

1. Schreibe alle Verbformen.

	turnen		singen
ich	turne	ich	singe
du	turnst	du	singst
er	turnt	er	singt
sie	turnt	sie	singt
wir	turnen	wir	singen
ihr	turnt	ihr	singt
sie	turnen	sie	singen

2. Ergänze die Verben in der richtigen Verbform.

schwimmen — Die Kinder schwimmen im See.

liegen — Malte liegt im Bett.

Verbformen — B

1. Schreibe alle Verbformen.

turnen	singen	lesen

ich turne	ich singe	ich lese
du turnst	du singst	du liest
er turnt	er singt	er liest
sie turnt	sie singt	sie liest
wir turnen	wir singen	wir lesen
ihr turnt	ihr singt	ihr lest
sie turnen	sie singen	sie lesen

2. Ergänze die Verben in der richtigen Verbform.

schwimmen	Die Kinder schwimmen im See.
liegen	Malte liegt im Bett.
essen	Ich esse gerne Obstsalat.
klettern	Du kletterst auf einen Baum.

KV 18 B zu SAH A S. 40 / SB S. 39

Verbformen — C

1. Schreibe alle Verbformen.

turnen	singen	lesen

ich turne	ich singe	ich lese
du turnst	du singst	du liest
er turnt	er singt	er liest
sie turnt	sie singt	sie liest
wir turnen	wir singen	wir lesen
ihr turnt	ihr singt	ihr lest
sie turnen	sie singen	sie lesen

2. Ergänze die Sätze mit passenden Verben in der richtigen Form.

Die Kinder schwimmen im See

Malte liegt im Bett.

Ich esse gerne Obstsalat.

Du kletterst auf einen Baum.

~~essen~~ ~~liegen~~ ~~klettern~~ ~~schwimmen~~

KV 18 C zu SAH A S. 40 / SB S. 39

Umlaut Ä/ä – Wir leiten ab

A

1. Verbinde die passenden Nomen in der Einzahl und in der Mehrzahl.

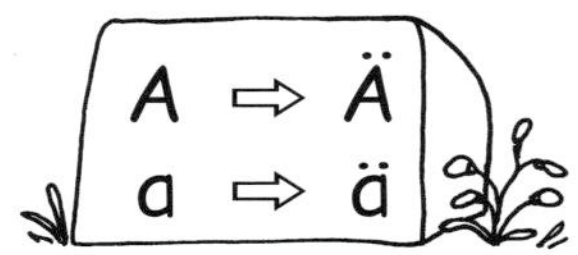

- Glas – Gläser
- Blatt – Blätter
- Apfel – Äpfel
- Ball – Bälle
- Ast – Äste

Äpfel	
Gläser	
Bälle	
Äste	
Blätter	

2. Schreibe die Nomen in der Einzahl und in der Mehrzahl zu den Bildern.

Einzahl	Mehrzahl
Blatt	Blätter
Glas	Gläser
Ball	Bälle
Apfel	Äpfel
Ast	Äste

Umlaut Ä/ä – Wir leiten ab

B

1. Finde die acht Nomen.

2. Schreibe die Nomen in der Einzahl und in der Mehrzahl zu den Bildern.

Einzahl	Mehrzahl
Blatt	Blätter
Mann	Männer
Glas	Gläser
Ball	Bälle
Apfel	Äpfel
Ast	Äste
Stamm	Stämme
Hand	Hände

Umlaut Ä/ä – Wir leiten ab

C

1. Finde die fünf Nomen.

2. Schreibe die Nomen in der Einzahl und in der Mehrzahl zu den Bildern.

Einzahl	Mehrzahl
Blatt	Blätter
Mann	Männer
Glas	Gläser
Ball	Bälle
Apfel	Äpfel

3. E/e oder Ä/ä? Ergänze die richtigen Buchstaben.

B__tten Betten	St__mme Stämme
H__nde Hände	Sch__ren Scheren
M__nner Männer	__ste Äste

KV 19 C zu SAH A S. 42 / SB S. 40

Umlaut Äu/äu – Wir leiten ab

A

1. Verbinde die passenden Nomen in der Einzahl und in der Mehrzahl.

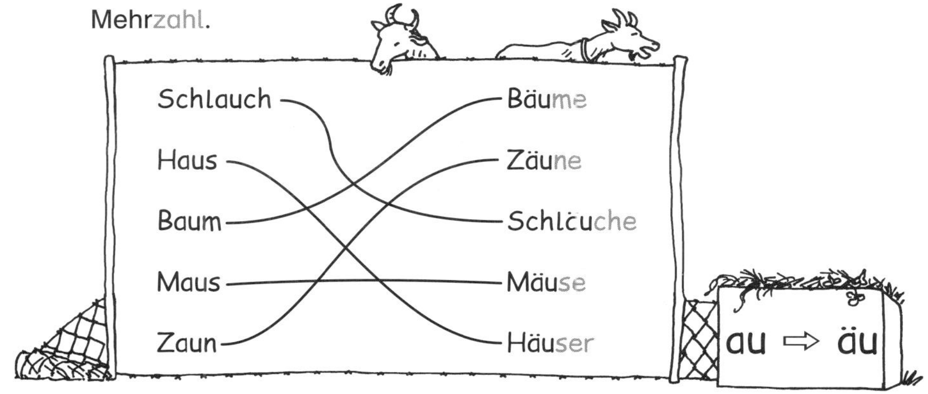

2. Schreibe die Nomen in der Einzahl und in der Mehrzahl zu den Bildern.

Einzahl	Mehrzahl
Baum	Bäume
Zaun	Zäune
Schlauch	Schläuche
Maus	Mäuse
Haus	Häuser

KV 20 A zu SAH A S. 42 / SB S. 40

Umlaut Äu/äu – Wir leiten ab B

1. Finde die acht Nomen.

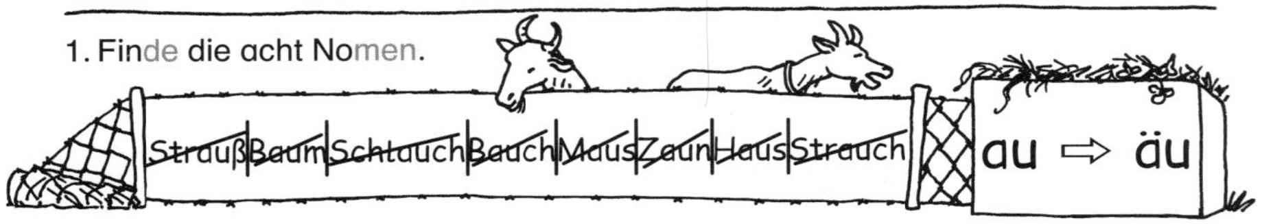

2. Schreibe die Nomen in der Einzahl und in der Mehrzahl zu den Bildern.

 Baum  Bäume

 Zaun 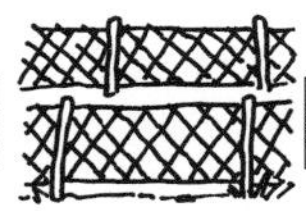 Zäune

 Schlauch 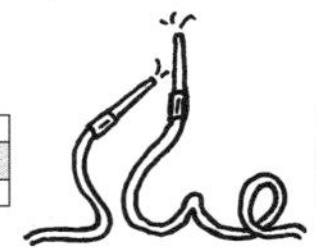 Schläuche

 Maus  Mäuse

 Bauch  Bäuche

 Strauch  Sträucher

 Haus  Häuser

 Strauß  Sträuße

Umlaut Äu/äu – Wir leiten ab C

1. Finde die fünf Nomen.

2. Schreibe die Nomen in der Einzahl und in der Mehrzahl zu den Bildern.

 Baum  Bäume

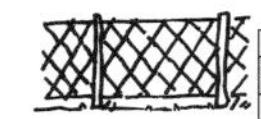 Zaun 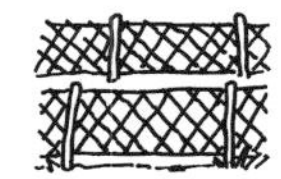 Zäune

 Schlauch  Schläuche

 Maus  Mäuse

 Haus  Häuser

3. Eu/eu oder Äu/äu?

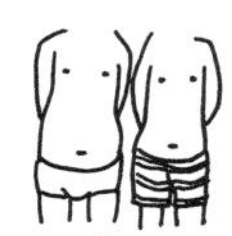 B__che – Bäuche  F__er – Feuer

 __len – Eulen  Str__cher – Sträucher

 Str__ße – Sträuße  L__te – Leute

Umlaut in der er-Form – Wir leiten ab A

1. Hier sind fünf Verben versteckt. Kreise die Verben ein und färbe den Wortstamm gelb.

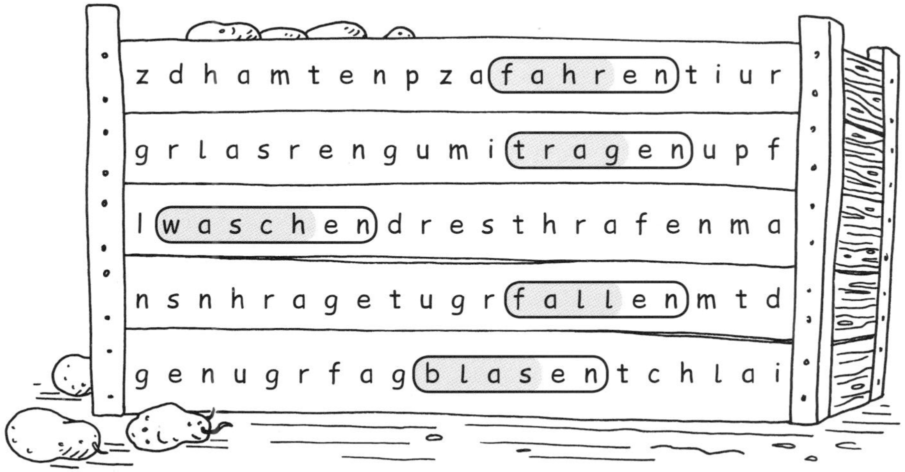

2. Schreibe die Verben in der Grundform und in der er-Form.

Grundform	er-Form
fahren	er fährt
tragen	er trägt
waschen	er wäscht
fallen	er fällt
blasen	er bläst

Wortstamm Verben:
3. Person Einzahl, Umlaut ä

Umlaut in der er-Form – Wir leiten ab B

1. Hier sind acht Verben versteckt. Kreise die Verben ein und färbe den Wortstamm gelb.

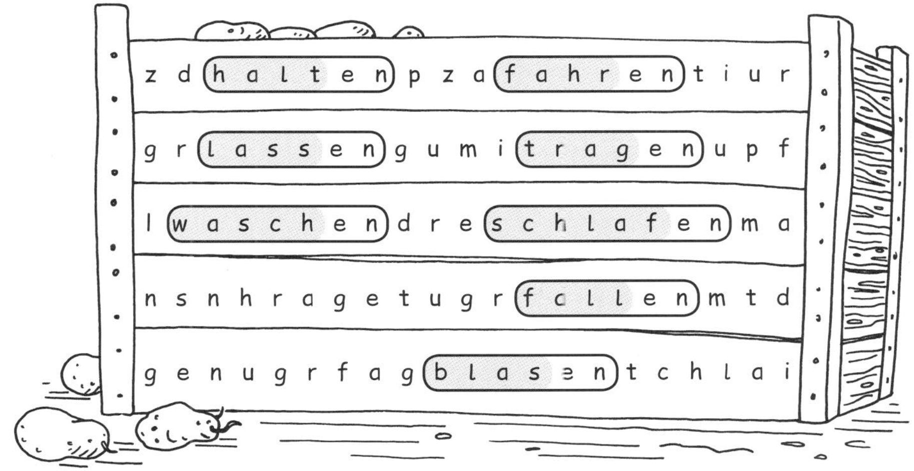

2. Schreibe die Verben in der Grundform und in der er-Form.

Grundform	er-Form
halten	er hält
fahren	er fährt
lassen	er lässt
tragen	er trägt
waschen	er wäscht
schlafen	er schläft
fallen	er fällt
blasen	er bläst

Wortstamm Verben:
3. Person Einzahl, Umlaut ä

Umlaut in der er-Form – Wir leiten ab

C

1. Hier sind fünf Verben versteckt. Kreise die Verben ein und färbe den Wortstamm gelb.

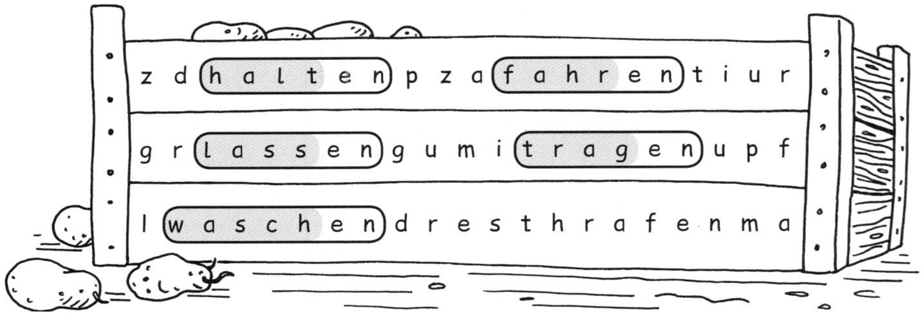

2. Schreibe die Verben in der Grundform und in der er-Form.

Grundform	er-Form
halten	er hält
fahren	er fährt
lassen	er lässt
tragen	er trägt
waschen	er wäscht

3. e oder ä? eu oder äu? Ergänze.

schl__gt	Mutter schlägt	einen Nagel in die Wand.
l__ft	Malte läuft	schnell zur Bushaltestelle.
fr__t	Hanne freut	sich über das Geschenk.
bl__st	Timo bläst	einen Luftballon auf.

Umlaute Ä/ä und Äu/äu

A

1. Verbinde die passenden Nomen in der Einzahl und in der Mehrzahl.

Maus	Wald	Gras	Blatt	Kraut
Wälder	Mäuse	Blätter	Kräuter	Gräser

2. Setze ä oder äu in die Blätter ein.

M(äu)se

In den W(ä)ldern leben viele M(äu)se.
Sie laufen zwischen Gr(ä)sern
und Bl(ä)ttern umher.
M(äu)se mögen auch zarte Kr(äu)ter.

3. Schreibe die Geschichte auf.

Mäuse

In den Wäldern leben viele Mäuse.

Sie laufen zwischen Gräsern und

Blättern umher.

Mäuse mögen auch zarte Kräuter.

Umlaute Ä/ä und Äu/äu

B

1. Setze Ä/ä oder äu in die Blätter ein.

Die kleine Maus

In unseren Wälder leben viele Mäuse.
In den Nächten läuft die kleine Maus zwischen Bäumen,
Gräsern und Blättern umher.
Manchmal schläft sie unter kleinen Ästen.
Mäuse mögen auch zarte Kräuter.

2. Schreibe die Geschichte auf.

Die kleine Maus
In unseren Wäldern leben viele Mäuse.
In den Nächten läuft die kleine Maus zwischen
Bäumen, Gräsern und Blättern umher.
Manchmal schläft sie unter kleinen Ästen.
Mäuse mögen auch zarte Kräuter.

Umlaute Ä/ä und Äu/äu

C

1. Zeichne die Wortgrenzen ein.
2. Setze Ä/ä oder äu in die Blätter ein.

DiekleineMaus

In|unseren|Wäldern|leben|viele|Mäuse.
In|den|Nächten|läuft|die|kleine|Maus|zwischen|Bäumen,
Gräsern|und|Blättern|umher.
Manchmal|schläft|sie|unter|kleinen|Ästen.
Mäuse|mögen|auch|zarte|Kräuter.

3. Schreibe die Geschichte auf.

Die kleine Maus
In unseren Wäldern leben viele Mäuse.
In den Nächten läuft die kleine Maus zwischen
Bäumen, Gräsern und Blättern umher.
Manchmal schläft sie unter kleinen Ästen.
Mäuse mögen auch zarte Kräuter.

Eine Bildergeschichte schreiben

A

1. Schau die Bilder genau an. Was geschieht?

2. Ordne jedem Bild den passenden Satz zu.
Nummeriere die Sätze.

Malte und sein Luftballon

(2) Plötzlich gleitet Malte die Ballonschnur aus der Hand.

(1) Es ist Jahrmarkt. Vater kauft Malte einen Luftballon.

(3) Der Ballon fliegt hoch in die Luft.

3. Wie könnte die Geschichte weitergehen?
Wähle aus und male das 4. Bild.

◯ Vater kauft Malte einen neuen Ballon.

◯ Traurig geht Malte mit Vater nach Hause.

4. Schreibe die Sätze in der richtigen Reihenfolge in dein Heft.

KV 23 A zu SAH A S. 46, 47 / SB S. 43

 Schreibanlass: Bildergeschichte 75

Lösungen KV 23 A

4. Schreibe die Sätze in der richtigen Reihenfolge in dein Heft.

Malte und sein Luftballon

Es ist Jahrmarkt. Vater kauft Malte
einen Luftballon.

Plötzlich gleitet Malte die
Ballonschnur aus der Hand.

Der Ballon fliegt hoch in die Luft.

Eine Bildergeschichte schreiben

B

1. Schau die Bilder genau an. Was geschieht?

2. Ordne jedem Bild den passenden Satz zu.
   Nummeriere die Sätze.

Malte und sein Luftballon

(2) Plötzlich gleitet Malte die Ballonschnur aus der Hand.

(1) Es ist Jahrmarkt. Vater kauft Malte einen Luftballon.

(3) Der Ballon fliegt hoch in die Luft.

3. Wie könnte die Geschichte weitergehen?
   Male ein Bild in das vierte Kästchen. Mehrere Lösungen sind möglich.
4. Schreibe die Sätze in der richtigen Reihenfolge in dein Heft.
5. Schreibe die Geschichte zu Ende. Mehrere Lösungen sind möglich.

Lösungen KV 23 B

4. Schreibe die Sätze in der richtigen Reihenfolge in dein Heft.

Malte und sein Luftballon
Es ist Jahrmarkt. Vater kauft Malte einen
Luftballon.
Plötzlich gleitet Malte die Ballonschnur aus
der Hand.
Der Ballon fliegt hoch in die Luft.

Eine Bildergeschichte schreiben

C

1. Schau die Bilder genau an. Was geschieht?

2. Wie könnte die Geschichte weitergehen?
   Male ein Bild in das vierte Kästchen.

3. Finde eine Überschrift zu deiner Geschichte. Mehrere Lösungen sind möglich.

4. Schreibe nun deine Geschichte ins Heft.

individuelle Lösung

KV 23 C zu SAH A S. 46, 47 / SB S. 43

Schreibanlass: Bildergeschichte

Adjektive

A

1. In diesem Rätsel sind Adjektive versteckt.
   Kreise sechs weitere Adjektive ein.

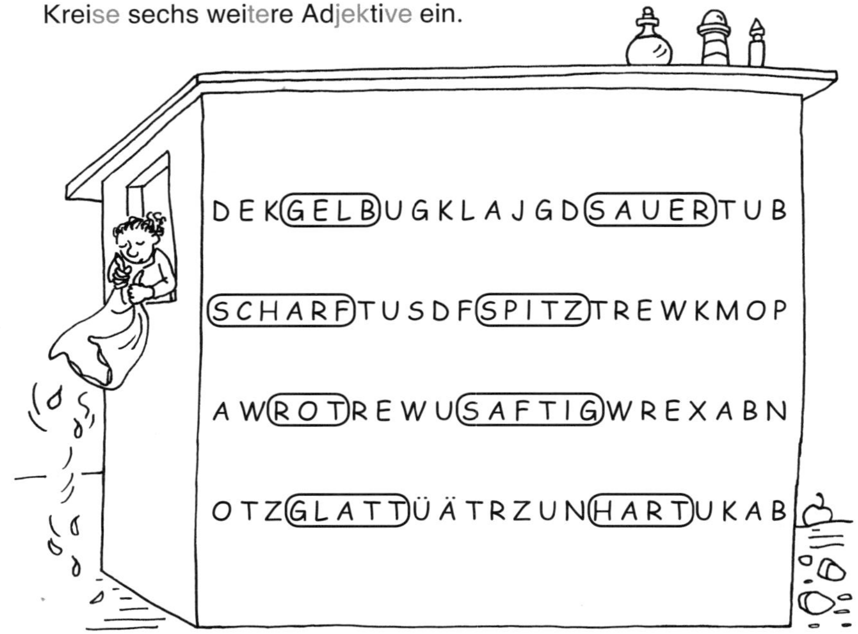

2. Ergänze die Sätze mit jeweils zwei passenden Adjektiven aus dem Rätsel: Die Zitrone ist *gelb* und *sauer*.

Die Zitrone ist gelb und sauer.

Das Messer ist scharf und spitz.

Der Apfel ist rot und saftig.

Der Stein ist glatt und hart.

Wortart: Adjektive

KV 24 A zu SAH A S. 50 / SB S. 48

Adjektive

B

1. In diesem Rätsel sind Adjektive versteckt.
   Kreise acht weitere Adjektive ein.

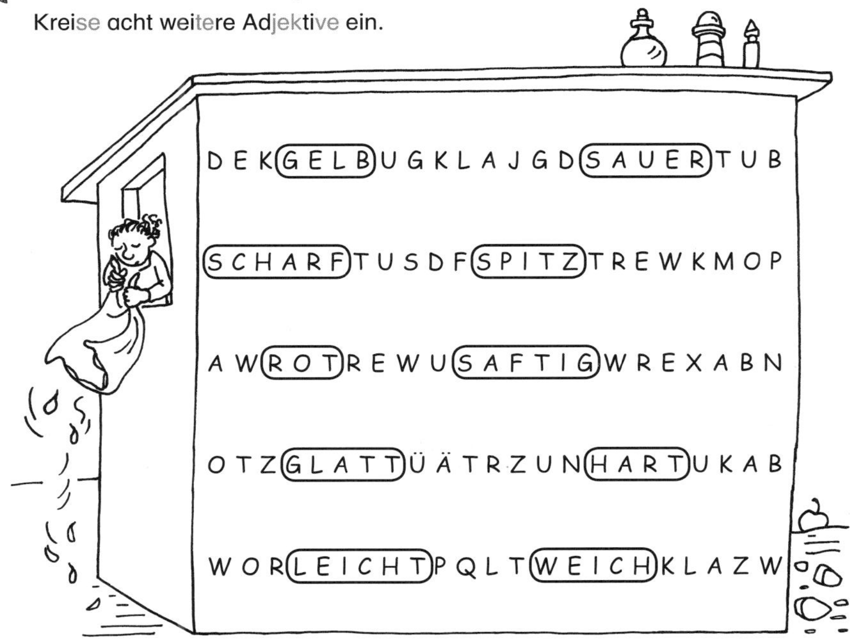

2. Ergänze die Sätze mit jeweils zwei passenden Adjektiven aus dem Rätsel:
   Die Zitrone ist gelb und sauer.

Die Zitrone ist gelb und sauer.

Das Messer ist scharf und spitz.

Der Apfel ist rot und saftig.

Der Stein ist glatt und hart.

Die Feder ist leicht und weich.

KV 24 B zu SAH A S. 50 / SB S. 48

Adjektive

C

1. In diesem Rätsel sind Adjektive versteckt.
   Kreise zwölf weitere Adjektive ein.

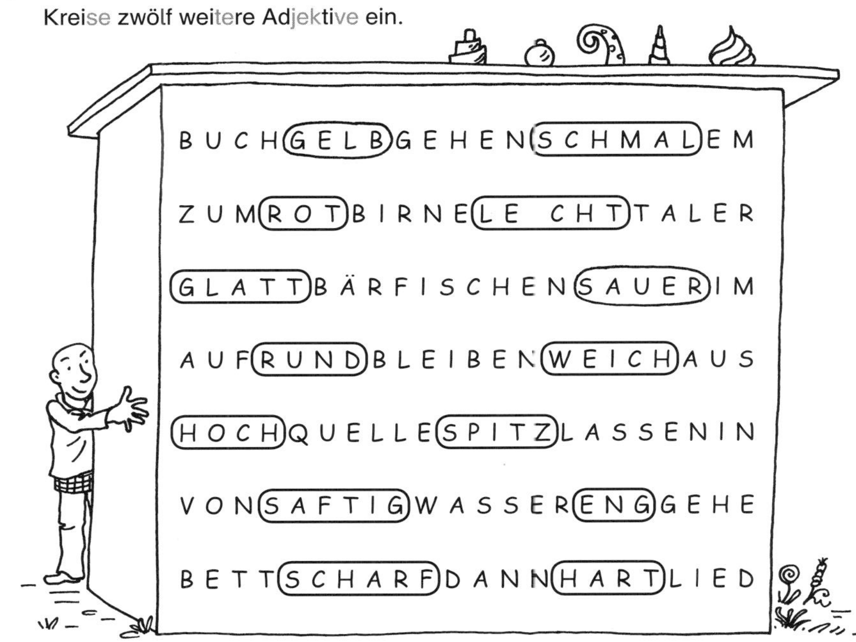

2. Ergänze die Sätze mit jeweils zwei passenden Adjektiven aus dem Rätsel.

Die Zitrone ist gelb und sauer.

Das Messer ist scharf und spitz.

Der Weg ist eng und schmal.

Der Apfel ist rot und saftig.

Der Stein ist glatt und hart.

Die Feder ist leicht und weich.

Der Leuchtturm ist hoch und rund.

KV 24 C zu SAH A S. 50 / SB S. 48

Adjektive A

1. Schreibe so: der braune Bär
Der Bär ist braun.

Bär | braun

der braune Bär

Der Bär ist braun.

Esel | grau

der graue Esel

Der Esel ist grau.

Igel | stachlig

der stachlige Igel

Der Igel ist stachlig.

KV 25 A zu SAH A S. 51 / SB S. 48

Adjektive B

1. Schreibe so: der braune Bär – Der Bär ist braun.

Bär | braun

der braune Bär

Der Bär ist braun.

Esel | grau

der graue Esel

Der Esel ist grau.

Igel | stachlig

der stachlige Igel

Der Igel ist stachlig.

Löwe | stark

der starke Löwe

Der Löwe ist stark.

Reh | scheu

das scheue Reh

Das Reh ist scheu.

KV 25 B zu SAH A S. 51 / SB S. 48

Adjektive

C

1. Beschreibe die Tiere: der braune Bär – Der Bär ist braun.
   Das Wörterbuch hilft dir.

braun

der braune Bär

Der Bär ist braun.

grau

der graue Esel

Der Esel ist grau.

stachlig

der stachlige Igel

Der Igel ist stachlig.

stark

der starke Löwe

Der Löwe ist stark.

scheu

das scheue Reh

Das Reh ist scheu.

klein

die kleine Maus

Die Maus ist klein.

Adjektive

A

1. Schreibe so: der runde Tisch
   Der Tisch ist rund.

Tisch | rund

der runde Tisch

Der Tisch ist rund.

Auto | grau

das graue Auto

Das Auto ist grau.

Teppich | weich

der weiche Teppich

Der Teppich ist weich.

Adjektive B

1. Schreibe so: der runde Tisch – Der Tisch ist rund.

Tisch | rund

der runde Tisch

Der Tisch ist rund.

Auto | grau

das graue Auto

Das Auto ist grau.

Teppich | weich

der weiche Teppich

Der Teppich ist weich.

Tasche | schwer

die schwere Tasche

Die Tasche ist schwer.

Schuh | klein

der kleine Schuh

Der Schuh ist klein.

Adjektive C

1. Beschreibe die Dinge: der runde Tisch – Der Tisch ist rund.
Das Wörterbuch hilft dir.

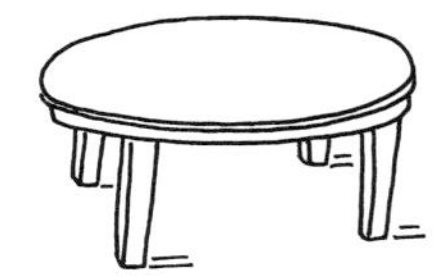

rund

der runde Tisch

Der Tisch ist rund.

grau

das graue Auto

Das Auto ist grau.

klein

das kleine Haus

Das Haus ist klein.

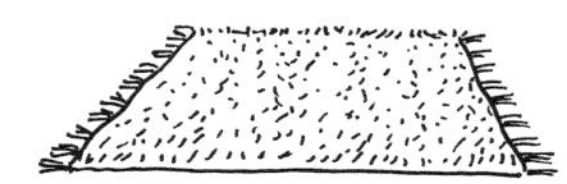

weich

der weiche Teppich

Der Teppich ist weich.

schwer

die schwere Tasche

Die Tasche ist schwer.

alt

der alte Schuh

Der Schuh ist alt.

Adjektive – Gefühle

A

1. Male die Gegensatzpaare mit derselben Farbe an.

2. Bilde Sätze. Wie fühlst du dich?
Wähle aus jedem Gegensatzpaar ein Adjektiv aus.
Zum Beispiel: Ich bin fröhlich.

Ich bin fröhlich. Ich bin traurig.

Ich bin satt. Ich bin hungrig.

Ich bin müde. Ich bin wach.

Adjektive – Gefühle

B

1. Male die Gegensatzpaare mit derselben Farbe an.

2. Bilde Sätze. Wie fühlst du dich?
Wähle aus jedem Gegensatzpaar ein Adjektiv aus.

Zum Beispiel: Ich bin fröhlich.

Ich bin fröhlich. Ich bin traurig.

Ich bin ängstlich. Ich bin mutig.

Ich bin krank. Ich bin gesund.

Ich bin müde. Ich bin wach.

Ich bin satt. Ich bin hungrig.

Adjektive – Gefühle

C

1. Male die Gegensatzpaare mit derselben Farbe an.

2. Bilde Sätze. Wie fühlst du dich?
Wähle aus jedem Gegensatzpaar ein Adjektiv aus.

Zum Beispiel: Ich bin fröhlich.

Ich bin fröhlich. Ich bin traurig.

Ich bin ängstlich. Ich bin mutig.

Ich bin stark. Ich bin schwach.

Ich bin krank. Ich bin gesund.

Ich bin müde. Ich bin wach.

Ich bin satt. Ich bin hungrig.

Ich bin glücklich. Ich bin unglücklich.

Adjektiv-Probe

A

1. Male die Adjektive an.

2. Beschreibe die Tiere mit dem passenden Adjektiv.
Wende die Adjektiv-Probe an.
Schreibe so: Der Elefant ist stark.
der starke Elefant stark – schwach

stark

Der Elefant ist stark.

der starke Elefant

stark – schwach

klein

Die Maus ist klein.

die kleine Maus

klein – groß

langsam

Die Schnecke ist langsam.

die langsame Schnecke

langsam – schnell

Adjektiv-Probe

B

1. Male die Adjektive an.

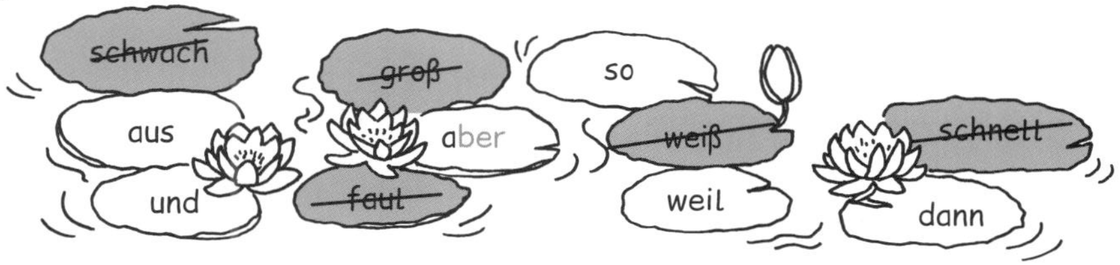

2. Beschreibe die Tiere mit dem passenden Adjektiv.
   Wende die Adjektiv-Probe an.
   Schreibe so: Der Elefant ist stark.
   der starke Elefant   stark – schwach

Der Elefant ist stark.
der starke Elefant   stark – schwach

Die Maus ist klein.
die kleine Maus   klein – groß

Die Schnecke ist langsam.
die langsame Schnecke
langsam – schnell

Der Rabe ist schwarz.
der schwarze Rabe   schwarz – weiß

Die Biene ist fleißig.
die fleißige Biene   fleißig – faul

Adjektiv-Probe

C

1. Male die Adjektive an.

2. Beschreibe die Tiere mit dem passenden Adjektiv.
   Wende die Adjektiv-Probe an.
   Schreibe so: Der Elefant ist stark.
   der starke Elefant   stark – schwach

Der Elefant ist stark.
der starke Elefant   stark – schwach

Die Maus ist klein.
die kleine Maus   klein – groß

Die Schnecke ist langsam.
die langsame Schnecke
langsam – schnell

Der Rabe ist schwarz.
der schwarze Rabe   schwarz – weiß

Die Biene ist fleißig.
die fleißige Biene   fleißig – faul

Wörter mit ß — A

1. Setze ß ein.

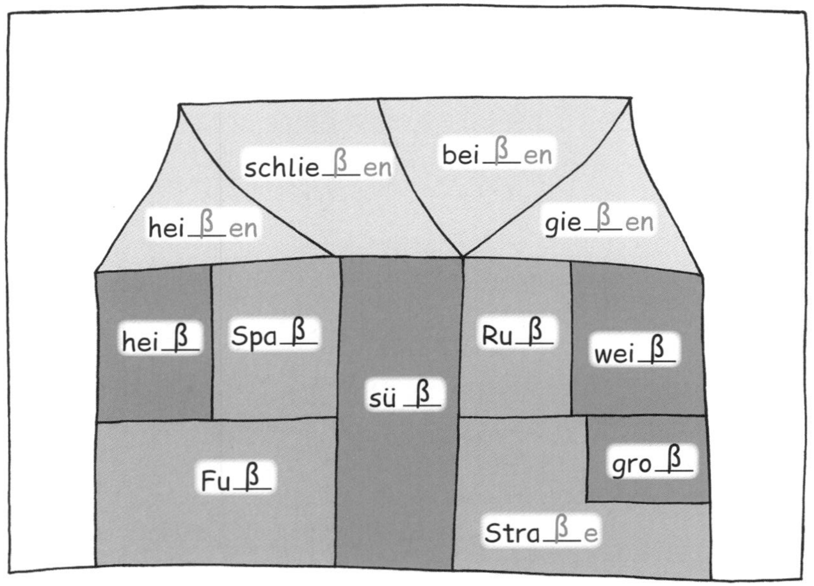

2. Male die Felder so an: Nomen mit ß: grün
Verben mit ß: rot
Adjektive mit ß: gelb

3. Trage die Wörter mit ß richtig ein.

Nomen	Verb	Adjektiv
Spaß	heißen	heiß
Fuß	schließen	süß
Ruß	beißen	weiß
Straße	gießen	groß

Wörter mit ß — B

1. Setze s, ss oder ß ein.

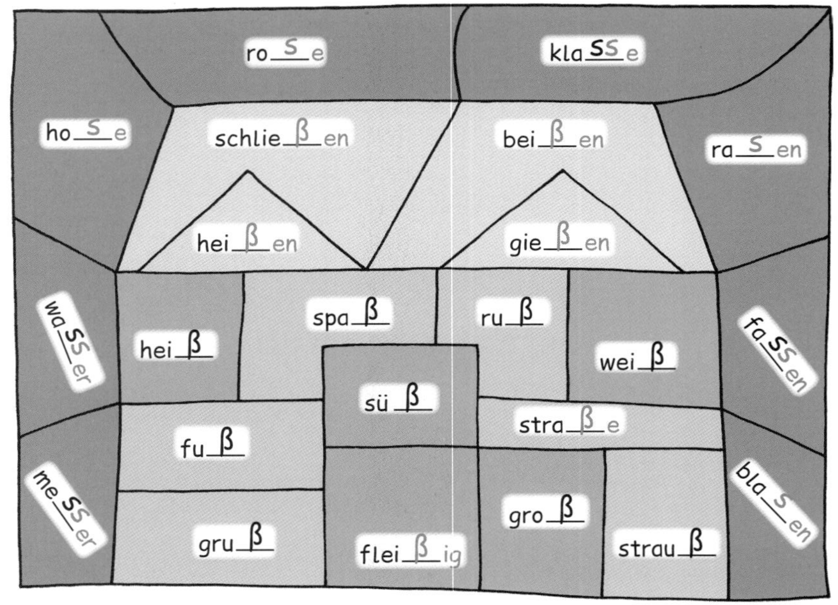

2. Male die Felder so an: Nomen mit ß: grün
Verben mit ß: rot
Adjektive mit ß: gelb
Wörter mit s oder ss: blau

3. Trage die Wörter mit ß richtig ein.

Nomen	Verb	Adjektiv
Spaß	schließen	heiß
Gruß	beißen	süß
Fuß	gießen	weiß
Straße	heißen	fleißig
Strauß		groß
Ruß		

Wörter mit ß

C

1. Setze s, ss oder ß ein.

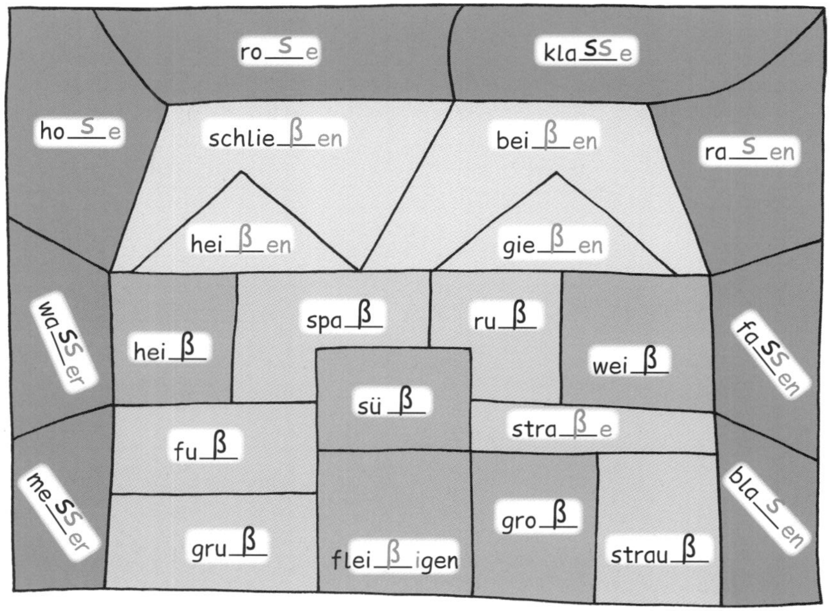

2. Male die Felder so an: Nomen mit ß: grün, Verben mit ß: rot, Adjektive mit ß: gelb, Wörter mit s oder ss: blau

3. Ergänze die Sätze mit passenden ß-Wörtern.

Malte hat sich beim Laufen den Fuß verstaucht.

Mutter gießt die Pflanzen im Garten.

Der Pudding schmeckt sehr süß.

Die fleißigen Bienen sammeln Nektar und Pollen.

Auf der Straße ist viel Verkehr.

4. Schreibe alle Nomen aus Aufgabe 1 mit dem Artikel in dein Heft.

Lösungen KV 29 C

4. Schreibe alle Nomen aus Aufgabe 1 mit dem Artikel in dein Heft.

die Hose – die Rose – die Klasse –
das Wasser – das Messer – der Spaß –
der Fuß – der Gruß – der Ruß – die Straße –
der Strauß

Wörter mit ck

A

1. Male die Felder mit den Nomen braun und die Felder mit den Verben gelb an.

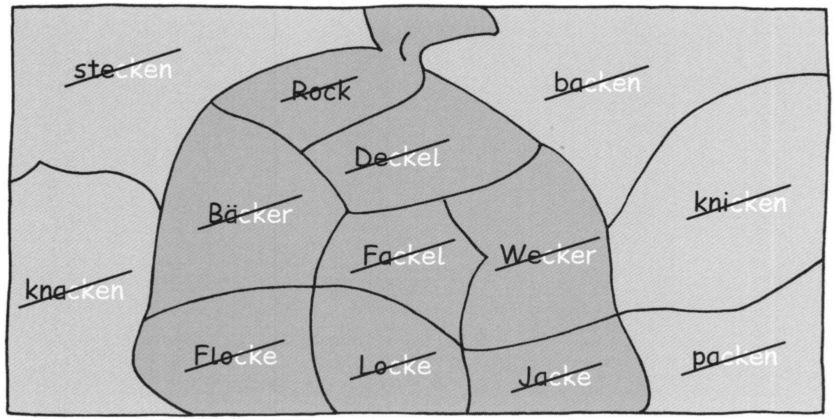

2. Trage die Verben in der Grundform und in der er-Form ein.
Kreise den Wortstamm ein.

Grundform	er-Form
stecken	er steckt
backen	er backt
knicken	er knickt
packen	er packt
knacken	er knackt

Wörter mit ck

B

1. Male die Felder mit den Nomen braun und die Felder mit den Verben gelb an.

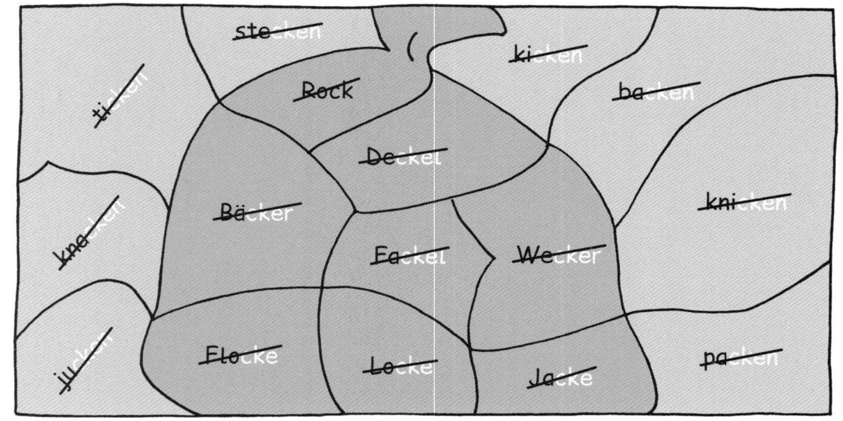

2. Trage die Verben in der Grundform und in der er-Form ein.
Kreise den Wortstamm ein.

Grundform	er-Form
ticken	er tickt
knacken	er knackt
jucken	er juckt
stecken	er steckt
kicken	er kickt
backen	er backt
knicken	er knickt
packen	er packt

Wörter mit ck

C

1. Male die Felder mit den Nomen braun und die Felder mit den Verben gelb an.

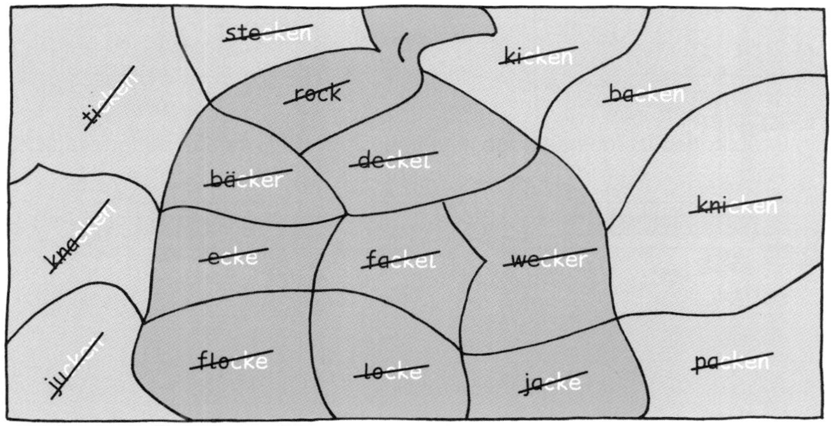

2. Schreibe die Nomen mit Artikel auf.

der Rock	der Bäcker	die Ecke
die Flocke	der Deckel	die Fackel
die Locke	der Wecker	die Jacke

3. Ergänze die Sätze mit passenden Verben.

In der Adventszeit backt Hanna Plätzchen.

Malte kickt den Ball gegen den Pfosten.

Mutter packt die Geschenke ein.

Der Wecker tickt leise.

Vater knackt viele Nüsse.

nk oder ng – Höre den Unterschied

A

1. Lies die Sätze laut. Setze ng oder nk ein.

Die Kinder singen ein Lied.

Manche Schiffe sinken auf den Meeresgrund.

Ein Fisch hängt an der Angel.

Ein Schiff geht im Hafen vor Anker.

2. Trage die Wörter richtig ein.

~~krank~~ ~~schenken~~ ~~Engel~~ ~~schlank~~ ~~danken~~ ~~Junge~~

Nomen	Verb	Adjektiv
Engel	schenken	krank
Junge	danken	schlank

nk oder ng – Höre den Unterschied

B

1. Lies die Sätze laut. Setze ng oder nk ein.

Die Kinder si(ng)en ein Lied.

Manche Schiffe si(nk)en auf den Meeresgrund.

Ein Fisch hä(ng)t an der A(ng)el.

Ein Schiff geht im Hafen vor A(nk)er.

Der Großvater liest dem E(nk)el vor.

Die Kinder basteln einen E(ng)el.

2. Zeichne die Wortgrenzen ein.

KRANK|SCHENKEN|ENGEL|SCHLANK|DANKEN|JUNGE

3. Trage die Wörter richtig ein.

Nomen	Verb	Adjektiv
Engel	schenken	krank
Junge	danken	schlank

Unterscheidung: ng – nk;
Nomen, Verb, Adjektiv

KV 31 B zu SAH A S. 72 / SB S. 65

nk oder ng – Höre den Unterschied

C

1. Schreibe die Sätze ab und ergänze ng oder nk.

Die Kinder si(ng)en ein Lied.

Die Kinder singen ein Lied.

Manche Schiffe si(nk)en auf den Meeresgrund.

Manche Schiffe sinken auf
den Meeresgrund.

Ein Fisch hä(ng)t an der A(ng)el.

Ein Fisch hängt an der Angel.

Ein Schiff geht im Hafen vor A(nk)er.

Ein Schiff geht im Hafen vor Anker.

Der Großvater liest dem E(nk)el vor.

Der Großvater liest dem Enkel vor.

Die Kinder basteln einen E(ng)el.

Die Kinder basteln einen Engel.

2. Trage die Wörter richtig ein.

KRANKSCHENKENENGELSCHLANKDANKENJUNGE

Nomen	Verb	Adjektiv
Engel	schenken	krank
Junge	danken	schlank

KV 31 C zu SAH A S. 72 / SB S. 65

Unterscheidung: ng – nk;
Nomen, Verb, Adjektiv

Im Wörterbuch nachschlagen — A

1. Wie heißen die Monate?
Schreibe die Monatsnamen und die Seitenzahlen des Wörterbuches auf.

		Seite
Ja	Januar	
Fe	Februar	
Au	August	
Ok	Oktober	
No	November	
De	Dezember	

2. Wie heißen die Wochentage?
Schreibe die Namen der Wochentage und die Seitenzahlen des Wörterbuches auf.

		Seite
Mo	Montag	
Mi	Mittwoch	
So	Sonntag	
Do	Donnerstag	

Im Wörterbuch nachschlagen — B

1. Schreibe die Monatsnamen und die Seitenzahlen des Wörterbuches auf.

		Seite
Ja	Januar	
Fe	Februar	
Mä	März	
Ap	April	
Ma	Mai	
Ju	Juni	
Ju	Juli	
Au	August	
Se	September	
Ok	Oktober	
No	November	
De	Dezember	

2. Schreibe die Namen der Wochentage und die Seitenzahlen des Wörterbuches auf.

		Seite
Mo	Montag	
Di	Dienstag	
Mi	Mittwoch	
Do	Donnerstag	
Fr	Freitag	
Sa	Samstag	
So	Sonntag	

Im Wörterbuch nachschlagen

C

1. Schreibe die Monatsnamen in der richtigen Reihenfolge und die Seitenzahlen des Wörterbuches auf.

Mä Ju Ap Ma Ja Ju Fe Au De Se Ok No

	Seite		Seite
Januar		Juli	
Februar		August	
März		September	
April		Oktober	
Mai		November	
Juni		Dezember	

2. Schreibe die Namen der Wochentage in der richtigen Reihenfolge und die Seitenzahlen des Wörterbuches auf.

Mi Di Fr Do So Sa Mo

	Seite		Seite
Montag		Freitag	
Dienstag		Samstag	
Mittwoch		Sonntag	
Donnerstag			

KV 32 C zu SAH A S. 78 – 81 / SB S. 74, 75

104 Namen von Monaten und Wochentagen; Nachschlagen im Wörterbuch

Wochentage

A

1. Ergänze in Kasimirs Wochenplan die Wochentage.

Am Montag fängt die Woche an.
Am Dienstag wird noch nichts getan.
Am Mittwoch mach ich Pause.
Am Donnerstag bleib ich zu Hause.
Am Freitag will ich nicht viel tun.
Am Samstag muss ich immer ausruhn.
Am Sonntag denke ich daran: Am Montag …

~~Montag~~ ~~Dienstag~~ ~~Mittwoch~~ ~~Donnerstag~~ ~~Freitag~~ ~~Samstag~~ ~~Sonntag~~

2. Wie sieht dein Wochenplan aus? Ergänze und schreibe so:

Montag Ich …

Montag	Ich
Dienstag	
Mittwoch	
Donnerstag	
Freitag	
Samstag	
Sonntag	

KV 33 A zu SAH A S. 80 – 81 / SB S. 75

 Wochentage

105

Wochentage

B

1. Ergänze in Kasimirs Wochenplan die Wochentage.

Am Montag fängt die Woche an.

Am Dienstag wird noch nichts getan.

Am Mittwoch mach ich Pause.

Am Donnerstag bleib ich zu Hause.

Am Freitag will ich nicht viel tun.

Am Samstag muss ich immer ruhn.

Am Sonntag denke ich daran: Am Montag …

2. Wie sieht dein Wochenplan aus? Ergänze und schreibe so:

Montag	Ich …
Montag	Ich
Dienstag	
Mittwoch	
Donnerstag	
Freitag	
Samstag	
Sonntag	

KV 33 B zu SAH A S. 80 – 81 / SB S. 75

Wochentage

C

1. Ergänze in Kasimirs Wochenplan die Wochentage.

Am Montag fängt die Woche an.

Am Dienstag wird noch nichts getan.

Am Mittwoch mach ich Pause.

Am Donnerstag bleib ich zu Hause.

Am Freitag will ich nicht viel tun.

Am Samstag muss ich immer ruhn.

Am Sonntag denke ich daran: Am Montag …

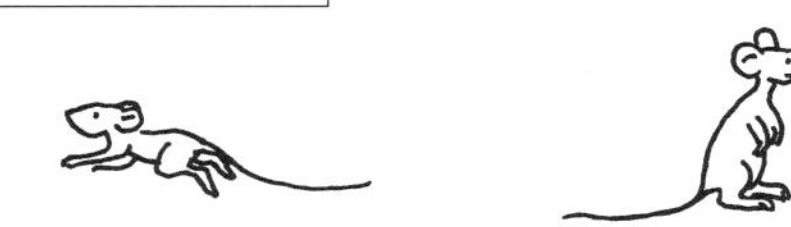

2. Wie sieht dein Wochenplan aus? Ergänze und schreibe so:

Montag	Ich …
Montag	Ich
Dienstag	
Mittwoch	
Donnerstag	
Freitag	
Samstag	
Sonntag	

KV 33 C zu SAH A S. 80 – 81 / SB S. 75

Zusammengesetzte Nomen

A

1. Bilde zusammengesetzte Nomen mit Zeit.

Schreibe so: Ferienzeit – Zeitlupe

-zeit	Zeit-
Ferienzeit	Zeitlupe
Winterzeit	Zeitpunkt
Sommerzeit	Zeitschrift

KV 34 A zu SAH A S. 81 / SB S. 75

Zusammengesetzte Nomen

B

1. Bilde zusammengesetzte Nomen mit Zeit.

Schreibe so: Ferienzeit Zeitlupe

Ferienzeit	Zeitlupe
Winterzeit	Zeitpunkt
Sommerzeit	Zeitschrift
Uhrzeit	Zeitansage
Regenzeit	Zeitmesser

KV 34 B zu SAH A S. 81 / SB S. 75

Zusammengesetzte Nomen C

1. Bilde zusammengesetzte Nomen mit Zeit.

Schreibe so: Ferienzeit Zeitlupe

Ferienzeit	Zeitlupe
Winterzeit	Zeitpunkt
Sommerzeit	Zeitschrift
Uhrzeit	Zeitansage
Regenzeit	Zeitmesser

Eine Bildergeschichte schreiben A

1. Schreibe die Sätze mit Überschrift auf.

Mit dem Bus zum Freund

Ich gehe zur Haltestelle.

Der Bus kommt. Ich steige ein.

Der Bus fährt los. Ich steige aus.

Mein Freund begrüßt mich.

Eine Bildergeschichte schreiben

B

1. Nummeriere die Sätze in der richtigen Reihenfolge.

Mit dem Bus zum Freund

(1) Ich gehe zur Haltestelle.

(6) Mein Freund begrüßt mich.

(2) Der Bus kommt.

(3) Ich steige ein.

(5) Ich steige aus.

(4) Der Bus fährt los.

2. Schreibe die Sätze mit Überschrift geordnet auf.

Mit dem Bus zum Freund

Ich gehe zur Haltestelle.

Der Bus kommt.

Ich steige ein.

Der Bus fährt los.

Ich steige aus.

Mein Freund begrüßt mich.

Eine Bildergeschichte schreiben

C

1. Betrachte die Bilder.

2. Schreibe eine Geschichte zu den Bildern. Finde die Überschrift.

individuelle Lösung

Scherzfragen

A

Hier sind vier Fragen und vier Antworten versteckt.

1. Unterstreiche in den Fragesätzen die Fragewörter und setze Fragezeichen.
   Setze Punkte in den Antwortsätzen.
2. Verbinde die Frage mit der richtigen Antwort.

- Welchen Schirm benutzt man nicht im Regen?
- Welche Schuhe trägst du nicht an den Füßen?
- Welches Blatt fällt nicht vom Baum?
- Welches Tier hat eine Blume?

- Den Schwanz des Hasen nennt man Blume.
- Handschuhe tragen wir an den Händen.
- Der Sonnenschirm schützt vor der Sonne.
- Das Kalenderblatt fällt nicht vom Baum.

Scherzfragen

B

Hier sind sechs Fragen und sechs Antworten versteckt.

1. Unterstreiche in den Fragesätzen die Fragewörter und setze Fragezeichen.
   Setze Punkte in den Antwortsätzen.
2. Verbinde die Frage mit der richtigen Antwort.

- Welchen Schirm benutzt man nicht im Regen?
- Welche Schuhe trägst du nicht an den Füßen?
- Welches Blatt fällt nicht vom Baum?
- Welches Tier hat eine Blume?
- Auf welchem Pferdchen kannst du nicht reiten?
- Die Wäschespinne hat drei oder vier Arme.

- Den Schwanz des Hasen nennt man Blume.
- Welche Spinne hat keine acht Beine?
- Das Seepferdchen ist ein Fisch.
- Handschuhe tragen wir an den Händen.
- Der Sonnenschirm schützt vor der Sonne.
- Das Kalenderblatt fällt nicht vom Baum.

Scherzfragen

C

1. Unterstreiche in den Fragesätzen die Fragewörter und setze Fragezeichen.
2. Finde das passende Kärtchen zu den Scherzfragen und schreibe die Antwort.

Beispiellösung

Welche Spinne hat keine acht Beine?
Die Wäschespinne hat drei oder vier Arme.

Welchen Schirm benützt man nicht im Regen?
Der Sonnenschirm schützt vor der Sonne.

Welche Schuhe trägst du nicht an den Füßen?
Handschuhe tragen wir an den Händen.

Welches Blatt fällt nicht vom Baum?
Das Kalenderblatt fällt nicht vom Baum.

Welches Tier hat eine Blume als Schwanz?
Den Schwanz des Hasen nennt man Blume.

Auf welchem Pferdchen kannst du nicht reiten?
Das Seepferdchen ist ein Fisch.

~~Hand-schuhe~~	~~Wäsche-spinne~~	~~Hase~~	~~See-pferdchen~~	~~Sonnen-schirm~~	~~Kalender-blatt~~

b – p, d – t, g – k: Wir verlängern

A

1. Schreibe die folgenden Wörter zuerst in der zweisilbigen Form, dann in der einsilbigen Form: Freunde – Freund

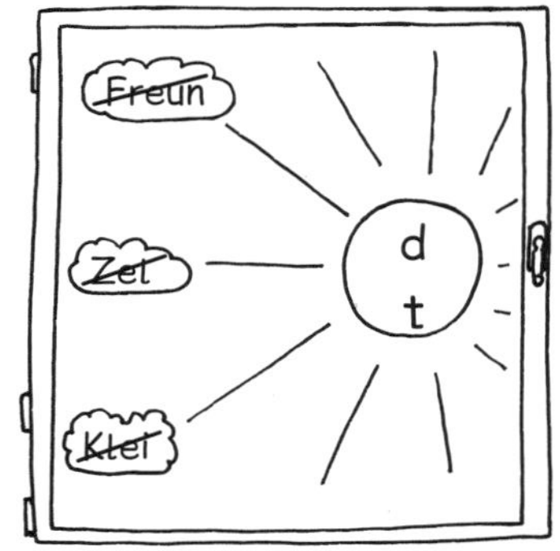

Freunde – Freund
Zelte – Zelt
Kleider – Kleid

Stäbe – Stab
gelbe – gelb
Körbe – Korb

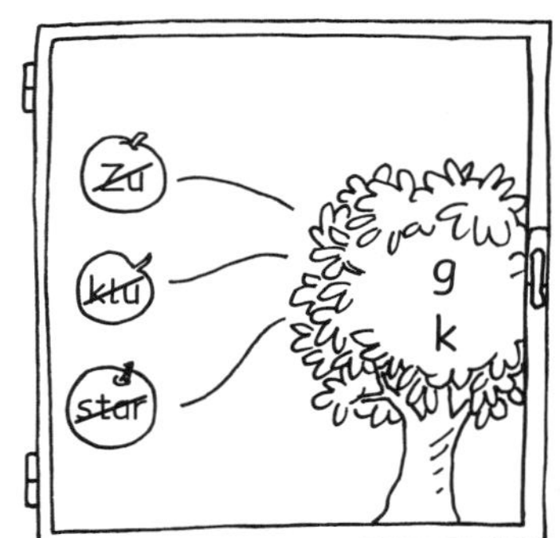

Züge – Zug
kluge – klug
starke – stark

b – p, d – t, g – k: Wir verlängern **B**

1. Schreibe die folgenden Wörter zuerst in der zweisilbigen Form, dann in der einsilbigen Form: Freunde – Freund

Freunde	–	Freund
Zelte	–	Zelt
Kleider	–	Kleid
Wälder	–	Wald

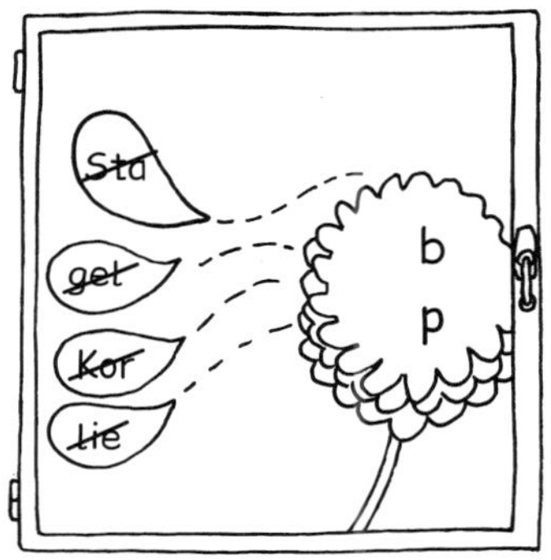

Stäbe	–	Stab
gelbe	–	gelb
Körbe	–	Korb
liebe	–	lieb

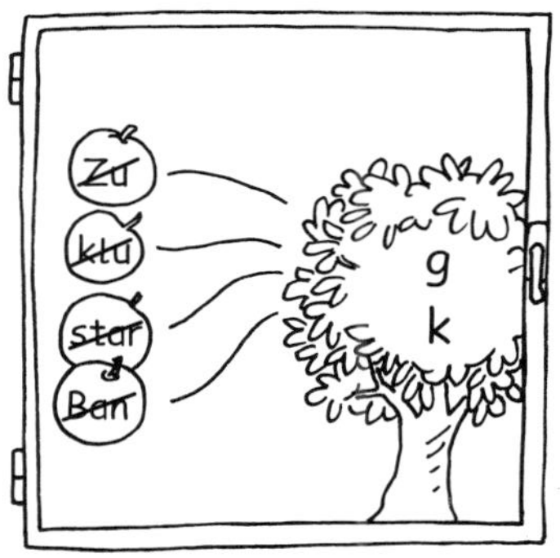

Züge	–	Zug
kluge	–	klug
starke	–	stark
Bänke	–	Bank

KV 37 B zu SAH A S. 86, 87 / SB S. 80

b – p, d – t, g – k: Wir verlängern **C**

1. Sprich bei den folgenden Wörtern zuerst die zweisilbige Form. Schreibe dann die Wörter in der einsilbigen Form richtig auf.

Freund	weit
Zelt	Kleid
kalt	Wald

Staub	gelb
Mikroskop	Korb
plump	lieb

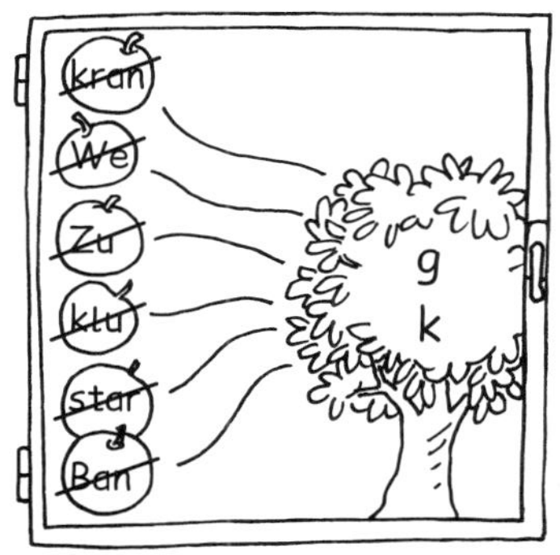

krank	klug
Weg	stark
Zug	Bank

KV 37 C zu SAH A S. 86, 87 / SB S. 80

Eine Wintergeschichte

A

1. Schau die Bilder genau an. Was erleben Timo und Anna?

2. Finde eine passende Überschrift.

Beispiellösung

Die Rettung

an einem Wintertag – wollen Schlitten fahren – Timo und Anna

sie – den Berg – sausen hinunter

hält nicht an – Timo – und – im Bach – landet

bremst – Anna – und – zieht heraus – Timo

Timo – tropfnass – ist

nach Hause – Timo und Anna – gehen

3. Schreibe die Geschichte ins Heft.

KV 38 A zu SAH A S. 88 – 94 / SB S. 82, 83

120 Schreibanlass: Bildergeschichte

Lösungen KV 38 A

3. Schreibe die Geschichte ins Heft.

Die Rettung

(1) An einem Wintertag wollen Timo und Anna Schlitten fahren.

(2) Sie sausen den Berg hinunter.

(3) Timo hält nicht an und landet im Bach.

(4) Anna bremst und zieht Timo heraus.

(5) Timo ist tropfnass.

(6) Timo und Anna gehen nach Hause.

Eine Wintergeschichte

B

1. Schau die Bilder genau an. Was erleben Timo und Anna?
2. Überlege dir, wie die Geschichte weitergehen könnte.
   Male ein Bild in das letzte Kästchen.
3. Finde eine passende Überschrift.

Die Rettung

1

Wintertag – Berg – Schlitten – ziehen

2

Berg – hinuntersausen

3

Timo – nicht anhalten – landen – im Bach

4

Anna bremsen – helfen – Hand – herausziehen

5

Timo – tropfnass sein

6

4. Schreibe die Geschichte ins Heft.

KV 38 B zu SAH A S. 88 – 94 / SB S. 82, 83

Lösungen KV 38 B

4. Schreibe die Geschichte ins Heft.

Die Rettung

(1) Es ist ein kalter Wintertag. Timo und Anna ziehen ihre Schlitten den Berg hinauf.
(2) Dann sausen sie den Berg hinunter.
(3) Plötzlich kann Timo seinen Schlitten nicht mehr anhalten und landet im Bach.
(4) Anna bremst vor dem Bach und hilft Timo. An seiner Hand zieht sie ihn heraus.
(5) Timo ist jetzt tropfnass.

(6) Mehrere Lösungen sind möglich.

Eine Wintergeschichte

C

1. Schau die Bilder genau an. Was erleben Timo und Anna?
2. Überlege dir, wie die Geschichte weitergehen könnte.
3. Finde eine passende Überschrift.

Die Rettung

4. Schreibe die Geschichte ins Heft. **individuelle Lösung**

KV 38 C zu SAH A S. 88 – 94 / SB S. 82, 83

Gegensatzpaare

A

1. Finde sechs Adjektive und kreise sie ein.

a	k	r	a	n	k	l	t	w
f	r	ö	h	l	i	c	h	a
t	l	m	d	i	c	k	n	o
w	h	u	n	g	r	i	g	t
b	a	j	u	n	g	x	w	z
r	m	ü	d	e	s	t	u	v

2. Schreibe zu jedem Adjektiv das gegensätzliche Adjektiv.

gesund – krank

traurig – fröhlich

dünn – dick

satt – hungrig

alt – jung

wach – müde

KV 39 A zu SAH B S. 5 / SB S. 87

Gegensatzpaare B

Immer zwei Adjektive bilden ein Gegensatzpaar.
Ein Wort des Paares ist waagerecht → versteckt, das andere senkrecht ↓.

1. Finde fünf weitere Gegensatzpaare und kreise sie jeweils mit derselben Farbe ein.

l	g	e	s	u	n	d	b	t	f	g	w	a	t	m	n	o	h
s	b	c	f	r	ö	h	l	i	c	h	e	l	t	b	l	d	f
c	w	d	i	c	k	n	c	o	r	a	k	n	r	z	e	u	r
h	u	n	g	r	i	g	h	c	h	l	l	e	a	k	d	k	t
w	b	r	a	z	s	e	d	k	f	t	w	g	u	e	s	r	o
j	u	n	g	i	a	u	ü	e	h	u	a	b	r	s	e	a	i
r	a	g	t	t	t	i	n	n	c	h	c	b	i	x	y	n	m
m	ü	d	e	h	t	g	n	g	n	o	h	n	g	a	u	k	s

2. Schreibe die Gegensatzpaare auf: gesund – krank

gesund	krank
fröhlich	traurig
dick	dünn
hungrig	satt
jung	alt
müde	wach

Gegensatzpaare C

Immer zwei Adjektive bilden ein Gegensatzpaar.
Ein Wort des Paares ist waagerecht → versteckt, das andere senkrecht ↓.

1. Finde fünf weitere Gegensatzpaare und kreise sie jeweils mit derselben Farbe ein.

l	g	e	s	u	n	d	b	t	f	g	w	a	t	m	n	o	h
s	b	c	f	r	ö	h	l	i	c	h	e	l	t	b	l	d	f
c	w	d	i	c	k	n	c	o	r	a	k	n	r	z	e	u	r
h	u	n	g	r	i	g	h	c	h	l	l	e	a	k	d	k	t
w	b	r	a	z	s	e	d	k	f	t	w	g	u	e	s	r	o
j	u	n	g	i	a	u	ü	e	h	u	a	b	r	s	e	a	i
r	a	g	t	t	t	i	n	n	c	h	c	b	i	x	y	n	m
m	ü	d	e	h	t	g	n	g	n	o	h	n	g	a	u	k	s

2. Welches Adjektiv passt zu dir?
Verwende die Gegensatzpaare und schreibe so:
Ich bin nicht krank, sondern gesund.

Ich bin nicht krank, sondern gesund.
Ich bin nicht traurig, sondern fröhlich.
Ich bin nicht dick, sondern dünn.
Ich bin nicht hungrig, sondern satt.
Ich bin nicht alt, sondern jung.
Ich bin nicht müde, sondern wach.

Adjektive A

1. Erweitere die Sätze in den Treppen mit passenden Adjektiven.
Trage sie ein.

Goldmarie liegt auf der Wiese.

Goldmarie liegt auf der schönen Wiese.

Goldmarie liegt auf der schönen, grünen Wiese.

Goldmarie besucht eine Frau.

Goldmarie besucht eine alte Frau.

Goldmarie besucht eine alte, freundliche Frau.

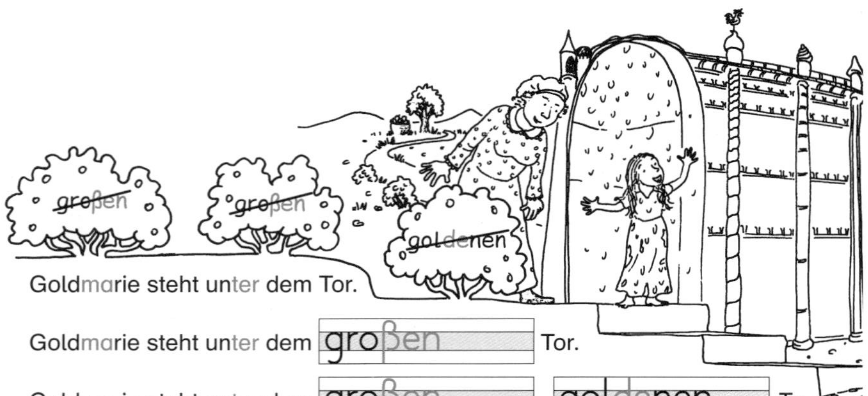

Goldmarie steht unter dem Tor.

Goldmarie steht unter dem großen Tor.

Goldmarie steht unter dem großen, goldenen Tor.

Adjektive B

1. Erweitere die Sätze in den Treppen mit passenden Adjektiven.
Trage sie ein.

Goldmarie liegt auf der Wiese.

Goldmarie liegt auf der schönen Wiese.

Goldmarie liegt auf der schönen, grünen Wiese.

Goldmarie besucht eine Frau.

Goldmarie besucht eine alte Frau.

Goldmarie besucht eine alte, freundliche Frau.

Goldmarie steht unter dem Tor.

Goldmarie steht unter dem großen Tor.

Goldmarie steht unter dem großen, goldenen Tor.

Adjektive

C

1. Erweitere die Sätze in den Treppen mit passenden Adjektiven aus der Wolke.
Trage sie ein.

~~schön~~ ~~alt~~ ~~golden~~ ~~freundlich~~ ~~grün~~ ~~groß~~

Goldmarie erwacht auf der Wiese.

Goldmarie erwacht auf der schönen Wiese.

Goldmarie erwacht auf der schönen, grünen Wiese.

Goldmarie kommt zu einer Frau.

Goldmarie kommt zu einer alten Frau.

Goldmarie kommt zu einer alten, freundlichen Frau.

Goldmarie steht unter dem Tor.

Goldmarie steht unter dem großen Tor.

Goldmarie steht unter dem großen, goldenen Tor.

KV 40 C zu SAH B S. 6 – 8 / SB S. 46, 47/88

Adjektive

A

1. Erweitere die Sätze in den Treppen mit passenden Adjektiven.
Trage sie ein.

Der Müllerssohn hat einen Kater.

Der Müllerssohn hat einen schlauen Kater.

Der Müllerssohn hat einen schlauen, gestiefelten Kater.

Der Kater hat Ideen.

Der Kater hat gute Ideen.

Der Kater hat gute, listige Ideen.

Der Müllerssohn erhält ein Schloss.

Der Müllerssohn erhält ein großes Schloss.

Der Müllerssohn erhält ein großes, prächtiges Schloss.

KV 41 A zu SAH B S. 6 – 8 / SB S. 46, 47/88

Adjektive B

1. Erweitere die Sätze in den Treppen mit passenden Adjektiven.
   Trage sie ein.

Der Müllerssohn hat einen Kater.

Der Müllerssohn hat einen schlauen Kater.

Der Müllerssohn hat einen schlauen, gestiefelten Kater.

Der Kater hat Ideen.

Der Kater hat gute Ideen.

Der Kater hat gute, listige Ideen.

Der Müllerssohn erhält ein Schloss.

Der Müllerssohn erhält ein großes Schloss.

Der Müllerssohn erhält ein großes, prächtiges Schloss.

Adjektive C

1. Erweitere die Sätze in den Treppen mit passenden Adjektiven aus der Wolke.
   Trage sie ein.

schlau groß listig gut gestiefelt prächtig

Der Müllerssohn hat einen Kater.

Der Müllerssohn hat einen schlauen Kater.

Der Müllerssohn hat einen schlauen, gestiefelten Kater.

Der Kater hat Ideen.

Der Kater hat gute Ideen.

Der Kater hat gute, listige Ideen.

Der Müllerssohn erhält ein Schloss.

Der Müllerssohn erhält ein großes Schloss.

Der Müllerssohn erhält ein großes, prächtiges Schloss.

Großschreibung und Schlusszeichen A

der kater geht zum schloss
der zauberer führt dem kater seine zauberkunst vor
schließlich verwandelt er sich in eine maus
der kater frisst die maus auf

1. Schreibe den Text richtig ab.
   Setze Punkte.
   Schreibe die Satzanfänge und Nomen mit großem Anfangsbuchstaben.

Der Kater geht zum Schloss.
Der Zauberer führt dem Kater seine
Zauberkunst vor.
Schließlich verwandelt er sich in eine Maus.
Der Kater frisst die Maus auf.

Großschreibung und Schlusszeichen B

der gestiefelte kater geht zum schloss des zauberers
dort führt der zauberer dem kater seine zauberkunst
vor zuerst verwandelt er sich in einen großen elefanten
danach wird er ein gefährlicher löwe und schließlich
eine winzige maus da macht der kater einen satz und
frisst die maus auf

1. Schreibe den Text richtig ab.
   Setze Punkte.
   Schreibe die Satzanfänge und Nomen mit großem Anfangsbuchstaben.

Der gestiefelte Kater geht zum Schloss
des Zauberers. Dort führt der Zauberer dem
Kater seine Zauberkunst vor.
Zuerst verwandelt er sich in einen
großen Elefanten. Danach wird er ein
gefährlicher Löwe und schließlich
eine winzige Maus. Da macht der Kater
einen Satz und frisst die Maus auf.

Großschreibung und Schlusszeichen

C

der|gestiefelte|kater|geht|zum|schloss|des|zauberers
dort|führt|der|zauberer|dem|kater|seine|zauberkunst|vor
zuerst|verwandelt|er|sich|in|einen|großen|elefanten
danach|wird|er|ein|gefährlicher|löwe|und|schließlich
eine|winzige|maus|da|macht|der|kater|einen|satz|und
frisst|die|maus|auf

1. Zeichne die Wortgrenzen ein.
2. Schreibe den Text richtig ab. Setze Punkte.
   Schreibe die Satzanfänge und Nomen mit großem Anfangsbuchstaben.

Der gestiefelte Kater geht zum Schloss
des Zauberers. Dort führt der Zauberer dem
Kater seine Zauberkunst vor.
Zuerst verwandelt er sich in einen
großen Elefanten. Danach wird er ein
gefährlicher Löwe und schließlich
eine winzige Maus. Da macht der Kater
einen Satz und frisst die Maus auf.

Nachsilbe -chen

A

Das Prinzchen trifft die Zwergchen. Sie tragen das gläserne Särgchen mit Schneewittchen. Da stolpern die Zwergchen über ein Würzelchen. Auf einmal schlägt Schneewittchen ihre Äugchen auf. Das Prinzchen steigt von seinem Pferdchen und gibt Schneewittchen ein Küsschen. Er nimmt es mit auf sein Schlösschen.

1. Unterstreiche alle Verkleinerungsformen außer Schneewittchen.
2. Nun sind alle Dinge wieder groß.
   Schreibe zu jeder Verkleinerungsform das entsprechende Nomen:
   das Prinzchen – der Prinz

das Prinzchen – der Prinz
das Zwergchen – der Zwerg
das Särgchen – der Sarg
das Würzelchen – die Wurzel
das Äugchen – das Auge
das Pferdchen – das Pferd
das Küsschen – der Kuss
das Schlösschen – das Schloss

Nachsilbe -chen

B

Das Prinzchen trifft die Zwergchen. Sie tragen das gläserne Särgchen mit Schneewittchen. Da stolpern die Zwergchen über ein Würzelchen. Auf einmal schlägt Schneewittchen ihre Äugchen auf. Das Prinzchen steigt von seinem Pferdchen und gibt Schneewittchen ein Küsschen. Er nimmt es mit auf sein Schlösschen.

Nun sind alle Dinge wieder groß.

1. Ersetze die Verkleinerungsformen durch die entsprechenden Nomen.
   Schreibe den Text auf: Der Prinz trifft die Zwerge.

Der Prinz trifft die Zwerge. Sie tragen den
gläsernen Sarg mit Schneewittchen.
Da stolpern die Zwerge über eine Wurzel.
Auf einmal schlägt Schneewittchen
ihre Augen auf. Der Prinz steigt von seinem
Pferd und gibt Schneewittchen einen Kuss.
Er nimmt es mit auf sein Schloss.

KV 43 B zu SAH B S. 10 – 12 / SB S. 89 – 91

Nachsilbe -chen

C

Das|Prinzchen|trifft|die|Zwergchen.|Sie|tragen|das|gläserne|Särgchen|mit Schneewittchen.|Da|stolpern|die|Zwergchen|über|ein|Würzelchen. Auf|einmal|schlägt|Schneewittchen|ihre|Äugchen|auf. Das|Prinzchen|steigt|von|seinem|Pferdchen|und|gibt Schneewittchen|ein|Küsschen.|Er|nimmt|es mit|auf|sein|Schlösschen.

1. Zeichne die Wortgrenzen ein.
2. Nun sind alle Dinge wieder groß.
   Ersetze die Verkleinerungsformen durch die entsprechenden Nomen.
   Schreibe den Text auf: Der Prinz trifft die Zwerge.

Der Prinz trifft die Zwerge. Sie tragen den
gläsernen Sarg mit Schneewittchen.
Da stolpern die Zwerge über eine Wurzel.
Auf einmal schlägt Schneewittchen ihre Augen
auf. Der Prinz steigt von seinem Pferd und gibt
Schneewittchen einen Kuss. Er nimmt es mit
auf sein Schloss.

KV 43 C zu SAH B S. 10 – 12 / SB S. 89 – 91

eu oder äu

A

1. Setze eu oder äu ein.

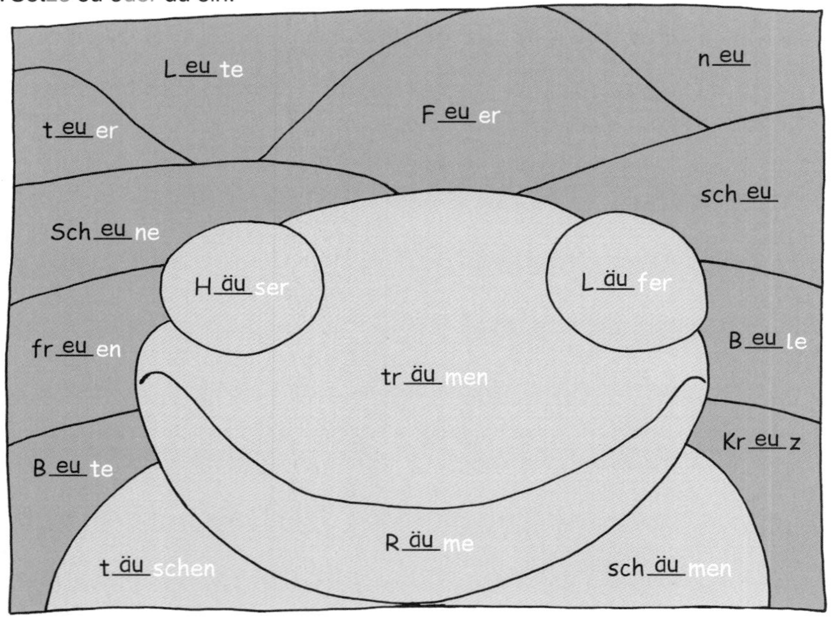

2. Male die Felder so an: Wörter mit äu: grün Wörter mit eu: blau

3. Trage die Wörter mit äu ein.
Schreibe zu jedem Wort mit au das verwandte Wort mit äu: Traum – träumen

Traum	–	träumen
Haus	–	Häuser
Raum	–	Räume
laufen	–	Läufer
Tausch	–	täuschen
Schaum	–	schäumen

KV 44 A zu SAH B S. 15 / SB S. 93

eu oder äu

B

1. Setze eu oder äu ein.

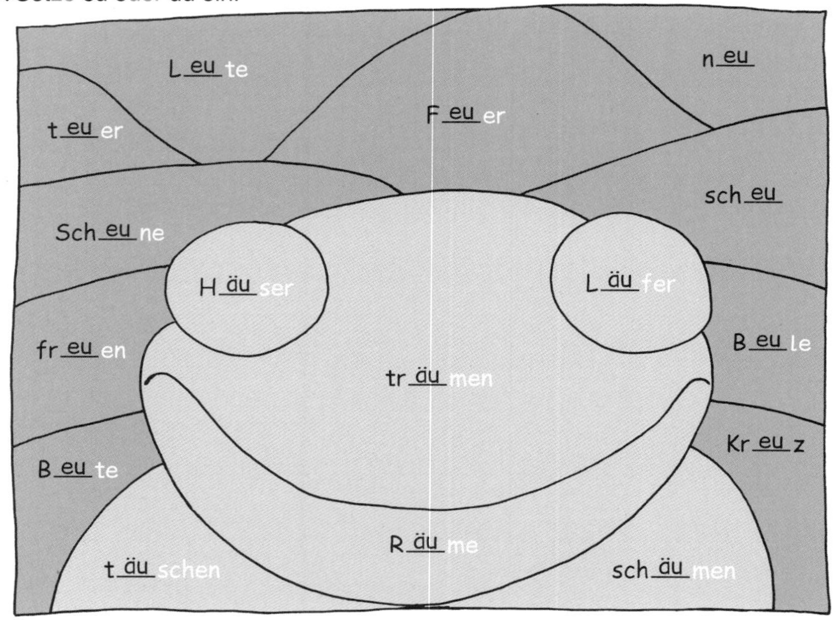

2. Male die Felder so an: Wörter mit äu: grün Wörter mit eu: blau

3. Trage die Wörter mit äu ein.
Schreibe zu jedem Wort ein verwandtes Wort mit au: träumen – Traum

träumen	–	Traum
Räume	–	Raum
Häuser	–	Haus
Läufer	–	laufen
schäumen	–	Schaum
täuschen	–	Tausch

KV 44 B zu SAH B S. 15 / SB S. 93

eu oder äu

C

1. Setze eu oder äu ein.

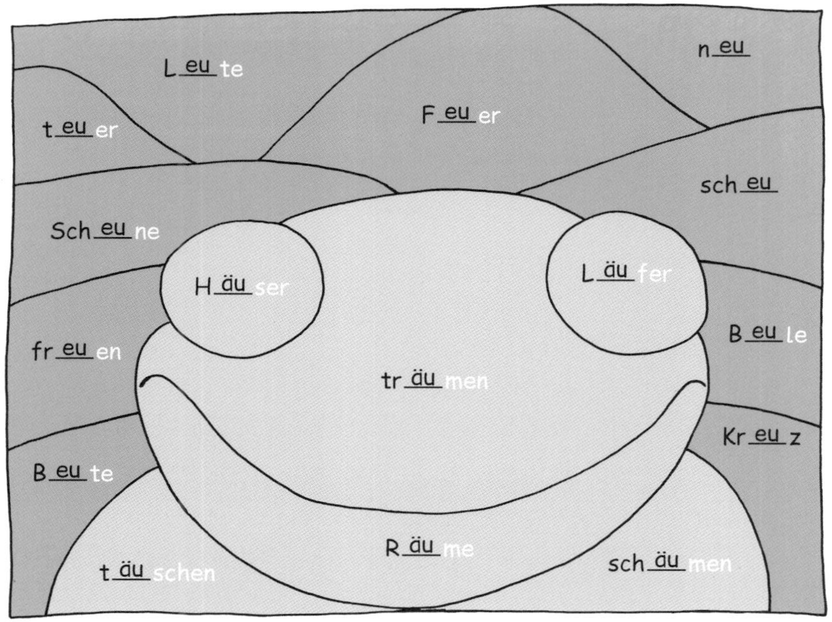

2. Male die Felder so an: Wörter mit äu: grün Wörter mit eu: blau

3. Ergänze die Sätze mit äu-Wörtern.

Lisa liegt im Bett und träumt.

An der Straße stehen viele Häuser.

Am Wettkampf nehmen viele Läufer teil.

In einem Schloss sind viele Räume.

Ein Magier täuscht die Zuschauer.

Seife schäumt mit Wasser stark.

Zusammengesetzte Nomen

A

Bilde zusammengesetzte Nomen.

Finde zu jedem Nomen im Kreis mindestens ein passendes Nomen aus den Kärtchen. Du kannst die Kärtchen mehrmals verwenden.

1. Schreibe so in dein Heft: die Schule – der Flur: der Schulflur

Lösungen KV 45 A

Schreibe so in dein Heft: die Schule - der Flur: der Schulflur

die Schule – der Flur: der Schulflur

die Schule – das Buch: das Schulbuch

das Haus – die Tür: die Haustür

das Haus – der Schlüssel: der Hausschlüssel

der Garten – die Tür: die Gartentür

der Garten – die Bank: die Gartenbank

das Auto – der Schlüssel: der Autoschlüssel

das Auto – die Tür: die Autotür

die Blumen – die Vase: die Blumenvase

die Blumen – das Beet: das Blumenbeet

der Vogel – das Häuschen: das Vogelhäuschen

Mehrere Lösungen sind möglich.

Zusammengesetzte Nomen

B

Bilde zusammengesetzte Nomen.
Finde zu jedem Nomen im Kreis mindestens zwei passende Nomen aus den Kärtchen. Du kannst die Kärtchen mehrmals verwenden.

1. Schreibe so in dein Heft: die Schule – der Flur: der Schulflur

Häuschen · Flur · Weg · Buch · Bild · Vase
Dach · Schuhe · Wiese · Tür · Bank · Beet
Klingel · Wurzel · Fenster · Nest · Schlüssel · Tisch

Lösungen KV 45 B

Schreibe so in dein Heft: die Schule - der Flur: der Schulflur

die Schule – der Flur: der Schulflur

die Schule – das Buch: das Schulbuch

das Haus – die Schuhe: die Hausschuhe

das Haus – der Schlüssel: der Hausschlüssel

der Garten – die Tür: die Gartentür

der Garten – die Bank: die Gartenbank

das Auto – das Fenster: das Autofenster

das Auto – das Dach: das Autodach

die Blumen – die Wiese: die Blumenwiese

die Blumen – das Beet: das Blumenbeet

der Vogel – das Nest: das Vogelnest

der Vogel – das Häuschen: das Vogelhäuschen

Mehrere Lösungen sind möglich.

Zusammengesetzte Nomen C

Bilde zusammengesetzte Nomen.

Finde zu jedem Nomen im Kreis mindestens zwei passende Nomen aus den Kärtchen. Du kannst die Kärtchen mehrmals verwenden.

1. Schreibe zu jedem zusammengesetzten Nomen einen Satz:
   Im Schulflur hängen viele Jacken.

individuelle Lösung

~~Häuschen~~ ~~Flur~~ ~~Weg~~ ~~Buch~~ ~~Bild~~ ~~Vase~~

~~Dach~~ ~~Schuhe~~ ~~Wiese~~ ~~Tür~~ ~~Bank~~ ~~Beet~~

~~Klingel~~ ~~Wurzel~~ ~~Fenster~~ ~~Nest~~ ~~Schlüssel~~ ~~Tisch~~

Wir basteln einen Hasen mit Eierbauch A

1. Schau dir die Bilder genau an.
2. Schreibe die Bastelanleitung mit einer passenden Überschrift in dein Heft. Schreibe in der ich-Form und verwende die Wörter unter den Bildern.

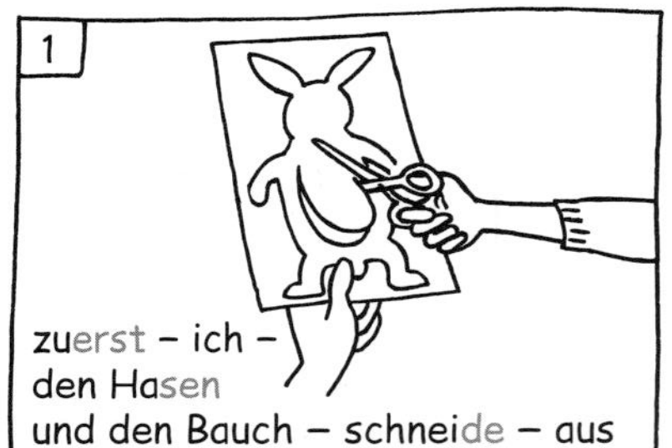

zuerst – ich – den Hasen und den Bauch – schneide – aus

dann – ich – auf – das Gesicht – male

nun – ich – mit der Nadel – zwei Löcher – bohre

darauf – ich – den Faden – um das Streichholz – binde

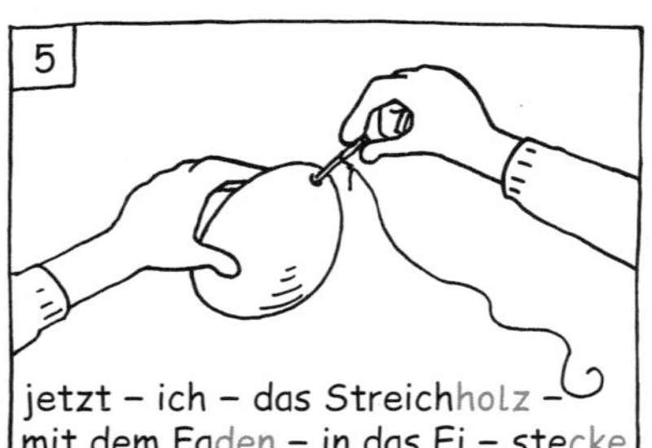

jetzt – ich – das Streichholz – mit dem Faden – in das Ei – stecke

zuletzt – ich – den Faden – durch die Löcher – ziehe

Lösungen KV 46 A

2. Schreibe die Bastelanleitung mit einer passenden Überschrift in dein Heft. Schreibe in der ich-Form und verwende die Wörter unter den Bildern. Denke an verschiedene Satzanfänge.

Bastelanleitung für einen Hasen mit Eierbauch

(1) Zuerst schneide ich den Hasen und den Bauch aus.

(2) Dann male ich das Gesicht auf.

(3) Nun bohre ich mit der Nadel zwei Löcher.

(4) Darauf binde ich den Faden um das Streichholz.

(5) Jetzt stecke ich das Streichholz mit dem Faden in das Ei.

(6) Zuletzt ziehe ich den Faden durch die Löcher.

Mehrere Lösungen sind möglich.

Wir basteln einen Hasen mit Eierbauch

B

1. Schau dir die Bilder genau an.
2. Schreibe die Bastelanleitung mit einer passenden Überschrift in dein Heft. Schreibe in der ich-Form und verwende die Wörter unter den Bildern. Denke an verschiedene Satzanfänge.

Hase und Bauch ausschneiden

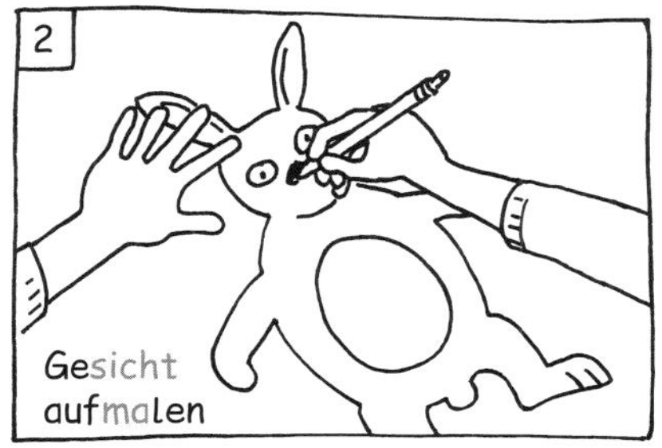

Gesicht aufmalen

mit Nadel zwei Löcher oben und unten am Kopf bohren

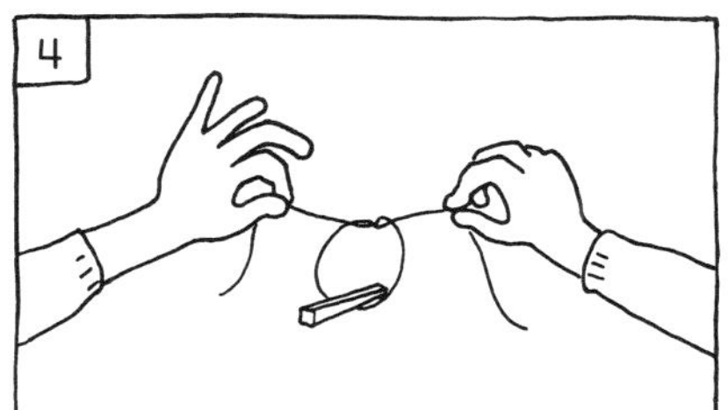

Faden um Streichholz binden

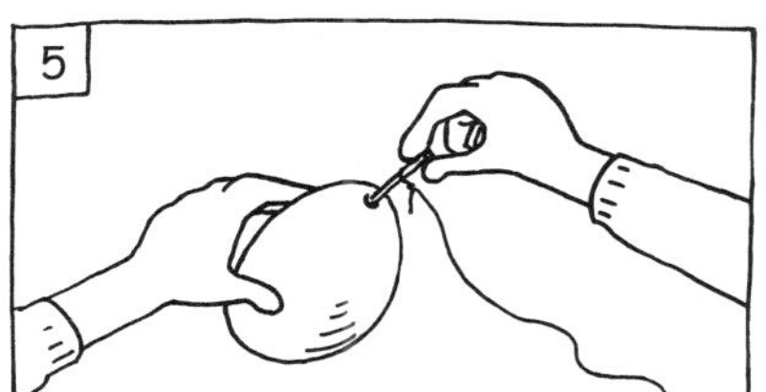

Streichholz mit Faden in Ei stecken

Faden durch Löcher ziehen und oben verknoten

Schreibanlass: Vorgangsbeschreibung

Lösungen KV 46 B

2. Schreibe die Bastelanleitung mit einer passenden Überschrift in dein Heft. Schreibe in der ich-Form und verwende die Wörter unter den Bildern. Denke an verschiedene Satzanfänge.

Bastelanleitung für einen Hasen mit Eierbauch

(1) Zuerst schneide ich den Hasen und den Bauch aus.

(2) Dann male ich das Gesicht auf.

(3) Jetzt bohre ich mit einer Nadel zwei Löcher oben und unten am Kopf.

(4) Später binde ich einen Faden um ein Streichholz.

(5) Darauf stecke ich das Streichholz mit dem Faden in ein ausgeblasenes Ei.

(6) Zuletzt ziehe ich den Faden durch die Löcher und verknote ihn.

Mehrere Lösungen sind möglich.

Wir basteln einen Hasen mit Eierbauch

C

1. Schau dir die Bilder genau an.
2. Schreibe die Bastelanleitung mit einer passenden Überschrift in dein Heft. Schreibe in der ich-Form. Denke an verschiedene Satzanfänge.

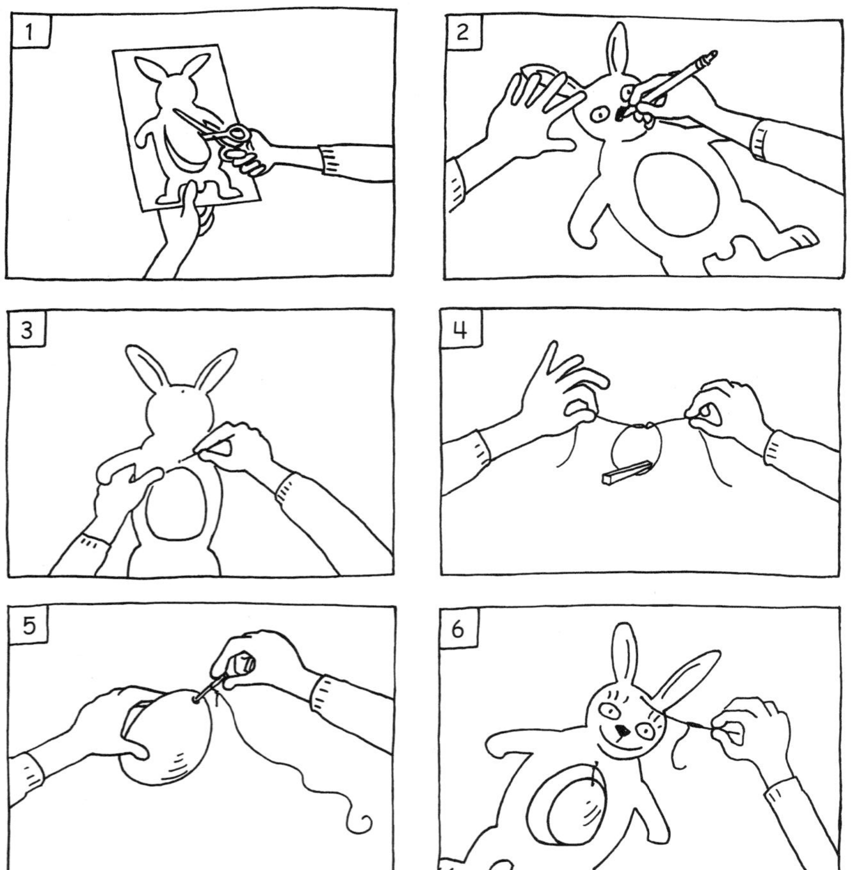

Lösungen KV 46 C

2. Schreibe die Bastelanleitung mit einer passenden Überschrift in dein Heft. Schreibe in der ich-Form. Denke an verschiedene Satzanfänge.

Bastelanleitung für einen Hasen mit Eierbauch

(1) Zuerst schneide ich den Hasen und den Bauch aus.

(2) Dann male ich das Gesicht auf.

(3) Jetzt bohre ich mit einer Nadel zwei Löcher oben und unten am Kopf.

(4) Später binde ich einen Faden um ein Streichholz.

(5) Darauf stecke ich das Streichholz mit dem Faden in ein ausgeblasenes Ei.

(6) Zuletzt ziehe ich den Faden durch die Löcher und verknote ihn.

Mehrere Lösungen sind möglich.

Einen Text überarbeiten: Satzanfänge A

Hanna hat aufgeschrieben, wie sie bunte Eier für den Osterstrauß bastelt.

1. Lest Hannas Bastelanleitung laut. Was fällt euch auf?

Ich reiße das Seidenpapier in kleine Stücke.
Ich tauche die Stückchen in das Wasser.
Ich klebe die Seidenpapierstückchen an das ausgeblasene Ei.
Ich löse die Papierstückchen von dem Ei ab.
Ich binde einen Faden um ein Streichholz.
Ich stecke das Streichholz in das bunte Ei.

2. Schreibe die Bastelanleitung mit verschiedenen Satzanfängen:
<u>Zuerst</u> reiße ich das Seidenpapier in kleine Stücke.
<u>Dann</u> tauche ich ...

Zuerst ... | Dann ... | Jetzt ... | Später ... | Darauf ... | Zuletzt ...

Zuerst reiße ich das Seidenpapier in
kleine Stücke.
Dann tauche ich die Stückchen in das Wasser.
Jetzt klebe ich die Seidenpapierstückchen
an das ausgeblasene Ei.
Später löse ich die Papierstückchen von
dem Ei ab.
Darauf binde ich einen Faden um ein
Streichholz.
Zuletzt stecke ich das Streichholz in
das bunte Ei.

Einen Text überarbeiten: Satzanfänge B

Hanna hat aufgeschrieben, wie sie bunte Eier für den Osterstrauß bastelt.

1. Lest Hannas Bastelanleitung laut. Was fällt euch auf?

Ich reiße zuerst das Seidenpapier in kleine Stücke.
Ich tauche dann die Stückchen in das Wasser.
Ich klebe jetzt die Seidenpapierstückchen an das ausgeblasene Ei.
Ich löse später die Papierstückchen von dem Ei ab.
Ich binde darauf einen Faden um ein Streichholz.
Ich stecke zuletzt das Streichholz in das bunte Ei.

2. Stelle die Wörter so um, dass jeder Satz mit einem anderen Wort beginnt:
<u>Zuerst</u> reiße ich das Seidenpapier in kleine Stücke.
<u>Dann</u> tauche ich ...

Zuerst reiße ich das Seidenpapier in
kleine Stücke.
Dann tauche ich die Stückchen in das Wasser.
Jetzt klebe ich die Seidenpapierstückchen
an das ausgeblasene Ei.
Später löse ich die Papierstückchen von
dem Ei ab.
Darauf binde ich einen Faden um ein
Streichholz.
Zuletzt stecke ich das Streichholz in
das bunte Ei.

Einen Text überarbeiten: Satzanfänge C

Hanna hat aufgeschrieben, wie sie bunte Eier für den Osterstrauß bastelt.

1. Lest Hannas Bastelanleitung laut. Was fällt euch auf?

Ich reiße das Seidenpapier in kleine Stücke.
Ich tauche die Stückchen in das Wasser.
Ich klebe die Seidenpapierstückchen an das ausgeblasene Ei.
Ich löse die Papierstückchen von dem Ei ab.
Ich binde einen Faden um ein Streichholz.
Ich stecke das Streichholz in das bunte Ei.

2. Schreibe die Bastelanleitung mit verschiedenen Satzanfängen:
Zuerst reiße ich das Seidenpapier in kleine Stücke.
Dann tauche ich …

Zuerst reiße ich das Seidenpapier in
kleine Stücke.
Dann tauche ich die Stückchen in das Wasser.
Jetzt klebe ich die Seidenpapierstückchen
an das ausgeblasene Ei.
Später löse ich die Papierstückchen von
dem Ei ab.
Darauf binde ich einen Faden um ein
Streichholz.
Zuletzt stecke ich das Streichholz in
das bunte Ei.

Satzschlusszeichen A

1. Beim Mittagessen unterhalten sich Hanna und ihre Mutter.
Lest das Gespräch mit verteilten Rollen.

2. Das Gespräch besteht aus zwei Fragen und drei Aussagesätzen.
Unterstreiche die Fragewörter und ergänze die Fragezeichen.
Setze Punkte am Ende der Aussagesätze.

2. Schreibe das Gespräch ab.
Mutter: Was habt ihr …
Hanna: Wir …

Mutter: Was habt ihr in der Schule gebastelt?

Hanna: Wir haben Eier mit buntem
Seidenpapier beklebt.

Mutter: Was habt ihr mit den fertigen Eiern
gemacht?

Hanna: Wir haben sie an Zweige gehängt.

Mutter: Der Osterstrauß sieht sicher schön
aus.

Satzschlusszeichen B

1. Beim Mittagessen unterhalten sich Hanna und ihre Mutter.
   Lest das Gespräch mit verteilten Rollen.

2. Schreibe das Gespräch ab und ergänze einen Punkt oder ein Fragezeichen.
   Mutter: Habt ihr ...
   Hanna: Wir ...

Mutter: Habt ihr in der Schule bunte Eier
gebastelt?
Hanna: Ja, wir haben sie mit buntem
Seidenpapier beklebt.
Mutter: Was habt ihr mit den fertigen
Eiern gemacht?
Hanna: Wir haben sie an Zweige gehängt.
Mutter: Der Osterstrauß sieht sicher
schön aus.

Satzschlusszeichen C

Beim Mittagessen unterhalten sich Hanna und ihre Mutter.

1. Schreibe das Gespräch ab und ergänze einen Punkt oder ein Fragezeichen.
   Mutter: Habt ihr ...
   Hanna: Wir ...

Mutter: Habt ihr in der Schule bunte Eier
gebastelt?
Hanna: Ja, wir haben sie mit buntem
Seidenpapier beklebt.
Mutter: Was habt ihr mit den fertigen
Eiern gemacht?

2. Wie könnte das Gespräch weitergehen?
   Setze es mit einem Partner fort und schreibe auf.

Hanna: Wir haben sie an Zweige gehängt.
Mutter: Der Osterstrauß sieht sicher
schön aus.

Eine Bastelanleitung schreiben

B

1. Schau dir die Bilder genau an. Was wird gebastelt?

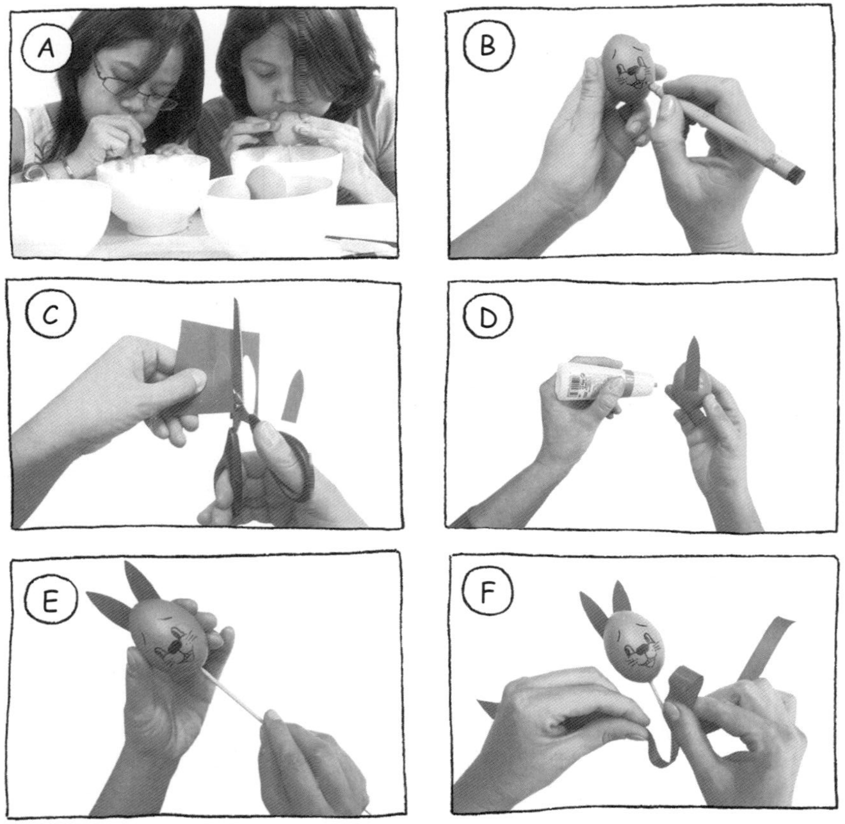

2. Schreibe auf, was du zum Easteln benötigst.

Ich brauche: braunes Ei, schwarzen
Filzstift, Schere, braunen Karton,
Klebstoff, Holzstab, Geschenkband

3. Schreibe eine Bastelanleitung. → KV 50 B

Eine Bastelanleitung schreiben

C

1. Schau dir die Bilder genau an. Was wird gebastelt?

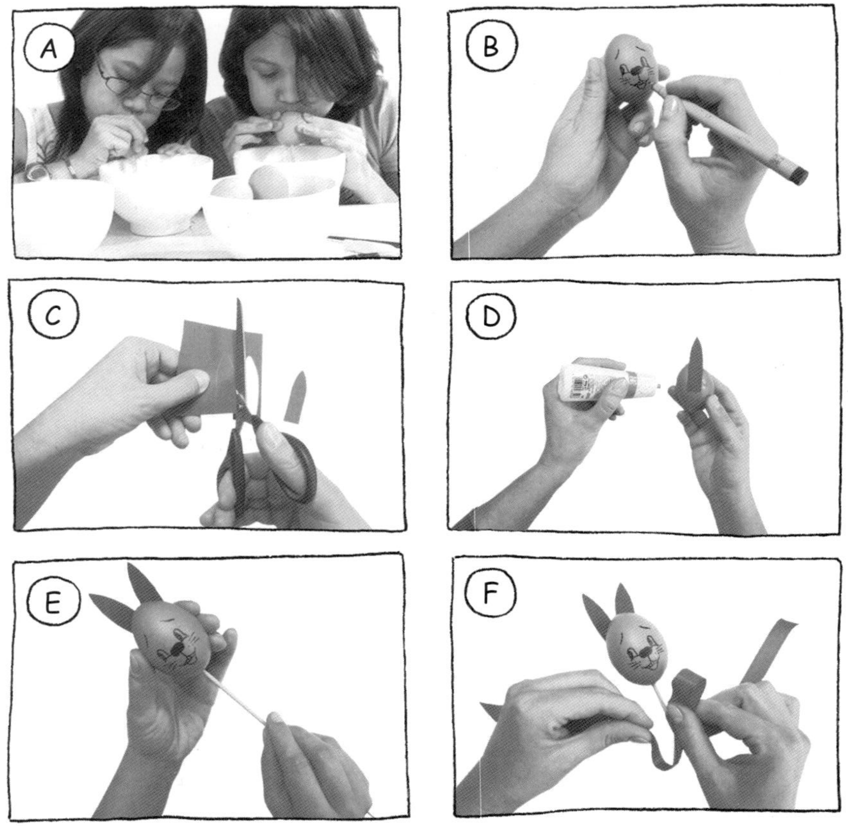

2. Schreibe auf, was du zum Basteln benötigst.

Ich brauche: braunes Ei, schwarzen
Filzstift, Schere, braunen Karton,
Klebstoff, Holzstab, Geschenkband

3. Schreibe eine Bastelanleitung. → KV 50 C

Eine Bastelanleitung schreiben

A

1. Schreibe eine passende Überschrift.
2. Beschreibe die einzelnen Schritte bis zu den fertigen Osterhasensteckern. Verwende die ich-Form.

Material:
- ausgeblasene Eier
- braunes Tonpapier
- Schaschlikstäbchen
- Schleifenband
- schwarzer Filzstift
- Kleber

Bastelanleitung für Osterhasenstecker

Zuerst blase ich das Ei aus.
Dann male ich das Gesicht auf.
Nun schneide ich die Ohren aus.
Darauf klebe ich die Ohren an das Ei.
Jetzt stecke ich das Stäbchen in das Ei.
Zuletzt binde ich eine Schleife um das Stäbchen.

KV 50 A zu SAH B S. 22 – 25 / SB S. 103

Eine Bastelanleitung schreiben

B

1. Beschreibe die einzelnen Schritte bis zu den fertigen Osterhasensteckern. Verwende abwechslungsreiche Satzanfänge, damit der Text nicht langweilig wird. Verwende die ich-Form.

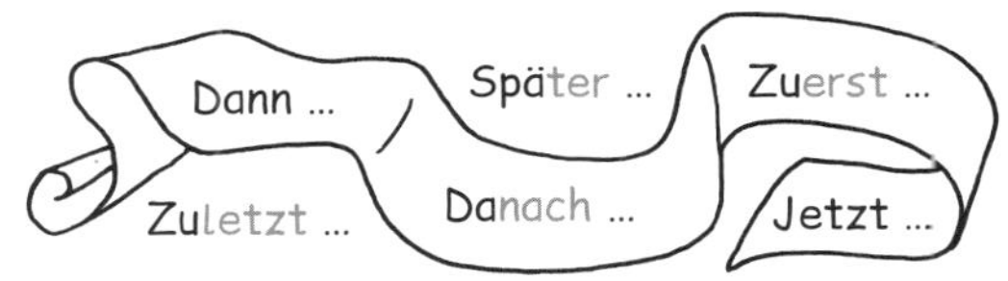

Bastelanleitung für Osterhasenstecker

Zuerst blase ich das Ei aus. Dann male ich mit dem schwarzen Filzstift ein Hasengesicht auf das Ei. Jetzt schneide ich aus dem braunen Karton zwei Hasenohren aus. Danach klebe ich die Hasenohren an das Ei mit dem Gesicht. Später stecke ich den Holzstab in das Ei. Zuletzt binde ich eine Schleife um den Holzstab.

KV 50 B zu SAH B S. 22 – 25 / SB S. 103

Eine Bastelanleitung schreiben

C

1. Beschreibe die einzelnen Schritte
bis zu den fertigen Osterhasensteckern.
Verwende abwechslungsreiche Satzanfänge,
damit der Text nicht langweilig wird.
Verwende die ich-Form.

Bastelanleitung für
Osterhasenstecker

Zuerst blase ich das Ei aus.
Dann male ich mit dem
schwarzen Filzstift ein Hasengesicht auf das Ei.
Jetzt schneide ich aus dem braunen Karton
zwei Hasenohren aus. Danach klebe ich die
Hasenohren an das Ei mit dem Gesicht.
Später stecke ich den Holzstab in das Ei.
Zuletzt binde ich eine Schleife um den
Holzstab.

Genau beschreiben

A

Wo würdest du die Ostereier verstecken?

1. Male fünf Eier in das Bild und färbe sie ~~rot~~, ~~blau~~, ~~grün~~, ~~gelb~~
und ~~lila~~. Wähle für jedes Ei eine andere Farbe.

2. Schreibe auf, wo du die Eier versteckt hast.

Beispiellösung

Folgende Wörter helfen dir: hinter | vor | neben | unter | auf

Das rote Ei liegt unter der Bank.
Das gelbe Ei liegt neben der Blume.
Das grüne Ei liegt hinter dem Stein.
Das blaue Ei liegt auf der Schaukel.
Das lila Ei liegt vor der Tonne.

Genau beschreiben

B

Wo würdest du die Ostereier verstecken?

1. Male sechs Eier in das Bild und färbe sie ~~rot~~, ~~blau~~, ~~grün~~, ~~gelb~~, ~~orange~~ und ~~lila~~. Wähle für jedes Ei eine andere Farbe.

Beispiellösung

2. Schreibe auf, wo du die Eier versteckt hast: Das rote Ei liegt …

Das rote Ei liegt unter der Bank.

Das gelbe Ei liegt neben der Blume.

Das grüne Ei liegt auf der Schaukel.

Das lila Ei liegt auf der Hecke.

Das blaue Ei liegt auf dem Dach.

Das orange Ei liegt vor der Tonne.

Genau beschreiben

C

Wo würdest du die Ostereier verstecken?

1. Male sieben Eier in das Bild und färbe sie ~~rot~~, ~~blau~~, ~~grün~~, ~~gelb~~, ~~orange~~, ~~braun~~ und ~~lila~~. Wähle für jedes Ei eine andere Farbe.

2. Schreibe auf, wo du die Eier versteckt hast. **Beispiellösung**

Das rote Ei liegt unter der Bank.

Das gelbe Ei liegt neben der Blume.

Das braune Ei liegt hinter dem Stein.

Das grüne Ei liegt auf der Schaukel.

Das lila Ei liegt auf der Hecke.

Das blaue Ei liegt auf dem Dach.

Das orange Ei liegt vor der Tonne.

Genau beschreiben A

Lena und Malte haben im Park ein Amselnest entdeckt.

1. Schreibe Sätze:

Vier Amseljunge hocken im Nest.

vier Amseljunge die Amselmutter der Amselvater die Katze	hocken sitzt fliegt lauert	im Nest auf dem Nestrand zum Nest unter dem Baum

Vier Amseljunge hocken im Nest.

Die Amselmutter sitzt auf dem Nestrand.

Der Amselvater fliegt zum Nest.

Die Katze lauert unter dem Baum.

Genau beschreiben B

Lena und Malte haben im Park ein Amselnest entdeckt.

1. Schreibe immer zwei Sätze:

Vier Amseljunge hocken im Nest. Im Nest hocken vier Amseljunge.

vier Amseljunge Amselmutter Amselvater Katze	hocken sitzen fliegen lauern	im Nest auf dem Nestrand zum Nest unter dem Baum

Vier Amseljunge hocken im Nest.

Im Nest hocken vier Amseljunge.

Die Amselmutter sitzt auf dem Nestrand.

Auf dem Nestrand sitzt die Amselmutter.

Der Amselvater fliegt zum Nest.

Zum Nest fliegt der Amselvater.

Die Katze lauert unter dem Baum.

Unter dem Baum lauert die Katze.

Genau beschreiben

C

Lena und Malte haben im Park ein Amselnest entdeckt.

1. Schreibe immer zwei Sätze und ergänze das fehlende Wort:

Vier Amseljunge hocken im Nest. Im Nest hocken vier Amseljunge.

vier Amseljunge Amselmutter Amselvater Katze	hocken sitzen fliegen lauern	? Nest ? dem Nestrand ? Nest ? dem Baum

Vier Amseljunge hocken im Nest.
Im Nest hocken vier Amseljunge.
Die Amselmutter sitzt auf dem Nestrand.
Auf dem Nestrand sitzt die Amselmutter.
Der Amselvater fliegt zum Nest.
Zum Nest fliegt der Amselvater.
Die Katze lauert unter dem Baum.
Unter dem Baum lauert die Katze.

Aufforderungssatz

A

Malte und seine Freunde wollen bei Oma und Opa im Garten ein Bohnenzelt wachsen lassen.
Oma hilft den Kindern.

1. Unterstreiche die Verben.

- acht Bohnenstangen holen
- die Stangen im Kreis in die Erde stecken
- die Stangen oben mit einer Schnur zusammenbinden
- bei jeder Stange fünf Bohnen in die Erde stecken
- die Bohnen gießen

2. Bilde Aufforderungssätze. Schreibe so: Holt acht Bohnenstangen!

Holt acht Bohnenstangen!
Steckt die Stangen im Kreis in die Erde!
Bindet die Stangen oben mit einer Schnur
zusammen!
Steckt bei jeder Stange fünf Bohnen in die Erde!
Gießt die Bohnen!

Aufforderungssatz

B

Malte und seine Freunde wollen bei Oma und Opa im Garten ein Bohnenzelt wachsen lassen.
Oma hilft den Kindern.

acht Bohnenstangen holen

die Stangen im Kreis in die Erde stecken

Stangen oben mit Schnur zusammenbinden

bei jeder Stange fünf Bohnen in die Erde stecken

Bohnen vorsichtig angießen

nun abwarten

1. Bilde Aufforderungssätze. Schreibe so: Holt acht Bohnenstangen!

Holt acht Bohnenstangen!
Steckt die Stangen im Kreis in die Erde!
Bindet die Stangen oben mit Schnur
zusammen!
Steckt bei jeder Stange fünf Bohnen in die Erde!
Gießt die Bohnen vorsichtig an!
Wartet nun ab!

Aufforderungssatz

C

Malte und seine Freunde wollen bei Oma und Opa im Garten ein Bohnenzelt wachsen lassen.
Oma hilft den Kindern.

① acht Bohnenstangen holen

⑤ Bohnen vorsichtig angießen

③ Stangen oben mit Schnur zusammenbinden

⑥ nun abwarten

② Stangen im Kreis in Erde stecken

④ bei jeder Stange fünf Bohnen in Erde stecken

1. Nummeriere die Streifen in der richtigen Reihenfolge.
2. Bilde Aufforderungssätze. Schreibe so: Holt acht Bohnenstangen!

Holt acht Bohnenstangen!
Steckt die Stangen im Kreis in die Erde!
Bindet die Stangen oben mit Schnur
zusammen!
Steckt bei jeder Stange fünf Bohnen in die Erde!
Gießt die Bohnen vorsichtig an!
Wartet nun ab!

Aufforderungssatz

A

1. Was sollen die Kinder tun?
   Schreibe Aufforderungssätze in der Einzahl und in der Mehrzahl:
   Male ein Bild! Malt ein Bild!

ein Bild malen

Male ein Bild!

Malt ein Bild!

die Aufgabe rechnen

Rechne die Aufgabe!

Rechnet die Aufgabe!

leise spielen

Spiele leise!

Spielt leise!

den Stift spitzen

Spitze den Stift!

Spitzt den Stift!

Aufforderungssatz

B

1. Was sollen die Kinder tun?
   Schreibe Aufforderungssätze in der Einzahl und in der Mehrzahl:
   Male ein Bild! Malt ein Bild!

ein Bild malen

Male ein Bild!

Malt ein Bild!

die Aufgabe rechnen

Rechne die Aufgabe!

Rechnet die Aufgabe!

leise spielen

Spiele leise!

Spielt leise!

den Stift spitzen

Spitze den Stift!

Spitzt den Stift!

ein Lied singen

Singe ein Lied!

Singt ein Lied!

einen Handstand machen

Mache einen Handstand!

Macht einen Handstand!

Aufforderungssatz

C

1. Was sollen die Kinder tun? Betrachte die Bilder.
   Schreibe passende Aufforderungssätze in der Einzahl und in der Mehrzahl:
   Male ein Bild! Malt ein Bild!

Beispiellösung

Male ein Bild!

Malt ein Bild!

Rechne die Aufgabe!

Rechnet die Aufgabe!

Spiele leise!

Spielt leise!

Spitze den Stift!

Spitzt den Stift!

Singe ein Lied!

Singt ein Lied!

Mache einen Handstand!

Macht einen Handstand!

i oder ie?

A

1. Beantworte die Rätselsätze mit i- oder ie-Wörtern.
   Trage die Buchstaben in die Kästchen ein.

1) Auf ihr wachsen viele Blumen.
2) Sie sammeln Nektar und Pollen.
3) Ein Igel hat … Beine.
4) Sie bauen Netze, um Beutetiere zu fangen.
5) Sie meckern.
6) Das macht man, wenn man Durst hat.

1)					W	I	E	S	E		
2)				B	I	E	N	E	N		
3)			V	I	E	R					
4)					S	P	I	N	N	E	N
5)	Z	I	E	G	E	N					
6)		T	R	I	N	K	E	N			

2. Ergänze den Satz mit dem Lösungswort aus Aufgabe 1.
   Gänseblümchen wachsen auf
   Wiesen.

i oder ie?

B

1. Beantworte die Rätselsätze mit i- oder ie-Wörtern.
   Trage die Buchstaben in die Kästchen ein.
2. Ergänze den Lösungssatz.

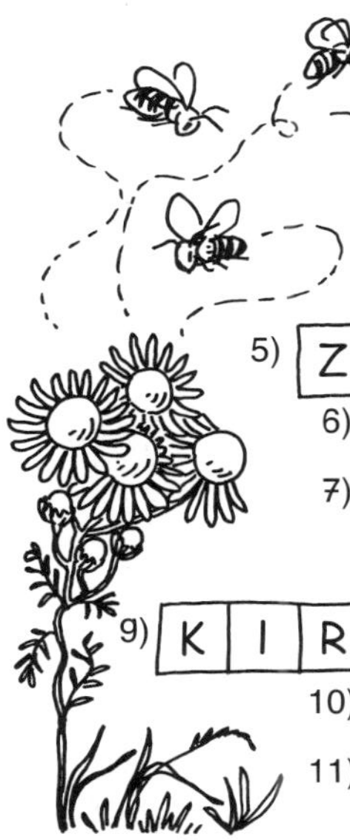

1)	WIESE
2)	BIENEN
3)	VIER
4)	SPINNEN
5)	ZIEGEN
6)	TRINKEN
7)	SIEBEN
8)	LIEB
9)	KIRCHTURM
10)	FILM
11)	SPIEGEL

Das Gänseblümchen ist eine Wiesenblume.

1) Auf ihr wachsen viele Blumen.
2) Sie sammeln Nektar und Pollen.
3) Ein Igel hat … Beine.
4) Sie bauen Netze, um Beutetiere zu fangen.
5) Sie meckern.
6) Das macht man, wenn man Durst hat.
7) Das Märchen von den … Geißlein.
8) Gegenteil von böse.
9) Darin hängen Glocken.
10) Wir schauen ihn im Kino an.
11) Darin kann man sich sehen.

i oder ie?

C

1. Beantworte die Rätselsätze mit i- oder ie-Wörtern.
   Trage die Buchstaben in die passenden Kästchen ein,
   damit sich das Lösungswort ergibt.

Wort
WIESE
BIENEN
VIER
SPINNEN
ZIEGEN
TRINKEN
SIEBEN
LIEB
KIRCHTURM
FILM
SPIEGEL

- Sie sammeln Nektar und Pollen.
- Auf ihr wachsen viele Blumen.
- Sie bauen Netze, um Beutetiere zu fangen.
- Das macht man, wenn man Durst hat.
- Ein Igel hat … Beine.
- Sie meckern.
- Darin kann man sich sehen.
- Wir schauen ihn im Kino an.
- Gegenteil von böse.
- Das Märchen von den … Geißlein.
- Darin hängen Glocken.

i oder ie?

A

Hanna genießt ihre Freizeit und schreibt einen Brief an ihre Freundin Lisa.

1. Lies Hannas Brief. Schreibe i oder ie in die Blumen.

2. Schreibe die Wörter mit den Blumen in das passende Häuschen.

A: W | ie | s e

A: L | ie | d e r

A: V | ie | l e

A: fl | ie | g e n

B: L | i | n | d e

B: R | i | n | d e

i oder ie?

B

Hanna genießt ihre Freizeit und schreibt einen Brief an ihre Freundin Lisa.

1. Schreibe i oder ie in die Blumen.

2. Schreibe den Brief auf.

Liebe Lisa,
ich liege auf der Wiese unter einer Linde
und singe leise ein Lied.
Käfer krabbeln über die Rinde.
Der Wind rauscht in den Wipfeln der Bäume.
Viele Vögel zwitschern.
Herrlich!
Deine Hanna

i oder ie?

C

Hanna genießt ihre Freizeit und schreibt einen Brief an ihre Freundin Lisa.

1. Schreibe i oder ie in die Blumen.

2. Schreibe den Brief auf.

Liebe Lisa,

ich liege auf der Wiese unter einer Linde und

singe leise ein Lied. Käfer krabbeln über die

Rinde. Der Wind rauscht in den Wipfeln der

Bäume. Viele Bienen fliegen durch die Luft.

Schnecken kriechen über den Boden.

Spinnen bauen Netze aus silbernen Fäden.

Herrlich!

Deine Hanna

KV 56 C zu SAH B S. 32, 33 / SB S. 106, 107

Wörter mit Besonderheiten – chs

A

1. Schreibe die **sechs** Tiernamen mit **chs** in das **Sechseck**.

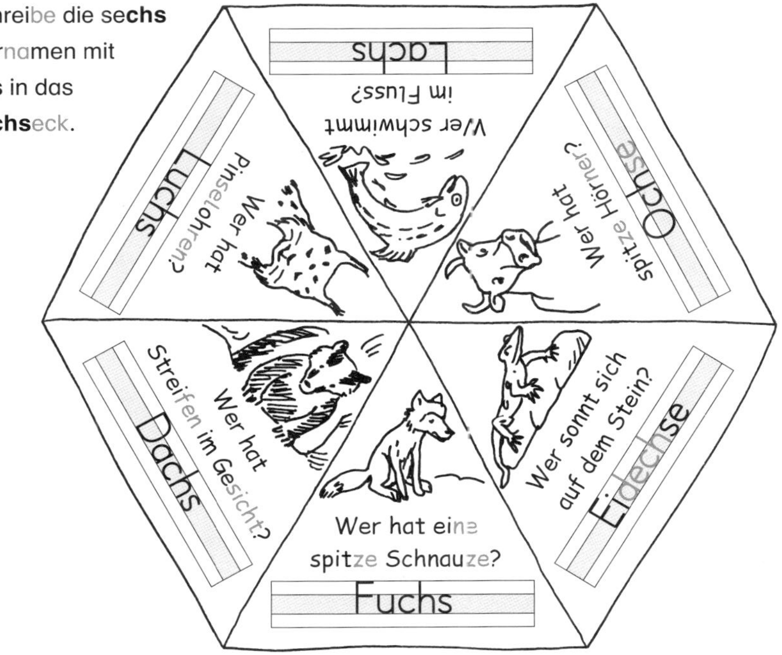

~~Eidech~~se | ~~Ochse~~ | ~~Luchs~~ | ~~Lachs~~ | ~~Dachs~~ | ~~Fuchs~~

2. Ergänze die Sätze mit den Tiernamen.

Der Lachs schwimmt im Fluss.

Der Fuchs hat eine spitze Schnauze.

Der Luchs hat Pinselohren.

Der Ochse hat spitze Hörner.

Die Eidechse sonnt sich auf dem Stein.

Der Dachs hat Streifen im Gesicht.

KV 57 A zu SAH B S. 36 / SB S. 121

Wörter mit Besonderheiten – chs

B

1. Finde die **sechs** Tiernamen mit **chs** und schreibe sie in das Se**chs**eck.

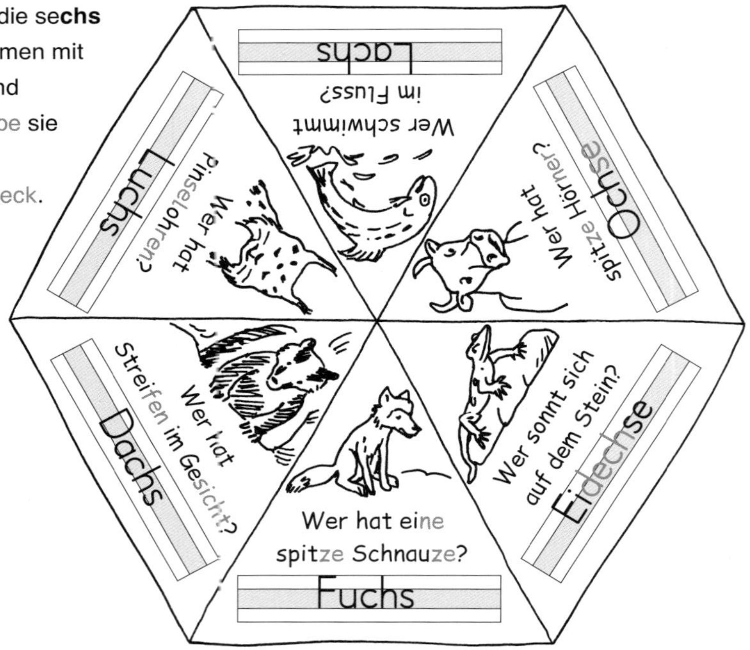

2. Schreibe die Antworten in Sätzen, zum Beispiel:
Der Lachs schwimmt im Fluss.

Der Lachs schwimmt im Fluss.
Der Ochse hat spitze Hörner.
Die Eidechse sonnt sich auf dem Stein.
Der Fuchs hat eine spitze Schnauze.
Der Dachs hat Streifen im Gesicht.
Der Luchs hat Pinselohren.

KV 57 B zu SAH B S. 36 / SB S. 121

Wörter mit Besonderheiten – chs

C

1. Finde die **sechs** Tiernamen mit **chs** und schreibe sie in das Se**chs**eck.

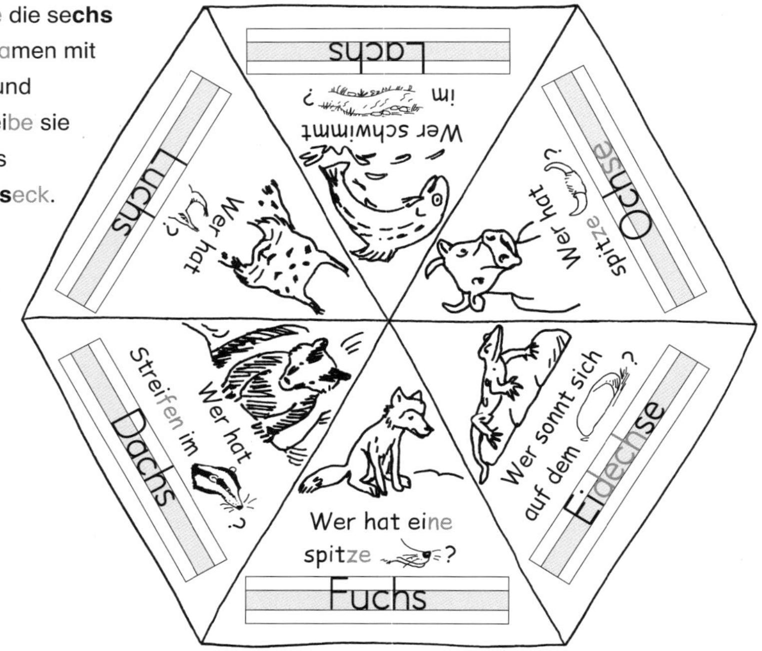

2. Ersetze die Bildwörter durch passende Nomen.
Schreibe die Antworten in Sätzen auf: Der Lachs schwimmt im Fluss.

~~Stein~~ ~~Ohren~~ ~~Streifen~~ ~~Hörner~~ ~~Fluss~~ ~~Schnauze~~

Der Lachs schwimmt im Fluss.
Der Ochse hat spitze Hörner.
Die Eidechse sonnt sich auf dem Stein.
Der Fuchs hat eine spitze Schnauze.
Der Dachs hat Streifen im Gesicht.
Der Luchs hat Pinselohren.

KV 57 C zu SAH B S. 36 / SB S. 121

V wie F oder W? A

1. Sprich alle Wörter.
   Klingt V wie F, dann male die Felder grün an.
   Klingt V wie W, dann male die Felder grau an.

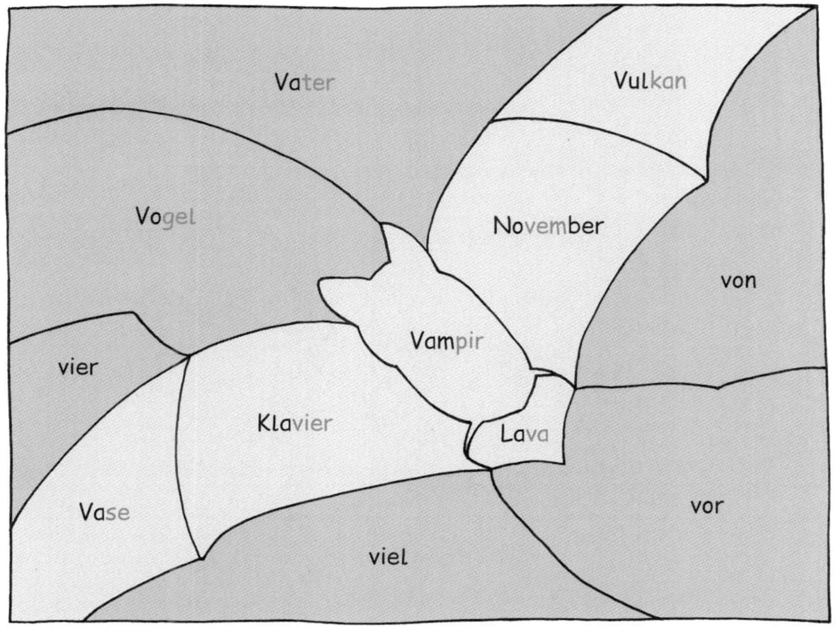

2. Trage alle Wörter mit V / v in die Tabelle ein.

klingt wie F	klingt wie W
Vater	Vulkan
Vogel	November
vier	Vampir
viel	Lava
vor	Klavier
von	Vase

V wie F oder W? B

1. Sprich alle Wörter.
   Klingt V wie F, dann male die Felder grün an.
   Klingt V wie W, dann male die Felder grau an.

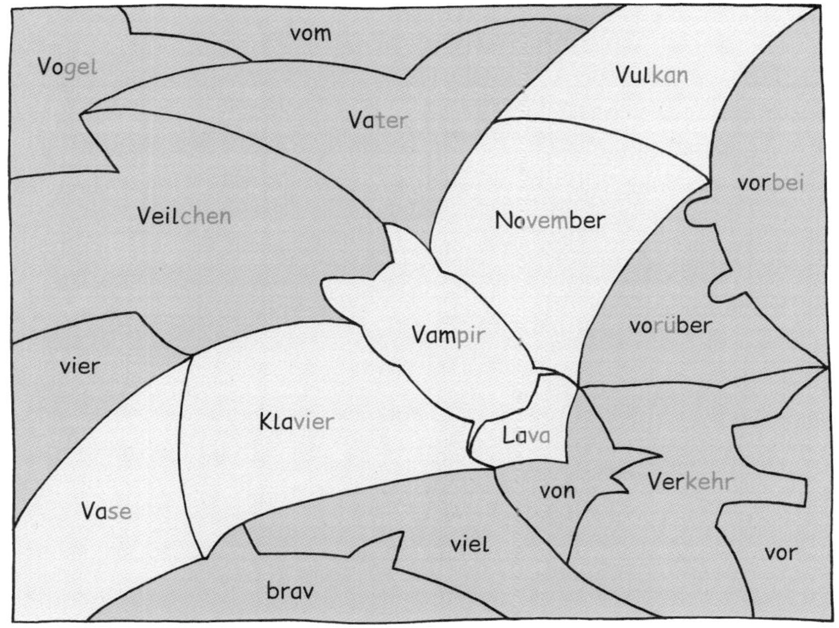

2. Ergänze die Sätze mit den Wörtern, bei denen du F hörst.

Der Vogel fliegt zu seinem Nest.

Bei dichtem Verkehr ist es gefährlich, die Straße zu überqueren.

Das Veilchen ist eine kleine Blume.

Das Jahr hat vier Jahreszeiten.

Hanna besucht mit ihrem Vater den Zoo.

V wie F oder W?

C

1. Sprich alle Wörter.
   Klingt V wie F, dann male die Felder grün an.
   Klingt V wie W, dann male die Felder grau an.

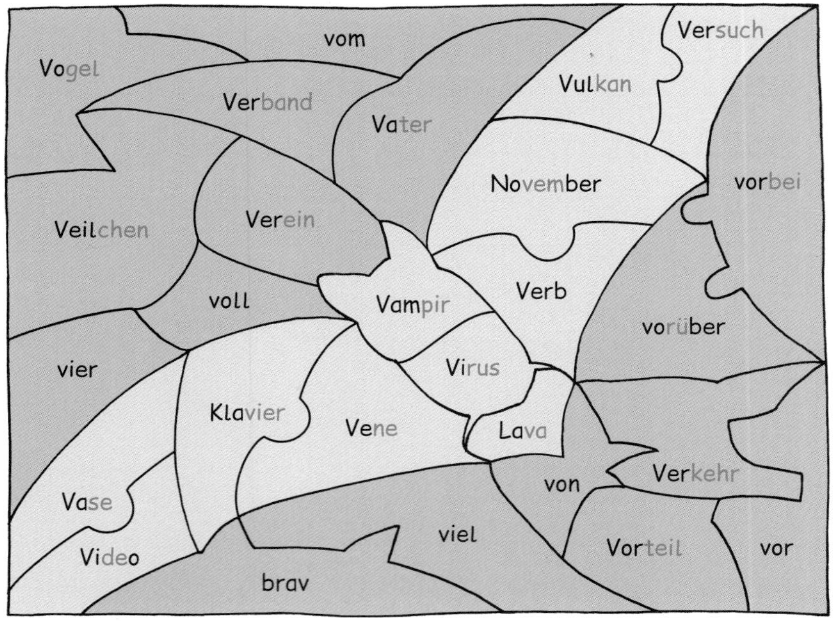

2. Ergänze die Sätze mit Wörtern, bei denen du F hörst.

Der **Vogel** fliegt zu seinem Nest.

Bei dichtem **Verkehr** ist es gefährlich, die Straße zu überqueren.

Das **Veilchen** ist eine kleine Blume.

Das Jahr hat **vier** Jahreszeiten.

Hanna besucht mit ihrem **Vater** den Zoo.

Fußball spielt man im **Verein**.

Vorsilben

A

1. Bilde neue Verben und schreibe sie auf.

vor-
- haben → **vorhaben**
- finden → **vorfinden**
- schlagen → **vorschlagen**
- zeigen → **vorzeigen**

ver-
- raten → **verraten**
- brauchen → **verbrauchen**
- suchen → **versuchen**
- schenken → **verschenken**

2. ver- oder vor- ?

lesen	eine Geschichte	**vorlesen**
stehen	die Aufgabe	**verstehen**
tragen	ein Gedicht	**vortragen**
singen	ein Lied	**vorsingen**
passen	den Bus	**verpassen**

Vorsilben

B

1. Färbe vor- gelb und ver- grün.
2. Bilde neue Verben. Male die Kärtchen, die zu vor- passen, gelb an.
   Male die Kärtchen, die zu ver- passen, grün an.

suchen · finden · bereiten · schlagen · zeigen · vor- · ver- · raten · schenken · sammeln · brauchen · haben

3. Schreibe die neuen Verben auf.

vor-	ver-
vorfinden	verraten
vorbereiten	verbrauchen
vorschlagen	versammeln
vorhaben	verschenken
vorzeigen	versuchen

4. Ergänze ver- oder vor-.

Hanna ver rät ihrer Freundin ein Geheimnis.

Am Schulfest wollen die Kinder ein Gedicht vor tragen.

Malte ver steht die Aufgabe nicht.

Mia soll ein Märchen vor lesen.

Vorsilben

C

1. Färbe vor- gelb und ver- grün.
2. Bilde neue Verben. Male die Kärtchen, die zu vor- passen, gelb an.
   Male die Kärtchen, die zu ver- passen, grün an.

suchen · finden · bereiten · schlagen · zeigen · vor- · ver- · raten · schenken · sammeln · brauchen · haben

3. Setze Verben mit vor- oder ver- aus Aufgabe 1 ein.

Timo will sich auf das Diktat vorbereiten.

Hanna und Sara verraten ihr Geheimnis.

Elektrogeräte verbrauchen Strom.

Was werden die Schatzsucher in der Höhle vorfinden?

Die Schüler versammeln sich auf dem Schulhof.

4. Ergänze ver- oder vor-.

Hanna ver rät ihrer Freundin ein Geheimnis.

Am Schulfest wollen die Kinder ein Gedicht vor tragen.

Malte ver steht die Aufgabe nicht.

Mia soll ein Märchen vor lesen.

Einen Text überarbeiten: sehen

A

Die Gänse machen mit Nils Holgersson auf einer kleinen Insel Rast.

Nils sitzt auf einem Felsen und blickt auf das Meer.

In der Ferne erkennt er ein Schiff.

Dann entdeckt er eine bunte Feder zwischen den Steinen.

Fasziniert dreht er sie zwischen Daumen und Zeigefinger und

betrachtet sie. Von welchem Vogel mag diese Feder wohl stammen?

1. Ergänze die Sätze mit den Wörtern auf den Steinen.

Einen Text überarbeiten: sehen

B

Die Gänse machen mit Nils Holgersson auf einer kleinen Insel Rast.

Nils sitzt auf einem Felsen und blickt verträumt auf das Meer.

In der Ferne erkennt er ein Schiff.

Plötzlich nimmt er Schatten neben sich wahr.

Er dreht sich um und sieht die Gänse neben sich fressen.

Er beobachtet, wie sie gierig die zarten Kräuter abzupfen.

Dann entdeckt er eine bunte Feder zwischen den Steinen.

Fasziniert dreht er sie zwischen Daumen und Zeigefinger und

betrachtet sie. Von welchem Vogel mag diese Feder wohl stammen?

1. Ergänze die Sätze mit den Wörtern auf den Steinen.

Einen Text überarbeiten: sehen

C

Die Gänse machen mit Nils Holgersson auf einer kleinen Insel Rast.

Nils sitzt auf einem Felsen und blickt verträumt auf das Meer.

In der Ferne erkennt er ein Schiff.

Plötzlich nimmt er Schatten neben sich wahr.

Er dreht sich um und sieht die Gänse neben sich fressen.

Er beobachtet, wie sie gierig die zarten Kräuter abzupfen.

Dann entdeckt er eine bunte Feder zwischen den Steinen.

Fasziniert dreht er sie zwischen Daumen und Zeigefinger und betrachtet sie. Von welchem Vogel mag diese Feder wohl stammen?

1. Ergänze die Sätze mit den Wörtern auf den Steinen.

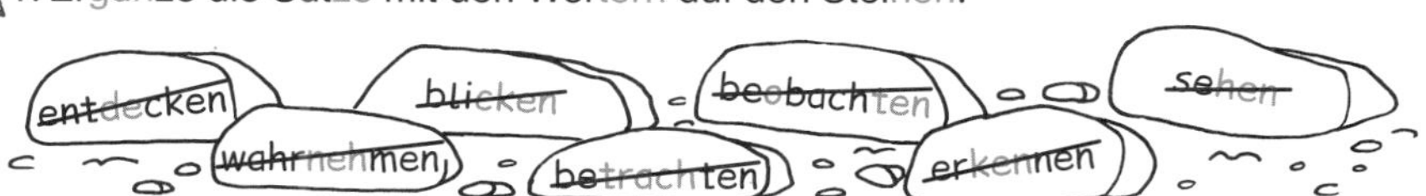

Einen Text überarbeiten: Satzanfänge

A

Franz erzählt, wie er den Lehrer Zickzack zum Lachen gebracht hat:

Wenn ich aufgeregt bin, kann ich nur noch piepsen.
~~Und~~ ich habe die Entschuldigung aufgenommen.
~~Und~~ ich habe die Start-Taste gedrückt.
~~Und~~ meine Stimme schallte laut durchs Zimmer.
~~Und~~ der Zickzack fing zu lachen an.

1. Lies den Text laut.
2. Streiche „Und" am Satzanfang durch.
   Wähle einen passenden Satzanfang aus und schreibe die Sätze:
   Wenn ich aufgeregt bin, kann ich nur noch piepsen. Deshalb habe …

Wenn ich aufgeregt bin, kann ich nur
noch piepsen.
Deshalb habe ich die Entschuldigung
aufgenommen.
Nun habe ich die Start-Taste gedrückt.
Da schallte meine Stimme laut durchs
Zimmer.
Plötzlich fing der Zickzack zu lachen an.

Einen Text überarbeiten: Satzanfänge

B

Franz erzählt, wie er den Lehrer Zickzack zum Lachen gebracht hat:

Wenn ich aufgeregt bin, kann ich nur noch piepsen.
~~Und~~ ich habe die Entschuldigung aufgenommen.
~~Und~~ ich bin zum Zickzack gegangen.
~~Und~~ ich habe die Start-Taste gedrückt.
~~Und~~ meine Stimme schallte laut durchs Zimmer.
~~Und~~ der Zickzack fing zu lachen an.

1. Lies den Text laut.
2. Streiche „Und" am Satzanfang durch.
   Wähle einen passenden Satzanfang aus und schreibe die Sätze:
   Wenn ich aufgeregt bin, kann ich nur noch piepsen. Deshalb habe ...

Wenn ich aufgeregt bin, kann ich nur
noch piepsen.
Deshalb habe ich die Entschuldigung
aufgenommen.
Dann bin ich zum Zickzack gegangen.
Nun habe ich die Start-Taste gedrückt.
Da schallte meine Stimme laut durchs
Zimmer.
Plötzlich fing der Zickzack zu lachen an.

Einen Text überarbeiten: Satzanfänge

C

Franz erzählt, wie er den Lehrer Zickzack zum Lachen gebracht hat:

Wenn ich aufgeregt bin, kann ich nur noch piepsen.
~~Und~~ ich habe die Entschuldigung aufgenommen.
~~Und~~ ich bin zum Zickzack gegangen.
~~Und~~ ich habe die Start-Taste gedrückt.
~~Und~~ meine Stimme schallte laut durchs Zimmer.
~~Und~~ der Zickzack starrte mich an.
~~Und~~ er fing zu lachen an.
~~Und~~ er schlug sich auf die Schenkel.
~~Und~~ er wischte sich die Lachtränen weg.
~~Und~~ alle gratulierten mir.

1. Lies den Text laut.
2. Streiche „Und" am Satzanfang durch.
   Wähle einen passenden Satzanfang aus und schreibe die Sätze:
   Wenn ich aufgeregt bin, kann ich nur noch piepsen. Deshalb habe ...

Wenn ich aufgeregt bin, kann ich nur noch
piepsen. Deshalb habe ich die Entschuldigung
aufgenommen. Dann bin ich zum Zickzack ge-
gangen. Nun habe ich die Start-Taste gedrückt.
Da schallte meine Stimme laut durchs Zimmer.
Zuerst starrte der Zickzack mich an. Plötzlich
fing er zu lachen an. Danach schlug er sich auf
die Schenkel. Zuletzt wischte er sich die Lach-
tränen weg. Später gratulierten mir alle.

Wörter mit Sp/sp und St/st — A

1. Ergänze die Wörter mit Sp/sp oder St/st.

Heute findet der Sportunterricht der Klasse 2c auf dem Sportplatz statt. Der Sportlehrer teilt die Kinder in drei Gruppen ein.
Die erste Gruppe wartet am Start.
Dann laufen sie los.
Die zweite Gruppe übt Weitsprung.
Die dritte Gruppe stellt sich in zwei Mannschaften auf dem Spielfeld auf und wartet auf den Anstoß.
So sollte es immer sein, wünschen sich die Kinder.

2. Schreibe alle Wörter mit Sp/sp und St/st in die Linien.

Sportunterricht	Weitsprung
Sportplatz	stellt
Sportlehrer	Spielfeld
Start	Anstoß

Wörter mit Sp/sp und St/st — B

1. Lies die Geschichte.

2. Ergänze die Wörter mit Sp/sp oder St/st.

Heute findet der Sportunterricht der Klasse 2c auf dem Sportplatz statt. Auf der Spielanzeige ist noch der Spielstand 3 : 2 vom letzten Fußballspiel zu sehen. Der Sportlehrer teilt die Kinder in drei Gruppen ein.
Die erste Gruppe wartet am Start auf das Signal.
Dann laufen sie los.
Die zweite Gruppe übt Weitsprung an der Sprunggrube.
Die dritte Gruppe stellt sich in zwei Mannschaften auf dem Spielfeld auf und wartet auf den Anstoß.
So sollte es immer sein, wünschen sich die Kinder.

3. Schreibe alle Wörter mit Sp/sp und St/st in die Linien.

Sportunterricht	Start
Sportplatz	Weitsprung
Spielanzeige	Sprunggrube
Spielstand	stellt
Fußballspiel	Spielfeld
Sportlehrer	Anstoß

Wörter mit Sp/sp und St/st

C

1. Ergänze die Wörter mit Sp/sp oder St/st.

Heute findet der Sportunterricht der Klasse 2 c auf dem Sportplatz statt. Auf der Spielanzeige ist noch der Spielstand 3 : 2 vom letzten Fußballspiel zu sehen. Der Sportlehrer teilt die Kinder in drei Gruppen ein.
Die erste Gruppe wartet am Start auf das Signal.
Dann laufen sie los.
Die zweite Gruppe übt an der Sprunggrube.
Die dritte Gruppe stellt sich in zwei Mannschaften auf dem Spielfeld auf und wartet auf den Anstoß.
So sollte es immer sein, wünschen sich die Kinder.

2. Schreibe alle zusammengesetzten Nomen so auf:
Sportunterricht: der Sport – der Unterricht

Sportunterricht: der Sport – der Unterricht
Sportplatz: der Sport – der Platz
Spielanzeige: das Spiel – die Anzeige
Spielstand: das Spiel – der Stand
Fußballspiel: der Fußball – das Spiel
Sportlehrer: der Sport – der Lehrer
Sprunggrube: der Sprung – die Grube
Spielfeld: das Spiel – das Feld

Aufforderungssätze

A

1. Schaut euch die Bilder an. Besprecht, was das Pony tut.
2. Ordne die Bilder den richtigen Befehlen in den Sprechblasen zu.

3. Schreibe Sätze: Es hebt den Huf auf.

Es hebt den Huf auf.

Es kommt her.

Es geht zurück.

Es galoppiert.

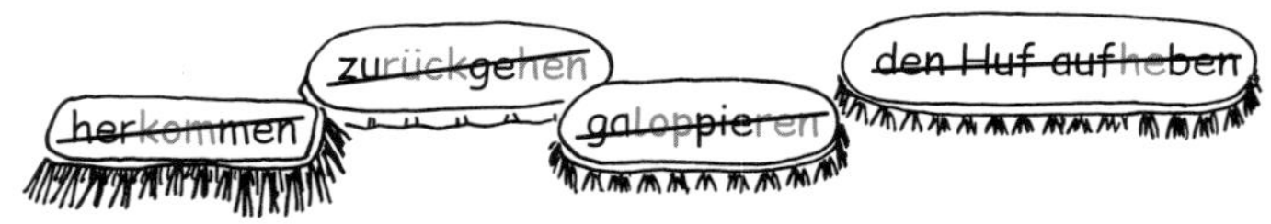

Aufforderungssätze B

1. Schaut euch die Bilder an. Besprecht, was das Pony tut.
2. Ordne die Bilder den richtigen Befehlen in den Sprechblasen zu.

3. Schreibe Sätze: Es hebt den Huf auf.

c – Auf! – Es hebt den Huf auf.

e – Komm! – Es kommt her.

d – Trab! – Es trabt.

a – Zurück! – Es geht zurück.

b – Steh! – Es steht.

f – Galopp! – Es galoppiert.

~~traben~~ ~~herkommen~~ ~~zurückgehen~~ ~~galoppieren~~ ~~den Huf aufheben~~ ~~stehen~~

KV 63 B zu SAH B S. 69, 70 / SB S. 130

Aufforderungssätze C

1. Schaut euch die Bilder an. Besprecht, was das Pony tut.
2. Ordne die Bilder den richtigen Befehlen in den Sprechblasen zu.

3. Schreibe Sätze: Es hebt den Huf auf.

c – Auf! – Es hebt den Huf auf.

e – Komm! – Es kommt her.

d – Trab! – Es trabt.

a – Zurück! – Es geht zurück.

b – Steh! – Es steht.

f – Galopp! – Es galoppiert.

KV 63 C zu SAH B S. 69, 70 / SB S. 130

Einfache Aussagesätze A

1. Schaut euch die Bilder an.
   Besprecht, was das Pony mit seiner Körperhaltung ausdrückt.
2. Ordne die Bilder den Verhaltensweisen in den Strohballen richtig zu.

3. Schreibe Sätze: Es droht.

a	drohen	Es droht.
d	schlafen	Es schläft.
c	aufmerksam sein	Es ist aufmerksam.
b	gähnen	Es gähnt.

Einfache Aussagesätze B

1. Schaut euch die Bilder an.
   Besprecht, was das Pony mit seiner Körperhaltung ausdrückt.
2. Ordne die Bilder den Verhaltensweisen in den Strohballen richtig zu.

3. Schreibe Sätze: Es wehrt jemanden ab.

d	jemanden abwehren	Es wehrt jemanden ab.
f	Schmerzen haben	Es hat Schmerzen.
b	gähnen	Es gähnt.
c	aufmerksam sein	Es ist aufmerksam.
e	schlafen	Es schläft.
a	drohen	Es droht.

Einfache Aussagesätze

C

1. Was drückt das Pony mit seiner Körperhaltung aus?
   Informiere dich in Sachbüchern oder im Internet.

3. Schreibe Sätze: Es wehrt jemanden ab.

(a) Es wehrt jemanden ab.

(b) Es gähnt.

(c) Es ist aufmerksam.

(d) Es droht.

(e) Es schläft.

(f) Es hat Schmerzen.

Zusammengesetzte Nomen

A

Pferde werden wie Hunde für besondere Aufgaben ausgebildet.

1. Finde zu jeder Aufgabe den passenden Pferdeberuf.
   Schreibe so: die Polizei, das Pferd: das Polizeipferd

die Polizei, das Pferd:
das Polizeipferd

der Sport, das Pferd:
das Sportpferd

die Kutsche, das Pferd:
das Kutschpferd

die Arbeit, das Pferd:
das Arbeitspferd

der Zirkus, das Pferd:
das Zirkuspferd

Zusammengesetzte Nomen

B

Pferde werden wie Hunde für besondere Aufgaben ausgebildet.

1. Finde zu jeder Aufgabe den passenden Pferdeberuf.
   Schreibe so: Das Polizeipferd hilft dem Polizisten beim Streifendienst.

dem Polizisten beim Streifendienst helfen

Das Polizeipferd hilft dem Polizisten beim Streifendienst.

Hindernisse überwinden

Das Sportpferd überwindet Hindernisse.

die Kutsche ziehen

Das Kutschpferd zieht die Kutsche.

die Baumstämme aus dem Wald ziehen

Das Arbeitspferd zieht die Baumstämme aus dem Wald.

Kunststücke vorführen

Das Zirkuspferd führt Kunststücke vor.

Zusammengesetzte Nomen

C

Pferde werden wie Hunde für besondere Aufgaben ausgebildet.

1. Finde zu jeder Aufgabe den passenden Pferdeberuf und schreibe einen Satz:
   Das Polizeipferd hilft dem Polizisten beim Streifendienst.

Das Polizeipferd hilft dem Polizisten beim Streifendienst.

Das Sportpferd überwindet Hindernisse.

Das Kutschpferd zieht die Kutsche.

Das Arbeitspferd zieht die Baumstämme aus dem Wald.

Das Zirkuspferd führt Kunststücke vor.

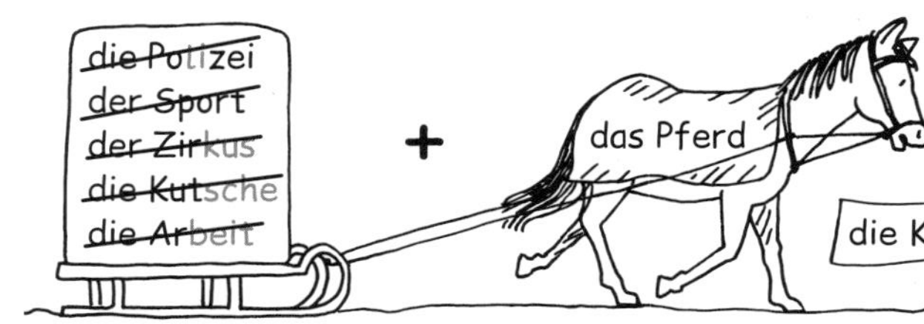

die Kutsche ziehen

die Baumstämme aus dem Wald ziehen

Kunststücke vorführen

dem Polizisten beim Streifendienst helfen

Hindernisse überwinden

Lang oder kurz – z oder tz? A

1. Sprich und klatsche die Wörter im Bild.
2. Setze z oder tz ein.
3. Färbe alle Wörter mit z grün, alle Wörter mit tz hellbraun.

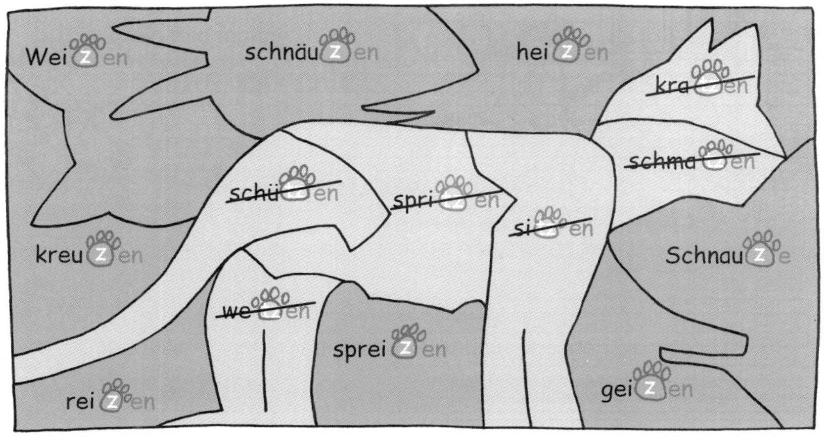

4. Schreibe die Verben mit tz in der Grundform und in der er-Form.

Grundform	er-Form
schützen	er schützt
wetzen	er wetzt
spritzen	er spritzt
sitzen	er sitzt
kratzen	er kratzt
schmatzen	er schmatzt

Lang oder kurz – z oder tz? B

1. Sprich und klatsche die Wörter im Bild.
2. Setze z oder tz ein.
3. Färbe alle Wörter mit z grün, alle Wörter mit tz hellbraun.

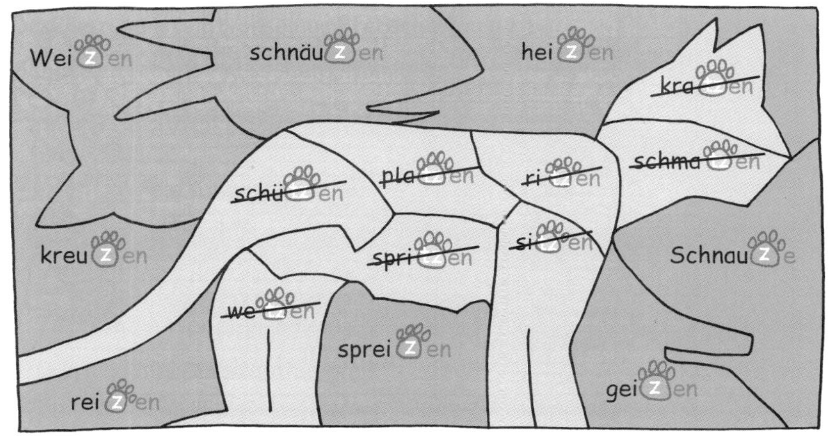

4. Schreibe die Verben mit tz in der Grundform und in der er-Form.

Grundform	er-Form
schützen	er schützt
wetzen	er wetzt
spritzen	er spritzt
platzen	er platzt
ritzen	er ritzt
sitzen	er sitzt
kratzen	er kratzt
schmatzen	er schmatzt

Lang oder kurz – z oder tz? C

1. Sprich und klatsche die Wörter im Bild.
2. Setze z oder tz ein.
3. Färbe alle Wörter mit z grün, alle Wörter mit tz hellbraun.

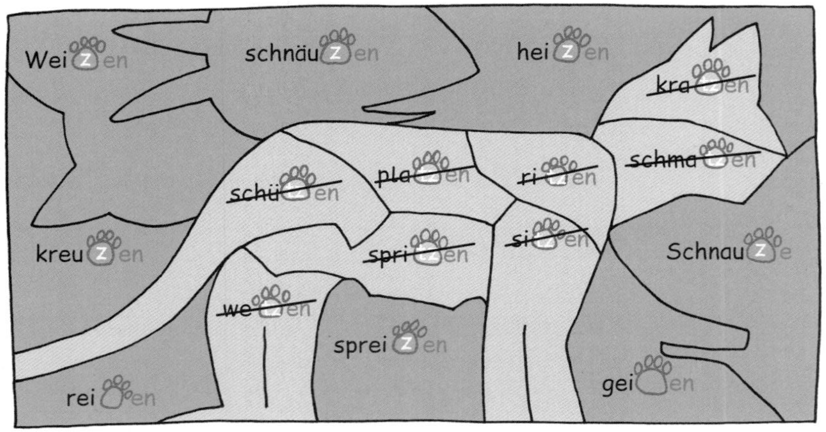

4. Ergänze die Sätze mit Verben in der er-Form.

Der Luftballon platzt beim Aufblasen.

Malte sitzt am Tisch und isst.

Der Igel schmatzt beim Fressen.

Der Hund kratzt an der Tür.

Wasser spritzt aus dem Schlauch.

Die Katze wetzt die Krallen.

Timo ritzt ein Zeichen in den Baumstamm.

Sonnencreme schützt vor einem Sonnenbrand.

 Wörter mit z oder tz; 3. Person Singular bei tz-Wörtern

Eine Bildergeschichte schreiben A

1. Schau die Bilder genau an. Was geschieht?
2. Wie könnte die Geschichte weitergehen?
3. Finde eine passende Überschrift. **Beispiellösung**

Ein gefährlicher Augenblick

4. Schreibe die Geschichte mit der Überschrift in dein Heft.
Die Wörter unter den Bildern helfen dir dabei.

 Schreibanlass: Bildergeschichte

Lösungen KV 67 A

4. Schreibe die Geschichte mit der Überschrift in dein Heft.
Die Wörter unter den Bildern helfen dir dabei.

Ein gefährlicher Augenblick

(1) Eines Mittags kocht Frau Süß Pudding.

Kater Kasimir schläft.

(2) Da klingelt das Telefon im Flur.

Frau Süß geht hinaus.

(3) Plötzlich zischt und qualmt es.

Kater Kasimir rennt an Frau Süß vorbei.

(4) Frau Süß eilt in die Küche. Sie zieht den

Topf vom Herd. Sie lobt Kater Kasimir.

Eine Bildergeschichte schreiben

B

1. Schau die Bilder genau an. Was geschieht?
2. Wie könnte die Geschichte weitergehen? Male ein Bild in das letzte Kästchen.
3. Finde eine passende Überschrift. **Beispiellösung**

Ein gefährlicher Augenblick

4

4. Schreibe die Geschichte mit der Überschrift in dein Heft.
Die Wörter unter den Bildern helfen dir dabei.

Lösungen KV 67 B

4. Schreibe die Geschichte mit der Überschrift in dein Heft.
Die Wörter unter den Bildern helfen dir dabei.

Ein gefährlicher Augenblick

(1) Es ist Mittag.

Frau Süß gießt Milch in einen Topf.

Sie kocht Pudding.

Kater Kasimir liegt auf einem Stuhl und

schläft.

(2) Da klingelt das Telefon im Flur.

Frau Süß geht hinaus, nimmt den Hörer

ab und telefoniert.

(3) Plötzlich kocht die Milch über.

Es zischt und qualmt.

Kater Kasimir rennt an Frau Süß vorbei.

(4) Mehrere Lösungen sind möglich.

Eine Bildergeschichte schreiben

C

1. Schau die Bilder genau an. Was geschieht?

2. Wie könnte die Geschichte weitergehen?

3. Finde eine passende Überschrift. **Beispiellösung**

Ein gefährlicher Augenblick

4. Schreibe die Geschichte mit der Überschrift in dein Heft.

individuelle Lösung

Vorgangsbeschreibung A

Hanna und Malte bereiten einen Piratentrunk zu.

1. Schreibe auf, was sie nacheinander tun.
   Schreibe so: Zuerst gießen sie ...

Zuerst gießen sie Früchtetee in den Topf.

Dann geben sie Orangensaft und Apfelsaft dazu.

Nun süßen sie mit Honig und rühren um.

Danach legen sie in jedes Glas einen Eiswürfel.

Zuletzt füllen sie den Piratentrunk in Gläser.

Vorgangsbeschreibung B

Hanna und Malte bereiten den Piratentrunk zu.

1. Schreibe auf, was sie nacheinander tun.
   Verwende verschiedene Satzanfänge. Schreibe so: Zuerst gießen sie ...

Zuerst gießen sie zwei Kannen Früchtetee in den Topf. Danach geben sie eine Flasche Orangensaft und eine Flasche Apfelsaft dazu.

Dann süßen sie mit drei Esslöffeln Honig und rühren alles um. Anschließend legen sie in jedes Glas einen Eiswürfel.

Zuletzt füllen sie den Piratentrunk in Gläser.

Vorgangsbeschreibung

C

Zutaten:
- 2 Kannen Früchtetee
- 1 Flasche Orangensaft
- 1 Flasche Apfelsaft
- 3 Esslöffel Honig
- Eiswürfel

1. Betrachte die Bilder genau.

2. Schreibe auf, wie der Piratentrunk zubereitet wird.
Verwende die ich-Form: Zuerst gieße ich …

Zuerst gieße ich zwei Kannen Früchtetee in den Topf. Danach gebe ich eine Flasche Orangensaft und eine Flasche Apfelsaft dazu. Dann süße ich mit drei Esslöffeln Honig und rühre alles um. Anschließend lege ich in jedes Glas einen Eiswürfel. Zuletzt fülle ich den Piratentrunk in Gläser ein.

Dehnungs-h

A

Die Piraten wollen wissen, wo der Schatz versteckt ist.
Sie folgen den einsilbigen Wörtern mit dem Dehnungs-h.

1. Zeichne den Weg der Piraten ein. Kreuze das Versteck an.

Der Schatz ist
- [ ] unter der Palme versteckt.
- [ ] in der Höhle versteckt.
- [x] zwischen den Felsen versteckt.

2. Schreibe die vier Nomen mit dem Dehnungs-h in der Einzahl und in der Mehrzahl auf: *das Ohr – die Ohren*

das Ohr – die Ohren	der Kahn – die Kähne
der Zahn – die Zähne	die Uhr – die Uhren

Dehnungs-h

B

Die Piraten wollen wissen, wo der Schatz versteckt ist.
Sie folgen den einsilbigen Wörtern mit dem Dehnungs-h.

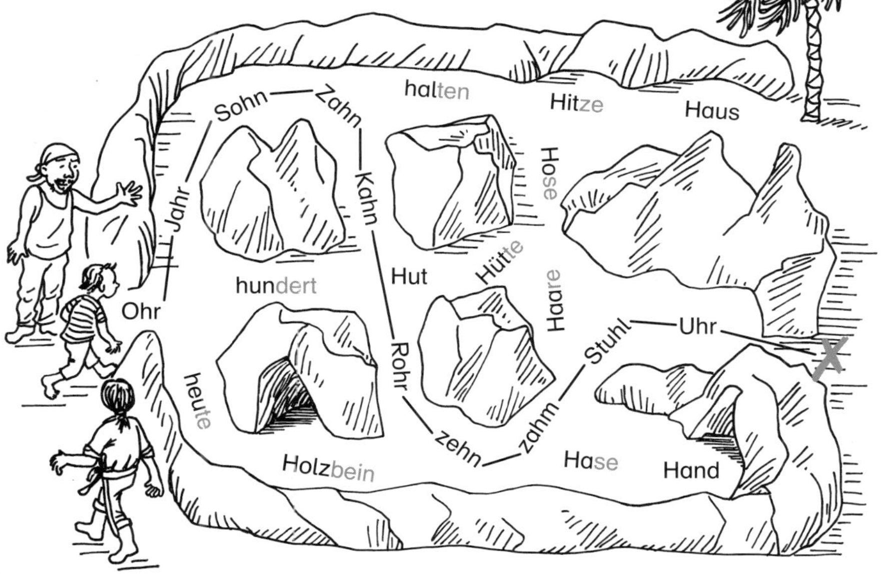

1. Zeichne den Weg der Piraten ein. Kreuze das Versteck an.

Der Schatz ist ☐ unter der Palme versteckt.
☐ in der Höhle versteckt.
☒ zwischen den Felsen versteckt.

2. Schreibe alle Nomen mit dem Dehnungs-h in der Einzahl und in der Mehrzahl auf: *das Ohr – die Ohren*

das Ohr – die Ohren	der Kahn – die Kähne
das Jahr – die Jahre	das Rohr – die Rohre
der Sohn – die Söhne	der Stuhl – die Stühle
der Zahn – die Zähne	die Uhr – die Uhren

Dehnungs-h

C

Die Piraten wollen wissen, wo der Schatz versteckt ist.
Sie folgen den Wörtern mit dem Dehnungs-h.

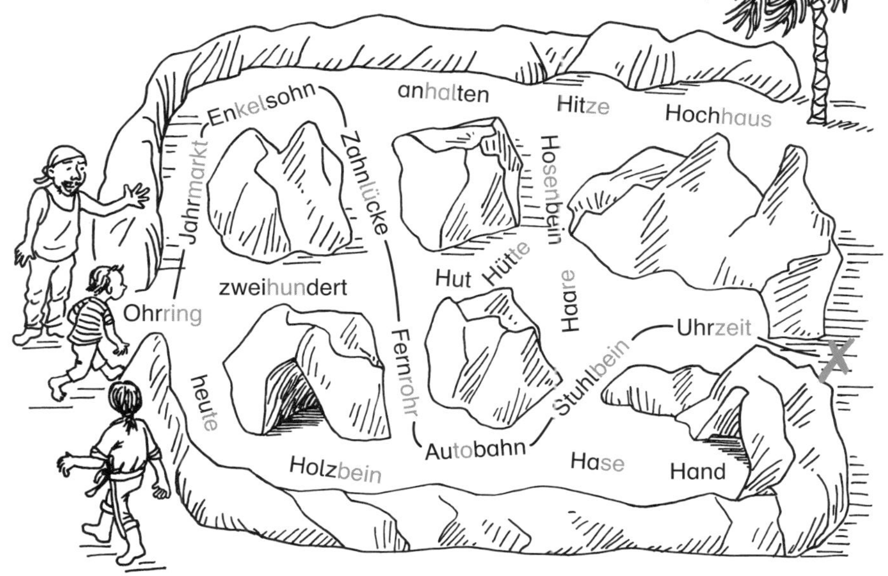

1. Zeichne den Weg der Piraten ein. Kreuze das Versteck an.

Der Schatz ist ☐ unter der Palme versteckt.
☐ in der Höhle versteckt.
☒ zwischen den Felsen versteckt.

2. Schreibe alle Nomen mit dem Dehnungs-h in der einsilbigen Form so auf:
das Ohr – die Ohren

das Ohr – die Ohren	das Rohr – die Rohre
das Jahr – die Jahre	die Bahn – die Bahnen
der Sohn – die Söhne	der Stuhl – die Stühle
der Zahn – die Zähne	die Uhr – die Uhren

ihnen, ihm, ihr

A

1. Lies die Geschichte.
2. Überlege, welche Wörter aus den Höhlen in die Lücken passen.
   Setze ein.

Kapitän Holzbein und die Piraten sitzen bereits im Beiboot.

Die Piraten ergreifen ihre Ruder.

Kapitän Holzbein gibt ihnen die Kommandos:

Nach kurzer Zeit erreichen sie ihr Ziel.

Sie ziehen ihr Boot an Land.

Nun holt Kapitän Holzbein die Schatzkarte hervor.

Erwartungsvoll schauen die Piraten zu ihm .

Werden sie den Schatz finden?

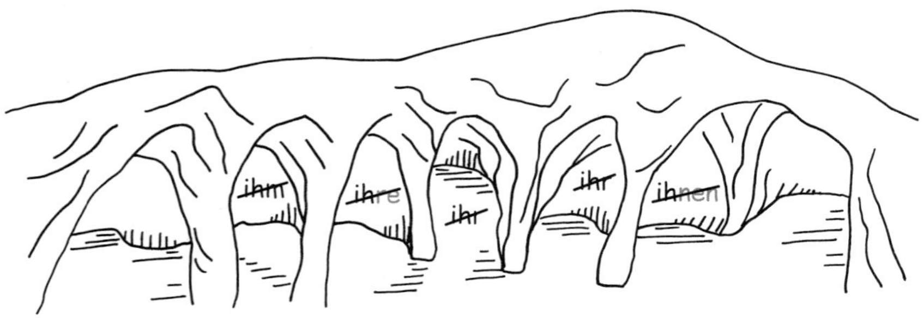

ihnen, ihm, ihr

B

1. Lies die Geschichte.
2. Überlege, welche Wörter aus den Höhlen in die Lücken passen.
   Setze ein.

Kapitän Holzbein und die Piraten sitzen bereits im Beiboot.

Der Schiffsjunge klettert zu ihnen und fragt:

Darf ich auch rudern?

Kapitän Holzbein reicht ihm ein Ruder.

Auch die Piraten ergreifen ihre Ruder.

Kapitän Holzbein gibt ihnen das Kommando:

eins – zwei – eins – zwei!

Nach kurzer Zeit erreichen sie ihr Ziel.

Sie waten durch das flache Wasser zur Insel

und ziehen ihr Boot an Land.

Nun holt Kapitän Holzbein die Schatzkarte hervor.

Erwartungsvoll schauen die Piraten zu ihm .

Werden sie den Schatz finden?

ihnen, ihm, ihr

C

1. Ergänze die Geschichte mit folgenden Wörtern:
ihm, ihr, ihre, ihnen. Manche Wörter musst du zweimal verwenden.

Kapitän Holzbein und die Piraten sitzen bereits im Beiboot.

Der Schiffsjunge klettert zu **ihnen** und fragt:

Darf ich auch rudern?

Kapitän Holzbein reicht **ihm** ein Ruder.

Auch die Piraten ergreifen **ihre** Ruder.

Kapitän Holzbein gibt **ihnen** das Kommando:

eins – zwei – eins – zwei!

Nach kurzer Zeit erreichen sie **ihr** Ziel.

Sie waten durch das flache Wasser zur Insel

und ziehen **ihr** Boot an Land.

Nun holt Kapitän Holzbein die Schatzkarte hervor.

Erwartungsvoll schauen die Piraten zu **ihm**.

Werden sie den Schatz finden?

Schatzkarte – Wegbeschreibung

A

1. Male eine Schatzkarte.
Das kannst du auf die Insel malen:

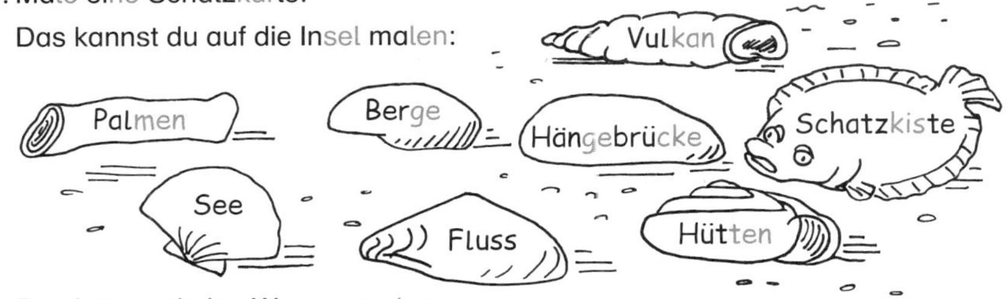

Das kannst du ins Wasser malen:

Was kannst du noch malen?

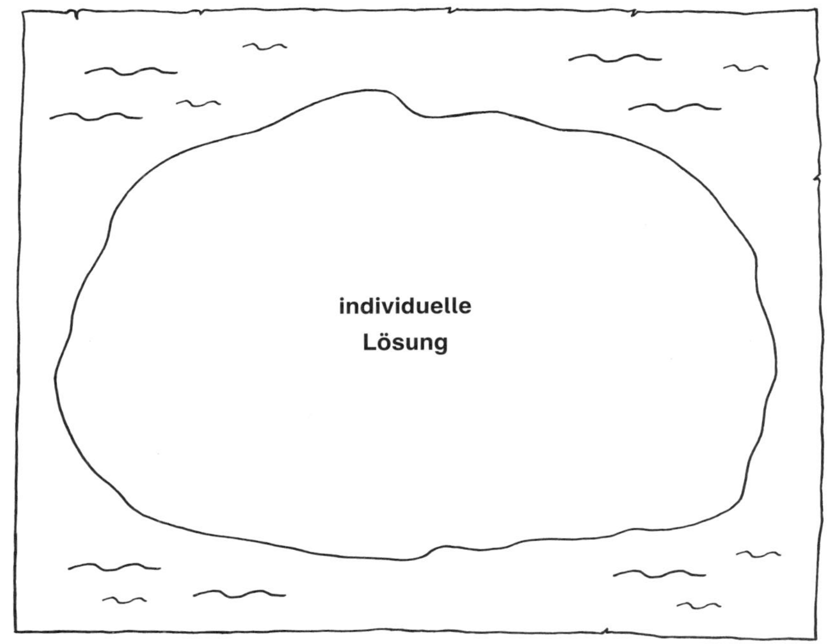

Schatzkarte – Wegbeschreibung

B

1. Male eine Schatzkarte.

Das kannst du auf die Insel malen:

Das kannst du ins Wasser malen:

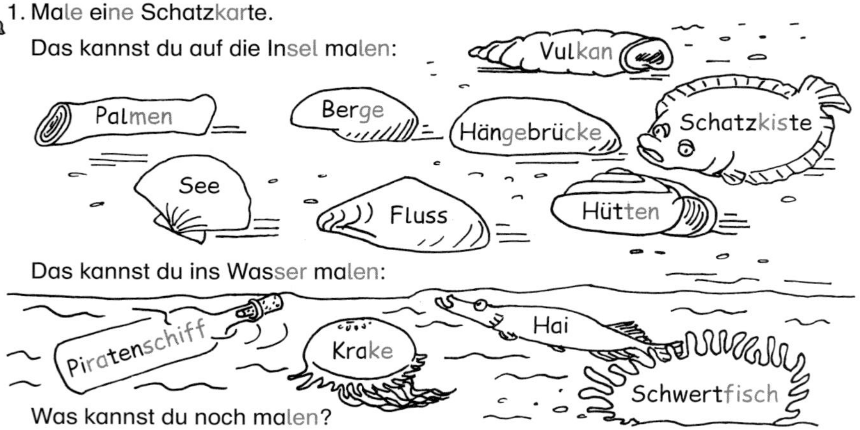

Was kannst du noch malen?

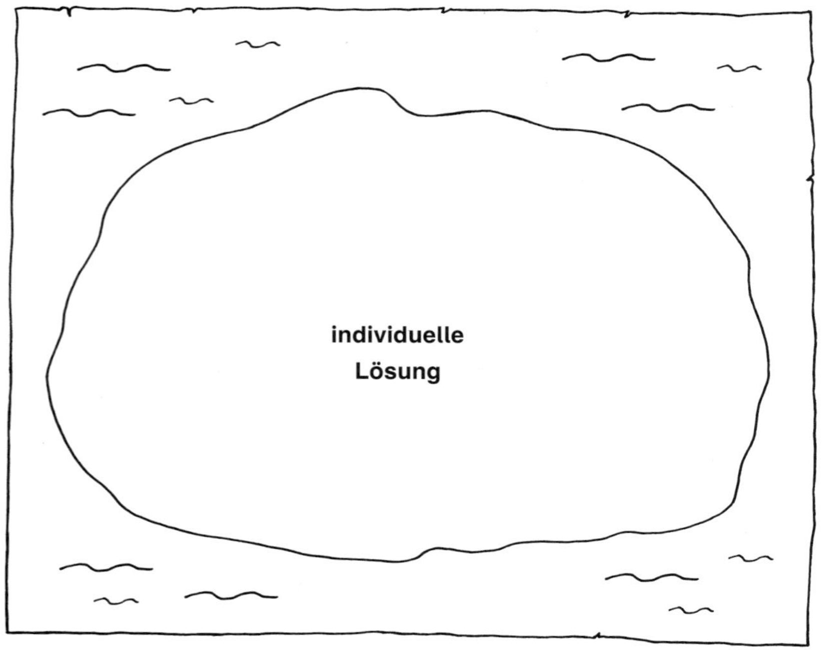

2. Beschreibe den Weg zum Schatz. Schreibe in dein Heft. **individuelle Lösung**

Schatzkarte – Wegbeschreibung

C

1. Male eine Schatzkarte.

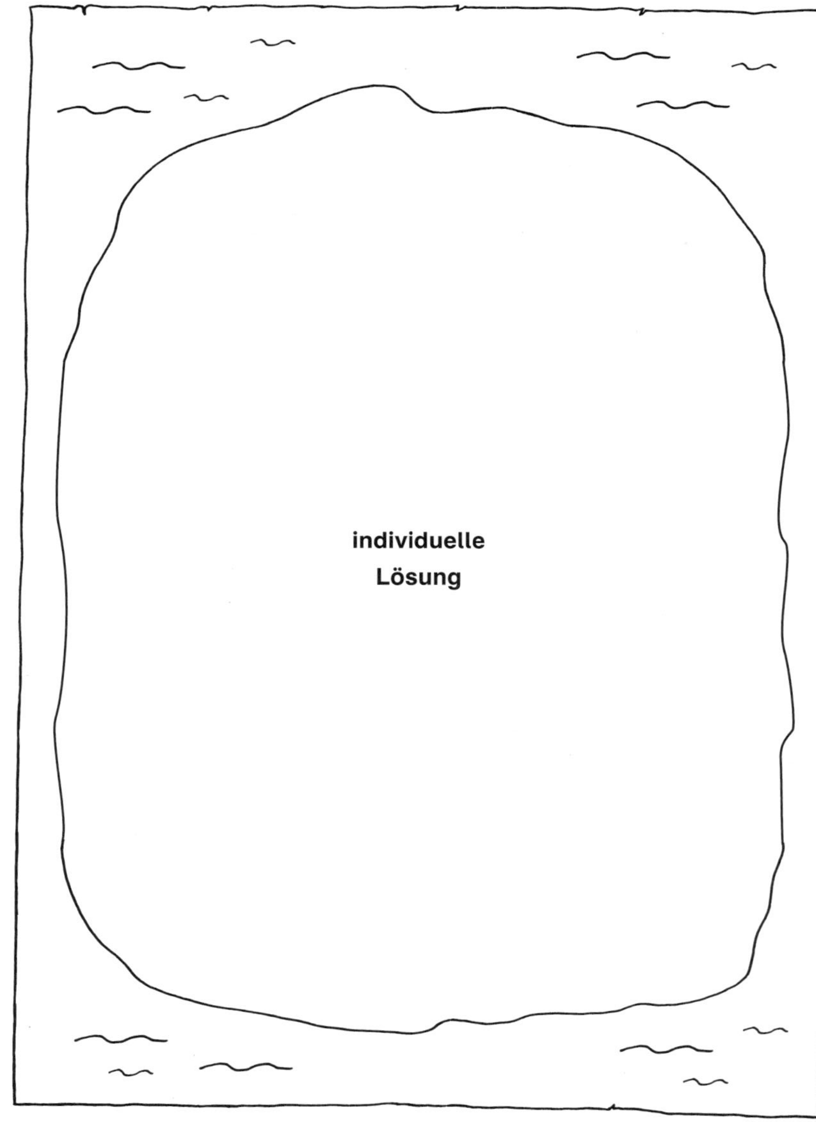

2. Beschreibe den Weg zum Schatz. Schreibe in dein Heft. **individuelle Lösung**

Eine Piratengeschichte schreiben

A

Zusammen mit den Piraten erlebt der Schiffsjunge Piet viele Abenteuer. Wenn du mit den Wörtern Sätze bildest, erfährst du eine Geschichte über Piet und die Piraten.

1. Finde eine passende Überschrift. **Beispiellösung**

Die Schatzinsel

2. Schreibe die Geschichte mit der Überschrift in dein Heft.

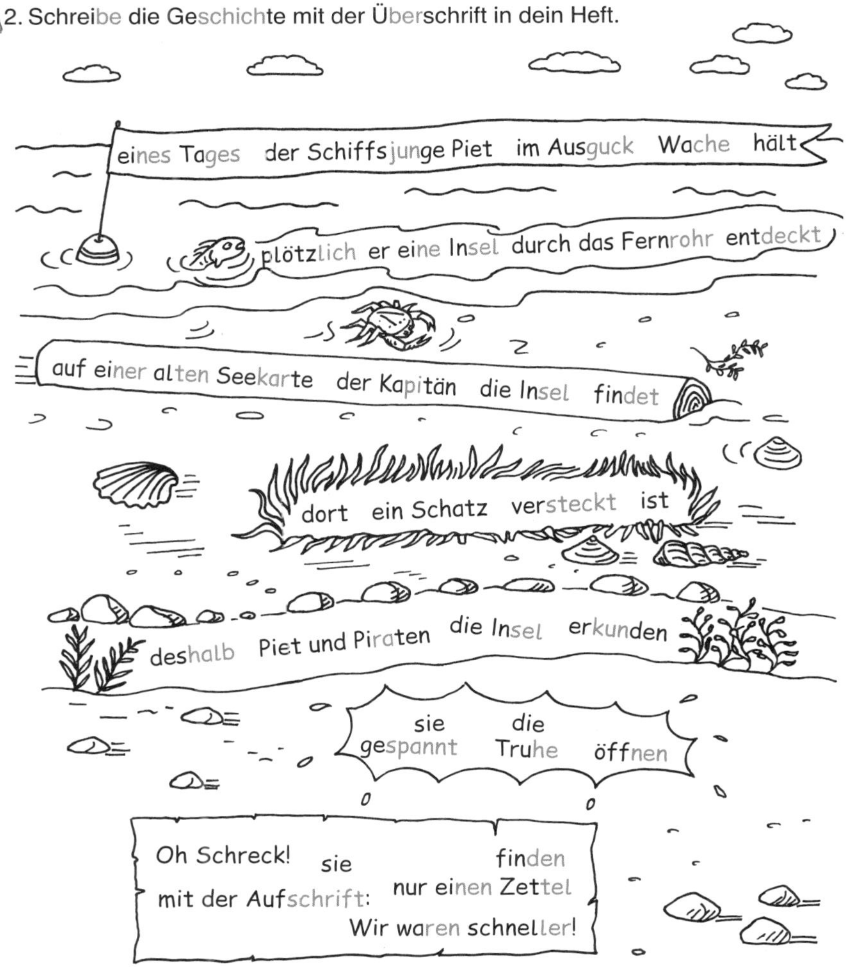

Lösungen KV 72 A

2. Schreibe die Geschichte mit der Überschrift in dein Heft.

Die Schatzinsel

(1) An einem sonnigen Tag auf See hält Schiffsjunge Piet im Ausguck Wache.

(2) Plötzlich entdeckt er eine unbekannte Insel durch sein Fernrohr.

(3) Auf einer alten Seekarte findet der Kapitän die Insel.

(4) Dort soll ein Schatz versteckt sein.

(5) Deshalb erkunden Piet und die Piraten die Insel.

(6) Sie finden eine alte Truhe.

Gespannt öffnen sie sie.

(7) Oh Schreck! Sie finden nur einen Zettel mit der Aufschrift: Wir waren schneller!

Mehrere Lösungen sind möglich.

Eine Piratengeschichte schreiben

B

Zusammen mit den Piraten erlebt der Schiffsjunge Piet viele Abenteuer. Wenn du mithilfe der Stichwörter in dem Bild unten Sätze bildest, erfährst du eine Geschichte über Piet und die Piraten.

1. Finde eine passende Überschrift. **Beispiellösung**

Die Schatzinsel

2. Schreibe die Geschichte mit der Überschrift in dein Heft.

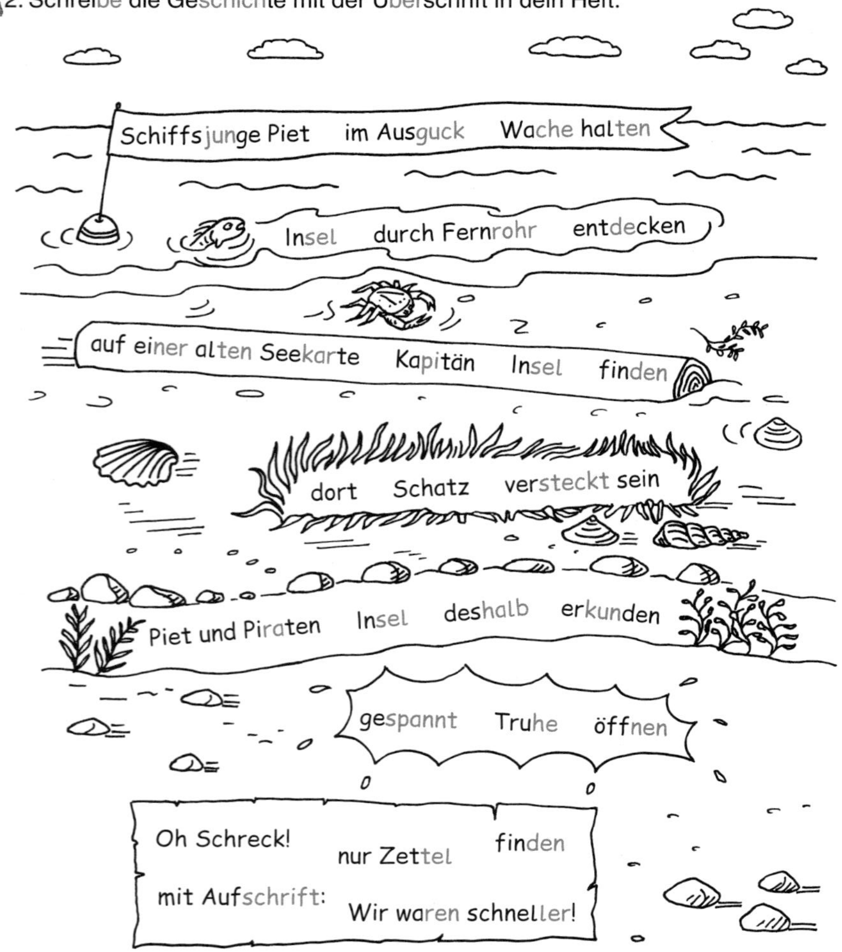

224 Geschichte mithilfe von Stichwörtern schreiben

KV 72 B zu SAH B S. 92 / SB S. 146

Lösungen KV 72 B

2. Schreibe die Geschichte mit der Überschrift in dein Heft.

Die Schatzinsel

(1) An einem sonnigen Tag auf See hält Schiffsjunge Piet im Ausguck Wache.

(2) Plötzlich entdeckt er eine unbekannte Insel durch sein Fernrohr.

(3) Auf einer alten Seekarte findet der Kapitän die Insel.

(4) Dort soll ein Schatz versteckt sein.

(5) Deshalb erkunden Piet und die Piraten die Insel.

(6) Sie finden eine alte Truhe.

Gespannt öffnen sie sie.

(7) Oh Schreck! Sie finden nur einen Zettel mit der Aufschrift: Wir waren schneller!

Mehrere Lösungen sind möglich.

Eine Piratengeschichte schreiben C

Der Schiffsjunge Piet erlebt zusammen mit den Piraten viele Abenteuer.

1. Überlege, wie die Geschichte weitergehen könnte.

Seit vielen Wochen sind die Piraten auf hoher See.

Der Schiffsjunge Piet hält im Ausguck Wache.

Auf einmal entdeckt er durch sein Fernrohr eine unbekannte Insel.

Laut ruft er: Land in Sicht!

Schnell …

2. Finde eine passende Überschrift. **Beispiellösung**

Die Schatzinsel

3. Schreibe die Geschichte mit der Überschrift in dein Heft. **individuelle Lösung**

KV 72 C zu SAH B S. 92 / SB S. 146